复旦卓越·21世纪管理学系列

# 现代公共关系学

## （第五版）

何修猛　于　晶　编著

图书资源总码

MANAGEMENT

复旦大学出版社

# 内 容 提 要

本书基于缓解流量焦虑的需要，根据传播公关知识、超越公关经验、培育公关素养、掌握公关理论、发展公关能力五项原则编写，围绕协调公众关系、塑造品牌形象的目标，从理论层面阐述了公共关系的本质、结构要素，从知识层面分析了公共关系战略环境分析、战略能力分析和运作程序的框架内容，从实操层面阐述了公共关系的接待策略、大型活动策略、媒体传播策略、服务策略、危机管理策略、促销策略和CIS策略。

第五版重点在以下五个方面进行修订：一是优化框架结构，删除、改写了个别章节。二是加强课程思政建设，强化教材立德铸魂、明理入心、润物无声的育人品性。三是在优化原有30多个经典理论的基础上，又跨学科地引入了20多个经典理论，如议程管理理论、拟剧理论、互动仪式链理论、媒体情景理论等，以强化教材的学理性，让教材发挥基本的学术训练作用。四是补充了社交媒体时代公共关系互联网传播的内容，如SIPS模型、短视频传播、二次元传播、IP传播、直播等，使教材初步走进数字化世界，更适应Z世代及α世代学生的学习。五是在"问题思考""课堂讨论""实战""要点提示"等互动模块中设置话题，引导学生使用AI模型生成问题、结论或方案，并进行讨论并人工优化，探索应用AI模型推进公共关系的路径。

本书以公共关系策划与运作为切入点，剖析了公共关系的作用机制与工作技巧，融学理性与实用性于一体，具有内容翔实、适用面宽的特点，既适宜作为高职高专院校、实践型本科院校、成人教育系统的公共关系课程的教材，又可作为公共关系爱好者和企业经营管理人员的基本读物。

# 目录
## MU LU

3

6

# 第一章
# 公共关系概述

## 学习目标

学完本章,您应该能够:

理解公共关系和智能公共关系的内涵;

理解公共关系的基础是社会组织的战略绩效,宗旨是为公众服务;

理解公共关系的目标是协调公众关系和塑造品牌形象,建构利益共同体;

知晓公共关系包含三个层次的业务工作,是媒介传播与活动传播的有机融合;

遵循政治性、公共性、公众性和客观性要求,确保公共关系的道德品质;

知晓艾维·李在公共关系职业产生中所起的作用,知晓伯尼斯为公共关系学科诞生所做的贡献;

熟悉公共关系的基本职责;

掌握公共关系学科的经典理论,夯实公共关系素养的学理基础。

## 基本概念

公共关系　智能公共关系　报刊宣传运动　扒粪运动　艾维·李　伯尼斯《有效的公共关系》　公共关系职责　守正精神　格鲁尼格卓越公共关系理论　霍夫兰说服理论　费尔克拉夫话语分析模型　梵·迪克语境模型　蔡斯议程管理理论罗杰斯创新扩散理论　戈夫曼框架理论　互联传播理论

新时代,中国制造(made in China)享誉全世界,高铁、高速公路、5G成为中国的闪亮名片。新气象,需要推进供给侧改革,打造中国经济升级版。"我们面前无所不有,我们面前一无所有。""无所不有"让我们有了道路自信、理论自信、制度自信、文化自信的底气,"一无所有"让我们有了居安思危、处变不惊的底线思维。我们处于形象制胜的新时代,但是有些知名企业的形象缺乏与时俱进的品质,光环日趋暗淡。提振品牌形象需要公共关系,化解品牌危机需要公共关系,公共关系的新时代到来了。本章是全书的开篇,旨在引导学员从以下四个方面理解公共关系的特质:公共关系是什么? 公共关系是怎样产生的? 公共关系应该担负哪些职责? 公共关系需要遵循哪些基础理论? 这些认识是发展公共关系素养的基础。

# 第一节　公共关系的含义

20 世纪 80 年代,当公共关系由境外大规模传入我国时,知晓这个词的人并不多。今天,大凡受过教育的人都知晓公共关系这个词,但能说明其内涵的人仍然不多,停留在美女公关、花瓶公关等错误认知阶段的人也还不少。

公共关系是英文 public relations 的译文。基于字面理解,public relations 最早被译为"公众关系",突出了协调公众关系的特殊性。后来随着理解的深入,认为公众关系只是 public relations 的一个方面,当然是很重要的组成部分,但不是全部,public relations 特别强调公共性、公开性,于是被译为公共关系。

## 一、公共关系概念的界定

由于分析、审视问题视角的差异,人们对于公共关系内涵的理解不尽相同。持中间立场的学者把公共关系理解为人际关系,认为公共关系就是有意识地发展和维护人际关系,基本路径就是请客吃饭、送礼。持否定立场的学者认为公共关系是带有负面色彩的行当,以致出现了色情公关、行贿公关、烟酒公关、腐败公关等等说法。

公共关系被引进中国大陆 40 多年以来,以其在经济领域、政治领域、文化体育领域的职业实践,洗刷了这些不实之词,赢得了应有的社会地位和学科地位,并纠正、丰富了人们对公共关系内涵的理解,被界定为"从事社会组织的信息传播、关系协调与形象管理事务的调查、咨询、策划和实施的实践活动"。据此,《中华人民共和国职业分类大典》把公共关系职业的工作确定为六个方面:①制定社会组织面向公众的传播计划,编辑、制作和发行社会组织的宣传材料,负责社会组织的新闻发布、形象传播工作。②监测、收集、整理、分析公众信息,向社会组织的决策层提出建议。③制定社会组织和产品(服务)的形象管理计划,策划、实施专题活动,评估专题活动的绩效。④沟通、协调社会组织与公众之间的关系,接受公众咨询,接待公众来访,参与处理公众投诉。⑤监测、发现、处置社会组织与公众之间的纠纷特别是危机事件。⑥对社会组织的其他成员进行公共关系培训,组织全员公共关系的实施。

早期公共关系倚重的工具以媒介传播为主。但是，随着公共关系学研究的深入特别是公共关系实践的发展，公共关系已经由经济领域拓展到了政治、文化、生态、军事、外交、宗教等领域，出现了国家公共关系、政府公共关系、政党公共关系、城市公共关系、宗教公共关系、警察公共关系、学校公共关系等，人们对公共关系的认识、阐发，也更加深入，对公共关系进行了更为深刻的阐释：公共关系不仅是一种基于功利逻辑而与目标公众构建、发展良好关系的协调策略，也不仅是一种设置话题、选择语词与影像，建构有效文本，以影响和改变公众情感、态度、观念和行为的传播沟通行为，还是一种利益协调机制，一种形象塑造工作，更是社会组织达成目标、提升绩效、践行社会责任的路径，建构公共权力和公共秩序、处理社会事务、制定公共政策的方式方法，一种公开、公平、公正、共享的制度体系。概括而言，公共关系是社会组织基于战略绩效，自觉地运用各种传播媒体，有计划、有目标、持续地开展大型活动，使社会组织与公众相互了解、相互适应和互惠互利，以达成社会良性互动、塑造良好形象的管理工作。

---

**资料补充**

美国学者雷克斯·哈罗：公共关系是一种独特的管理职能。它帮助社会组织建立、维持和完善与公众之间双向的交流、理解、认可与合作；参与各种公众问题的处理；帮助管理者及时掌握公众舆论，并做出相应的反应；明确并强调管理部门为公众服务的职责；帮助管理者及时了解并有效地利用各种社会变化，保持社会组织与社会变动的动态平衡；把健全的、正当的传播技能和研究方法作为主要的工具。

英国学者弗兰克·杰夫金斯：公共关系是社会组织为了实现与公众之间相互了解的目标，而有计划地采用一切向内和向外传播沟通方式的总和。

国际公共关系协会在1978年发表的《墨西哥宣言》中指出：公共关系是一门艺术和社会科学，它分析趋势，预测后果，向组织领导人提供意见，开展一系列有计划的行动，以服务于社会组织与公众的共同利益。

美国学者詹姆斯·格鲁尼格：公共关系是社会组织与其相关公众之间的传播管理，目的是建立社会组织与公众相互信任的关系。

---

**（一）公共关系的基础**

公共关系的基础是社会组织的战略绩效。公共关系不可能凭空建立公众关系和塑造品牌形象，一切都依赖于社会组织总体绩效。社会组织的总体绩效是战略业绩，表明了社会组织基于核心使命与目标而完成的工作数量与质量,揭示了社会组织的工作总体实效和潜能,体现了社会组织的成本费用和贡献率(即经济效益、社会效益),也显现出了社会组织相对于竞争对手而呈现出来的总体优势与客观劣势。社会组织在性质上是存在差异的,有的属于生产性组织,有的属于服务性组织,有的属于公益性组织,因此衡量总体绩效的指标是不相同的。企业的总体绩效衡量指标是营业额、市场份额和市场占有率,而学校的总体绩效衡量指标则是科研成果、人才培养质量和杰出校友数量。从战略层面上看,公共关系强调匹配性,无论是公众关系的深度与宽度,还是形象定位的高度与广度,都应该与社会组织的总体绩效相匹配。规划社会组织的发展蓝图需要的是雄心壮志,但设计公共关系的方案需要的则是匹配意识。建立公众关系应该讲究"门当户对",强调精准定位,不可"高配",否则就是不知天高地厚。传播品牌形象也要掂量自己的分量,不可"吹牛",否则就是不知荣辱羞耻了。

> **问题思考**
>
> 在形象塑造中,公共关系被理解为具有"画龙点睛"的作用。您认为"画龙"重要还是"点睛"重要?为什么?

### (二) 公共关系的宗旨

公共关系的宗旨是为公众服务。公共关系为了实现协调公众关系、塑造品牌形象的目标,就必须秉持为公众服务的宗旨。为公众服务,包括两个方面:为内部公众服务、为外部公众服务。为内部公众服务是基础,为外部公众服务是重点。内部公众获得了良好的服务,感受到了社会组织的关怀,实现了自我价值,就能产生满意感,进而滋生为外部公众提供优质服务的动力与热情。外部公众获得了良好的服务,感受到了社会组织的诚意,实现了消费的性价比理想,也能产生满意感。当内部公众满意感与外部公众满意感进入良性互动状态时,社会组织的公众关系也就和谐、顺畅了,或传达、或解释、或劝服的传播目的就容易达成。

为内部公众服务,公共关系应该立足以人为本的理念,主动参与人力资源管理政策的制定,使之充分照应人性需求。然后,借助这些人性化的政策,运用情感投资策略,放大人力资源政策的人本化效果,同时妥善管控并化解成员之间、领导与群体之间的矛盾,积极协调员工关系、领导关系、部门关系,构建利益共同体和感情共同体,不断提升社会组织的凝聚力和向心力。

为外部公众服务,公共关系就是代表社会组织,主动承担社会责任,自觉履行社会义务,通过良好的售前、售中、售后服务和及时、制度化的社会公益服务,既满足外部公众基于市场逻辑而生成的服务预期,又满足外部公众基于道德逻辑而萌生的责任期盼,巩固社会组织与外部公众之间的关系。

公共关系服务的行为主体是企业家,而不是慈善家,企业家遵循的是市场文化,而不仅仅是纯粹的道德文化。公共关系服务具有特殊性,是企业的一种投资行为,需要遵循现代投资的基本理念,即力求以最小化的投入,获得最大化的收益。因此,在策划公共关系服务项目时,应该强化投资意识,选择具有较大新闻价值和形象塑造效用的社会项目作为公共关系的服务方向,使公共关系活动在为公众带来切实利益的同时,还能引起新闻媒体报道和自媒体关注与转发,这样企业有限的服务投资就能发挥理想化的公共关系效应。

**课堂讨论**

人类进入人工智能时代,技术上可以让虚假传播做得十分逼真:先用 AI 大模型快捷而高水平地生成用户想要的图文,然后生成用户想要的视频,虚假视频便可"真实地"呈现给公众。显然这种做法是损害公众权益的。您认为需要秉持什么思想来遏制这种欺骗性传播的冲动?

### (三) 公共关系的目标

作为一项特殊的管理职能,公共关系的目标是协调公众关系、塑造品牌形象。

良好的公众关系是企业生存与发展的外部资源。社区公众的理解、政府公众的支持、媒体公众的合作,特别是消费公众的支持,是企业不断发展的基本条件。公众关系的宽度和质量在一定程度上决定了企业发展的空间。社会组织与各种公众的关系理应是和谐、共生的,但是由于利益、文化等因素的影响,往往存在一定的矛盾,这就需要公共关系来协调公众关系,化解矛盾纠纷,创造圆融和谐的公众环境。

现代社会是一个形象制胜的时代,形象作为一种时代文化得到了社会广泛的认同。国家需要通过对外宣传塑造良好的国际形象。由于国家实力的限制,加上西方媒体的选择性传播,我国的国际形象有待提升之处还很多。政府则需要勤政、廉洁、为民的形象,充实执政合法性的资源,强化执政地位。企业需要物美价廉的产品质量形象、严格规范和以人为本的管理形象、热情周到的服务形象,充实企业赢得公众喜爱的资本,增强市场影响力。从根本上讲,形象的形成具有渗透性,是社会组织的职能工作、公益活动和员工日常行为长期综合作用的结果。形象没有"速成班",但是有"强化班",需要公共关系来推动。公共关系的第二个核心目标就是塑造品牌形象。

企业塑造品牌形象的过程,就是品牌成长曲线的修正与调控过程。如果企业没有推行公共关系战略,品牌成长为大众瞩目的名牌,先要经历一个漫长的积累过程,然后遇到一个偶然机会,一举成名,成为公众心目中的消费偶像,但是时间稍过,公众因为缺乏新奇感又会淡忘和远离品牌,名牌再次沦为一般的品牌。这个过程可形象地概括为"丑小鸭—小天鹅—丑小鸭"。当然多数企业还没有成为"小天鹅"就已消失了。引进公共关系战略以后,从品牌的诞生、品牌地位的提升和品牌的维持诸方面进行调节,不断讲好品牌故事,持续缔造品牌神话,企业就能依靠品牌神话得以辉煌。品牌神话是创业者对于人性的追问与想象,是创业者最初的财富信仰,表现出的是创业者的经营伦理和个人美德:人性关怀、市场、机遇、顾客满意、服务、双赢、执着、勤劳、正直、善良等。它们沉淀于品牌之中,形成品牌图腾,营造出庄重的氛围、威严的形象和个性鲜明的特色。企业品牌都需要一个故事,需要一个神话,神话让公众信服,让公众对企业品牌自觉自愿地产生认同感、忠诚感和依赖感,从而使品牌持续处于"小天鹅"境界之中。公共关系战略实施前后的品牌成长曲线,见图1-1。

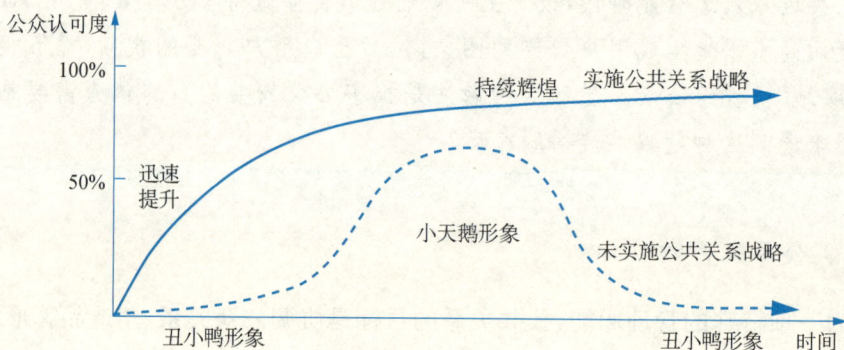

图1-1 品牌成长曲线

### (四)公共关系的内容

> **❓ 问题思考**
>
> 公共关系人员可能很忙,特别是节假日,"从鸡叫忙到鬼叫"是常态。假如您是公共关系人员,能说出自己应该做好的工作吗?

根据公共关系工作内容的特性,公共关系工作体系一般分为三个层次。

第一层次:开展专项活动,包括接待交往、大型活动、传播沟通、服务、促销和危机管理等。这是公共关系工作最基本也是最低层次的项目内容。

第二层次:塑造社会组织的整体形象,即导入、推行 CIS 策略。这是公共关系工作较高层次的项目内容。CIS 策略最早源于企业,是 Corporate Identity System 的缩写,即企业识别系统。起初的 CIS 由 MIS(理念识别系统)、BIS(行为识别系统)和

VIS(视觉识别系统)构成,强调把企业理念融入企业对内与对外工作,渗入企业标准字、标准色和标准图,全方位设计企业视觉识别系统,以内在统一、外观一致的手法塑造企业的整体形象。现在 CIS 策略的应用主体已经扩张至各种社会组织,学校、医院、民间组织甚至城市等,都或完整或局部地实施了 CIS 策略。

第三层次:充当社会组织的高层次智囊角色,提供公共关系顾问、诊断、咨询和策划服务。这是公共关系工作最高层次的项目内容。有些决策者基于过去的成功经历,在经验效应支配下,认为"儿子是自己的好",盲目沿用经验,最后全盘皆输,以致"在哪里站起又在哪里跌倒"。为了杜绝这种现象,决策者应该相信"三个臭皮匠胜过一个诸葛亮""当局者迷旁观者清",积极引入"外脑"。公共关系人员就是一种"外脑"资源,能够为决策层提供外部信息、协助决策者确定目标、制定和优选方案,使社会组织的各项工作达到最优状态。

### (五) 公共关系的对象

**课堂讨论**

假如您在华为技术有限公司公共关系职能部门任职,您必须面对哪些公众?与华为公司没有业务关系的人是华为公司的公众吗?为什么?

公共关系的任务是引导公众理解、信任、支持社会组织的各项工作,对象是公众,包括内部公众和外部公众两个方面,其构成如图 1-2 所示。其中,内部公众分为决策者、管理者、普通员工、部门公众和股东等;外部公众又分为社区公众、媒体公众、政府公众、顾客公众、合作公众、竞争公众、国际公众和 NGO 公众等。

公众是社会组织发展的基本环境。社会组织的存在与发展都离不开公众的支持,公众的舆论和态度在相当程度上决定着社会组织的前途和命运。当产品的质量、生产的规模效应已发展到极

图 1-2　企业公众的构成

限,产品之间没有明显差异的时候,公众特别是目标公众队伍的性质和规模将直接决定企业的发展前景。这是公共关系致力于建立和发展公众关系的根本原因。

建立和发展公众关系的前提是社会组织与公众之间存在一致性。也就是说,社会组织提供的优质产品与优质服务,正好是公众感到迫切需要的内容,这种利益机制上的一致性,连接着社会组织与公众,形成融洽的公众关系。公共关系人员要自觉地

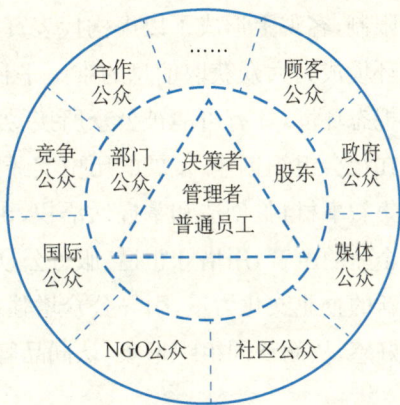

运用市场营销理论和社会营销理论,积极调查、寻找公众的需求,根据公众的需求调整社会组织的产品和服务项目,从根本上促进社会组织与公众保持一致,以结成广泛的公众关系。

---

💡 **要点提示**

建立和发展公众关系的前提是社会组织与公众之间存在一致性。

---

### （六）公共关系的传播载体

图1-3 公共关系传播载体的构成

公共关系的传播载体是媒介与活动,公共关系传播是媒介传播与活动传播的有机融合(见图1-3),共同实现沟通公众、传播信息的使命。

在农耕文明时代,"酒好不怕巷子深"是一种经营境界与自豪。今天,人类社会已经进入信息化时代,"酒好还要勤吆喝、酒好还要巧吆喝"成为基本规则,因为人们往往生活于李普曼所阐述的"拟态环境"之中,在媒介为大众所营造的拟态环境而不是现实社会中获取信息,并作用于现实的世界。李普曼认为,社会事实本身具有模糊不清和复杂的特点,大众对它的感觉处于无意识状态,注意力不够集中,加上信息来源受到政府检查和保密限制,客观上形成了以虚构代表真实的信息消费需要,公众乐于沉醉于拟态环境。拟态环境成为大众获取信息的唯一平台。社会组织只有借助媒介和活动,把信息送到这个拟态环境,才有可能被公众所接受。为了协调公众关系和塑造品牌形象,公共关系应该在社会组织创业、发展的历史实践中,提炼新颖的主题与话语,设计新鲜的叙事范式,收集叙事材料,创造和掌握话语权,讲好企业故事特别是品牌故事,使拟态环境经常传出企业的声音,用恪守正道、服务公众的人格力量,用绩效持续发展的实体力量,用不断创新的企业文化力量,引导公众增强对社会组织、产品(服务)和员工特别是领导的信心与好感,从而认同组织形象,认同品牌价值。

---

💡 **要点提示**

公共关系的核心路径就是搞活动、搞传播。活动与传播之间,讲究匹配性。从地位上看,活动第一,传播第二。从顺序上看,可以先传播后活动,可以边活动边传播,也可以先活动后传播。

---

### （七）公共关系的道德准则

公共关系旨在一定领域内形塑公众的信息关系与利益关系，影响着公众的社会生活与经济利益，与道德存在着必然的关系，只有严格遵循社会道德的规范，讲究人文关怀，借助道德的力量，才能走进广阔的领域。美国学者詹姆斯·格鲁尼格强调公共关系人员必须遵循两个基本的道德原则：一是拥有道德愿意，不想伤害他人，愿意变得更加诚实和值得信任；二是尽力避免任何对他人造成不利影响的举动。前者是道德觉悟，后者是道德底线，是把社会道德化为公共关系职业准则的基本要求。

公共关系自诞生以来，一直努力探索行业道德准则的建设。1961 年国际公共关系协会在威尼斯通过《国际公共关系协会行为准则》（又称威尼斯准则），强调会员必须关注尊严和人权，做到以下要求。①保持个人专业正直，遵守崇高道德标准，守护自己良好的声誉。②为客户提供优质服务。③在未得到社会组织或客户同意前，不得出卖社会组织或客户资料，以获取酬金；公平对待过去与现在的社会组织或客户，不得中伤其他社会组织或客户。④与大众和媒介有关的任何活动，需要尊重大众的兴趣和个人尊严，不得传播假的或误导大众的信息，更不得行贿大众媒介。⑤不得破坏其他公共关系同行的专业或声誉，支持同行秉持职业道德的做法。1965 年，国际公共关系协会又颁布了《公共关系国际道德准则》（也称《雅典准则》），该准则重点仍在于保障人类基本人权和尊严，强调人权不仅仅包括生存需要和物质需要，还包括知识、道德、社会及跨国文化等方面的需要，要求成员做到以下要求。①在公共关系职业活动中必须尊重《联合国人权宣言》的道德原则与规定。②在任何时候任何场合，自己的行为都应赢得有关方面的信赖。③避免使用含糊或者可能引起误解的语言。④力戒：因某种需要而违背真理；传播没有确切依据的信息；参与冒险行动，或者承接不道德、不忠实、有损于人类尊严与诚实的业务；使用任何操纵方法与技术诱导对方产生无法控制因而也无法免责的动机。

**课堂讨论**

如果公共关系为培育大众健康观念而呼喊奔走，却为可能致癌的香烟热情促销，其行为叙事有影响力吗？您怎样评价这样的社会组织？为什么？

根据试图影响公众认知进而影响消费的路径特性，公共关系应该遵循公共性、公众性、客观性和政治性道德准则。

公共性准则要求公共关系必须对社会负责，公共关系应该从人类生存的共在性立场出发，基于人与人之间的相依性，整合出利己性与利他性的共同空间，主动提供公共服务,自觉履行公共责任,努力实现公共目标,强调在任何情形下不能因为利己而损害社会利益。

公众性准则要求公共关系必须对公众负责,立足利益共同体和双赢共赢立场,以公众需求为导向,平衡社会组织与公众之间的权益,甘心做公众权益的守护者与创造者,先为公众着想,主动为公众创造价值,然后实现社会组织所愿,强调在任何情形下不得误导公众,更不能欺骗公众。

客观性准则要求公共关系传播必须做到本真,反映实际,具体强调以下三点。①尽量深入公众,亲赴现场,收集第一手的客观信息,避免信息源的失真。②本着信息原始内容进行信息加工,客观地整理和分析信息,强调不让自己的利益、爱好等个人主观因素左右对信息的判断,不主张选择性地处理信息,反对添加、篡改信息,避免加工过程中的信息失真。③尽量全面传播信息内容,能够同时兼顾对自己有利的信息和不利的信息。客观性准则强调在任何情形下不得弄虚作假、传播虚假信息。

政治性准则要求公共关系必须承担政治责任。《布莱克维尔政治制度百科全书》认定"政治是在共同体中为共同体的利益而作出决策和将其付诸实践的活动",强调政治是作出决策并付诸实施的活动,与权威和合法性密切相关。因此制定政策的过程中,需要政治导向,需要意识形态,它发生于某个社会共同体中,并为该共同体服务的一种活动。政治活动的底色是信仰,涉及的核心概念有政党、国家、公民、意识形态、正义、人权、自由、民主、平等、共和、宪政、代表、精英、公共领域、公共责任、公共舆论、契约、程序、协商、权力、权利、表达、妥协、宽容、政治动员、法治、治理、认同、话语、社会记忆等。公共关系对政治负责,就是要坚持马克思主义的指导地位,始终同党中央保持高度一致,立足实现中华民族伟大复兴的战略全局和世界百年未有之大变局,既要充分看到各种有利因素的主导性趋势,同时清醒认识国际国内不利因素的长期性和复杂性,努力推进中国式现代化事业建设,把为人民谋利益的初心和为民族谋复兴的使命落到实处。

💡 **要点提示**

道德就是信仰,道德就是仁爱,道德就是尊重,道德就是守正。公共关系必须是道德行为,否则就会丧失正当性。

### (八) 公共关系的作用机制

公共关系的作用机制是利益协调。从理论上讲,关系是一种情感,不应该带有功利的痕迹。但是就现实角度看,关系大多具有功利倾向。所以美国学者霍曼斯指出:

"任何人际关系,本质上都是交换关系。"社会组织与公众之间的关系,属于业缘或者地缘性质的关系,功利考量往往是第一位的。公共关系作为一种利益协调机制,强调的是构建利益共同体,即根据"财聚人散、财散人聚"的理念,积极寻找社会组织与目标公众的利益共同点,在维护自身利益的基础上,追求共同致富、共享发展成果,主张积极的利益激励,尽量向公众输送利益,谋求互利互惠,最终实现"社会组织大口吃肉而公众大口喝汤"的共赢局面。

> **问题思考**
>
> 英国前首相帕麦斯顿说:"没有永远的朋友,也没有永远的敌人,只有永远的利益。"这对公共关系有什么启示?

### (九) 公共关系的性质

公共关系的性质是管理。公共关系是对社会组织的关系资源、形象资源和话语资源进行合理安排、有效整合,借助传播媒体和大型活动达成协调关系塑造形象目标与责任的创造性活动,属于管理范畴。

需要强调的是,公共关系管理不同于常态意义上的管理。常态意义上的管理属于主体导向型管理,即基于社会组织自身存续与发展的战略目标,根据目前人、财、物诸方面的条件,进行决策、制定计划,思虑的出发点是社会组织的自利性需要,强调的是自我立场。而公共关系意义的管理属于客体导向型管理,即社会组织基于公民意识的觉醒,为了践行社会责任,自觉选择公民立场,整合社会组织人、财、物诸方面的条件,为社会与公众提供服务,思虑的出发点是公共需要和公众需要,强调的是社会取向和公众取向。

## 二、公共关系的产生

公共关系作为一种社会现象理解,各国远古时期就已存在,可以说,有了人群,就会出现矛盾,就需要化解纠纷、协调关系;同时也存在口碑、印象问题,当然也就会有维护关系与形象的活动。特别是在我国封建社会时期,现代意义上的公共关系策略与工具,也都有所显现,如具有情感投资效果的施恩布惠,具有公益服务色彩的修桥铺路、筑建凉亭,借用他人影响力的名人题词、权贵题字,等等。这些做法虽然意图明确,效果也好,但偶然性强,操作也不规范,更无流程可言,并不是现代职业意义上的公共关系。

公共关系作为一种职业、一门学科理解，属于新生事物，产生于 20 世纪初的美国。

### （一）公共关系诞生的背景

19 世纪初开始，美国开启现代化进程，进入"发展——风险期"。这是一个增长与发展、问题与矛盾交织在一起，社会结构深刻变动、矛盾最易激化的时期，既是黄金机遇期，又是矛盾凸显期，当然也是社会组织频繁遭遇危机的时期。整个社会呈现出的是马克·吐温后来所描绘的"镀金时代"。马克·吐温小说《镀金时代》里的美国，正处在经济迅速发展的"黄金时代"。这是一个"遍地黄金"的时代，但是又有许多人包括道貌岸然的议员、政客们，借此机会假公济私，投机取巧，行贿受贿，贪污腐化，中饱私囊。表面繁荣，掩盖着腐败的风气、道德的沦丧及其他潜在的危机。"闪光"所掩盖的其实是种种丑陋不堪的社会现实。所谓"黄金时代"，只不过是个内里虚空、矛盾重重的"镀金时代"。幸运的是，美国的"光荣"没有毁灭，"梦想"没有破灭。到 19 世纪末，美国进入大批量生产时代，追求规模效应，降低生产成本，并开始过渡到大批量销售时代，经济领域呈现以下特点。①需求结构发生变化，生活基本消费品需求趋向于饱和，整个社会对生活数量的需求转向于对生活质量的需求，需求结构趋向于多样性。②科学技术水平不断提高。③竞争日益激烈。④由于企业只关注自身利益，奉行赚钱第一的思想，给社会带来了许多负面影响，如经济发展波动性大，出现周期性经济危机；通货膨胀；操纵甚至误导消费者；进行欺骗性广告宣传；售后服务无保障；环境污染等。于是，社会、政府和顾客对企业提高了要求，增加了限制。⑤投诉纠纷增多，突发事件不断。显然美国遭遇"成长的烦恼"，虽然发展的胜算更大，但时时伴随着隐隐的痛感，如果不能及时清除、根治，终归会酿成风险与危机。应该说，公共关系就是顺应美国社会需要而诞生的。

### （二）公共关系诞生的过程

美国基于自身历史环境而产生的报刊宣传运动，生发出清垃圾运动，最后催生了公共关系。

#### 1. 便士报运动与报刊宣传运动

报刊宣传运动诞生的基础是便士报运动。19 世纪 30 年代，美国报界开启报纸以低廉的价格和通俗的内容去争取社会读者的做法，这就是便士报运动。经历便士报运动的洗礼，报纸完成了大众化、通俗化的飞跃，因而具有了商业价值。

到 19 世纪中叶，便士报运动引发了报刊宣传运动。报刊宣传运动的基本套路就是：社会组织为了自身的目的和利益，雇佣报刊宣传员在报刊上进行宣传，制造舆论，扩大影响。报刊宣传员的任务就是编造离奇的故事和谎言来吸引公众，其代表人物就是巴纳姆。巴纳姆的信条是"凡宣传皆好事"，他在实践中用尽各种骗术诱导公众，使许多人上当受骗。愚弄公众成为其宣传的显著特点。这当然会引起公众包括新闻媒介的不满。进入19世纪末，一些报刊针对报刊宣传运动中愚弄、欺骗公众的现象，不断揭露企业界"强盗大王"的恶劣行径和丑闻，抨击资本家对内无视员工的利益、对外以损害公众利益作为赚钱手段的做法，批判资本家所奉行的"只要我能发财，让公众利益见鬼去吧"之类的经营哲学，揭丑文章大量出现，还有社论和漫画，这就是扒粪运动，又称为清垃圾运动，实质上是揭丑。

2. 公共关系的诞生

清垃圾运动让不少企业和企业家陷入形象危机。为了化解形象危机，企业界被迫开放象牙塔，增加透明度，以正面舆论回击负面舆论，让公众了解真相成为基本选项，讲真话成为当然逻辑。这种处置危机的做法，后来蝶变为公共关系。在这个过程中，起到关键作用的就是艾维·李。

1903年艾维·李在纽约开办宣传咨询事务所，以策划为起点、以传播正面真相为基础、以舆论为抓手，替纽约不少名流包括政界人士成功化解了形象危机，以此从客户处收到不菲的报酬，成为第一个向客户提供服务而收取费用的职业公共关系人。艾维·李不仅从事宣传咨询实际工作，而且还考虑运作规则，思考的结晶就是他在1906年发表的《原则宣言》（Declaration of Principles）。《原则宣言》成为公共关系学界最重要的文献。他在文中明确阐述了"宣传咨询事务所"的宗旨："代表企业单位及公共组织，就对公众有影响且为公众关心的课题，向报界和公众提供迅速而准确的消息。……公司和公众之间的关系，不仅仅包括说说话，还需要做实事。"其信条是"公众必须被告知"和"说真话"。后来人们把艾维·李开启的宣传咨询做法，概括为公共关系，并尊称他为第一个公共关系职业人员，首创公共关系职业，是"公共关系之父"。公共关系沿用了宣传咨询的模式，把策划视为业界特色，把基于策划结论而做好实事视为基础，把媒介视为基本沟通渠道，把告知公众、制造舆论视为职业核心价值，把说真话视为基本准则。公共关系由此跻身于社会，成为一个行业。

资料补充

艾维·李（1877—1934），毕业于普林斯顿大学，曾就学于哈佛大学法学院。早期受雇于美国报业大王斯特的《纽约世界报》，当记者，后因创办宣传咨询事务所，并探讨公共关系操作范式而被誉为"公共关系之父"。

柏拉图说道:"如果尖锐的批评完全消失,温和的批评将会变得刺耳。如果温和的批评也不被允许,沉默将被认为居心叵测。如果沉默也不再允许,赞扬不够卖力将是一种罪行。如果只允许一种声音存在,那么,唯一存在的那个声音就是谎言。"报刊宣传运动时期就是这样一个充斥谎言与假话的时代。在这种背景下,艾维·李大声喊出的"说真话",有什么意义?

从艾维·李1903年创办宣传咨询事务所算起,公共关系的职业历史有120多年了。在这短暂的120多年历史中,公共关系历经了三个时代,即关系管理时代、传播沟通时代和议题管理时代。其中,关系管理时代侧重建立和维护良好的公众关系;传播沟通时代强调向公众传播社会组织的信息;议题管理时代强调掌握话语权,通过设置议题,化解观念争议,消解事实问题,进而凝聚社会正气,引领市场和社会健康发展。

**问题思考**

由信息沟通到议题管理,公共关系是不是越来越接近社会的核心命题——话语权?

我国最早出现公共关系事业的是港台地区,时间大约是20世纪60年代。大陆(内地)公共关系事业的出现则是改革开放的产物,时间是20世纪80年代。时间虽短,但是由于公共关系担当了契合社会需要的特殊职责,现在已经广泛地渗透到各行各业,服务领域从早期的商业、IT、汽车、家电、快速消费品等行业迅速扩展到医疗保健、房地产、金融业、文化体育和非营利组织机构,政府、军队、警察、学校都有公共关系的身影了。

在人工智能时代,ChatGPT和Sora横空出世,国内各种AI大模型也是风生水起,均可用于文学创作、艺术设计、图像影视甚至化学材料、生物医药等领域,当然也能根据用户指令生成各种策划方案。AI大模型的出现,对公共关系事业的发展是有利还是有弊?对公共关系公司的经营是机会还是挑战?

3. 公共关系学科的诞生与发展

公共关系学科诞生的标志是爱德华·伯奈斯1923年在纽约大学率先讲授公共关系课程,出版《公众舆论的形成》,这本书被称为公共关系理论发展史的"第一个里程碑"式的专著,比较系统地阐述了公共关系的含义、公共关系的原则与方法等。1928年出版《舆论》。1952年出版《公共关系学》教科书。他的公共关系理念是投公众所好。经过其不懈努力,公共关系学从新闻传播中分离出来,成为一门独立的学科,美国高校纷纷开设公共关系课程。1947年,波士顿大学开办公共关系学院,是世界上第一所公共关系学院,培养公共关系学学士和硕士。目前美国有61所大学有公共关系学位授予权,37所大学开设公共关系学专业硕士研究生课程,13所大学开设公共关系学专业博士研究生课程。

1952年,美国的斯科特·卡特利普等人在《有效的公共关系》(*Effective Public Relations*)一书中,提出了"双向对称"模式,主张公共关系应该"把公众利益与组织利益置于同等重要地位,推行双向传播沟通战略",认为公共关系一方面要把社会组织的想法和信息向公众进行传播和解释,另一方面又要把公众的想法和信息向企业进行传播和解释,目的是使企业与公众结成和谐的关系。鲜明而实用的内容,赢得了公共关系学界的高度认同,并掀起了公共关系学研究的高潮。此后,美国的公共关系学研究成果不断问世,其中不乏影响广泛的论著。但是《有效的公共关系》被不断修订,仍然是经典的公共关系著作,在美国享有"公共关系圣经"的美誉。

## 三、智能公共关系

公共关系诞生百余年,不断迭代创新,在AI迅猛发展的当下,拥抱智能变革,把人工智能融入公共关系成为必然,智能公共关系应运而生。

### (一)拥抱并驾驭AI

智能公共关系即Smart Public Relations,是基于公共关系场景任务,搭建底层技术架构和人机对话框架,引入数据智能外援,打造交互界面,开发公关对话机器人(AI

公关员），运用 AI 大模型、大数据分析、深度学习、计算机视频语音合成等技术手段进行数据分析、创意策划、文本写作，制定商业计划、大型活动方案、传播策略，创作宣传文案，制作平面、音频与视频作品，具有数据驱动、精准定位、智能自动和实时跟进的特征。

在传统环境下，公共关系是人类智慧（包括个体智慧如创意点子和集体智慧如头脑风暴）张扬的阵地。在 AI 赋能下，公共关系进入人类智慧与数据智能双驱动的范式。智能公共关系中，人是主体，借助提示词和上传附件注入家国立场、生活体验、思想情感、价值观、人性逻辑，以人的理性秩序和超越理性的直觉想象力、悟性、发展性创造能力、共情能力、社交能力等人类核心能力，主导、指引 AI，并进行最终审核和优化，努力使 AI 具有记录生活、表达自我、促进成长、情感真挚、独立思考的品格，展现出人类智慧的人性光辉。AI 是工具与工作伙伴，凭借其超强的检索能力、记忆能力、知识学习能力、信息更新能力、推理分析能力、规则解读能力和情绪识别能力，智能化、高效率地生成文本、图片、音频、视频、虚拟形象、虚拟场景等内容，呈现出数据智能的惊人速度。人类智慧光辉与数据智能速度的融合，AI 帮助人类完成重复性、烦琐性任务，人类专注创造性和战略性工作，可以大幅度提高公共关系的专业水平与工作效率。人机一体、人机协作是新常态。

智能公共关系范式之下，AI 能够全方位地赋能公共关系，具体表现在以下四个领域。

在调查与分析领域，AI 扮演未卜先知角色，洞晓事物间联系。第一，AI 解读文献数据、调查数据及市场走势，生成市场分析报告。第二，运用 AI 基于历史数据和当前数据，研究竞争对手，预测社会的发展趋势，生成 SWOT 报告。第三，运用 AI 准确识别目标公众的年龄、性别、兴趣、消费习惯等特征，同时结合机器学习算法，洞察公众需求，明晰公众期望，生成目标公众画像。第四，运用 AI 的自然语言处理技术，准确判断公众情绪倾向，快速识别潜在的危机，生成舆情分析报告。

在创意与策划领域，扮演军师、参谋角色，智慧和能力超凡入圣。第一，运用 AI 基于品牌与企业 IP、用户需求、社会趋势的深度融合，生成满足品牌性格定位方案。第二，运用 AI，分析用户需求，发现被忽视的需求，基于理解人性、用户即伙伴的理念，生成品牌粉丝社区建构与维护方案，通过情感连接，实现品牌价值传递，鼓励用户参与产品研发和功能优化。第三，运用 AI 理解公众的需求和偏好，提供话题选择、角度切入、表现形式建议，进行创意启发，生成公共关系主题。第四，运用 AI 分析目标公众的物质价值与情绪价值盼望，基于共情互动，生成公共关系策略。第五，运用 AI 分析目标公众的体验需要，结合公共关系主题与策略，生成更具交互性和沉浸感的大型活动方案。第六，运用 AI 分析环境保护、乡村教育、慈善事业、公益服务等社会公共需求，生成更具公共品格的企业社会责任活动方案。第七，运用 AI 分析目标公众的社交媒体平台生活习惯，分析传播内容与社交平台的匹配性，明确个性化的推送渠道，生成公共关系传播策略。第八，运用 AI 自动撰写剧本、给出创意、润色台词，生成作品小样与分镜头脚本，进行传播内容生产，创作音乐、剧本和虚拟形象，生成公共关系传播文案。第九，借助 AI 深度合成等深度学习技术生成或者合成各种类型的数据，如图像、音频、视频传播作品等。第十，运用 AI 根据提供的调查数据和前期创意构想，生成商业计划和公共关系策划案。

在实施与评估领域，AI 扮演攻坚执行角色，落实公共关系计划。第一，运用 AI 实时生成社交帖子，自动响应公众的评论和提问，增强传播的互动性和黏性。第二，运用 AI 分析媒体曝光量、公众参与度、品牌知晓度等流量，实时评估公共关系的执行效果，并提供调整建议。第三，根据公共关系活动素材，运用 AI 生成结构清晰、语言流畅的新闻稿和短视频作品，进行社交平台传播。

在危机管理领域，AI 扮演危局掌控者角色，根据实时情势助力危机化解。第一，运用 AI 实时监测社交媒体、新闻报道、论坛讨论等渠道的风险信息和舆情，识别异常内容，及时发现危机信号和潜在的问题，提供危机预警支持。第二，基于历史数据和模拟演练结果，运用 AI 制定应急预案和响应流程。第三，运用 AI 实时给出危机应对策略、沟通话语策略和信息发布时机建议。第四，在危机处理结束后，运用 AI 全面评估品牌的声誉受损情况，为后续恢复提供指导。第五，运用 AI 生成宣传计划，通过积极的危机传播，修复受损的品牌形象。

> **提示**
>
> 智能公共关系范式下，公共关系人员需要发展人机协同工作能力、数据素养与精准诊断能力、实践性社会生活能力、情感智慧与心理察觉能力、批判性思维与创新迭代能力、跨学科整合能力、学会如何学习的能力。

### （二）警惕 AI 幻觉

AI 素养不仅表现为拥抱 AI，还表现为警惕 AI。AI 的灵感源于人类神经系统和身体感知、学习、推理和行动方式，但是缺乏人类常识、跨领域推理能力、真正的自我意识和价值判断，也无法拥有人类的创造力、批判性思维的直觉，运作方式与人类截然不同，其本质是基于数据和算法，根据训练数据在已知事实间建立"超合理"的虚构连接，逻辑过度外推，存在数据虚假和算法偏见风险，往往会"一本正经地胡说八道"，时不时生成与事实不符、逻辑断裂或脱离上下文的内容，批量化输送"深度伪造"结果，制造大量 AI 幻觉，包括事实性幻觉（即生成内容与客观事实不一致）或忠实性幻觉(即生成内容与用户指令或上下文不一致)。AI幻觉的生成原因主要有八个方面:一是训练数据本身有意无意出现差错,或片面性被模型放大,导致数据偏差,基于错误数据进行"正确"推理。二是禁锢于参数记忆,缺乏实时动态更新能力,与时时变革着的世界存在信息差,导致数据陈旧。三是AI大模型只提供原则性的通用模型,缺乏活生生的具身性,无法解决具体领域的问题,导致数据空洞,无法落地。四是模型难以处理训练集外的复杂场景,缺乏独特的生命体验和情感脉络,"见识"有限,导致数据窄化。五是模型难以应对用户基于特定生活情景所产生的超理性心理思维,难以复制集生理反应和认知、文化、社会因素于一体的人类情感,缺乏个性化的共情、共鸣互动和同理心,生成"正确的废话","垃圾进,垃圾出",导致数据"有高度,没温度",缺乏叙事张力。六是用户提问模糊时,AI偏爱自由发挥,误解用户意图,数据答非所问。七是AI幻觉数据和深度伪造数据不断叠加再次涌入语料库,迭代为新的训练数据,导致偏差数据合法化,AI幻觉绵延流传。

AI幻觉虽然也有创造价值,但是在公共关系领域,因其过往性基础、常识性错误、虚构性事件、虚假性内容、逻辑性陷阱和宽泛性结论,必然引发品牌信任危机。因此,在积极拥抱AI的前提下,需要警惕AI,以人的批判性觉醒、创造性觉醒和伦理性觉醒,消解AI幻觉。第一,开启AI联网功能,并注入行业数据、垂直数据和公司脑库,借助RAG(检索增强生成)技术,运用外部知识库验证、调整AI训练数据库,增强公共关系源于当下、服务当下的品格。第二,借助提示词设定边界、拆解步骤、明示不推测、标注不确定,以指令约束AI恣意幻象,降低幻觉风险,努力保证公共关系的真实性品格。第三,警惕过往性训练数据主导所生成的往昔化结果,注入人的憧憬遐想,克服"既往"有余而"开来"不足的数据现象,充分体现出公共关系服务未来的品格。第四,保持批判性思维,时刻关注数据的来源和质量,通过工具验证确保公共关系的真实品格。第五,警惕AI的虚构连接和深度伪造倾向,通过人工审核,严格核查生成信息的准确性,及时纠正虚假信息和可能产生歧视、偏见或误导性的算法结果,确保公共关系的事实品格。第六,合法收集、存储和使用数据,避免侵犯公众的个人隐私和信息安全,确保公共关系保护人权的品质。第七,建立完善的数据安全和隐私保护机制,通过加密、访问控制等措施,防止数据泄露和滥用。第八,基于人类经验、智慧和逻辑进行公共关系终端决策,追求人类智慧与数据智能双剑合璧的最优解。因为AI虽然具有强大的能力和潜力,但毕竟不能完全替代人类的判断,其再精密的算法,也算不出人心的无限,再庞大的数据,也载不完人性的复杂。人是应对人类问题的终结者。第九,定期更新和优化模型,并确保训练数据的质量,不断提高AI生成结论的可靠性。

## 四、公共关系的范式

关于公共关系的范式，传统的看法是一维模式，即传播/沟通维度，认为公共关系就是"说"，平时强调妙语连珠、妙趣横生和妙笔生花，遭遇危机时强调妙"语"回春，动动嘴皮子，就能够协调公众关系、塑造品牌形象甚至化解危机事件。说型公共关系有两种类别，即宣传（propaganda）模式和传播（communication）模式。宣传模式就是选择性传播，它在公共关系界的母版就是美国19世纪中叶的"报刊宣传运动"。传播模式强调客观传播信息，它在公共关系界的母版是艾维·李时代的新闻代理模式。

说型公共关系在美国派生出多种版本，早期版本就是美国版的"报刊宣传运动"，虚构故事，编制话术，打亲情牌，欺骗公众，特点是无中生有；拙劣版本的特点是好事吹破牛皮，坏事沉默是金，特点是为我所用；经典版本是炒作概念，假造学术，捏造理论，核心是忽悠公众。

**课堂讨论**

AI大模型能够根据用户给出的词句，"凭空"生成场景逼真、过程逼真、视角逼真、细节逼真、对话逼真的高清画面，具有电影冲击效果。说型公共关系的技术基础更加扎实了，但是AI大模型生成的公共关系视频是不是不可识破？为什么？

在公共关系发展早期，说型公共关系具有一定的社会条件。但是，现在其根基正在消解，单纯靠"说"已经不可能协调公众关系、塑造品牌形象了。消解说型公共关系模式根基的因素主要有三个方面，即媒体化社会的到来、公众科学素养的提高、揭丑型学者的涌现。在这种背景下，无论协调公众关系还是塑造品牌形象，都要靠"做"。公共关系需要事实维度，做实事成为公共关系的根本。有些公共关系传播沟通产生不了实效，并不是"说功"不好，而是实际工作没有做好，表现为产品性能不佳，产品质量不稳定，售后服务没有保障，缺乏性价比优势。在这种情形下，"说功"越强，虚假宣传味道越浓，公众自然不会相信。在现实生活中有些公共关系的宣传没有实效，是有内在原因的,即充满谎言。公共关系早期经历了一个说谎的成本很低但收益很高的时期,出现了大规模的说谎现象,极度夸张,甚至无中生有,策划者生产谎言,公众伪装相信,公共关系的职业形象遭受严重伤害。

公共关系发展至今,范式需要革新了,必须引入和突出"事实"维度,夯实"做功"。事实维度强调坚守市场逻辑,拒绝欺骗逻辑,核心做法是"守正",即恪守正道。企业守正就是要做到以下要求。①守住人类良知,用良知使自己做到道德有下限和欲望有上限,经营有原则、走正道、讲正气。②守护企业利益,努力回报股东。③守望社会责任。社会责任不关乎财富、荣誉和地位,但是关切人的精神和品质,有高尚的要求,更有很平常、很简单的要求,即尽责。企业应该满足顾客不断发展的需求,建设善良经营机制,先做善良经营的践行者、维护者和监督者,后做善良经营的受益者。对于政府来说,就是执政为民,整合施政业务流程,优化执政措施,切实解决民生问题,引领社会健康发展,坚决避免塔西佗陷阱。

### 资料补充

塔西佗是古罗马历史学家,先后做过保民官、营造官、财务官、行政长官、外省总督,并出任过古罗马最高领导人,即执政官。他总结自己执政感受时谈过一种现象:当政府不受欢迎的时候,好的政策与坏的政策都会同样得罪人民。这个现象后被称为"塔西佗陷阱",即当政府官员和政府公信力不够时,无论说真话还是说假话,做好事还是做坏事,都会被认为是说假话、做坏事。"塔西佗陷阱"的实质是形象危机,表现为某些民众对执政党不再信赖,对政府不再信任,对社会制度没有信心,极端情形下会出现群体性事件。

为了确保公共关系的事实维度不产生偏差,误入歧途,还需要理念维度,以便构筑公共关系的道德信仰和良心底线,保证"心正",即通过真心为公众着想,最终实现自己所愿。当前有些公共关系活动遭人指责,根本原因在于缺乏公共关系信仰。信仰就是感恩公众、敬畏公众。没有公共关系信仰,缺乏基本的廉耻之心,就会出现顾炎武所指出的"不廉则无所不取,不耻则无所不为"现象。康德曾经说道:"有两种东西,我们越是时常反复地思索,它们就越是给人的心灵灌注永远新鲜、不断增长的赞叹和敬畏:头上的星空和心中的道德法律。"为了从根本上争取公众支持,塑造品牌形象,社会组织应该培育公共关系信仰,夯实"心正"的基础,使企业组织尽力做到顾客满意,政府部门竭力做到人民满意。

因此,公共关系的范式应该是三维的,包含理念维度、事实维度和传播沟通维度。其中,理念维度发挥奠定基石和规范指导作用,侧重解决"看法"问题,旨在构筑组织信仰,从人文关怀高度明确组织的愿景、使命和价值观。事实维度发挥保障作用,侧重解决"做法"问题,强调五个"做好",即做好本职工作,做好产品,做好服务工作,做好管理工作,做好公共关系活动。在此基础上,公共关系还需要传播沟通维度。传播沟通维度侧重解决"说法"问题,旨在通过面对面的沟通和面向大众的媒体传播,扩大社会组织善良事件的影响,缩小不良事件特别是危机事件的危害。公共关系的理念维度、事实维度和传播沟通维度有机整合,使社会组织与公众之间在理念上相互认同、事实上互利互惠、信息上相互沟通、活动上互动参与,创造共享价值,形成环境共同体和利益共同体意识,进而优化社会关系状态和社会舆论状态。这个整合、联动过程就是公共关系三维范式,见图1-4。

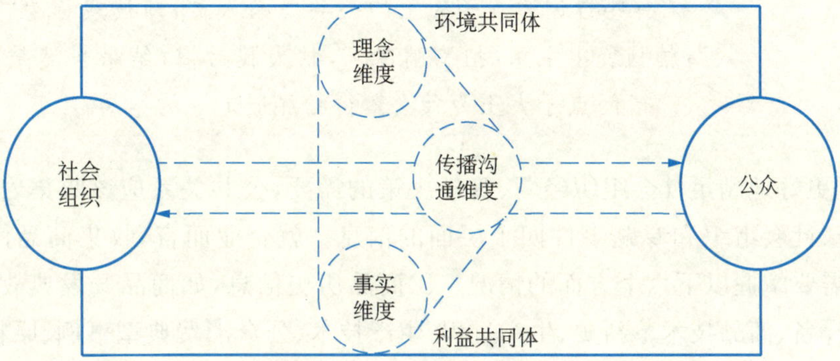

图1-4　公共关系三维范式

# 第二节　公共关系的职责

公共关系职业诞生以后,能否被社会认同? 能否得到发展? 能够发展到哪个程度? 如何评估公共关系的绩效? 要回答这些问题,就要看公共关系是否担当相应的职责? 担当哪些职责? 应该说,公共关系基于协调公众关系、塑造品牌形象的目标,担当着明确而特定的职责,即收集信息、辅助决策、传播推广、协调沟通、提供服务和危机管理。

## 一、收集信息

从宏观层面上讲,确定社会组织的使命,界定经营范围,设计发展规划,确定经营部门的重点与战略阶段,进行资源配置,分析发展机会与威胁,明确竞争优势,确定竞争策略,确定实现盈利目标的战略措施,离不开信息。从微观层面上讲,社会组织为了贯彻、实施和支持总体战略而在特定职能管理领域制定短期性、局部性的策略、措施,如产品策略、营销策略、人力资源策略、财务策略、研发策略、广告策略、品牌策略等等,也离不开信息。就产品策略而言,社会组织应该在什么时候开发哪些产品和服务? 将产品提供给哪些市场? 是一次性满足顾客需求还是逐渐到位,以刺激和保持市场需求? 解决这些问题,在短缺经济时代,领导依靠个人智慧甚至灵感就可以进行决策。而在过剩经济时代,只有依靠大数据才能决策。公共关系作为社会组织的耳目,收集信息是基础性职责。

> **问题思考**
>
> 有些自诩为点子大王的公共关系人员,却被戏称为"四拍神人":拍脑袋出主意,拍胸脯保证,拍大腿后悔,结果自然是拍屁股走人。请问点子大王为什么落得拍屁股走人的结局?

为了更好地满足社会组织经营、管理决策的需要,公共关系应该收集宏观环境、微观环境、社会组织和专题事件四个层面的信息。就企业而言,收集商品信息是重点,特别需要掌握以下六个方面的情况。①商品历史信息,如商品开发典故、生产历史、生产设备、商品技术革新史、生产过程、生产技术、公众消费典型事例、原料特色与运用、商品生命周期等。②商品个性信息,如商品外形特色、基本规格、花色、款式、价格、质感、包装设计、商品属于生产资料还是生活消费资料(如果是生产资料,那么它属于原料、辅助原料还是设备、工具、动力;如果是生活消费品,那么它属于日用品还是选购品或特购品)、商品基本性能及技术指标等。③商品相关信息,如商品定位、商品在同类商品中的地位、使用商品的环境要求、顾客从商品消费中所能获得的利益。④商品服务信息,包括售前服务、售中服务与售后服务及其他服务制度、措施。⑤商品市场适销信息,如目标市场及其经济发展状况、公众对包装和价格的态度、商品适销时间与地区、基本促销手段及其效果等。⑥商品形象信息,如质量形象、技术形象、功能形象、心理形象、文化形象、地位形象、高附加值形象、商品的知晓度、美誉度、首选度、忠诚度和依赖度等。

> **课堂讨论**
>
> AI大模型能够极短的时间里给出用户想要的一切知识。请问,收集信息还有必要吗? 为什么?

## 二、辅助决策

决策容易受制于分析问题和解决问题的立场与视角，出现"屁股决定脑袋"的现象。"三个臭皮匠"胜过"诸葛亮"的关键是什么？是智商？还是分析问题的角度？显然不是智商，因为个体之间的智商是无法相加的，不存在"三个臭皮匠"智商之和能够大于"诸葛亮"智商的情形。分析问题角度的不同才是"三个臭皮匠"胜过"诸葛亮"的根本。视角不同，立场不同，就能发现问题的不同特质，其中某些特质恰好是问题的核心所在，这就是"当局者迷旁观者清"的道理，是头脑风暴法强调选择不同学科、不同职业、不同经历、不同身份的人士参与会议讨论问题的逻辑。

公共关系虽然有内部公共关系与外部公共关系之分，但重点是外部公共关系，工作取向则是外向型的。收集外部信息特别是目标公众的信息，分析外部环境特别是市场环境，研判社会舆情特别是行业舆情，从外部视角思考内部的运作之道，是公共关系的常规工作。因此，公共关系往往能够根据社会组织需要解决的实际问题，从社会和公众的视角来分析问题、提出思路，使得社会组织的决策充分照应到公众特别是目标公众的需要，实现利益相关者权益平衡的目标，自然容易获得社会的赞许。可以说，公共关系发挥辅助决策职责的程度，在很大程度上决定了社会组织决策的质量。

基于职责分工，社会组织的决策当然主要仰赖于决策者，公共关系应该发挥的是辅助决策的职责，具体体现为提供决策信息、提出决策方案、优化决策方案、预判执行结果四个方面。

当社会组织需要就某个问题进行分析、讨论时，公共关系需要向决策者、管理者提供专题信息，发挥提供决策信息的作用。公共关系提供的决策信息应该是基于市场调查和实证研究而得到来的资料，主要包括以下四类。①属于与讨论问题有直接联系的充分条件或必要条件信息。②影响讨论问题的因素项目信息，如与问题相关的政治、经济、法律、社会与文化、技术信息特别是最近变更的信息，行业信息特别是动态信息，竞争对手情况特别是近期动态，目标公众的需求及其实现条件特别是经济条件。③国内同行其他社会组织与主题相同及类似的决策方案、经验教训与结果。④国际同行与主题相同及类似的决策方案、经验教训与结果。公共关系提供各种专题信息，发挥瞭望塔的作用。

当社会组织需要解决某个问题时，公共关系应该秉持社会责任理念与顾客满意理念，立足于效益原则，基于伦理原则和责权匹配原则，在充分照应人性需求的前提下，提出可操作的整体决策方案，供决策层参考，发挥智囊参谋作用。

当社会组织的决策者在多个备选方案中选出较为满意的方案后，即做出决策后，公共关系应该根据对决策方案执行环境特别是执行对象的理解,在忠于决策精神的基础上,从细节、操作角度优化决策方案的项目内容,优化决策方案的执行流程,优化决策方案的进度安排,发挥管理工匠作用。

社会组织的决策方案得以执行时,公共关系应该基于项目绩效目标和考核标准,掌握公众心理,预先判断决策方案得到执行后,实际情形将会如何? 可能遭遇哪些风险? 能否解决实际问题? 执行结果与决策设想的差距是否存在? 公众会做出什么反应? 能否改善社会组织的舆论情形和形象? 公共关系这种未卜先知式的预判,发挥的是超前管理的作用。

> **课堂讨论**
>
> 由于电商的冲击,实体书店的经营日趋困难。假如你是公共关系人员,能给民营书店老板提出哪些经营与发展建议?

## 三、传播推广

人们在农耕时代往往根据自己的亲身经历判断社会组织,而在信息时代则基于媒介信息来判断社会组织,媒介所营造的"拟态环境"成为社会共同的记忆与判断,因此传播成为影响公众对社会组织的印象的关键路径,是社会组织塑造形象的捷径。传播推广职责发挥得好,赢得话语权,社会组织塑造形象将变得轻而易举,否则就会困难重重。

> **问题思考**
>
> 在社交媒体时代,市场领导者赢得话语权的关键路径是什么?

传播推广作为公共关系的基本职责,实现载体主要是媒介和活动。媒介按受众范围分为人际媒介、组织媒介和大众媒介三类,按诞生时间分为传统媒介和新媒介两类。媒介具有"确定议程"和"授予地位"的特殊功效,为公共关系大范围传播信息、影响公众提供了便利。因此,媒介成为公共关系传播推广的基本载体,特别能够产生轰动效应。活动是社会组织基于特定的传播需要,根据内外情形而在公共场合策划、实施的大型社会活动、专题活动,融休闲娱乐与实惠服务于一体,能够有效吸引公众参与,使公众浸润在欢快的氛围中不知不觉地接收社会组织的信息,进入无限沟通状态,最后达成或传达、或解释、或劝服的传播推广目的。

公共关系传播推广职责的具体任务,主要有四个方面:一是告知信息,即借助修辞,创设好的表达,借助语言的准确性、可理解性和感染力,得体而适度地向目标公众陈述相关信息,让公众了解社会组织,知晓品牌优势。二是设置议题,创造舆论,为社会组织特别是特定项目的发展创造良好的舆论环境。三是创新话语体系,丰富叙事方式,利用传统媒介、新媒介平台和活动,推介社会组织倡导的新理念,为社会组织创新事业与项目的发展创造扎实的社会认知基础。四是公开事件真相,引导舆情走势,争取公众理解,消除公众误解。

**课堂讨论**

有人说:现代国家的所有事业都始于公众承认,存于公众认同。如果这是真理,那么各项事业皆应将其政策、实施过程和未来发展,愉悦地向公众说明。把公开承诺当作"好好表现的人质"。这实际上是一种责任。

请问:公共关系应当如何担负社会组织的"公开承诺"责任?

## 四、协调沟通

协调的本意是通过调和矛盾,使相关方面配合适当,步调一致。沟通则是通过交换意见,使彼此相通。从静态角度看,社会组织与公众作为利益的博弈双方,自然会滋生矛盾甚至冲突。有人提出关系就是资源,虽然绝对了些,但确实揭示了关系的价值。但是现实中利益双方矛盾难免。于是,用正当手段,通过协调沟通为社会组织构建良好的关系生态圈,就成为公共关系的基本职责了。无论是协调还是沟通,用意都指向和谐、融洽的关系。

社会组织的关系生态圈决定了事业成败的永恒性。根据对社会组织发展的影响,生态关系圈分为良性、中性和恶性三种状态。良性关系生态圈能够促进社会组织健康、快速发展,而恶性关系生态圈则妨碍社会组织的运行。公共关系的首要目标是协调公众关系,特别需要协调沟通来化解矛盾、强化一致,帮助社会组织扩大良性生态关系的广度,强化良性生态关系圈的深度。公众关系的生成主要有两种模式,即自然生成和有意构建。对于个人而言,人际关系的生成主要是自然生成模式,基本形式是血缘关系、地缘关系和各种业缘关系,表现为亲属关系、同乡关系、同学关系、战友关系等。对于社会组织而言,公众关系的生成虽然也有自然生成的,如国有企业与政府的关系,但是主要还是有意构建而成的,通过服务和传播沟通,让各种公众对社会组织产生良好印象,进而发展为良性公众关系。公众关系的维护也有两种模式,即利益互惠和沟通管理。利益互惠的核心是社会组织向公众提供具有性价比优势的产品和服务,亮点做法是积极参与社会公益服务事业,而具有润滑剂效果的做法则是礼尚往来,借助"伴手礼"深化公众关系。沟通管理侧重借助各种媒介,包括人际传播媒介,及时提供公众关注的信息,真诚付诸情感,通过"美的语言"和"好话"深化公众关系,促进现代社会互动的有效达成。

**课堂讨论**

AI大模型能够基于在预训练阶段所见的模式及统计规律来生成回答,根据聊天的上下文进行互动,像人际沟通一样进行交流。请问,这种沟通能够能否替代公共关系中真实的人际沟通? 为什么?

## 五、提供服务

现代社会的公众,追求服务享受的意识越来越浓,服务文化逐渐成为社会的主导文化。与此相关,世界经济日益转变为服务型经济。根据公众的服务需求,策划优良、周全而富有个性的服务活动,是赢得公众好评、塑造良好形象进而开拓消费市场的重要举措。提升品牌美誉度,是公共关系的重要使命之一。美誉度一般受制于质量和服务两个方面。农耕时代和工业时代早期,手工生产、机械生产的标准化程度不高,质量成为品牌美誉度的根本,只要质量好,品牌美誉度就高。但是在工业时代后期和信息时代,生产的智能化程度和标准化程度很高,质量都得到了保障,以致出现山寨产品与正宗产品几乎没有区别的现象。影响美誉度的质量要素所起的作用被扯平了,借助服务提升美誉度成为唯一选择。因此,美国的安瑞克说:"只要你一心一意想着顾客,向他们提供所需要的服务,那么,其他的一切便会自然而来。"可见,服务是多么重要。服务的价值效应是双重,既能给公众带来实惠,又能给社会组织创造市场。公众在服务中得到的利益是十分明显的。作为服务的付出方,社会组织也受益颇丰:增强社会组织与产品的吸引力,完善社会组织及其品牌的道德人格形象,提高商品的附加值,刺激公众消费欲望,提升商品的市场占有率,与公众进行情感交流。因此,现代企业家都高度重视服务。

**问题思考**

社会组织在为公众服务的过程中,只有付出,没有收获吗?常言道:送人玫瑰,手有余香。这"香"是什么?服务是单向流动还是双向流动的?

公共关系提供的服务应该是全方位的。全方位是指社会组织根据公众的服务需要,基于人文关怀和博爱精神,以公众满意为标准,尽可能提供多方面的服务,主要有以下五个维度。①服务对象上,既向内部公众提供服务,以强化社会组织的凝聚力和向心力,更向外部公众提供服务,以强化社会组织的美誉度。②服务类别上,既提供锦上添花式的商业应景服务,更提供雪中送炭式的应急解困服务。③服务形式上,既融入社会组织核心业务之中向目标公众提供优质服务,如售前服务、售中服务和售后服务,更立足于社会责任理念向社会公众提供道德层面的公益服务,如社区服务、环境保护、公益赞助、慈善资助等。④服务载体上,既向目标公众提供属于"输血"式帮助的实物援助和资金援助,"授人以鱼",更向目标公众提供"造血"式帮助的智慧援助和技术援助,"授人以渔",引导服务对象更新观念,学习生产新技术,掌握经营管理的新方法,培养服务对象自我发展、自我脱贫的意识与能力。⑤服务时间上,既要确保法定上班时间期间内的优质服务,更要从制度和机制方面保证夜间、节假日等休息时段向公众提供24小时式的全天候服务,满足公众基本的服务需求。

**课堂讨论**

### 比尔和梅林达·盖茨基金会

比尔和梅林达·盖茨基金会成立于2000年1月,创立者为微软公司创始人比尔·盖茨及其妻子梅琳达·盖茨。比尔·盖茨说自己做慈善"是为了人类的尊严和平等。人生而平等,我们希望别人怎么对待自己,就应该怎么对待别人",表示他95%的个人财富都会进入基金会,并且将在他和妻子去世后20年全部捐赠出去。该基金会属非营利性质,旨在促进全球卫生和教育领域的平等,约有资金400亿美元,其援助项目主要有以下四类。一是全球人的健康,致力于缩小富国和穷国在卫生保健方面的差距,确保卫生保健领域取得能挽救生命的技术进展,并将这些技术提供给最需要的人,重点领域为传染病、艾滋病及肺结核、生育保健及儿童保健、全球性卫生保健活动。二是教育,用于帮助少数族裔的学生以及家庭经济条件不好的学生得到应有的教育。三是图书馆,给美国经费不足的社区图书馆和发展中国家提供电脑、图书等帮助,方便穷人利用图书资源。四是美国西北部的建设,给当地社区提供资金,改善当地居民的生活水平。

## 六、危机管理

正如乌尔里希·贝克在《风险社会》中所指出的,当今社会是风险社会:工业革命的改造浪潮使得当今社会成为危机四伏的风险社会,风险的诞生往往是"与文明程度和不断发展的现代化密切相关的",工业主义对技术神话的膜拜,把人类推向了危险的悬崖——化学污染、有毒垃圾、自然灾害、核能破坏等,工业社会制造了环境风险,却不能有效应对环境风险。在风险社会视野下,社会组织在经营、管理过程中所面对的环境具有不确定性,公众的需求也具有不确定性,因此难免遭遇危机事件。公共关系诞生的时候,主要是以化解危机、解决问题为己任的,此后,危机应对始终是公共关系的重要工作内容,甚至还有危机公关的专业术语,危机管理因此成为公共关系的特殊领域。

起初,危机管理就是危机公关,强调在相信所有公众特别是投诉公众都是好人的前提下,带着好的态度,采取果断措施应对危机事件,安抚受害公众,切实解决实际问题,诚恳开展危机沟通,尽可能满足公众的需要,尽快、有效地化解危机事件的舆情影响。现在,工商管理学科和公共管理学科均开设危机管理课程,危机管理已然发展为独立的管理工具,立足不发生危机的目标,强调事前预警管理、事中及时应对、事后修复形象。危机公关成为危机管理中应对环节的一个方面,呈现出诸多不同,见表1-1。

表1-1　危机管理与危机公关的不同

|  | 危机管理 | 危机公关 |
| --- | --- | --- |
| 程式 | 风险管理—预案管理—应对管理—理念革新—机构配置—制度创新—流程再造 | 舆情预判—安抚公众—发布信息—修复关系 |
| 视角 | 战略视角,强调长远与全局意识 | 策略视角,讲究当下与具体情形 |
| 目标 | 建构核心竞争力 | 恢复形式竞争力 |
| 策略 | 处置事件　赔偿损失　惩处肇事者　舆情管控　流程再造　制度创新 | 补偿损失　话语应对　修辞劝说　舆情处置 |

# 第三节　公共关系的理论基础

公共关系达成协调公众关系、塑造品牌形象的目标,需要立足双向传播/沟通机制,借助劝说、倡导、动员和沟通等说服工具,进行议程管理,创造话语权力,基于新媒体传播扩散环境,展现社会组织的创新品格与竞争优势,以改变公众的认知结构与价值判断,因此,开展公共关系,需要遵循格鲁尼格卓越公共关系理论、霍夫兰说服理论、批评语言学话语理论、蔡斯议程管理理论、罗杰斯创新扩散理论、戈夫曼框架理论和互联传播理论的精要。

## 一、格鲁尼格卓越公共关系理论

卓越公共关系理论是詹姆斯·格鲁尼格基于管理学视角提出的公共关系理论。他认为公共关系是社会组织与公众之间的传播管理,不仅是社会组织的传播工具,更是提高社会组织效率、增进社会组织与公众双方利益、促进社会健康发展的专业管理工具。因此,公共关系的价值不能仅仅停留于宣传与劝服,更主要地在于对社会组织整体管理发挥战略引领作用。

格鲁尼格认为公共关系的职责是:为公众利益服务,促进社会组织与公众之间的相互了解,促使各方人士围绕重要议题进行辩论。经过多年持续研究,1992 年他出版了《卓越公共关系与传播管理》,此后又出版《卓越公共关系与传播管理经理指南》(1995 年)、《卓越公共关系与有效的组织:三个国家的传播管理研究》(2002 年),系统解释了公共关系对社会组织的价值在于帮助社会组织与战略公众之间达成互创价值的共同目标,帮助社会组织与战略公众建立持久良好的关系,然后据此建构了实现这两大价值目标的理论原则,阐述了公共关系的应有特质。

卓越公共关系理论十分丰富,概括起来的基本内容有八个方面,核心是四个模式理论。①公共关系人员必须掌握管理与对等沟通的理论与知识。②公共关系必须进入社会组织的权力中心,参与战略管理,担任管理角色,帮助社会组织了解外部环境和战略公众,针对外部威胁和机遇,策划战略传播计划,与内外公众建立良好关系,以最大限度地为组织创造效益。③建立公共关系整合机制,整体承担各个层面的公共关系职责,协调各部门的公共关系工作。④公共关系须由组织高层管理成员而不是宣传技术人员直接领导,组织战略传播计划的制定,协调各项公共关系活动。⑤公共关系有明晰的、不同于营销等部门的专门职能,围绕传播沟通和公众关系问题,直接向高层管理者报告相关事宜,并向其他管理部门提供建议。⑥充分发挥全体员工公共关系的基础作用。社会组织应该建立内部传播沟通的职能系统,在管理架构中推行民主管理,给员工自主权,让员工参与决策,尊重女性、少数民族和弱势群体,以提高员工满意度。⑦为了促进社会组织的战略发展,公共关系必须履行社会责任,遵循职业道德要求,对社会和公众负责。⑧卓越公共关系应该抛弃劝服模式,采用双向对等模式。劝服是不对称的,"企图改变他人的态度和行为而不改变自己的态度和行为",具有操纵性。双向对等模式则力求通过双向传播沟通,解决与战略公众之间的矛盾与冲突,增进彼此了解,实现与战略公众建立相互信任关系的目标。从长远来看,相比崇尚利益至上的不对等价值观,对等价值观更符合组织的利益,因为"对等价值观下社会组织会通过平等对话与沟通来管理与公众之间的冲突,促进彼此理解,建立相互信赖的关系"。

针对公共关系片面信奉劝服理论的现象,格鲁尼格从方向性和目的性两个维度,建构了卓越公共关系模式,即新闻代理模式、公共信息模式、双向不对等模式和双向对等模式,见图1-5。单向传播即社会组织单向对公众传播信息。双向传播谋求社会组织与公众相互传递信息。不对等传播旨在通过传播来改变公众的态度与行为,但不愿意进行自我调整。对等传播不仅谋求改变公众,而且调整自己。新闻代理模式、公共信息模式、双向不对等模式,或者缺乏反馈机制,或者限于说服、操纵公众,因而存在缺陷。双向对等模式既然强调双向互动,又谋求相互了解,双方调整,达成共识,双赢互利,因此是公共关系理想的模式框架。

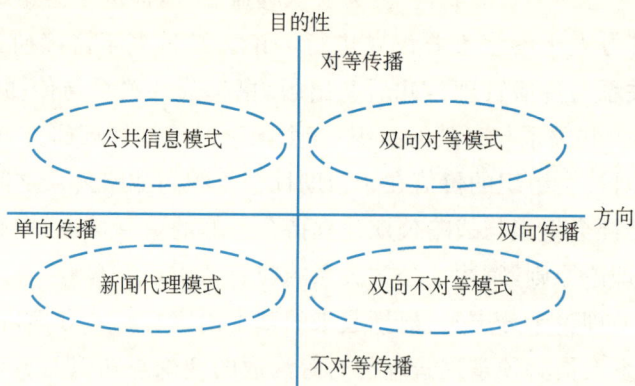

图1-5 卓越公共关系模式

新闻代理模式也称新闻宣传模式,试图通过各种方式在媒体上宣传和报道社会组织,具有明显的新闻炒作色彩。这是一种只顾社会组织利益而忽视公众利益的自利式、单向劝服型宣传,传播者立足社会组织的需要进行选择性传播,偏爱媒体炒作,主观意图鲜明,单向色彩浓,具有见效快的优势。但是公众被视为单一的信息接收者,没有主体地位,而且立场和利益得不到基本的照应,欺骗和故意隐瞒事实是常态,因此新闻代理模式容易丧失道德追求,稍有不慎,就会陷入欺诈的泥潭。

公共信息模式强调传播社会组织客观真实但须是正面的信息,让公众了解社会组织客观状态和实际表现中的正面部分。其典型做法是新闻发言人制度,不仅有机构组织保障、制度机制保障,而且还有方法保障,体现出了对公众知情权的尊重。公共信息模式展示了公布真相的诚实,但依然是单向传播,而且公布的真相带有选择性和框架性,影响了公共性品格的充分呈现。

双向不对等模式中,公共关系"采用科学的方法来决定怎样劝服公众朝着社会组织期望的方向去行动",即在调查研究的基础上,传递能够说服公众产生预期行为的信息。它尊重了受众的主体地位,强调基于心理学和社会学理论,运用科学的社会调查和劝服、宣传方法,引导公众接受传播者的观点,调整利益立场,并采取支持社会组织的行动。在这种模式中,公共关系出于维护社会组织的利益,具有明显的操控公众的意图,偏爱议题设置与舆论控制的方法,与公众争辩,向公众进行宣传,努力劝服公众,必要时甚至采用欺骗或故意遮掩手段,通过牺牲公众利益和公共利益来满足自己的要求。这必然导致传播者和受传者之间出现明显的利益与信息不对称现象,因此建构的关系在本质上依然是不平等的。

双向对等模式是利人又利己、地位平等的对话协商模式,重在消弭冲突、达成共识、寻求合作,建立互信关系,强调公共关系成为社会组织与公众开放共建的系统,是民主协商对单向支配的超越,公共关系"使用调查研究方法和对话协商策略,以求社会组织和公众能在观念、态度和行动上产生共生性变化"。在立场上,它要求不仅考虑社会组织的利益,而且考虑公众的利益,讲究社会组织与公众利益的对等,实现利益双赢。在传播上,它要求传播者与受众在地位上做到互为主体,讲究平等的对话与协商,通过双向交流、相互理解,最终实现建立相互依赖关系的目的,因而最富伦理价值。

格鲁尼格最推崇双向对等模式,但现实中却是"叫好不叫座",于是他提出融双向不对等模式与双向对等模式于一体的"可能性模式",强调根据实际情形,选择合作性倡导、合作性辩护和合作性对抗策略,来实现改变自己又改变对方的混合动机。

**课堂讨论**

AI大模型倚重海量的人类知识,可以根据寥寥数语在短时期内帮助用户生成问题和答案,给出各种想得到的信息。在这种背景下,格鲁尼格所推崇的双向对等模式,是不是终于等到了春天?为什么?

## 二、霍夫兰说服理论

第二次世界大战期间及战后，卡尔·霍夫兰等学者在耶鲁大学运用心理学实验方法，围绕劝说中传播来源的可信度、恐惧诉求的程度、问题提出的先后效用、一面提示还是两面提示、明示结论还是暗示结论问题，持续进行测量、分析、研究，得出诸多结论，出版了《大众传播实验》(1949年)、《传播与劝服》(1953年)等著作，成为著名的传播学耶鲁学派。

霍夫兰得出的基本结论是单一的大众传播并不能直接改变人们的态度，说服效果的形成并不取决于传播者的主观意愿，而是受制于说服者、信息内容、说服方式、受众属性等因素。

在说服者方面，霍夫兰提出，说服者的可信度、知名度和对问题的态度建构了信源可信度，制约说服效果。就短期效果而言，信源的可信度越高，说服效果越大；可信度越低，说服效果越小。具体结论有：可信度高的说服者比可信度低者更具说服力；知名度高的说服者比知名度低者更有说服力；态度超然者更具说服力；当说服者的动机与同其本人利益相反时，最具说服力。

在信息内容方面，霍夫兰得出的研究结论有：①缺乏说服力的信息内容，不会产生说服效果。②富有说服力的信息内容，如果由可信度高的说服者发出，说服效果始终明显。③富有说服力的信息内容，如果由可信度低的说服者发出，起初没有说服效果，处于"睡眠"状态，但随着时间推移，可信度的负影响减弱或消失后，其说服效果就会显现出来。这表明，说服者的可信度只能影响信息内容的短期效果，而最终起决定作用的则是信息内容本身的说服力。

在说服方式方面，霍夫兰研究认为：①"一面提示"会产生"咄咄逼人"的效果。"两面提示"包含了相反的观点，给人公平的感觉，能使受众遇到对立观点时，产生较强的抵抗力，具有免疫效果。如果受众开始就反对说服者的意见，陈述正反两方面理由比只谈一面理由更有效。如果受众本来就倾向于说服者的观点，只讲正面理由比正反两面都讲更有效。如果受众教育程度较高，宜同时陈述正反两面理由。如果受众教育程度较低，最好只说一面之词。如果受众教育程度较低，且倾向于说服者的观点，只能陈述正面理由。②"明示结论"能给人留下观点鲜明的印象，但也引起被强迫强制的感觉产生反感心理，而"寓观点于材料之中"则会造成理解上的困难。③"诉诸理性"摆事实讲道理，而"诉诸感情"则偏重营造气氛，或使用感情色彩强烈的言辞感染对方。④恐惧诉求所唤起的心理紧张效果与恐惧诉求的重度、中度和低度成正比；恐惧诉求引起受众态度、行为变化的效果与恐惧诉求的重度、中度和低度成反比。

在问题的排列技巧方面,霍夫兰指出:①开头就陈述的观点容易引起注意,而最后陈述的观点则容易得到记忆。②如果受众倾向于接受传播内容,宜在开头陈述自己的观点。③如果开始就能唤起公众的需求,然后再提出问题,受众更容易接受。

在受众属性方面,霍夫兰认为受众的性别年龄文化程度职业等人口统计学上的属性、人际传播网、人格性格特点、过去经验和经历、群体归属关系和群体规范以及其崇拜的意见领袖,都会影响说服效果的实现。研究结论有:①群体归属感强的人,难以接受与群体规范相悖的传播。②自尊心较弱的人,较易受到媒体的影响。③具有攻击性和精神性神经症倾向的人,很难被媒体影响。④主动参与传播者,比被动参与传播者,更容易接受媒体影响,改变意见。

> **课堂讨论**
>
> 在数字化时代,Z世代和α世代的公众作为互联网原住民,长期而全方位地浸润在网络世界,拥有信息优势,自信而执着,有主见,见识广。霍夫兰说服理论是否还有生命力?为什么?

# 三、批评语言学话语理论

批评语言学中的话语(discourse)不同于语言学的话语概念,不是纯粹的语言形式,始终与话语实践联系在一起,是作为一种表述系统的话语,正如庞元正先生所言:"所有的真实都只是在特定框架、结构、系统内的真实,真理不是首先被发现而后由语言传播开来的,恰恰相反,它本身就是由话语建构起来的。……话语之所以能够形成,并且将知识组成系统的观念、价值、意义,渗透到社会生活的各个领域,控制人们的心灵与行动,根本在于它与权力的结合。权力提供给话语现实合法性,推动了它的形成,而话语反过来也加强了权力。"当下较有影响力的话语理论来自福柯、费尔克拉夫和梵·迪克等学者的思想。

## (一)福柯话语权力理论

话语一词的流行源于福柯,他认为话语是对不同知识体系的规约,可以在构建知识的过程中也构建出某种权力关系,即话语具有建构性,能够建构社会,包括建构客体和社会主体;互为话语性和互文性具有首要地位,任何话语实践都是由它与其他话语的关系来界定的,并以复杂的方式利用其他话语。福柯的话语理论主要包含以下观点:①权力具有话语本性,现代"生物权力"的实践和技术在相当程度上是话语性的。②话语具有政治性,权力斗争既发生在话语之内,也发生在话语之外。③社会变化具有话语本性,变化着的话语实践是社会变化中的一个重要因素。④话语即权力。权力指的是社会关系中的双方或各方互相制约的力量,是非中心的、多元的、异质的,权力核心的多元是现代性的特征,权力是关系性和生产性的,是一种纯然的结构性的活动,主体只是其中的副产品。

### (二)费尔克拉夫话语分析模型

诺曼·费尔克拉夫认为话语与社会存在一种辨证关系,一方面话语被社会结构所构成,并受到社会结构的限制,另一方面话语又有助于社会身份、社会关系、知识和信仰体系的建构,有助于改变社会;同时,话语实践作为社会实践的一部分,又是一种政治实践,建立、维护和改变权力关系及权力关系实体。这是费尔克拉夫的基础性观点。既然话语反映并建构社会关系,因此他将社会理论和话语分析相结合,创建了一种既能研究语言变化,又能研究社会和文化变化的多向度话语分析方法,即三维话语分析模型(见图1-6):关注文本语言分析的文本向度;说明文本生产过程和解释过程性质的话语实践向度;关注社会分析方面问题的社会实践向度。其中,文本即语篇,是话语实践的产物,文本分析从微观层面侧重分析文本的词汇、语法、连贯性和文本结构,用以找出话语者的态度;话语实践从中观层面侧重分析文本的互文性,将文本分析和社会实践联系起来,关注文本生产、分配和消费的过程,所有这些过程都关联到经济、政治和制度背景,文本的生产和解释都建立在内化的社会结构和社会习俗基础上;社会实践从宏观层面侧重分析话语实践过程及其它与社会语境的关系,把话语置于意识形态、权力关系、霸权现象之中,分析意识形态和霸权介入话语的形式,以及话语对意识形态和霸权的维护、批判和重构作用。

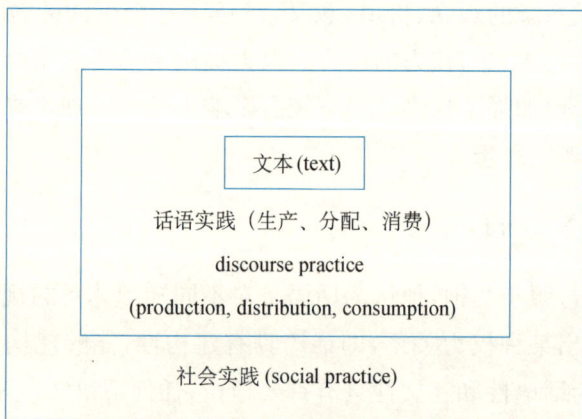

文本 (text)

话语实践（生产、分配、消费）
discourse practice
(production, distribution, consumption)

社会实践 (social practice)

图1-6　费尔克拉夫话语分析模型

费尔克拉夫话语分析模型告诉我们：文本内在于话语实践，话语实践内在于社会实践，三者互相影响。语言是一种社会现象，人们使用语言的方式都是社会决定的，使用语言也有社会效果。同时，社会现象也是语言现象，语言活动都是在社会语境中进行的，它不仅是社会过程和实践的反映或者表达，也是这些过程和实践的一部分。文本不能被孤立地理解和分析，必须同其他的文本和社会背景相结合。话语实践包括描述、阐释、解释三个阶段。文本是生产过程的产品，也是阐释过程的来源。生产和阐释文本受制于人们的信仰、价值观念、社会关系、主体位置和非语言因素。

> **？问题思考**
>
> 根据费尔克拉夫话语分析模型，AI 大模型生成的公共关系方案是否具有实用价值？为什么？
>
> 　提示：AI 大模型都是基于已有的语料逻辑生成方案的，语料虽然丰富，但都是过往的数据。时过境迁的大数据，对于强调当下与针对性的公共关系策划来说，肯定具有启发性；但不是"社会实践"，实用价值带有偶然性。

### （三）梵·迪克语境模型

梵·迪克在其《话语与语境》中认为话语分析不能仅仅停留在话语的文本层面，必须探讨语境问题。语境不等于社会环境，社会环境与话语没有直接的因果或条件关联，交际者对社会情景界定、理解、建构所形成的语境，才能影响话语的产生和理解。社会环境并不直接作用于话语，语境是话语与社会环境的中介，话语的生成离不开语境，语境控制着话语的生产和传播，因此必须探讨语境的系统结构及其影响。梵·迪克强调语境虽然是个人的，但更主要是由参与者共同建立的，建构语境的基础是社会的共有知识和共有信念。

梵·迪克认为语境模型不仅包含个人的历史、经历、意图、目的和知识，也包括社会群体的共识和信念。他设计的语境模型（见图1-7），包括背景和事件两大范畴。其中，背景范畴指时间、空间和环境；事件范畴由活动的个体或团体参与者构成，包括参与者个人属性（如个性、兴趣、外貌等）、社会属性（如年龄、性别、社会角色、社会关系等）、心理属性（如知识、规则、观点、意图和目标）和活动或行为四个维度。梵·迪克强调，语境模型生成于交际之前，而不是在交际时刻。例如总统上台演讲之前就预先知晓特定的场合和特定的观众，据此安排和设计自己的话语。语境模型控制着话语的整个生产过程，它不仅控制着"说什么"（即话语内容），同时控制着"如何说"（即话语结构、辞藻、文体、修辞等）。

| 语境 | 背景 | ◆ 时间<br>◆ 地点<br>◆ 环境 |
|---|---|---|
| | 事件 | ◆ 参与者的个人属性：个性、兴趣、外貌<br>◆ 参与者的社会属性：年龄、性别、社会角色　社会关系<br>◆ 参与者的心理属性：知识、规则、观点、意图、目标<br>◆ 活动/行为 |

图 1-7　梵·迪克语境模型

> **问题思考**
>
> 当下盛行的是互联网思维，互联网思维可以理解为三个关键词，即体验、话题和传播，讲究的是把用户使用产品过程中的体验感觉，化为话题传播出去，然后形成新的体验，引发更多的话题与传播。由此，您认为话语在社交媒体传播中居于什么地位？为什么？

## 四、蔡斯议程管理理论

1976 年蔡斯在《企业公共事务与管理》中首次使用议程管理一词。起初，议程管理被定义为企业为了了解并有效参与公共决策过程而展开的特定活动。现在，学者一般把它界定为社会组织识别、分析将来几年内能影响自身发展的社会趋势与议题，并准备积极回应策略方式的活动，旨在减少社会组织与社区之间的摩擦，促进两者融洽互动、互利发展。

议程管理的核心概念是议程。库伯和埃尔德(1972)发现大众媒体能使单纯性的"议题"提升到系统性的"议程"，并增加其被政策议程接受的机会。他们对议题与议程进行了区分，把"议题"界定为两个或两个以上的团体、组织因争夺地位或资源而产生的矛盾与事件，"议程"则是被政治共同体成员认知的、系统性的议题，值得公众关注，符合政府权力的合法裁定，是指在某一时间点，按照重要性等级进行传播的一系列问题，而不是某个具体的话题。一般而言，议程是特定社会组织在特定时空环境中，为了满足利益相关者的要求而需要解决的重要问题。社会组织常见的议程有公共政策议程、品牌资产议程、公众关系议程、社会责任议程、顾客满意度议程、风险管理议程和危机回应议程。这些议程中，既有争论性议程和期望性议程，也有外部影响性议程。

议程管理的核心环节是议题识别、议题分析和战略回应。议题识别包括三个方面的事项，一是识别利益相关者，二是识别影响社会组织和利益相关者的环境因素，三是识别利益相关者的期望与社会组织实际表现之间的缺口。议题分析就是分析议题的过往历史，预测议题的发展趋势，判断议题发生的可能性，评估议题对社会组织的可能性影响，据此排列各种议题的次序，找出优先议题。战略回应就是社会组织采取对外和对内两个维度的回应措施，避开议题风险，抓住议题机遇，使社会组织不仅得以存续，而且做大做强。对外的回应措施主要是引导社会舆论以控制和引导利益相关者的认知与期望，影响公共政策制定以创造良好的政策环境。对内的回应措施就是根据议题趋势，预先从战略层次上调整和改进经营管理行为，使社会组织拥有与时俱进的品质与实力。

💡 **要点提示**

议程管理理论与议题设置理论不是一回事哟。

## 五、罗杰斯创新扩散理论

埃弗雷特·罗杰斯 20 世纪 60 年代出版《创新的扩散》，提出了关于媒体劝服人们接受新信息（如新观念、新事物、新产品）的创新扩散理论。

罗杰斯把创新扩散界定为人们对新思想新事物认知到决策的过程，认为创新扩散由创新、传播、时序和社会系统四个要素构成，分为获知、关心、评价、试用和决定五个阶段（见图 1-8）。获知阶段指人们接触新事物，但知之甚少。关心阶段指人们对新事物产生了兴趣，意识到了创新的特征，想获得更多信息。评价阶段指人们构想新事物状况，并进行假想试用。试用阶段指尝试新事物，通过体验判断是否适合自己。决定阶段指做出采用或拒绝新事物的决定。大众媒介在"知晓"和"关心"环节具有相当大的影响力，而对"试用"和"决定"的影响力很小。

罗杰斯指出，新观念或新产品应该具有六个特性，相对原有观念或产品而呈现出来的优越性、能与现在价值观和需求共存的兼容性、理解与应用的复杂性、能在有限条件下试验的可靠性、创新结果能被他人看见的可感知性、现有思维模式不能推导出来的迭代性。创新扩散是创新信息在社会成员之间相互传播的过程，包括认知、说服、决定、应用和确认五个环节。认知是接触并知晓创新信息，说服就是针对创新信息形成基本的态度，决定就是确定采用或拒绝创新信息，应用就是实际运用创新信

| 前奏 | 过程 | 结果 |
|---|---|---|

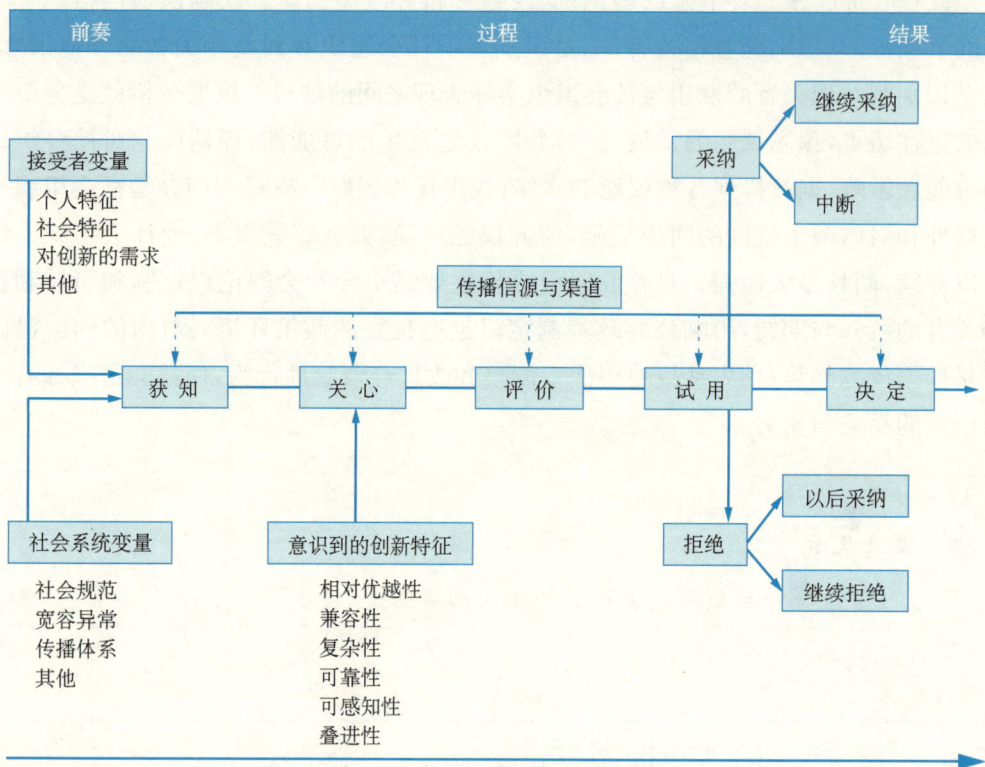

图 1-8　罗杰斯-休梅克创新扩散模式

息,确认则是基于应用绩效决定强化或撤回创新信息。

罗杰斯根据对待创新信息的态度与行为,把受众分为创新者、早期采用者、前期追随者、后期追随者和迟钝者。创新者人数少,仅占居民的 2.5％,见多识广,热衷尝试新观念新产品,是创新扩散的发动者。早期采用者占居民的 13.5％,一般属于意见领袖,拥有社会地位,乐于引领时尚,但行动比较谨慎。前期追随者占居民的 34％,对创新信息具有一定理解力,有思想,但相当谨慎,往往深思熟虑、多方沟通后,才决定跟进。后期追随者占居民的 34％,对创新信息疑虑较多,发现多数人接受创新信息后才决定跟进。迟钝者占居民的 16％,是因循守旧、对创新信息持否定态度的群体,当新生事物成为传统后才决定接纳。

罗杰斯认为创新扩散过程呈现 S 形(见图 1-9)。创新扩散的早期,采用者人数少,增幅缓慢,处于孤独的沉默期。当采用者人数扩张至人数 10％时,进入快速扩散阶段,处于起飞期,采用者数量突然大幅递增。当采用者人数接近饱和状态时,队伍无法继续扩张,增幅低,坠入减缓期,但总量仍然庞大。

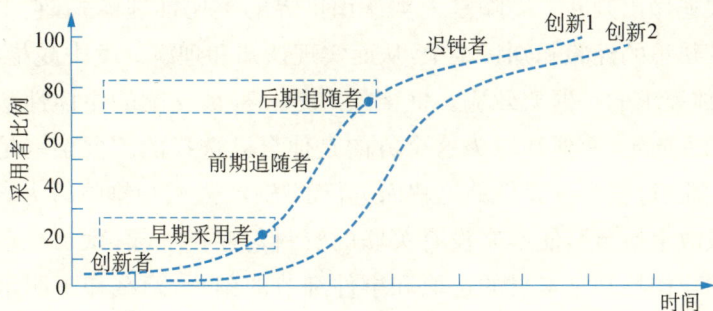

图 1-9　创新扩散曲线

---

💡 **要点提示**

世纪之初往往是创新的时代，新思想、新理念、新制度、新技术、新流程、新产品不一而足，这正是公共关系运用罗杰斯创新扩散理论大显神通的美好时代。

---

## 六、戈夫曼框架理论

在新闻分析中，内容分析法取向于定量分析文本，关注的是事实自身的内涵与意义。框架理论则偏向质性研究，结合社会环境特别是文化背景、权力结构、传播者的社会认知等因素挖掘其中的框架思维，关注的是新闻传播的内涵与意义。

### （一）框架理论

1955 年贝森特提出元传播概念，即传播者在传播中会传递信号解释所使用符号的含义及诠释规则，用预设框架解读外延性叙事，"框架"作为一个学术概念得以生成。

1974 年，欧文·戈夫曼认定"人们很难完整理解自己所处的世界，需要借助'框架'来组织和演绎自己的社会经历"，提出框架理论。他在《框架分析》中把框架界定为"阐释图式"，是人们用来认识和解释社会生活经验的一种认知结构，是"个人将社会生活经验转变为主观认知时所依据的一套规则"，能够帮助人们"界定、认知、辨别和区分无穷多的事实"。也就是说，框架是人为构造并加以组织化而形成的一套理解事物的相对稳定的心理结构，能赋予人们理解事物的体系化、基础性语言，具有后真相时代的特点："如果顽固的框架跟事实不相吻合，那么，人会抛弃事实，保留框架。"框架可以理解为一系列图式和隐喻的集合，图式指导个体处理和存取信息，将既有经验组织起来，在新环境中提供与之相关的认知结构，过滤冗余信息、补全缺失信息，最

*Xian Dai Gong Gong Guan Xi Xue*

终帮助人们快速做出判断。隐喻是人类认识世界的类比推理模式,它将个体不熟悉的事物放入其熟悉的经验和知识之中,从而实现认知和理解。戈夫曼指出,在传播活动中,话语主体谋求的是框架效应。框架效应是一种被支配的主体性认知,"对手按照你所指定的方向走,而他却以为这个方向是他自己选择的。"框架就是话语主体隐藏关于事情性质、过程和重要性的见解而进行的选择、强调和排除行为,通过"一些组织性的想法或故事情节",使本来没有关联的资料勾连在一起,赋予社会事件特定的意义。文本的建构特别是素材的选取和事件细节的刻画,隐藏却不明示话语主体的动机与意图,暗含却不明言话语主体对该社会事件整体性的意义解释、归因推论、道德评估和处理建议,但是受众接触传播作品后,又能"感受、领悟"到话语主体的传播动机及其对新闻事件的态度与意见。框架效应没有提供结论,但提供了主导性的视角,通过选择性描述来凸显议题的某种属性,暗示该议题和什么因素相关,从而影响公众对议题的评价和判断。

### (二)新闻框架理论和社会运动框架理论

戈夫曼提出框架理论后,受到学界高度关注,但如何理解框架,各有看法,形成了新闻框架理论和社会运动框架理论。

吉特林(1980)认为框架是一个持续不变的认知、解释和陈述方式,也就是"选择、强调和遗漏的稳定范式……是筛选、强调和排除新闻报道的过程",于是将"框架"一词定义为"媒介框架",并把媒体框架界定为"在关于存在着什么、发生了什么和有什么意义这些问题上进行选择、强调和表现时所使用的准则。"恩特曼(1993)认为"框架是指选择感知到的现实的某些方面,使其在传播文本中更加突出",新闻工作者通过构建新闻框架,强调某种社会建构意义,从而能够影响受众对事物的理解,即"通过强调某种定义、某种因果解释、某种道德评判以及推荐某种解决办法,来选择和凸显事物的某些方面"。框架在信息生产和接受中都起着重要作用,传播者选取信息中自己想要的内容,并凸显出来,以引导受众对问题的认知、价值判断和行为;受众接收信息时,则在传播者框架的信息基础上加上自己的认知图式,两种框架同时影响着自己对信息的理解。甘姆森(1989)认为新闻事实本身不存在意义,只能通过框架的整体组织、过滤和强调,意义才得以创造,他认定"框架是一组有组织性的中心思想,不但能让相关事件产生某种意义,而且能建议出什么才是主要的议题"。据此,他提出框架设置和诠释设置两个概念。框架设置是指构成新闻话语的各种要素,包括修辞、示例、图片、描述等。诠释设置是新闻话语所体现出来更深层次的内容,包括新闻事件的原则与意义、新闻事件的原因等。臧国仁(1999)认为媒介框架包括三个层面,分别回答自己的问题:宏观层面,回答的是"这是什么",即新闻主题的界定,主要表现为标语、导语及引语;中观层面,回答的是新闻事件的内容、进程、结果和影响、公众和媒体对于新闻事件的态度与评价；在微观层面，关注的是新闻报道中所使用的句法结构、用字技巧及修辞。

关于框架分析，甘姆森指出它应包括三个部分：一是关注生产过程，二是考察文本，三是关注意义协商中受众与文本之间的互动过程。德·弗雷泽（De Vreese）认为它分为三个部分两个过程：新闻编辑室的框架、新闻框架以及框架影响。其中，新闻编辑室的框架到新闻框架的过程属于框架构建，新闻框架到框架影响的过程属于框架设置。我国一位学者基于上述文献，认定框架分析最基本是三个部分，即文本框架、生产架构和影响架构。文本框架就是指媒介产品的文字内容和图片内容所呈现的符码现象及其阐释意义，即文本是什么。生产架构是指文本框架的生产过程（即选择新闻素材到刊登新闻稿的过程）及生产过程中的结构性影响因素，主要包括外部要求（行业规范、政策环境、编辑要求、媒体定位等）、内在能力（新闻生产者的素质、操守、能力、经验等）、新闻对象（新闻价值）、受众的态度兴趣取向、社会文化等等。影响架构涉及两个方面，一方面文本框架对受众框架的影响，包括对个人与群体的认知、态度、行为的影响，以及对社会环境尤其是拟态环境的影响，另一方面受众已有框架对于文本框架形成的结构性影响以及受众新框架的形成。

20世纪80年代，甘姆森等人发现社会运动的领袖需要通过文本符号来建构社会运动的价值，于是提出社会运动框架概念，并把它定义为社会运动领袖用于表述诉求、界定问题时所使用的理念、修辞、论述、文本和标记，以唤起公众的共鸣情绪，并付诸行动。

框架理论的内容庞杂而丰富，其精要就是：传播可以很好地伪装自己，把鲜明的企图隐藏于图与文的处理之中，公众基于自己的框架思维能够轻而易举地"得出"结论，没有观点的背后是最有观点。

公共关系传播虽然强调公共性，但内核是自利性的，旨在借助公共性的迷人效果实现开明的自我发展。因此，策划公共关系传播必须基于企业战略发展需要和传播意图，挑选新闻事件中符合企业自身需要的某些元素、特征或环节加以呈现，然后给予隐秘化的特别处理，启动公众脑海中业已存在的认知与价值准则，使之"形成"对公共关系新闻事件的"理解与判断"。虽然这种"理解与判断"没有呈现在文本之中，但是早已被隐藏于话语之中，因此，公众对新闻事件的理解与话语主体的期盼将是高度一致的。

**课堂讨论**

在社交媒体时代，对于同一篇文献、同一帧图像、同一个微视频的解读大相径庭，甚至截然不同。请您运用框架理论解析这个现象。

## 七、互联传播理论

社交媒体时代,互联网技术伴随量子思维和元宇宙思想的出现,从根本上改变着人类的社会面貌和生活方式,叠加性、不可分离性和不确定性等特性使得社会日趋无界、整体、灵活、多向、差异、可能、离域、联系、互动和难测,因此当下需要以有机关联的理念才能理解生态与社会。根据互联网时代公众的趣味化生存、体验式消费、共鸣式取向和互联网技术高速度、泛在网、低功耗、万物互联的现实,公共关系传播宜遵循互联传播理论(见图 1-10)的要求。

图 1-10　社交媒体时代公共关系互联传播模式

利益化呈现,即 benefit presentation,这是核心要求。5G 开创了万物互联的时代,受众是高度物质性的,非常注重物质功能对生活便捷性的影响。公共关系传播应该为公众创造价值,让公众实实在在地受益,给消费者以物超所值的感觉。

趣味化定位,即 interesting positioning。新媒体环境下的受众是高度群体化的,接受趣味文化驱使。公共关系应根据其浏览痕迹,利用计算机算法技术分析出目标公众的核心偏好,针对性地传播符合其趣味取向的内容,以调动庞大受众群体的兴趣,投其所好,发挥公众使用与满足心理机制的主体化作用。

接近性建构,即 proximity construction。互联网时代的公众特别推崇自己人效应,倾向认同与自己信仰、情感、立场、生活相同的人所陈述的观念。因此策划公共关系时,应该跟随社会文化消费趋势,分析公众社会活动特别是消费中所表达的内在价值观念、消费文化和生活的意义,提供与受众身份消费需求相一致的场景与生活样式,使传播的内容与受众个人身份、气质相符合,彰显社会身份,创造内在的一致性,在心理上与公众形成接近性，激发出受众的认同感。

日常化维护，即 routine maintenance。通过日常联系，维持良好的、持续性的互动。互联网时代的购买不是服务的结束，而是服务的开始。万物互联的时代下，定期借助平台的大数据为顾客进行产品维护和升级，生成长期互动机制，以巩固忠诚度。

共鸣式诉求，即 resonance appeal。共鸣策略认为媒体传播的信息只有引起受众共鸣才能产生扩散效应，"强调的是将媒体的话语与受众所珍视的价值联系起来，引起受众的共鸣，从而使受众获得更大程度的满足"。比尔·尼科尔斯主张写实性传播作品应该关注"公共性议题、反复性话题"，即"那些为社会所关注或者存在争议的概念和议题"，以消解话语独白困局，形成共鸣效果。共鸣策略要求公共关系把公共性议题明示为传播主题，营造与受众所珍藏的生活经历相匹配的影像氛围，述说受众难以忘怀的生活经历、人生体验和感受，赋予传播符号以特定的生活内涵，使传播话语融故事、情感和意义于一体，然后借助移情联想，通过传播作品与受众生活经历的共鸣，生成事实共鸣，进而延伸至价值共鸣、情感共鸣，"潮"文化得以兴起，社会共识得以凝结。

### 资料补充

故事营销是共鸣式诉求的实际运用，指的是企业在社交媒体上讲述有关产品体验或者品牌体验的生活故事，唤起公众强烈的情绪体验，产生共情，使公众在喜爱故事人物的基础上，认同企业的核心价值观，达到强化品牌形象的目的。故事应该具有四个特点，即情境性、故事性和可读性、代入感。情境性，就是需要呈现故事发生的场景，特别是事件发生的过程和冲突，强调绘声绘色。故事性就是要有人物、时间、真实的焦点事件和故事情节，强调引人入胜。可读性就是要刻画人物心理，渲染情景，有吸引力的角色和跌宕起伏的情节，强调出神入化。代入感是指故事的人设贴近顾客，剧情和画面感与目标公众的生活经历相同、相通，使公众在故事中产生替代故事人物而产生的身临其境感觉，强调鳌鸣鳖应。

嵌入式叙述，即 embedded narrative。互联网时代的公众喜爱体验，偏爱"进场"、"在场"。公共关系传播应该设置"代入"机制，把自己的观点与意见领袖、网红的看法融入一体，创建融凡尔赛体与学术体于一体的表达程式，不仅低调化分享自己的生活体验，而且高光化地共享社会权威的观点，开展线上口碑营销，以建构共通的意义空间，迅速形成意见气候，创造多级传播。

资料补充

共创童话是嵌入式叙述的经典实践。共创童话是指企业通过预设品牌核心但不完整的拟人化性格特征,然后将特质未定型的品牌推进社交媒体,进入公众视野,用留白的方式吸引公众立足品牌核心性格,围绕品牌符号展开自我想象,共同进行参与式书写,开展创意生产,公众在乐此不疲的互动中编织出善良美学,得到心理满足和社交满足,企业得以深化品牌与公众的关系,塑造品牌形象。

道德化准则,即 moral code。互联网时代的公众讲人文立场、讲家国情怀、讲秩序规则,崇尚信仰理念。据此,公共关系传播必须符合真善美与守法的要求。真就是讲符合科学真理的话、符合事实的话,杜绝违背学理常识的错话、违背真相的假话。善就是基于善意立场,不怀恶意、纯真温厚地对待社会,多为他人着想,多尽力帮助别人,多讲充满善意的话,多讲催人奋进的话,不讲伤害他人的话,不讲消极的话,使自己富有共情能力,让一切变得美好而和谐。美就是美丽与美好,就是基于国家历史和民族集体认知,多讲尽善尽美的话。守法就是遵守国家法律法规、政府政策规定、社会公序良俗以及国际法规惯例,不突破经营管理的底线。

**实战**

富有互联网思维的 Z 世代和 α 世代正在逐渐成为社会主力军。假如现在征集"面向 Z 世代和 α 世代的特斯拉公共关系法则"文本,您将从哪些维度给出设想?

脚踏实地,勇毅前行,一切皆有可能!加油!

## 本章小结

1. 公共关系就是社会组织基于战略绩效,自觉地运用各种传播媒体,有计划、有目标、持续开展大型活动,使社会组织与公众相互了解、相互适应和互惠互利,以达成社会良性互动、塑造良好形象的管理工作。艾维·李和爱德华·伯尼斯顺应时代要求,分别促进了公共关系职业和公共关系学科的诞生。智能公共关系是 AI 大模型环境下的新形态。

2. 公共关系基于为公众服务的宗旨和协调公众关系、塑造品牌形象的目标,担当着明确而特定的职责,即收集信息、辅助决策、传播推广、协调沟通、提供服务和危机管理。

3. 公共关系三维范式包含观念维度、事实维度和沟通维度。观念维度发挥指导作用，侧重"看法"；事实维度发挥保障作用，侧重"做法"；沟通维度侧重"说法"，旨在通过面对面的沟通和大众媒体的传播，扩大社会组织善良事件的影响，缩小不良事件特别是危机事件的危害。三个维度有机整合，使社会组织与公众之间理念上相互认同、事实上互利互惠、信息上相互沟通、活动上互动参与，创造共享价值，进而优化良好的社会关系状态和社会舆论状态。

4. 公共关系运用劝说、倡导、动员和传播等工具，进行议程管理，创造话语权力，应该遵循格鲁尼格卓越公共关系理论、霍夫兰传播说服理论、批评语言学话语理论、蔡斯议程管理理论、罗杰斯创新扩散理论、戈夫曼框架理论和互联传播理论的精要。

### 学习重点

- 公共关系的基础
- 公共关系的宗旨
- 公共关系的载体
- 艾维·李和爱德华·伯尼斯的公共关系贡献
- 公共关系的职责
- 公共关系的范式
- 公共关系核心理论的精要

### 语 录

卡特利普和森特："公共关系是这样一种管理功能：它确定、建立和维持社会组织与决定其成败的各类公众之间的互益关系。"

### 前沿问题

20世纪80年代公共关系大规模传入国内时，学界主要琢磨如何解构大众关于公共关系的种种误读。21世纪初，伴随中国制造走进世界，学界更热衷探讨中国公共关系的理论与实操模式如何国际化，翻译并引入了发达国家的诸多公共关系思想与理念，卓越传播、后真相时代、话语框架等理论得以流行。当下，中国式现代化事业取得了令世人瞩目的辉煌成就，自信有了底子，中国特色公共关系及其本土化理论成为学界发现的新矿，成为研究的热点；另外，顺应实践需要和学科发展趋势，大数据、智能、区块链、量子科学等时代语境下的公共关系研究也成为学界亮点；当然，数量最多的研究还是经典理论视域下的公共关系应用问题，体现了公共关系学科关照现实的实用特性。

## 推荐阅读

《公共关系的本质》（道·纽森，朱迪·范斯里克·杜克著，于朝晖译，上海：复旦大学出版社，2011年出版）

该书从专业角度全面诠释了公共关系调研、实施以及相关理论和伦理实践。本书强调的是公共关系的管理职能和社会驱动力，通过对公共关系历史与未来的全面解读，对公共关系战略和战术的详细分析，特别是大量公共关系活动的案例，为初学者提供了正确认识公共关系的路径，为从业人员的实践活动提供借鉴和参考。

推荐理由：公共关系职业和公共关系学科诞生之地阐述公共关系本质的著作，能够端正读者的公共关系认知。

## 案例

### 红星美凯龙鲁班文化节

红星美凯龙是家居装饰及家具商场运营商，主要经营家具、建材、家居用品，有自营和委管两种模式，在国内家居装饰及家具行业中占据龙头地位，在28个省市经营着200多家商场，商场规模、市场占有率、品牌影响力等各项指标均处于行业领先水平。

2013年公司借助大数据发现，红星美凯龙全国商场所有家具品类中实木家具销售上升最快，木质家具所代表的品位、环保、自然得到消费者的追捧，但消费者对于如何选购实木家具、实木家具是如何选材制作的、蕴含了怎样的"木文化"等问题十分关注，于是决定举办鲁班文化节，让消费者了解"木"、体验"木"、选购"木"。

红星美凯龙首届鲁班文化节于2013年7月在上海世博中国馆举办，主题是：万众瞩"木"，我爱鲁班。世博中国馆是卯榫结构全球最大的代表性建筑，整体创意源于鲁班卯榫结构，气势恢宏。特意选择在这里举办鲁班文化节，缅怀圣祖、论道华夏"木文化"，既是纪念鲁班诞辰2520周年、向先师鲁班致敬的需要，也是红星美凯龙继承和发扬中国木文化的宣誓。

在世博中国馆现场，红星美凯龙联合100多家实木品牌，集中展示着最贵的木、最古老的木，将各类木种材质一网打尽。

红星美凯龙首届鲁班文化节庆典会上，董事长发表主题演讲，表示"鲁班是中国的百工圣祖,纪念他一方面是倡导他所代表的创新、专注、一丝不苟、刨根溯源的鲁班精神,弘扬他所开创的'木文化';另一方面也是希望借这个机会用更多蕴含传统'木文化'的实木家具来感恩回馈广大消费者",并阐述了自己对于"木文化"天人合一、创造源头、环保自然等内涵的深刻理解。

红星美凯龙邀请文化与艺术界名流进行"鲁班六人谈"的跨界脱口秀,以说文解字、文化论道等形式向鲁班致敬,解读"刨以致创"之要旨,并以歌曲、舞蹈展演"刨以致创"精神,纪念鲁班圣祖,用当年最时尚的方式讨论鲁班、纪念鲁班。

在会上,红星美凯龙集团宣布正式成立"鲁班家居学院",旨在通过人员培训、专题研究、论坛交流等形式提升家居行业从业人员水平。

庆典会的结尾部分最具仪式感,现场所有嘉宾与50名班门弟子遵照春秋礼法,诵颂文、共奉酒、三鞠躬、同食师傅饭,以中华传统礼仪致敬鲁班先师。

与开幕典礼相配合,红星美凯龙各大商场现场安排专业讲师开设装修讲堂,帮助消费者了解实木家具,分辨实木家具的种类及优劣;并推出以"木"为关键词的系列回馈顾客的优惠活动。部分商场还有技艺精湛的木匠现场展示木工,消费者可以亲身体验实木家具精雕细琢的过程。

**点评:**红星美凯龙以鲁班诞辰2520周年为专题庆典契机,倡导行业学习鲁班精神,打造极具中国特色的企业文化;同时,以创设木文化话语为切入口,引领木制家具、木制装饰消费升级,既是"文艺青年",又是"时尚潮人",传承而不一味复古,前卫却又底蕴深厚,有效展示了红星美凯龙家居行业市场领导者的责任风范与担当形象。

练习与思考　　部分参考答案

# 第二章
# 公共关系的要素

## 学习目标

学完本章,您应该能够:
1. 区分广义与狭义的公共关系主体;
2. 理解不同社会组织公共关系的侧重点;
3. 认识搞好社区关系、媒体关系、政府关系、顾客关系的重要性;
4. 理解协调公众关系的关键点;
5. 理解公众特性分析模型的框架;
6. 熟悉各种媒体的传播性能;
7. 理解活动作为传播载体所特有的效用;
8. 掌握媒介情景理论的精要。

## 基本概念

社会组织　帕森斯组织分类法　公共关系机构　胜任力模型　公众　目标公众
Z世代公众　传播媒介　活动传播　格伯纳涵化理论　梅洛维茨媒介情景理论

　　广义的公共关系主体是指社会组织,狭义的公共关系主体是指公共关系机构与公共关系人员,发挥主导作用,是公共关系活动的承担者、策划者和实施者。公共关系的客体是指公众,发挥能动作用,主要表现为选择性机制,包括选择性注意、选择性理解和选择性记忆。公共关系的中介是指媒介和活动,发挥桥梁作用,既传递信息,又反馈信息。根据媒介情景理论,电子媒介能够有效建构新情景,特别是当媒介传播与活动传播有机整合后,更能以在场形式建构人的认知结构、情感倾向和行为模式,从而创造出有利于社会组织的公众环境。

# 第一节　公共关系的主体

公共关系的发动机是公共关系主体。公共关系主体的性质不同,需要不同,公共关系的基本模式就不尽相同。理解公共关系主体的含义与类型,对于提高公共关系的策划水平具有重要的意义。

## 一、广义的公共关系主体

广义的公共关系主体是社会组织。经济组织、政治组织、文化组织、群众组织、宗教组织都属于社会组织。

> **问题思考**
>
> 您所在的学校或公司也是社会组织。它的目标是什么?它的运作管理有完整的制度作保障吗?判断社会组织的标准有哪些?

### (一) 社会组织的含义

社会组织就是两人或者两人以上围绕特定使命组建起来的、具有特定运行结构和权力责任制度、经过分工与合作达成特定目标的人群集合体。对此可作如下理解。

1. 社会组织必须具有明确的目标

目标是组建社会组织的前提。任何社会组织的诞生都有特定的使命,追求特定的社会效益、经济效益或者其他效益。企业的目标就是实现投资利益的最大化,学校的目标就是为社会培养合格人才。根据美国知名学者帕森斯的理解,社会组织的目标导向分为四种,即以经济生产为目标导向,通过向社会提供物质产品和服务获得利

49

益，扩大组织的经济生产能力，如企业、公司、银行等；以政治为目标导向，目的是谋求权力分配，实现某种政治意图；以协调社会冲突为目标导向，保持社会秩序，如政府机构；以社会维模为导向，为社会培养符合特定文化要求的接班人，维持社会的持续发展，如学校。与此相应，社会组织分为经济生产组织、政治目标组织、社会整合组织和社会维模组织。这就是帕森斯组织分类法。无论出于何种目标，社会组织都应该有明确的职责追求和发展方向。

2. 社会组织必须建立分工与协作机制

如果某项活动依靠个人就能够完成，是无须组建社会组织的。组建社会组织就是需要把分散的力量整合起来，共同完成个人无法完成的使命。为此，社会组织需要建立科学的分工与协作机制。分工是借助专业化提高劳动力和其他各种资源的使用效率。协作是借助集体力量提高组织的效益，使组织的力量得以放大。应该说，社会组织是建立在部门分工基础上的整合组织。

3. 社会组织必须建立权力与责任制度

权力和责任是社会组织实现目标的基本保障。社会组织的正常运行离不开科学的权力和责任制度。赋予有关部门特定的权力，是为了有关员工在合理的范围内围绕目标能够自主地配置各种资源。明确有关部门的责任，是为了引导员工的权力行为服务于社会组织总体目标的实现，防止滥用权力进而破坏社会组织的正常运行。

4. 社会组织必须具有健全的组织活动

没有健全的组织活动，社会组织仅仅是一个"外壳"而已，不可能产生实质作用。社会组织的组织活动是为了实现职能目标、围绕社会组织的运行而形成的，主要包括以下五个方面。①设计组织的机构，包括根据组织结构理论设立进行专业化管理的职能部门，根据适度管理幅度确定管理层次。②适度分权和授权，明确职务责任。③进行人力资源开发与管理。④开展组织文化建设。⑤推动组织变革，强化社会组织整体的创新能力。

（二）社会组织的类型

**？ 问题思考**

社会组织分为哪些类型？各种社会组织公共关系的侧重点是什么？

从获益上讲，社会组织分为公益性组织、服务性组织、营利性组织和互益性组织。

公益性组织是为社会各界公众服务的组织，如政府、军队、公安部门。这类社会组织需要塑造勤政、廉洁、高效、为民的形象，侧重开展公益型、沟通型公共关系活动，通过服务与沟通，增进公众对组织的了解和信任。

服务性组织是为社会大众服务、让大众获益的组织，如社会福利机构、学校、医院等。这类社会组织需要树立公益服务、精通业务、热情周到的形象，侧重开展服务型、传播型公共关系活动，向社区提供专业服务，通过主流媒体、社交媒体等渠道传播组织的特色与亮点，解读相关政策，增进公众对组织的信任与好感。

营利性组织是通过提供物质产品、精神产品或者服务项目，谋求盈利的组织，一般指商业组织，如制造企业、服务类企业、酒店、广告公司、公共关系公司等。这类社会组织强调塑造质优价廉、诚实守信、反应敏感、富有宽容精神和承担社会责任的商业形象，侧重开展传播型、促销型公共关系活动，通过主流媒体、社交媒体、慈善赞助特别是促销活动等，传达组织核心价值观与使命、品牌故事与社会贡献，密切公众关系，提高企业声誉。

互益性组织是保障成员利益与权益的组织，如民间机构、宗教组织等。这类社会组织应该立足于塑造关心社会、遵纪守法、高度团结的形象，侧重开展服务型、沟通型公共关系活动。例如，环保民间团体，通过组织环保主题宣传活动，传播环保信息、发起环保倡议、组织环保志愿活动、传播环保项目成果，展示环保专业能力，开展环保技能培训，在提升社会环保意识，引导公众参与环保行动的过程，增强公众对环保机构的理解、信任和支持。

## 二、狭义的公共关系主体

狭义的公共关系主体是公共关系机构与公共关系人员，具体就是执行公共关系职能的部门和工作人员。

### （一）公共关系机构

> **？问题思考**
>
> 各种社会组织必然遇到公共关系问题。但是只有少数社会组织设立公共关系部。您能说出其中的缘由吗？您认为公共关系业务交给公共关系部还是公共关系公司？为什么？公共关系部和公共关系公司分别有哪些优点和不足？

公共关系机构主要有三种，即公共关系部、公共关系公司和公共关系协会。

公共关系部也称公共事务部，是社会组织内部设置专门策划、组织公共关系活动的传播性、沟通性职能部门。公共关系部对内而言主要是发挥上情下达、下情上达和部门协调的作用,对外而言主要是发挥传递信息、协调关系的作用。相对于公共关系公司来说,公共关系部具有熟悉情况、便于沟通的优点,但是难以客观公正,职业优势也不明显,有时工作效率不高。

公共关系公司是专门为其他各种社会组织提供公共关系业务服务并从中赢取商业利益的法人组织,市场调查、项目策划与运作、礼宾服务、新闻代理、广告代理、会议服务、宣传作品设计与制作等都是公共关系公司的经营范围。相对于公共关系部来说,公共关系公司具有客观公正、社会关系网络广、业务精通、效率较高的优势,但是不尽熟悉社会组织的详细情况。

公共关系协会是公共关系人员基于推动公共关系事业发展、进行业务交流、提高公共关系策划运作技能而组建起来的群众性民间团体组织。1948 年美国全国公共关系协会成立,1955 年国际公共关系联合会在英国伦敦成立,1986 年我国第一个公共关系协会在上海成立,1987 年中国公共关系协会在北京成立,1991 年中国国际公共关系协会在北京成立。公共关系协会的成立对于规范公共关系职业标准、提高公共关系策划运作水准起到了积极作用。

### (二)公共关系人员

现代社会强调职业岗位与个人核心素质的匹配,这是胜任力理论的基本要求。麦克利兰(1973)认为胜任力是影响个人主要工作、与工作绩效相关的一组知识、态度和技能。吉尔福德认为胜任力是"能够区分绩效优异者与绩效一般者的动机、特质、技能和能力,以及特定工作岗位所要求的一组行为特征"。胜任力的核心是素质,素质是对人的知识、技能、社会角色、自我概念、性格、动机的全面概括,包括 6 个族类、20 个具体要素,每个要素又可分出多个构成指标,见表 2-1。

表 2-1　人类素质的结构要素

| 序号 | 族类 | 具体要素 |
| --- | --- | --- |
| 1 | 成就与行动族 | 成就动机,主动性,对品质、次序和精确度的重视,信息采集、收集意识和能力 |
| 2 | 帮助与服务族 | 人际理解能力,客户服务导向 |
| 3 | 冲击与影响族 | 影响力,关系建立能力,组织认知能力 |
| 4 | 管理族 | 培养他人意识与能力,团队合作精神,团队领导能力,命令/果断性 |
| 5 | 认知族 | 分析式思考能力,概念式思考能力,技术、职业、管理专业知识 |
| 6 | 个人效能族 | 自我控制,自信,弹性,组织承诺 |

公共关系人员是从事公共关系职业的专业人员，是公共关系活动的策划者、组织者和执行者。根据胜任力理论和公共关系职责岗位的特殊性，公共关系人员应该具备科学的职业观念、匹配的能力结构和良好的职业道德。

**？ 问题思考**

在我国公共关系早期，流行聘请美女担任公共关系工作的潜规则，公共关系因此被界定为美女公关、花瓶公关。您如何看待这种现象？您认为公共关系人员应该具备哪些观念和能力？遵守哪些职业道德规范？

在观念方面，公共关系人员应该树立科学的信息意识、形象意识、公众意识、双赢意识、传播意识、协调意识、服务意识、创新意识、情感意识、文化意识等，在公共关系中高度重视收集与开发信息、自觉维护和发展形象、尊重公众人格与需求、追求社会组织与公众之间的互利互惠、重视传播宣传、注重协调各种关系网络、主动提供各种服务，不断推动公共关系事业的发展。

在能力方面，公共关系人员应该具备良好的观察能力、谋划分析能力、法规政策理解执行能力、文字与口头表达能力、指挥组织能力、随机应变能力和社交能力。

在职业道德方面，公共关系人员应该养成诚实、守法、公正、正派和责任品质，特别是诚实品质。美国出版的《百万富翁的智慧》中披露，美国1 300名接受调查的百万富翁认为，经营成功的因素依次是诚实、具有自我约束力、善于与人相处、勤奋。诚实被这些富翁公认为首要因素。而我国有些公共关系人员则明显缺乏诚实品格，在宣传和营销中信口开河，随心所欲，夸大其词，经常误导公众。这种蔑视公众智慧、对社会极端不负责任的做法，损害了公众的利益，企业最终必然自食恶果。

**课堂讨论**

请您运用 AI 大模型生成"公共关系人员的一天"文本。在移动互联网时代，做好公共关系特别需要哪些方面的能力？

## （三）全员公共关系

塑造和维护组织形象，仅仅依靠公共关系人员是不够的，社会组织必须动员所有员工参与公共关系，开展全员公共关系。全员公共关系的实质就是人人爱护形象、人人参与公共关系。全员公共关系的具体要求包括三个方面。一是决策者时时重视形象，经常支持公共关系工作。二是管理者要从战略的高度搞好部门之间的配合，协助公共关系活动。三是普通员工在自己的岗位上按质按量做好本职工作,在日常生活中注意个人形象。这样,就可以借助社会组织集体的力量,从不同的角度塑造、维护组织的良好形象。当然,在全员公共关系中,公共关系人员作为职业人员,始终发挥主导作用。

**课堂讨论**

单位的领导和门卫都是塑造组织形象的力量。有人认为,领导在组织形象塑造中发挥着"光芒万丈荣耀全体"的作用,而门卫则是"成事不足但败事有余"。您怎样评价这个说法?为什么?

# 第二节  公共关系的客体

公共关系的客体是公众。公众是社会组织生存和发展的基本环境。公共关系只有满足公众的需要,为公众创造价值,才能取得良好的效果。

## 一、公众的含义

**问题思考**

上海市民都是淘宝网的公众吗?湖南山区的农村居民肯定不是淘宝网的公众吗?为什么?公众究竟指什么人?

公众就是因面临共同问题、可能或者已经与特定社会组织发生某种联系的个人、群体或者团体。公众的出现首先是面临共同的问题,如共同的利益问题、需求问题、环境污染问题等,而且大家意识到问题的出现与某个社会组织有关,于是聚集在一起,按照市场经济法则和行政管理规约享用社会组织提供的商品与服务,或者借助法律手段、行政手段、新闻手段维护自身的合法权益,这时公众就形成了。从理论上讲,地球的任何人、任何组织都有可能是某特定社会组织的公众,其中发生概率极低的公众属于抽象意义的公众,其实不属于公众。公共关系的对象是现实公众,即与社会组织已经发生联系或发生联系可能性较大的公众。

## 二、公众的特性

卓有成效地开展公共关系活动,前提是正确认识公众的特性。公众的特性是策划、组织公共关系活动的出发点,只有针对公众特性策划公共关系活动,才有可能真正影响公众。从总体上讲,公众具有共同性、多样性、变化性、文化性和心理性特征。

根据共同性特征,策划公共关系活动时,应该准确了解各种公众的共同需要,尽量满足公众的共同需要,以便吸引众多的公众,从而扩大公共关系活动的影响范围。

根据多样性特点,策划公共关系活动时,应该运用公众细分理论,通过设置科学的细分标准,把公众区分为若干类,从中找出需要重点影响的目标公众,针对目标公众的特殊要求,开展相应的宣传活动,增强公共关系活动的影响力。

根据变化性特点,策划公共关系活动时,需要强化创新意识、预测意识和战略意识,使公共关系活动能够"与时俱进、与众俱进",呈现出鲜明的时代特性。

根据文化性特点,策划公共关系活动时,不仅要适应公众的文化体系,满足公众的文化需要,而且要善于进行文化包装和文化导向,代表先进文化的发展方向,唱响优秀文化主旋律,以便有效地影响公众的文化心理,提高公共关系活动的文化品位。

根据心理性特点,策划公共关系活动时,必须着眼于公众的心理活动过程,运用心理策略,在适应公众心理特性、适合公众需要的基础上,创造性地改变公众的心理倾向,诱发积极、愉快的心理联想,使之成为社会组织所期待的顺意公众。

> **问题思考**
> 请您运用 AI 大模型生成"Z 世代公众的特点"文本,它给出的结论是否符合您的实际情况? 还需要补充哪些内容?

## 三、公众的类型

公众分为内部公众和外部公众两个方面,其中外部公众根据不同的标准,又可以细分出不同的类型。

### (一)内部公众

内部公众主要指社会组织的成员和投资者,包括决策者、管理者、普通员工和股

55

东。他们既是内部公共关系的对象，同时又是社会组织对外公共关系活动的基本依靠力量。

从总体上讲，搞好内部公众关系的实质是人力资源的开发与管理问题，包括选人、育人、用人和留人。选人就是根据行之有效的招聘制度，选择人才。育人的实质就是发展人才，包括能力的培养和职位的晋升。用人则是把人才安排到合适的岗位上，并加以激励、奖励和鞭策，充分调动员工的积极性。留人的内容则更加丰富，包括以下几个方面：承认每个人的价值，尊重员工个人的权利；把员工放在合适的岗位上，满足人才升迁的愿望；创造有序、宽松的环境；给人才充分流动的机会，尊重员工去留的选择；推行员工持股计划即员工所有制，让员工有权分享自己的劳动成果，参与企业管理；推行考核＋奖金制度，借助严格的考核制度，通过奖金让员工分享企业利润；在工资、股份和奖金外，主动关心员工的福利待遇，并给予情感上的关爱。搞好人力资源开发与管理，做好选人、育人、用人、留人工作，是协调员工关系的根本。

## （二）外部公众

社会组织面临的外部公众种类繁杂，数量庞大，是公共关系的主要对象。策划公共关系活动，需要明确公众对象的类型和具体特性，这是前提。

1. 按公众发展过程，公众分为非公众、潜在公众、知晓公众和行动公众

非公众就是不可能向社会组织提出要求、不可能与社会组织发生联系的公众。对于上海大众汽车公司来说，70岁以上的老人一般属于非公众。潜在公众是目前没有，但在将来某一时间内可能向社会组织提出要求、与社会组织发生联系的公众。幼儿园小朋友和中学生就是上海大众汽车公司的潜在公众。知晓公众是意识到某个问题的存在并且知道该问题与某个社会组织有关的公众，它是由潜在公众发展而来的，是公共关系活动的重点对象。对于上海大众汽车公司来说，已经考取驾照但是还没有购车的"本本族"就属于知晓公众。行动公众是即将或者已经采取行为的公众，具有明确消费意图的人、已经购买商品的公众均属于行为公众，它是由知晓公众发展而来的。

需要说明的是，相对不同的问题，公众的类型归属是不同的。相对消费行为来说，购买公众属于行为公众，但是相对商品存在的质量问题来说，没有发现质量问题时属于潜在公众，当发现质量时属于知晓公众，决定投诉或者已经投诉时属于行动公众。

公众的类型不同，公共关系的基本对策也不相同。对于企业来说，一般无须针对非公众策划公共关系活动。针对潜在公众，企业应该策划、组织宣传品牌形象、提高品牌知晓度的公共关系活动，引导潜在公众向知晓公众发展。针对知晓公众，企业需要策划、组织宣传商品信息、提高美誉度和首选度的公共关系活动，如售前服务、促销

宣传,引导它们发展为行动公众。针对行动公众,企业应该策划、组织巩固美誉度的服务型公共关系活动,包括售中服务和售后服务,提高公众的品牌忠诚度。

**问题思考**

相对 DeepSeek 来说,我国在校大学生属于非公众、潜在公众、知晓公众还是行动公众?为什么?

2. 按公众角色,公众分为社区公众、政府公众、顾客公众、媒体公众和国际公众

社区公众就是社会组织所在区域内的公众,包括附近的居民、民间机构和其他社会组织,具有"准自家人"的特点。俗话说,远亲不如近邻。搞好社区公众关系对于社会组织来说具有特殊意义。社区公共关系的目的主要是争取社区公众的支持,塑造良好的生存形象。

政府公众是指各级政府机构及其工作人员(主要是公务员)。政府拥有制定社会管理政策的权力,是各种外部公众中最具有权威性的公众。争取政府公众的支持、谋取良好的政策环境是社会组织协调政府关系的基本意图。

顾客公众是指购买、消费企业提供的物质商品、精神商品和服务业务的公众,与企业的利益关系最明显。企业的生命线是顾客公众。企业拥有广泛的顾客公众,就意味着拥有巨大的市场。因此顾客公众成为企业公共关系最重要的工作对象。搞好顾客关系的根本在于提供满足其需要的产品,目标则是塑造良好的品牌形象,提高知晓度、美誉度、首选度、忠诚度和依赖度,引导顾客反复购买商品,并主动向其他顾客进行宣传。

**课堂讨论**

AI 大模型能够借助视觉训练数据,根据用户的文本指令完成以下任务:一次性生成视频、延长和扩展已生成的视频、将现有的静态图像转化成生动的视频、补全现有视频中的缺失帧。在人工智能技术面前,作为 Z 世代或者 α 世代的您,会怦然心动还是不为所动?为什么?

媒体公众是指新闻传播机构、新闻业务工作人员,报社、电视台、电台、网站和记者、编辑均属于媒体公众,具有双重性,既是公共关系工作的客体,同时又是传播企业信息、影响其他公众的主体。媒体公众是公共关系的重要对象。尤其是社会组织遭遇危机事件时,媒体公众一般都是目标公众。搞好媒体公众关系的目的是争取新闻媒体给予正面报道、反复报道,借助大众传播媒体创造良好的舆论环境,扩大社会组织的影响。

国际公众是企业的产品、人员进入国际市场后所面临的他国公众。加入 WTO 后,我国企业大量参与国际市场竞争,面临的国际公众越来越多。策划国际公共关系活动,既要考虑目标市场国的经济发展水平问题,又要注意各国的文化特性,切实搞好跨文化传播与沟通,根据市场目标国的经济水平和文化特性,开展国际公共关系活动,塑造良好的国际形象。

3. 按公众态度,公众分为顺意公众、逆意公众和中立公众

顺意公众是指倾向于称赞、支持社会组织政策的公众,这是公共关系可以信赖的基本队伍。逆意公众是指倾向于否定、指责、批评社会组织政策的公众,这种公众虽然数量较少,但是负面影响力比较大,能够引发危机事件,是公共关系的重点工作对象。中立公众就是持中立态度、不明确表态的公众。公共关系的任务就是转变逆意公众的立场,使其成为中立公众,并发展为顺意公众,从而扩大顺意公众的队伍。

**课堂讨论**

AI 大模型能够根据文本数据生成新的文本内容,如文章、诗歌、故事,并进行编辑排版和智能推送。请问:您是它的顺意公众吗?它有没有逆意公众?为什么?

4. 按相关性,公众分为目标公众和非目标公众

相关性既指与社会组织的经营定位和战略目标相关,也指与专项公共关系活动的内容相关。社区公众、顾客公众、政府公众、媒体公众、内部公众虽然都是社会组织的利益相关者,但不一定都是特定社会组织专项公共关系活动的目标公众。目标公众是指特定社会组织专项公共关系活动的基本指向对象和核心诉求对象。非目标公众是指对社会组织虽然重要但并不是专项公共关系活动的指向对象。公众是否是目标公众,需要借助消费者行为分析模型,从年龄、性别、职业阶层、经济收入、社会关系、消费动机、心理特性等维度来判断其与社会组织经营项目类别、品质、价位的匹配程度。例如,奢侈品推介会,其目标公众就是私营企业家、明星、民企高管等高收入群体,普通收入者只可心动,无法行动,只能是非目标公众。

## 四、公众特性分析模型

从不同角度区分公众,是为了找出目标公众。目标公众是社会组织服务的基本队伍,是公共关系活动的指向对象。为了提高公共关系活动的有效性,明确目标公众

之后,就需要对目标公众进行特性分析。

公众的特性是公众自身经历与外部环境长期综合作用的结果,同时也是内部各种因素相互作用的结果。公众特性分析宜从三个层次九个维度上进行分析,模型见图 2-1。其中,基础层包括时代属性、区域属性和职业属性,内隐层包括价值取向、心理特征和行为特征,外显层包括消费倾向、兴趣爱好和社交网络。常言道,一代人有一代的历练与责任,时代会给每一代留下鲜明的印记。一方水土养一方人,区域环境不同,地理气候、文化传统不同,导致公众的思想观念不尽相同。职业不同,公众的眼见、思维惯性、能力发展、社交圈子及收入水平,对公众心理和行为的影响为最直接。总体上讲,公众的时代属性、区域属性及职业属性,是形塑公众心理、行为特征和价值取向的基础。心理特征、行为特征和价值取向包括气质、性格、需要、动机、价值观、心理定势等因素,具有内隐性,只有外化社会生活之中,才能为外界所识别。消费倾向、兴趣爱好和社交网络是现代社会呈现心理特征、行为特征和价值取向的核心领域,具有可观察性的特点。

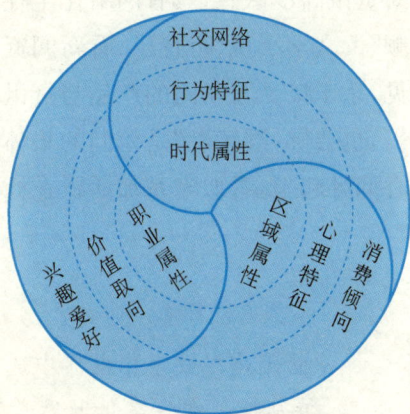

图 2-1 公众特性分析模型

运用公众特性分析模型对目标公众进行用户画像,主要分为三个环节,即调查访谈——分析概括——框架思路。其中,调查访谈是基础;分析概括是关键,即分析公众的成长背景与职业背景的基础性影响,从职业、消费等核心领域概括同类公众的共同特征;框架思路是结果,旨在根据用户画像结论,明确公共关系的策略框架。

**课堂讨论**

小米 SU7 汽车被定义为"工程师们想买的车",其用户画像是:他们不甘于平庸,还在为梦想奋斗;他们向往先进的科技,渴望幸福的生活;他们心中有火,眼里有光,浑身都闪耀着乐观和自信的光芒。这个用户画像的主旨是什么?

以下以 Z 世代公众为例,说明分析公众特性模型的运用精要。

在我国,根据每 15 年为一个世代的规则,1950—1964 年间出生的人口称为建国一代,1965—1979 年间出生的为 X 世代,1980—1994 年间出生的为 Y 世代,1995—2009 年间出生的为 Z 世代,2010 年至 2025 年间出生的为 α 世代。Y 世代是伴随着游戏机、电脑、互联网普及成长起来的。Z 世代是"从小接触互联网、社交网络和移动网络，真正的数字时代的原住民"，是伴随移动互联网、手游、动漫普及而成长起来的，对资讯高度敏感，具有网络化生存的特性，每天平均上网 3 小时，用于社交聊天、看视频、读文学小说、听音乐、看新闻资讯、逛购物网站，偏爱用户原创内容与线上 KOL 意见，乐于接受互联网的产品与资讯内容。中国 Z 世代人口数量约为 2.5 亿人。"偶尔丧，也会佛，继续燃"是他们的集体画像。"看似咸鱼却又背地内卷，看似躺平实则内心仰卧起坐，看似宅系却活跃在社交平台和互联网的各个角落"是他们的共同写真。

---

**资料补充**

α 世代是在数字化世界中成长起来的一代，对数字化技术的理解和应用能力更强，特别擅长在数字化世界学习认知、表达观点和探索创新，思维更活跃，视野更开阔，创新意识和批判思维更强，对新事物新挑战的接受能力更强，偏爱数字化平台与工具，更偏爱社交媒体，倾向于通过社交媒体和其他数字平台进行沟通与联系。

---

### （一）Z 世代的职场特性

时刻准备为梦想启航，把爱好直接带入职业选择，主张兴趣至上，认为工作内容符合口味比升职加薪更重要。

具有追求自由独立和个人价值的鲜明个性，敢于发声，不愿束缚于职场规则和生活规则，能够毫不含糊地维护自己的利益。

追求工作的成就感和成长性，拒绝不喜欢或者不能延续梦想的工作，拒绝摸鱼式加班，拒绝委屈式工作，干得不高兴，说走就走，"不留下一片云彩"。

偏爱翻转课堂，喜爱通过课前看教师创建的教学视频、听播课、阅读电子书、查阅网上资料和网上讨论等途径获得基本知识，把课堂看成老师与学生互动、同学与同学互动的场所，用以答疑解惑，完成合作式探究学习，获得深层次的发现与理解。

在社交平台上有强烈的表达欲望，喜欢用"弹幕"聊天、互动，爱用互联网暗语与梗语等，以此寻找自己人；向往简单的人际关系；对不想进行的谈话，喜欢用表情包来代替文字。

薪资待遇让位于职场价值感，向往高薪酬好福利，但更希望被认可、被平等尊重，更向往成长空间，"薪资待遇当然要考虑，但绝不是第一，更不是唯一"。

逆向思维明显，偏爱逆向背景调查，向 HR 人员进行逆向面试、内幕调查，爱做长辈与上级的逆向导师，期望双向奔赴。

请作为 Z 世代或 α 世代的您,运用 AI 大模型将自己一帧逛商场的静态照片转化成视频,然后与大家分享:AI 大模型的演展是否符合您当时的实际? 如果存在明显差异,尝试找找原因吧。

### (二) Z 世代的消费动机

偏爱社交消费。Z 世代因为课业长期繁重,缺乏现实生活中的社交机会,也缺乏共同语言,于是把消费视为简单而直白的社交生活,声称为社交而消费。在 Z 世代看来,购物就是社交渠道,消费就是"社交货币",希望借助吃穿住行的物质消费宣示自己是门当户对的成员,以更好地融入已有的社交圈,更快地进入新的朋友圈,因此偏爱购买饭圈和二次元内盛行的商品与服务,乐于把消费情景与消费符号分享至朋友圈,以共同缔造饭圈和二次元的共同语言,找到知己,找到共鸣,维持共同话题,维系人间友谊,彰显自己的在场与价值,满足自己的社交需求。

偏爱人设消费。Z 世代追求自我价值感和成长性,把消费视为自我实现的平台,主张通过消费完成对"我是谁"的认知和"我想成为谁"的探索,声称为人设而消费。他们立足自己某个鲜明的性格特征和人设形象,基于自己对社会进步、生活变革的预判,进行人设规划,写妥消费剧本与生活剧本,然后进行消费表演,即选择商品与服务消费,在与时代潮流相谐一致、同频共振的前提下,彰显个人独特的消费视角、消费品位,宣示与众不同的消费境界和消费风格,实现人设,成功逆袭,以进一步强化自我认知,"我消费,故我在,我消费,故我成"。

偏爱仪式消费。人类具有深厚的仪式情结,Z 世代是在仪式祝福中成长起来的,因此更加向往仪式,渴望在共同的仪式生活中舒展情感、缔结友谊、发展人际关系,主张为仪式而消费,并把消费仪式化。这主要表现在三个方面:一是热爱具有生活仪式意义的节日消费,被赋予情怀意义的中外节日、传统节日、现代节日都是仪式消费的平台,过年过节就会涌起消费的激情,买买买就是欢快的节日气氛。二是沉迷他人缔造的具有消费主义色彩的商品节(如电影节、大型购物节、大型高端商品主题文化节)和消费活动(如网红打卡消费)。三是把消费视为纪念生活与成长的必配,人生的标志事件(如生日、升学、结婚等)和具有第一次内涵的事件(如第一次远行、第一份工作、第一份工资、第一次跳槽等),都是消费的绝对理由。

偏爱悦己消费。Z 世代是经典的独生子女,被呵护的成长经历养成了善待自己的消费取向,强调倚重消费来对得起自己,声称为悦己而消费。他们消费启蒙早,消费意愿强,消费起点高,偏爱能给自己带来情感慰藉和心性滋养的商品与服务场景,讲究与物品之间的"眼缘"与"秒见生情"，力图通过商品消费来维持和提高自己生活的幸福感与快乐感，获得善待自己的满足感。

偏爱品质消费。Z世代成长于物质丰富的年代，可支配收入高出全国平均水平50％，生活很有质量，把消费理解为展示自己成就与成长的路径，理性消费思维浓，关心商品的性价比，关注商品的特色及其给自己带来的感受，追求一步到位式的消费，偏爱高端商品、限量版产品和小众品牌，看重商品的质感、颜值、纹饰、线条、舒适度、光洁度等，追求有品质的简单生活，不求多，但求好。

偏爱体验消费，讲究购物体验，重视消费场景、消费过程的体验感受及由此带来的情感舒适程度，喜欢能够带来良好体验感受的商品（如智能穿戴设备、彩妆、饰品）和服务（如线上线下无缝连接的服务）。

> **？ 问题思考**
>
> 大数据技术是提取大数据价值的技术，电商常用这个工具向您推送商品信息。请问：推送的信息符合您的真实需要吗？是否存在明显偏差？如果存在明显差异，原因是什么？

根据以上分析，以Z世代为目标公众的公共关系活动，宜采用以线上活动带动线下活动的策略，侧重网络公共关系，讲究IP公关、直播带货、二次元策略、社交策略、短/微视频公关、体验策略、情感策略的综合运用，在充分满足Z世代公众网络化生存需要的同时，强化顾客关系，提升品牌影响力。

## 第三节　公共关系的中介

公共关系的中介包括媒介和活动两个方面。前者表现为媒介传播特别是社交媒体传播，具体形态有新闻传播、网络传播、广告传播。后者立足于各种活动，特别是公共关系接待工作、大型活动、服务活动、危机管理和促销推介等，构建"活动"平台，借助"活动"载体传递信息，扩大辐射力。社会组织不仅要重视商业广告创意与传播，积极开展公益广告传播，融新闻故事、新闻特写与广告于一体，而且自觉策划与开展"活动"，主动策划新闻事件，召开新闻发布会，创造新闻价值，把企业、品牌或产品背后的愿景、使命、价值观、故事讲得富有戏剧性，争取新闻传播与广告传播的有机整合，实现"线上传播"与"线下传播"的有效整合，提高传播的可信度和吸引力，借助媒体与"活动"，达到信息互通、意见互通，进而创造企业与公众之间的共享价值。

# 一、媒介载体

公共关系活动圆满顺利结束了，只能说是成功了一半，另一半则是媒体的传播。制造舆论、强化舆论、引导舆论，离不开媒体特别是社交媒体。

## （一）印刷传播媒体

印刷传播媒体的历史相对比较悠久，人们掌握印刷技术后，就能够运用印刷媒体传播信息。现代技术特别是电子技术注入印刷技术后，印刷媒体又得到充分的发展，成为社会中最重要的传播媒体之一。

1. 印刷传播媒体的类型

印刷传播媒体主要包括四类：一是报纸，如日报、晨报、晚报、综合报纸、专业报纸、中央报纸、地方报纸等。二是杂志，如周刊、旬刊、半月刊、月刊、双月刊、季刊等。三是图书，如工商名录、年鉴、日历等。四是宣传单。这些印刷媒体对于公共关系宣传具有重要的作用。

2. 印刷传播媒体的特性

相对于电子传播媒体来说，印刷传播媒体的信息容量比较大，这是它们的共同优点。文化水平低的人特别是文盲无法充分接触印刷媒体，这是其共同缺点。由于报纸、杂志和图书的周期与性质不同，因此它们在传播信息方面又都各有自己的优势，同时也都有一定的局限性。

报纸从总体上看，发行范围和覆盖面比较大，遍及城乡角落和各界公众，是最有影响的大众传播媒体之一。报纸的宣传优势主要在于：①造价低廉，制作简便。②读者享有阅读时间、地点、速度的主动权。③报纸的信息容量大，往往拥有大量不同层次和类别的读者群，拥有较高的接触率和阅读率，有利于在广泛的范围内传递社会组织的各类信息。④报纸出版印刷周期相对短暂，以及业已形成的高效率投递工作网络，能够让各种社会信息及时介入公众生活。⑤报纸版面编排灵活，可以根据用户的意见和要求设计出理想的宣传版面，做到图文并茂，从而增强公众的印象。

相对报纸而言，杂志的时效性要欠缺一些。不过，在传播信息方面，杂志也有其他印刷难以替代的优势：①持续时间长，精读率高，有效接触率更大。②除少数综合性刊物外，专业性刊物往往都有一批稳定的、明确的读者对象，公共关系宣传容易做到有的放矢，而且由于具有较高的专业权威，一般可以取得较为理想的宣传效果。③篇幅灵活，印刷精致，图文并茂，可以让公众获得更直观的认识。但是，由于杂志时效性较差，周期较长，公共关系宣传的功效呈慢性状态，难以产生广泛的轰动效应，而且杂志专业性较强，读者面比较小，加上各种杂志可资利用的宣传版面极为有限，从而影响了公共关系宣传的规模效应。

相比之下，图书的出版印刷周期更长，读者群也更为狭小，因而其时效性和功用性稍显不足。但是图书由于内容较为稳定，信息容量大，尤其是专题性介绍同类企业和产品的图书，如《公共关系案例》等，具有供读者长期查阅的资料汇编性质，而且一般为图书馆所收藏，因此在公共关系宣传方面也有特殊的功效。由图书的性质所决定，图书一般不宜刊登具体产品和公共关系活动的宣传作品，而应刊登旨在宣传企业整体形象的宣传作品。

### （二）电子传播媒体

电子传播媒体是指通过电讯器械和电子技术向公众传播商品信息和形象信息的传播渠道，如广播、电视、新媒体等。

在各种传播媒体中，电子传播媒体是后起之秀，它是随着电子技术的发展而成为现代大众传播媒体的。随着计算机技术和卫星通信事业的发展，电子传播媒体能够更加迅速地向更加广泛的公众传播信息，更加深刻地影响人们的思维行为。因此电子传播媒体成为公共关系宣传的首选传播媒体。

1. 电子传播媒体的共同特征

在社会生活中，电子传播媒体已成为一种特殊的生存环境，具有重要的影响作用。这是由其独特的传播性能决定的。就总体而言，电子传播媒体具有权威性高、感性色彩浓、传播速度快、形象生动、娱乐性强、影响范围广、公众接触程度高等特点。任何一个地方发生了重大事件，通过电子传播媒体，就能够在很短的时间内让分布在世界各地的公众知晓事件的全过程和具体细节，给公众一种身临其境的感觉，而且还能提供用户生产信息的评论区和弹幕窗口，形成倾向性的心理气氛和舆论环境。电子传播媒体具有强烈的导向功能，容易使公众几乎无暇仔细思索就接受其推荐的价值观念。

2. 电子传播媒体的个性特征

不同种类的电子传播媒体作用于人体不同的感觉器官，运作机制也不尽相同，在传播信息方面各具特色。

> **？ 问题思考**
>
> 假如您是某百货公司的公共关系部经理，公司打算在感恩节开展"献爱心当日利润送温暖活动"，不考虑费用因素，您认为选择什么媒体公告该项活动？为什么？您能说说广播、电视和互联网各自的传播优势和劣势吗？

20 世纪初,广播技术研究成功后迅速投入运用,特别是美国西屋公司及时广播 1920 年 11 月 2 日总统大选的消息后,广播迅速成为大众媒体,现在已有百多年历史。在电子传播媒体中,广播的普及率极高,加之携带方便,有效覆盖面较大。广播始终是公共关系媒体系列的基本方面。在影响公众方面,广播具有以下优势:①辐射范围广,传播空间大。②传播速度快,当社会组织出现具有新闻价值的事件时,广播能及时准确地向公众进行传播,时效性最强。③传播对象众多,男女老少都是广播的听众,广播是一种听觉型的传播媒体,传播对象无论其文化程度高低,都能理解其中的传播信息。④传播的重复率高,频率快,容量大,公众可以从中获得较为准确、周全的信息。⑤传播过程人格化,播音人员美妙的嗓音,加上迷人的音乐,给人一种亲切的感觉,与公众之间具有较强的接近性。⑥制作简便,费用低廉。但是,广播仅仅局限于对公众听觉系统的刺激,不能在视觉上施加影响,因而形象性较差。这是广播的主要缺点。一般地说,如果社会组织向公众传播的信息内容主要是视觉范围内的,则不宜选择广播媒体。如果信息内容是听觉范围内的,而且信息量大,则应选用广播媒体。

**课堂讨论**

在移动互联网时代,广播的传播优势依然存在吗？为什么？

电视是一种将声响、文字和画面结合起来进行信息传播的大众工具,主要供家庭使用。20 世纪 30 年代开始,英、美、法等国相继建立了电视台,而真正深入到广大的公众家庭之中,则是第二次世界大战后。但是,它的发展速度快,现在已得到了普及。由于电视传播媒体能够把文字、声音、音乐、图形融于艺术之中,构成一个声色兼备、视听结合的传播手段,对公众具有较强的感染力。电视已成为公共关系传播的理想工具。相对于其他大众媒体,它的传播优势是显而易见的:①具有实体感和传真性,能够快速而逼真地展示信息的客观形态,可接受性比较强。②艺术性与娱乐性较强。它能把各种信息资料转换为直观的图像、声音和文字,形成具有美术价值的节目形态,表达方式新颖、生动、活泼,以感人的形象、优美的韵律和独特的技巧给公众以美的享受,有效地影响公众的思想观念和行为方式。③功能齐全。电视具有宣传、教育、娱乐和服务诸方面的功能,从而提高了公众对传播信息内容认可的积极性与主动性。④电视传播不受空间制约,速度快,覆盖面广,收视率高。⑤电视传播具有较强的影响力,能够激发公众的参与心理和模仿心理,形成有利于社会组织的公众环境。但是,由于制作电视节目需要较齐全的设备,所需费用也较昂贵,而且持续时间比较短暂,信息容量相对有限,因而难于全面地宣传社会组织的整体形象。

新媒体(New Media)是美国学者戈尔德马克 1967 年提出的概念,当时是指相对于传统媒体,如报刊、广播、电视等而发展起来的新的媒体形态;而现在被界定为:以计算机新技术特别是数字技术、网络技术和移动技术为基础,通过互联网、无线通信网、有线网络等中间渠道,借助电脑、手机、数字电视机等终端设备,向用户提供数字化信息和娱乐的传播形态和媒体形态。数字杂志、数字报纸、数字广播、数字电视、数字电影、移动电视、IPTV、手机媒体、网络、桌面视窗、触摸媒体、博客、播客、微博、微信等,都属于新媒体的范畴。

新媒体的技术基础是数字化技术,实现了媒介文本内容与物质载体的分离,因此处理数据更加容易、更加便捷,数据可以压缩到极小的空间,传递与更新速度更快,能够进行非线性传播,实现了低成本且全球化的传播,具有全天候和全覆盖性的特征,而且检索便捷。

新媒体的呈现形式是多媒体和超文本,它用超链接和搜索引擎的方式,将各种不同空间的文字信息组织在一起,成为网状文体,构建数字图书馆,信息量大、内容丰富,具有海量性与共享性的特征。

新媒体具有虚拟性的特点,新媒体所营造的空间、环境是虚拟的,用户的身份信息也是虚拟的,尤其是在网络游戏中,虚拟性更加明显。

新媒体注重技术、运营、产品和服务等商业模式的创新,导致自身的边界不断变化,呈现出媒介融合的趋势,形成了规模效应,用市场的方法取得了成本优势,传播具有低成本的特点。

新媒体的核心特质是交互性,从用户注册、传播沟通、解释文本到游戏过程,均实现了传播者与受众的双向即时互动、各种受众之间的同时个性化交流,满足了人们随时随地互动性表达、娱乐与信息的需要。因此,新传播进入了个性表达与交流的新时代,每个人都是信息的消费者、评价者,同时也是信息的生产者。点赞、评论和转发成为网民生活的常规手势,所以美国《连线》杂志认为,新媒体就是"所有人对所有人的传播"。

交互机制让新媒体自身具有两种特殊的市场价值,既满足了人们休闲娱乐时间碎片化的需求,又满足了大众的利益诉求需要。享受娱乐和表达诉求是所有人的基本需要和权利,为此人们纷纷使用新媒体,使新媒体呈现广泛性的特点。

新媒体的交互机制还增强了普通大众使用新媒体的目的性与选择的主动性,使新媒体传播草根化、平民化、去中心化的特点异常明显。草根传播兴起并日趋发达,形成了大众自我传播的格局,社会传播由此发生嬗变:由权威传播向亲民传播、封闭式传播向公开化传播、一元化传播向多元化传播、集权式传播向分享式传播、科层式传播向扁平化传播转变,同时也会出现话语逆差、污名化等问题,这就要求传播者更加需要具备开放自信的心态、抢占时效的能力、议题设置的能力,照应信息源的多元化,持续改进传播形象和语言风格。

> 📖 **实战**
>
> 　　DeepSeek 具有扩大品牌影响力的需要。请您运用 DeepSeek 生成"DeepSeek 面向 Z 世代大学生的传播方案",然后进行人工优化,以增强实用性。
>
> 　　提示:新媒体已经成为社会传播媒体的主力军。新时代的公共关系传播,必须以新媒体主阵地为根本,同时坚持融媒发展,打造全媒体传播阵势,讲好品牌故事。
>
> 　　脚踏实地,勇毅前行,一切皆有可能! 加油!

### (三)户外传播媒体

　　户外传播媒体是指利用霓虹灯、广告牌、路牌、旗帜、灯箱、车船、气球、市政公共建筑等传播信息的渠道。户外传播媒体的宣传内容一般比较简单,侧重于企业名称、品牌名称的宣传。

　　在城市高层建筑和市政公共场合设置五光十色的霓虹灯,由于色彩鲜艳,容易给人们的感觉系统以强烈的刺激,让人一目了然,留下深刻的印象。但是,这种媒体受到场地的限制,没有流动性,辐射面较小,即使在繁华的闹市地段,公众也难以闹中取静,驻足观看,宣传效果一般比较微弱。户外传播媒体信息载量有限,信息量不大,不能传播关于社会组织的详尽信息,不能有效地展示社会组织的整体形象,但有利于传播特色化的品牌信息。

　　现在越来越多的社会组织特别是企业利用各种交通工具如列车、汽车、地铁、轮船、出租车等媒体或工具进行宣传。车船作为传播媒体,具有以下优点:①它是一种流动性媒体,辐射范围相对较大。加上乘坐车船的人多,阅读对象遍及各地、各阶层、各职业和各年龄段,有利于提高知名度。②制作简单,费用低廉。③信息精简,内容集中,突出了特色形象,有利于强化品牌印象。

## 二、活动载体

　　在实际工作中,人们习惯于把公共关系定位于活动,把公共关系与活动连起来称谓,即"公共关系活动"。这个称谓体现了活动作为一种传播载体在公共关系的特殊性。以活动为载体进行传播,是公共关系的特色,有别于以媒介为载体的广告传播和新闻传播。

在公共关系领域,活动有主题,有程序,有程式,是一种仪式感极强的推介活动,公共关系活动的场域被安排在与主题相吻合的空间,目标公众作为嘉宾主体参加具有象征性和表演性的活动,通过公共关系主体预先确定的仪式制度与规范,延伸出内在的仪式化传播作用,目标公众在参与过程中聚焦于社会组织的物品与程式,共同的关注度和情感能量得到激增和强化,高涨的情绪与情感促使他们主动接受活动仪式所蕴含的信息内容与主张。公共关系活动,不仅能够有效地传播信息,而且能够产生互动仪式链效应,从而更好地实现协调公众关系、塑造品牌形象的目的。

**课堂讨论**

2021 年以来,淘宝直播立足扶持腰部直播和中心直播,实现支持 2 000 个账号成交翻倍、5 000 个店播年度成交超 1 000 万元、培育 100 个粉丝超百万内容账号的目标,先后推出了新领航计划、引光者联盟、超级新咖计划、源力计划等主播培育活动。请问,这些活动对于提高淘宝直播的社会影响力、消解淘宝传统电商的印象,分别具有哪些作用?

### (一)更能召集目标公众

受消费主义的影响,公共关系活动更具公众召集力量。消费主义认为,社会的生产已经不仅仅是产品的生产,更重要的是消费欲望的生产和消费激情的生产,是消费者的生产。正如鲍德里亚所指出:第一,商品消费成就着人人平等的神话。第二,消费不仅仅体现在物质文化上,更体现在商品的文化含义上,消费体现着个人身份。第三,消费的不是商品和服务的使用价值,而是它们的符号象征意义。"消费主义是指这样一种生活方式:消费的目的不是为了实际需求的满足,而是不断追求被制造出来、被刺激起来的欲望的满足。"把消费主义奉为圭臬的公共关系传播者,把活动策划得切中目标公众的需求特别是身份消费需求,目标公众自然纷至沓来。

此外,公共关系活动,具有较好的心理基础,这就是公众的自我表现欲望和娱乐休闲愿望。现代生活条件下的公众,由于物质需要得到了较好满足,萌生出"自我实现"的需要,在社会生活中喜欢突出自我,展现"自我价值"。此外,现代社会生活高度紧张,节奏比较快,工作压力比较大,因此公众期望在生活中找到放松心绪、调节紧张气息的机会,所以产生了娱乐休闲的强烈愿望。公共关系活动,抓住公众的自我表现欲望和娱乐休闲愿望,策划出能给公众自我表现机会或者提供娱乐休闲的仪式活动,给公众提供沉浸场景和参与窗口,满足公众的自主愿望,公众当然趋之若鹜。

## (二)更具信息穿透力

媒体传播仅仅作用于人的局部感官系统,如听觉或者视觉,公众接触媒体属于器官局部参与,因此媒体传播的信息辐射面广,但穿透力较弱。面对海量信息,公众对媒体传播持冷漠态度,对媒体信息特别是广告信息视而不见,充耳不闻。

活动传播的信息穿透力极强。公众能够同时实现形式参与和心理参与。形式参与是指公众到了活动现场,能够感受到现场气氛。心理参与是指公众不仅到达现场,而且还为之高兴,自觉关心活动的内容与进程,产生愉快的情绪与情感,进入"互动仪式"激情状态。所以柯林斯指出:"互动仪式最富激情的瞬间不仅是群体的高峰,也是个人生活的高峰。对这些事件我们刻骨铭心,它们赋予了我们个人生命的意义:或参加某次大的集体事件;或作为观众参加某一激动人心的流行的娱乐或体育活动。"为了进一步强化公共关系活动的公众心理参与效用,策划时宜选择容易引起公众争议的主题,设计具有新奇色彩的活动项目,以出乎人们意料之外的形式巧妙地推出,有意识地影响公众的心理思维与情绪情感,从而调动公众的心理参与热情,进一步增强活动传播的穿透力。

## (三)更能促成品牌社群

作为公共关系的传播载体,活动具有融程序仪式性、形式娱乐性、文化品位性于一体的特性。公共关系活动不是自然性的社会活动,具有较强的策划色彩和设计色彩,是配合公共关系传播需要而人为设计出的一种"程序仪式",有主题,有情节,有开头序曲,有高潮安排,有结束办法,是互为主体、多人共同参与的"运行过程",表现出较浓的仪式气息和程序色彩。在项目编排和表现形式上,活动传播讲究"雅俗共享",既蕴含着理想化的主题境界,又包含着娱乐性、游戏化的情趣,属于社会大众文化,因此它具有娱乐性和品位性的特点。程序仪式性、形式娱乐性、文化品位性于一体的特性,使得活动能够直接触及公众的情绪与情感。

为了强化情感触动效果,应该倾向基于感情立场谋划活动的安排。感情立场是活动的焦点,呈现的是对目标公众感情立场的迎合,刻意与目标公众感情保持接近性,体现了后真相时代的特质。后真相时代特指活动的传播主体不再像从前一样优先考虑客观事实的完整呈现,而是以煽动情感、强化偏见、迎合情绪的方式传播符合受众主观认知但偏离事件真相的内容,传播者和受众的情绪与信念优先于客观事实和理性思辨。实证证明,越是接近目标公众的感情立场,越是符合目标公众的感情取向,活动的吸引力也就越高,就越能引起目标公众的普遍关注。感情属性不是空洞的表白,它依附于活动具体的要素与程序之中,"词微而意显"地传递给受众。这样,在活动中,高度的互为主体性,与高度的情感连带结合在一起,导致目标公众形成品牌社群的成员身份感,并为每位品牌社区成员带来情感能量,从道德情感层次认同企业及其品牌,成为品牌的忠诚粉丝。

正因为活动作为传播载体,与媒体载体相比,呈现以上三个方面的明显优势,所以能够成为公共关系的核心范畴,剥离了活动,公共关系就失去了核心价值。策划、实施丰富多彩的活动,整合活动传播与媒体传播,是实现公共关系目标的基本遵循。

💡 **要点提示**

活动传播与媒体传播各有优势,公共关系传播应该追求媒体传播与活动传播的有机融合,不可偏废。

## 三、媒介情景理论的启示

1969 年美国学者格伯纳基于实验分析,围绕媒体现实、主观现实和客观现实的关系,发表《转向文化指标:大众媒介信息体系的分析》,提出涵化理论,强调长期接触大众媒介信息对社会认知的形成具有重要的影响,指出人们如果长时间接触电视所建构的符号现实,将依据电视世界而不是客观世界来理解社会现实。

1985 年乔舒亚·梅洛维茨把麦克卢汉的媒介论和戈夫曼的社会互动论融合起来,并引入"场景"概念,建构了"媒介—场景—行为"的理论逻辑,出版《空间感的失落》,提出媒介情境理论,指出:媒介的变化必然导致社会环境的变化,社会环境的变化又必然导致人类行为的变化。也就是说,媒介不断重塑着人们对时间和空间的感知,不仅传递信息,而且营造着新的情境,影响人们的行为,促成新的社会关系的形成。梅洛维茨认为,电子媒介的出现重组了社会的地域场景,消解了"地域"所构成的时空观,通过情境重组创造新的信息环境,导致新情境的产生,媒介成为场景形成的关键因素。不同的媒介形塑出不同的信息环境,形成不同的传播情景,情境的变化又改变着原先身份和行为的界限,形成了新的群体身份、社会身份和权力身份认知,引起人们社会行为和社会角色的变化,进而影响传播文化和社会,产生新的价值。这个过程可以简化为新媒介—新情景—新行为。媒介情景理论有三个核心要点。

第一,媒介信息系统就是情境,同物质场所一样能促成信息流通,通过改变社会情境来促使人们行为发生变化。电子媒介重新组织了社会情境,人们的行为不再只受物质场地即哪些人在场的影响。由于电子媒介削弱了物质场所在情境中的重要性,所以媒介信息系统比物质场所更重要。接触信息成为决定情境的关键因素。

第二,每一种独特的行为需要一种独特的情境。每一种媒介都构成一种情境,媒介情境都有相应的媒介使用行为。人们扮演角色的前提是明确划分社会情境的界限。如果没有明确的界限划分,就会出现社会情境的重叠现象,导致角色混淆,不知所措。大众媒介能够改变情景界限,情境呈现出动态和可变的特点,将只适合某些人观看的演出原封不动地搬给了整个社会。

第三,电子媒介能够导致传统媒介的合并或分离,使原来不同的情境得以融合,导致新情境的产生,并要求人们采取新的行为来适应新情境。电子媒介让不同类型受众群体得以合并与区隔,而且改变了人们接受情境的方式、顺序和群体,还将原来的私人情境并入公共情境,实现了情景融合,这些正在引发人们社会角色及角色行为的变化。

涵化理论表明,大众媒介不仅具有设置议题、赋予身份的作用,而且还能改变人们的认知与行动。媒介情境理论则进一步表明,电子媒介能够建构特定的新情景,生成相应的角色化仪式化行为。这就提示我们,只要重视媒介传播和活动传播,强化企业故事、品牌故事与公众生活的关联性,就能重构公众的认知结构、情感倾向和行为模式,让产品成为公众角色仪式生活的要件,为社会组织创造良好的社会环境。

### 课堂讨论

请你借助 AI 大模型生成 Y 世代和 Z 世代的媒体生活样式,并找出两者行为上、价值观上的差异。对这些差异,可以用什么理论加以解释?

### 本章小结

1. 广义的公共关系主体是社会组织,分为公益性组织、服务性组织、营利性组织和互益性组织。狭义的公共关系主体是公共关系机构和公共关系人员。

2. 公共关系的客体是公众,具有共同性、多样性、变化性、文化性和心理性特点,从不同角度,可以分为不同的类型。

3. 公共关系的中介是媒介载体和活动载体,媒介包括电视、报纸、广播、杂志等主流媒介和新媒体,各有传播优势与劣势。活动作为传播载体,能够产生互动仪式链效应,相对媒介,更能召集目标公众,更具信息穿透力,更能促成品牌社群,成为公共关系的核心范畴。

4. 媒介情景理论告诉我们,电子媒介能够建构新情境,进而建构公众的认知结构、情感倾向和行为模式,在移动互联网环境下公共关系需高度重视媒介传播。

## 学习重点

- 不同类型社会组织开展公共关系的侧重点
- 公共关系人员的素养条件
- 全员公共关系的实质
- 搞好各种公众关系的目的
- 公共关系主要传播媒介的特性
- 活动作为传播载体所特有的效用
- 梅洛维茨媒介情景理论的基本内容

## 语录

詹姆斯·格鲁尼格:"公共关系是社会组织与其相关公众之间的传播管理。"

## 前沿问题

1985 年国内出版了第一本公共关系著作书名是《公众关系学》,为了建构公众关系,该书立足结构解析,从静态角度研究公共关系主体、客体与中介的特性。后来出于实战需要,着重分析公共关系基本要素之间的关系,并把三个要素的作用分别界定为主导作用、桥梁作用和能动作用,突破了传统静态分析的模式,强调从动态关系中进行把握,提出了目标公众和核心媒体概念。现在已经引用主体间性理论,把公共关系三个要素视为利益共同体,放在社会环境中进行研究,提出生态关系理论,突出了公共关系各要素互为主体并融入社会整体的特性。

## 推荐阅读

《完全沟通》(宋晓阳,中国友谊出版社,2020 年)

该书系统梳理演讲、独白、听辨、即兴表达四大模块,从逻辑思考到语言输出,系统而生动地阐述了沟通的要领与规范。

推荐理由:沟通是公共关系的核心工具之一。作者集结 15 年研究和培训精粹撰写而成,尽是精华,定能全方位地教你精准传达想法,助你凭借表达在职场脱颖而出。

## OPPO 手机 1 000 万人深夜陪伴行动

OPPO 手机作为至美科技的探索者及引领者,致力于打造万物互融时代的多智能终端及服务,为人们创造美好生活。OPPO 手机经过大量用户调查,发现年轻群体白天的时间基本都被工作占据,只有夜色降临过后的夜生活时间,才属于年轻人,对手机夜间拍照的需求十分明显。

为了宣传强大的夜拍功能,2018 年 9 月 20 日,OPPO 手机运营企业联合新世相微信公众号发起了"夜的故事"征集活动,用户只需在新世相微信公众号上发布与"夜"有关的照片,讲述令自己不想入睡的故事,就可参加"1 000 万人深夜陪伴行动"。

活动宣传页面的设计简洁直接,却颇具煽情效果:"你在哪座城市,你在夜晚见过什么故事"/"这是新世相和 OPPO 共同发起的 1 000 万人深夜陪伴行动,每个睡不着的夜晚,你都可以把深夜的城市拍下来,发给一个陌生人。OPPO 的深夜故事线下影展也可能出现你的照片"/"深夜不睡的人聚在一起,总能杀死你的孤独"并宣布:OPPO 手机运营商将从参与者当中挑出 50 个人,每人送出 OPPO R17 手机一部。

用户每上传一张照片,屏幕就会生成三项内容:照片占屏幕 3/4 面积,居中心位;照片上端的文字,第一行是"1 000 万人"(本行居中,黑体加粗,较小字号),第二行是"深夜陪伴行动"(本行居中,黑体加粗,特大字号),第三行是"已有□□□□□□人在陪伴"(本行居中,黑体淡化,字号与"1 000 万人"相同);照片下端右侧显示所在城市名。在上传的文字结束处,生成出"扫码二维码/杀死你的深夜孤独",还有二维码图。

这样大家只要打开手机,拍下并上传一张夜拍的照片,记录自己深夜的思绪,便能与人分享自己夜晚的故事,就会有众多人陪伴自己度过不眠的深夜,让自己的夜晚不再孤独。

"深夜陪伴行动"符合年轻群体展现自我、抒发情感和虚拟交流的需要,活动推出后,就受到年轻用户欢迎,大家纷纷上传夜色照片和故事话语,在成就年轻用户深夜虚拟社交的过程中,也成就了 OPPO 手机功能形象的传播。

**点评**:针对年轻用户的内心需要,立足真实生活,充分利用智能手机自媒体简易操作、互动性强的特点,征集夜晚照片故事,随便拍,随手传,轻轻松松之间,就赢取了"完美关系"。

73

练习与思考　　部分参考答案

# 第三章
# 公共关系的目标

## 学习目标

学完本章,您应该能够:

1. 理解利益相关者理论、关系管理理论、声誉管理理论的基本内容;
2. 掌握协调内部公众关系的技能;
3. 掌握顾客满意理论和客户关系管理理论的内核要求;
4. 熟悉构建和维护顾客关系、媒体关系、政府关系和社区关系的路径;
5. 了解企业形象的构成及其相互关系;
6. 熟悉推广品牌形象的核心路径。

## 基本概念

公众关系　利益相关者理论　关系管理理论　顾客满意理论　客户关系管理理论　顾客关系　媒体关系　政府关系　社区关系　声誉管理理论　USP 理论　品牌印象理论　品牌性格理论　品牌身份理论　品牌形象　知晓度　美誉度　首选度忠诚度　依赖度

　　公共关系的目标就是协调公众关系、塑造组织形象。通过公众关系的协调与维护,为社会组织创造良好的生存与发展环境,并为塑造组织形象夯实基础。政府、政党、企业和学校等各种社会组织都存在形象塑造的问题。对于企业来说,塑造组织形象主要是通过公共关系策划与宣传,让企业品牌成为地区名牌、国家名牌、国际名牌。协调公众关系和塑造品牌形象,都是企业实现可持续发展和突破性扩张的基础。本章引导学生掌握构建与维护各种公众关系的技能,理解品牌管理工作包括塑造实体形象和推介品牌形象两个方面,缺一不可,初步掌握策划企业形象的基本技巧。

# 第一节 协调公众关系

公众关系包括内部公众关系（即员工关系）和外部公众关系两个方面，构建积极向上、团结友善的内部公众关系，建立共同满意、合作和谐的外部公众关系，为企业创造良好的公众环境，是公共关系的核心目标之一。

## 一、协调公众关系的理论基础

协调公众关系的理论依据是利益相关者理论和关系管理理论。利益相关者理论源于20世纪60年代，但引起社会关注是80年代。1984年，弗里曼在《战略管理：利益相关者管理的分析方法》中，提出了系统的利益相关者理论，在此基础上，又发展出关系管理理论。

### （一）利益相关者理论

关于利益相关者内涵的界定，起初是从法律角度进行的，认为"利益相关者是指在企业生产活动中进行了一定的专用性投资、并承担了一定风险的个体和群体。"现在更倾向于影响角度的界定，代表性的定义就是弗里曼的观点，他认为"利益相关者是能够影响社会组织目标的实现，或者受到社会组织实现其目标过程的影响的所有个体和群体"，也就是，只要与企业的职能活动有关联的公众，都是利益相关者，因此利益相关者的外延很广，既包括股东、债权人、雇员、消费者、供应商等交易伙伴，也包括政府部门、社区居民、媒体、环保主义者等制约性公众，还包括自然环境、人类后代等受到企业经营活动直接或间接影响的客体。

利益相关者理论的假设是：企业是一种智力和管理专业化投资的制度安排，不完全由股东所有；随着社会不断发展，物质资本所有者在公司中的地位将逐渐弱化；企业的生存和发展依赖于企业对利益相关者利益要求的回应的质量，而不仅仅取决于股东。因此，企业不仅要追求经济目标，还要承担社会、政治上的责任；综合平衡各利益相关者的利益要求，追求利益相关者的整体利益，而不仅仅是股东的利益。

具体而言，处理与利益相关者的关系时，应该做到：①培育顾客至上意识，让每个员工都认同：产品是为人制造的，而不是为了利润，利润是企业服务顾客的副产品。②遵循互利互惠理念，与利益相关者相互依存，利益交融，努力建构利益共同体。

③寻求与利益相关者的密切合作,共同推动企业持续、健康发展。④自觉为利益相关者维护权益提供制度保障。⑤相互信任,主动向客户、债权人、供应商等交易伙伴提供必要的财务和经营信息,以便其作出判断和进行决策。⑥倡导人际交往,鼓励职工直接与企业领导管理层沟通、交流,提出建议与意见。⑦自觉造福社会,在推动企业持续发展、实现股东利益的同时,高度关注社区公共事务、环境保护和公益事业等问题,重视企业的社会责任。

---

**课堂讨论**

请您借助 AI 大模型,把"分享是增值的源泉,利益的共享是持久发展的基石"生成一个短视频。视频展演的结局能否打动您? 为什么?

---

### (二) 关系管理理论

美国学者弗格森认为公共关系是一种以关系为中心的战略管理职能。莱丁厄姆(Ledingham,2003)认为关系管理是社会组织根据时间变化,基于有利于双方互信互利的共同利益与目标,对自己与利益相关者的关系所进行的正当而有效的管理。经过多位学者探讨,形成了关系管理理论。

关系管理理论的核心内容有:①公共关系包含专业关系、私人关系和社区关系三个维度,其中,专业关系是社会组织提供专业服务方面的表现,私人关系是社会组织与利益相关者私人互动层面的表现,社区关系是社会组织践行社会公民责任与义务的表现。②关系管理的立足点是促进社会组织长期目标与短期目标的实现,目的是增进社会组织与公众之间的相互理解和共同利益,能够让双方都认识到对方的出发点是好的,建立起长期、有效、互惠互利的关系,因此必须运用战略管理和项目管理的方法。③公共关系是社会组织与相关公众特别是利益相关者的交流和行为活动,利益相关者参与是关系管理的基本路径。利益相关者参与是"是一种同意机制,用于控制、合作和追责;是一种员工参与的形式,是一种增进信任的方式,是一种真正信任的替代品,是一种强化公正性的理念。"通过利益相关者参与,创造出相互尽责、可以问责的机制。④维护和发展关系的策略主要有信任、开放、参与、投资与承诺。其中,信任是指公众愿意"按照你说的去做"。开放是指公众能够"分享你对未来的计划",社会组织应该尽一切努力,保证所有传播、交流渠道畅通,并向公众公开,让公众知情。参与意味着可接触性、在场性和互动意愿,社会组织应该与公众对话,与公众互动,让公众参与,"介入到推动社会组织发展的工作中来"。投资是指"投资对社会有益的事业"。承诺是指社会组织保证"长期服务于社会"。

资料补充

居延安先生提出关系管理6C模式,认为建构和保持良好的关系,必须遵循六个要求:缔造与发展共同利益兴趣(common interest),重视交流与沟通(communication),讲究信誉、信用(credibility),遵守承诺(commitment)、执着事业,谋求合作、协作(collaboration),善于妥协与让步(compromise)。

## 二、内部公众关系的协调

内部公众关系主要是指员工关系,包含三个方面,即同事关系、上下级关系和部门关系。从理性角度看,内部公众不仅存在共同的利益追求,而且长期共处彼此相识,员工关系的协调工作应该相对容易。但是也正由于利益相同彼此相识,导致员工关系比较敏感,协调工作更加需要讲究策略。

### (一)协调员工关系的取向

作为一项特殊的公共关系,协调员工关系的价值取向是增强社会组织的凝聚力和向心力。社会组织的凝聚力和向心力,如果不施加积极影响,在坐标上其发展轨迹呈现倒"Z"字形,见图3-1。这个轨迹图可以概括为"五同"现象:决定创业时是"同心同德",制定发展规划时"同舟共济",初步取得成功时"同床异梦",遇到分歧时"同室操戈",最后"同归于尽"。

在创业期间,所有的成员奋斗目标明确,事业心极强,而且精诚团结,相互协作,凝聚力和向心力都强,内部公共关系的立足点是强化凝聚力和向心力,维护良好的组织心理状态。

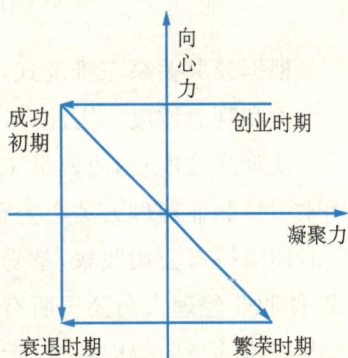

图 3-1　社会组织凝聚力和向心力变化轨迹

当事业取得初步成功后,围绕社会组织的发展方向和战略目标、战略措施的制定,"有功之臣"各抒己见,而且均有一定的合理性,于是发生争论,并发展为个人恩怨,社会组织的心理状况是虽有向心力,但无凝聚力。占有优势地位的决策者为了推行自己的决策,此时往往清除"异己",社会组织遭遇人事震荡,可能出现两种结局:一是基于创业期间形成的发展惯性和决策者的英明,进入繁荣局面;二是直接坠入衰退局面。在成功初期,社会组织应该策划维持向心力、恢复凝聚力的公共关系活动,使出现裂痕的组织心态回归到创业时期。

在繁荣时期,员工都是经过人事震荡之后留下来的拥护者,或者是新招募的职工,特别敬佩决策者,乐于服从领导,凝聚力行以回归。但是这些员工或者迷信决策者,或者"打工意识"强烈,事业心比较弱,所以此时社会组织的心理状态是凝聚力高,但是向心力低。公共关系活动的对策应该是恢复向心力,保持凝聚力,争取回归到创业时期良好的组织心理。

当社会组织进入衰退期时,往往是凝聚力和向心力均低,内部公共关系的目标是全面恢复凝聚力和向心力。

> **问题思考**
>
> 百事公司的斯蒂·文雷纳蒙德说:"要使产品增长,先要让你的员工成长。"扭亏高手 Unisys 公司的温白克说:"一家企业要成功。关键是一定要爱护自己的员工,并帮助他们,否则他们也不会帮助企业。"对此,您是如何看待的? 您认为如何才能从根本上理顺员工与管理层的关系?

## (二)员工关系的协调路径

根据公共关系三维范式,协调员工关系不仅要重视传播(沟通)维度,更要重视事实维度和观念维度。因此,员工关系的协调是一项综合工程。

从观念维度看,协调员工关系需要培育利益共同体的理念。利益共同体最初是用来引导职业经理人关心公司长期战略价值的理念,基本做法是让职业经理人在一定时期内持有公司股权,享受股权的增值收益,同时承担相应风险,以股权激励的方式,使职业经理人与公司所有人的利益追求尽可能趋一致,成为利益共同体。现在利益共同体的指向得以拓宽,旨在通过各种契约、制度、行为机制等,使企业拥有者、经营管理者和生产者等利益相关者共担风险、共享利益,结合为同呼吸、共命运的利益整体。培育利益共同体理念,需要转换观念,把员工视为分享利益的合作者,而不是生产要素,认识到企业是股东与员工共同投资的合作体,股东投资物质资本,而员工投资人力资本,都是投资者,双方缺一不可,互为合作对象,相互依存,利益交融。

从事实维度看,协调员工关系需要夯实团结的基石,通过"做"促进员工团结,具体措施有:①立足人本管理思想,兼顾公平与效率,建立科学、公正的管理制度,依法依规地化解员工之间的矛盾,保持健康的组织心理氛围。②加强企业文化建设,明确企业的核心价值观,开展企业文化展示、演示活动,利用组织内部媒体宣传企业文化理念,并借助各种班组活动灌输企业核心价值观,唱响企业文化主旋律,创造积极向上的企业文化氛围,有意识地引导所有员工认同企业所倡导的核心价值观念,奠定团结的思想基础,提高员工对企业的认同感和归属感。③建立良性的利益分享机制,确保员工获得相对较高的薪酬福利待遇,条件成熟时还应推行员工持股制,提高员工的职业幸福感。④适度授权给员工,推行民主管理,培养员工的主人翁意识,为员工实现自我价值创造平台。⑤积极开展沟通管理,建立信息沟通制度和信息共享制度,满足员工的知情权。⑥搞好员工日常工作和生活所涉及的实事工程,如食堂、澡堂、停车场、子女上学接送等,解决员工的后顾之忧。⑦指导员工设计自己的职业生涯,提供培养机会,引领员工职场发展,提高员工的满意度。⑧领导自觉做团结的表率,做员工团结的榜样。⑨做好内部公共关系活动,社会节假日和员工生日时应及时送上组织的祝贺,员工遇到困难时,及时送上组织的温暖。

从传播沟通维度看,协调员工关系需要设计沟通的平台,利用"说"促进员工团结,具体有如下八大措施。①提倡团队精神,开展团队体验活动,有效培育员工的团队合作意识。②开展职场心理辅导,设置宣泄室,帮助员工化解职场压力和人际关系困惑。③在企业网页网站上或者借助微信微博等渠道,设置员工沟通平台,引导员工相互倾听,解决员工的隔阂问题,减少员工之间的误解。④倡导员工沟通时多说赞美的话,多说鼓气的话,彼此照应尊严感。⑤巧妙运用企业非正式组织的红娘作用和意见领袖的权威作用,促进团结。⑥重视单位聚会、聚餐、旅游活动的策划,安排座位座次,充分挖掘这些活动的情谊深化作用和矛盾排解作用。⑦及时化解员工的怨气,让员工不讲有损团结的话。⑧提倡换位思考,弘扬宽容精神,提倡互谅互敬,倡导诚信友善,引导员工宽待他人,善待同事,在同事交往中自觉做到存好心、做好事、说好话。

> **? 问题思考**
> 请您借助 AI 大模型,把"善待同事就是善待自己"生成一个短视频。视频展演的氛围是否温暖感人? 为什么?

## 三、外部公众关系的建构与维护

相对内部公众关系,外部公众关系的协调,面临的问题是公众队伍庞大、利益诉求复杂,因此更需要讲究艺术性。协调外部公众关系的根本是企业践行社会责任。社会责任要求企业在履行法律义务和经济义务的前提下,自觉追求对社会有利的长期目标,积极承担一定的社会责任,如保护自然环境、公平对待顾客、参与社区公益事业、赞助慈善事业等。企业践行了社会责任,不仅能够满足越来越多的公众期望,获取可靠的长期利润,而且能够塑造良好的社会形象,创造良好的社会环境,减少来自政府的管制,上市企业的股票也容易被公众视为风险低和透明度高,构建和维护外部公众关系便具有扎实的基础。

### (一)顾客关系的建构与维护

"顾客是上帝"这句话形象地说明了顾客对企业的重要性,明确了企业对待顾客的应有态度。顾客关系是企业的生命线,顾客关系的宽度和深度决定了企业的发展潜能,建构和维护顾客关系,是企业公共关系的第一要务。协调顾客关系需要遵循顾客满意理论和客户关系管理理论的基本要求。

1. 顾客满意理论

20世纪60年代前后学界就开始关注顾客满意问题,1965年卡多索(Cardozo)发表《顾客的投入、期望和满意的实验研究》,认为提高顾客满意度能让顾客产生再次购物的行为。顾客满意是指顾客消费期望得到满足的主观感受程度,是"顾客根据消费经验所形成的期望与消费经历一致时而产生的心理状态",核心维度是期望与差距,能够描绘顾客消费后所感知的实际质量与购买前对产品期望的质量之间存在的差距,当顾客的实际消费质量达到消费期望质量时,就会产生满意,否则就会导致顾客不满意。顾客满意度高意味着实际感受高于原有预期。因此菲利普·科特勒把顾客满意定义为"人们通过对产品的感知效果与其期望值相比较后所形成的愉悦或失望的感觉"。由于顾客的消费期望因人而异、因时而异,因此顾客满意主观性、层次性、相对性和阶段性特点。根据满意情形,顾客分为容易满足的顾客和难以满足的顾客。容易满足的顾客内心期望值不高,基本需求得到满足就能生成满意感。难以满足的顾客往往是挑剔型的顾客,只有提供个性化服务才会生成满意感。

顾客满意包括产品满意、服务满意、社会满意和品牌满意四个层次,产品满意是基础。产品满意是产品能够满足顾客的品质需求、功能需求、价格需求,产生品质满意、功能满意和价格满意的美好情感。其中,品质满意是指产品的质量、价格、性能、适用性、安全性、经济性、可靠性、美观性、使用寿命等方面达到甚至超过了顾客的期望而形成的满意感,质量满意是关键;功能满意是指顾客对产品的主导功能、辅助功能和兼容功能保持满意感觉;价格满意是企业始终把顾客利益放在第一位,努力提供低成本的产品,公众在价位、性价比和价格弹性方面感到满意。服务满意是企业提供的售前、售中、售后服务制度体现并落实了顾客至上理念,很好地满足了顾客的服务需求,顾客因此而产生的满意感受。社会满意是指顾客在消费企业产品或服务过程中,体验到企业积极践行社会责任所生成的满意感受。品牌满意是公众基于实际接触特别是消费活动而对企业的品牌定位、品牌性格、品牌广告诸方面感到满意。

## 2. 客户关系管理理论

实现顾客满意的基本路径是开展客户关系管理。客户关系管理（customer relationship management，CRM）源于美国20世纪80年代的接触管理（专门收集客户与公司联系的所有信息）和90年代的关怀管理（如客户服务、产品质量保障、服务体验质量、售后服务）。1999年Garther Group率先把CRM发展为管理工具，并把它界定为"企业根据客户细分结论，有效组织企业资源，培养以客户为中心的经营行为，实施以客户为中心的业务流程，以增进企业的获利能力和收入，并提高客户满意度的商业战略。"IBM认为CRM是企业识别、挑选、获取、发展和保留客户的整体化商业流程，使企业的产品与服务和公众的需要保持一致。

CRM理论的基本内容有四个方面。①CRM是一种以顾客为中心的商业策略，强调把顾客视为企业最重要的资源，理解并影响客户行为，让企业努力经营"客户"而不是经营"产品"，谋求企业利润最大化和客户利益最大化的双赢格局，在满足顾客需求、帮助顾客实现目标的前提下，实现企业吸引新客户、保留老客户、发展忠实客户的目标。②CRM是一套管理软件，注重建构融数据仓库技术、数据挖掘技术、在线分析处理技术等技术于一体的信息技术平台，让企业与客户交流沟通，时刻关注顾客，确保企业和顾客都能得到完整、准确而统一的信息，实现信息和资源的共享。企业能够据此精准收集和深入分析公众信息，了解客户目前的需求和潜在客户的要求，找出问题和产生问题的原因，然后进行客户分析、客户建模，化信息为知识，找出目标公众队伍，发现、判断公众的消费需要和服务需要，并智能化地生成销售、客户服务和问题解决方案，从而有效解决谁是我们的客户、如何界定客户关系、怎样对待我们的客户等基本经营管理问题。市场营销、销售管理、客户关怀、服务和支持是CRM软件的基石。③CRM是一种整合机制，关注流程整体，要求在营销、服务与技术等与顾客相关的领域，整合化地建构顾客信息驱动管理机制，把企业销售、经销商、客户整合到同一个平台，让呼叫中心、客户管理、商业智能、电子商务集结到一起，基于"很好"不是终点的理念，注重持续改善，推动企业员工和企业客户共同协作完成某种任务或解决某个问题。④CRM是一种服务系统，注重客户沟通、个性化、优化和接触管理，要求企业快速响应顾客需求，提供自动销售与智能服务技术，优化售前、售中和售后整体服务流程，向客户提供更经济、更快捷、更周到、更个性化的产品和服务。

## 3. 协调顾客关系的路径

根据顾客满意理论和客户关系管理理论的基本要求，协调顾客关系的具体路径主要有以下十个方面：①提供安全的产品。②准确了解顾客需求，提供比竞争对手更有性价比优势的产品。③提供真实、详细的产品信息，不弄虚作假，不欺骗顾客。④加强品牌广告宣传，讲好品牌故事，提高品牌知晓度，提升顾客拥有品牌产品的地位感、身份感和满足感。⑤提供良好的售前、售中和售后服务，注重服务细节的改善，推行精细化管理,主动提供品牌体验机会,自觉践行对顾客的承诺和责任,尽可能为顾客提供培训或指导,帮助顾客正确使用产品。⑥建立畅通的顾客沟通渠道,如设置评论区、公告邮箱、设立意见箱、提供客服电话等,收集并及时处理顾客的抱怨。⑦妥善处理顾客投诉等危机事件,及时解决顾客在使用企业产品时遇到的问题和困难。⑧经常参与目标公众热衷的文化体育活动和顾客关注的公益慈善事业,强化公众对企业品牌的认同意识。⑨立足品牌设置顾客交流平台,如品牌俱乐部,开展品牌顾客交际活动,满足顾客的交往需要。⑩秉持没有最好只有更好的设计理念,不断创新产品设计,持续满足顾客不断提高的产品品质要求。

**课堂讨论**

请您运用 AI 大模型生成"根据顾客满意理论,李宁牌篮球运动鞋 A 款的上市推介方案"。这个商业方案富有创意吗?哪些方面还需要完善?

### (二) 社区关系的建构与维护

企业不仅是经济实体,而且是社会实体,在为社区提供就业机会和创造财富的基础上,还要尽可能地参与社区活动,为社区发展做出应有的贡献。

协调社区关系的逻辑起点是做合格的社区公民,承担公民责任,具体路径有以下八个方面:①注意保护社区环境,不排放有毒有害气体等,做社区环保卫士。②赞助社区文化体育活动,协助社区开展读书演讲活动、发展全民健康运动,塑造企业健康守护者的形象。③主动参与社区发展问题的排解,如基础设施问题、停车问题、绿化问题,甚至治安问题,塑造企业对社区负责任的形象。④设立社区帮困基金,策划、开展爱心 1+1 活动,组织部分员工相对稳定地向社区需要关爱的困难家庭和居民提供爱心服务,展示企业的人格形象。⑤定期开展社区联谊活动,强化企业员工与社区居民的情感关系。⑥定期开展居民座谈会,及时了解社区公众对企业的期望,并尽力提供服务。⑦经常联络社区基层组织和意见领袖。⑧当社区居民遭遇不测时,及时给予慰问,组织员工献爱心,帮助受害居民渡过难关。

### (三) 媒体关系的建构与维护

企业建构和维护良好媒体关系的前提是企业领导和业务主管养成良好的媒体素养。媒体素养是指人们面对各种信息的选择能力、理解能力、质疑能力、评估能力、创造和生产能力以及思辨的反应能力。

企业构建和维护媒体关系的逻辑起点是做媒体的信息消费者和消息发源地,具体有十条路径：①根据行业特性和企业发展战略，明确企业需要关注的核心媒体、一般媒体和边缘媒体，准确理解核心媒体的社会属性和社会地位，客观判断媒体的社会影响面和影响力。②经常接触核心媒体，了解各种媒体的议题方向、报道风格和基本倾向，掌握核心媒体关于本行业、本企业的报道素材、主题预设、报道原因和走向，体现出较高的媒体信息判断能力、媒体内容的反思能力和媒体质疑能力。③培养良好的媒体意识，善于从政治、法律和道德角度分析媒体报道，理解媒体报道意图，媒体曝光的问题应及时整改，并提供反馈信息。④培育良好的媒体批判性思考能力，能够意识到：媒体信息是构建的，媒体不仅有意压缩真实、选择真实、遗漏真实，而且缺乏深度揭示，这样才能客观冷静对待媒体报道，谅解媒体。⑤立足企业品牌，与核心媒体共同筹建"品牌媒体俱乐部"，开展品牌媒体联谊活动，与媒体建立良好的人际关系甚至友情关系。⑥主动到核心媒体投放广告，构建必要的利益纽带。⑦主动资助媒体界的研讨、聚会等活动，安排专人经常接触媒体人员。⑧欣然接受采访，理性应对记者提问，主动提供新闻稿件，积极策划新闻事件，不断提高企业参与媒体和利用媒体的能力。⑨善待媒体，企业不仅愿意听取媒体的不同声音，而且善待媒体的不同意见，做到不捂信息、不压信息、不打棍子。⑩接待媒体采访时，态度平等，对各种媒体一视同仁。

> **问题思考**
> 在企业已经重视媒体的背景下，企业与媒体的关系为什么仍然不尽协调？

### （四）政府关系的建构与维护

企业的发展需要各式各样的资源，如原材料、能源、信息、人力资源等，而政府是社会各种资源最主要的管理者和提供方，同时也是市场上各种商品最主要的采购者和消费者。古今中外发展得好的企业，都是善于处理政府关系的企业，即政商合作、共同发展。企业无论怎样发展和维护政府关系，都不为过。

企业建构与维护政府关系的逻辑起点是做遵规守法的好公民，具体有五条路径：①及时、足额缴纳税款，这是构建政府关系的根本。②遵守政府法规特别是劳动保护法和环境保护法，自觉履行企业的社会责任，及时足额发放工资，不破坏环境，不与周边社区居民争利，不制造社会矛盾，为政府做好维护社会稳定工作奠定扎实的基础。③积极响应政府号召，主动承担企业应尽的社会义务，如协助完成对口援建任务、年度征兵任务，以及搞好企业及周边的绿化建设和文明卫生工作等。④政府考虑解决与企业相关的行业性问题时，企业主动提供信息、提出建议，供政府官员决策参考。

⑤在不违法的前提下,企业领导和业务主管主动与政府官员发展良好的个人关系,加强人际交往。

**课堂讨论**

企业构建和维护政府关系的边界是什么? 在"走正道"还是"抄近道"之间,您是如何考虑的? 为什么?

此外,企业还应该立足于战略发展的需要,充分考虑合作者、竞争者以及国际公众的要求,本着双赢理念,有意识地协调、维护和发展合作关系、竞争关系及国际公众关系,为企业创造良好的经营生态环境。

## 四、协调公众关系的关键

协调公众关系的关键在于满足目标公众的具体需要。需要是公众各种行为的动力,是公众评价社会组织运营理念和经营行为的根本标准。能够满足公众需要的公共关系活动,就能够有效协调公众关系。鉴别目标公众的具体需要,在策划公共关系中具有极其重要的意义。

公众的具体需要是多方面的。公共关系人员既要能够全面把握人类的总体需要,又要能够辨析公众的具体要求。掌握人类总体需要,可以借鉴马斯洛的需要层次理论。马斯洛认为,人类需要由低到高依次分为五个层次:食物、饮料、性、住所等生理的需要;自身安全、身体健康的需要;归属团体、满足情爱的需要;得到尊重、地位和名誉的需要;自我实现、自我完全满足的需要。人们当前没有得到满足的需要是优势需要,支配着人的行为。当前一层次的需要得到满足后,后一层次的需要升格为优势需要。虽然马斯洛需要层次理论还有一定的缺陷,但目前仍然是了解公众需要最权威的方法论。辨析公众的具体要求,可以参考国外公共关系学者关于公众权利需求的界定,见表3-1。

表3-1 公众权利需求结构表

| 公众类型 | 公众对社会组织的期望和需求 |
|---|---|
| 员工 | 就业安全,适当的工作条件;合理的工资和福利;拥有培训进修和升迁的机会;了解社会组织的内情;尊重员工的社会地位、人格和心理需求;上级不专横对待员工;领导优秀且富有效率;具有和谐的同事关系;工会活动自由;拥有参与社会组织管理的机会。 |

| 公众类型 | 公众对社会组织的期望和需求 |
|---|---|
| 股东 | 参与利润分配；增股报价；资产清晰；拥有合同明确的附加权利；拥有股份表决权；了解社会组织的发展动态；优先试用新产品；有权转让股权；有权检查社会组织的账目；参与董事会选择。 |
| 顾客公众 | 产品质量有保证，有适当的保质期；价格公平公正；服务态度诚恳，准确解释疑问或投诉；提供完善的售后服务；提供产品技术资料服务；主动提供附加服务，积极建立顾客关系；开展消费操作教育；接受顾客意见和建议。 |
| 社区公众 | 向社区提供持续性的就业机会；招聘事项公正、公平、公开；保护社区环境和社会秩序；关心和支持社区政府各项工作；支持社区文化、体育、慈善事业；赞助社区公益活动；主动扶持社区小企业的发展，采购社区生产的相关原材料、配件。 |
| 政府公众 | 及时缴纳各项税收；遵守法律和政策；承担社会义务；公平参与竞争；生产安全。 |
| 媒体公众 | 公平提供信息来源；尊重新闻工作者和新闻单位；邀请采访社会组织的庆典等重大事件；提供采访所需要的条件；确保不泄露独家新闻。 |
| 合作公众 | 遵守合同；平等互利；提供技术信息和援助；提供各种优惠和方便；共同承担风险。 |
| 竞争公众 | 遵守竞争准则；享有公平的竞争机会和条件；竞争中相互协作。 |

**课堂讨论**

　　当下所有的社会组织都知道协调公众关系的价值，但公众关系依然不尽满意。为什么？

　　企业开展促销类公共关系活动，特别需要了解顾客消费的需要心理和动机。进入 21 世纪以来，顾客的需要心理、动机心理发生了新的变化，具体见表 3-2、表 3-3。

表 3-2　现代顾客的需要心理特征

| 项目 | 期望指标 | 项目 | 期望指标 |
|---|---|---|---|
| 健康、安全方面的需要 | 身心健康<br>回归大自然<br>远离公害<br>保护家室<br>爱护物品<br>安心消费 | 嗜好方面的需要 | 喜欢好吃的食物<br>重视时髦的服饰<br>模仿流行产品<br>喜欢标新立异<br>有意改变生活习惯<br>喜欢改变生活空间 |
| 环境改善方面的需要 | 个性化生活<br>具有社会地位感<br>适当的休闲<br>生活具有意义<br>丰衣足食<br>良好舒适的环境<br>采用天然材料 | 自我提高方面的需要 | 拥有更多的游乐时间<br>有超人一等的优越感<br>参加创造性的活动<br>提高自身的学识、涵养<br>企图探究自己的根<br>希望参加社会公益服务 |

（续表）

| 项目 | 期望指标 | 项目 | 期望指标 |
|---|---|---|---|
| 情绪方面的需要 | 和谐的社会关系<br>尊重感情<br>坦诚<br>爱护珍稀动植物<br>具有冒险性<br>生活充实 | 价廉物美方面的需要 | 开源节流<br>价格公正合理<br>物品经久耐用<br>喜欢使用高科技商品<br>避免浪费<br>物品的使用简单、便利 |

表3-3　顾客的动机心理特征

| 种类 | 心理特征 |
|---|---|
| 求实动机 | 追求商品的实际使用价值,讲究性价比 |
| 求新动机 | 追求产品的新潮、奇异 |
| 求优动机 | 追求产品质量优良、性能可靠 |
| 求名动机 | 追求产品的品牌价值 |
| 求美动机 | 追求产品的美学欣赏价值 |
| 求廉动机 | 追求产品的价格低廉,认为便宜是王道 |
| 求简动机 | 追求商品使用简单、购物过程简便 |
| 嗜好动机 | 满足个人特殊爱好或需要 |
| 习惯动机 | 满足传统文化、风俗习惯的需要 |
| 攀比动机 | 争强好胜,讲究社会地位感 |

**课堂讨论**

请您借助 AI 大模型生成"Z世代大学生化妆品的消费动机"。这个消费动机文本显示出您的真实需要了吗？有哪些差距？造成差距的原因是什么？

# 第二节　塑造品牌形象

任何社会组织都存在形象问题,政府、政党、学校、医院和企业等,都需要借助公共关系塑造良好形象。本书出于叙述考虑,把社会组织锁定于企业。企业形象是企业实际状况和经营管理行为在公众中所获得的认知和评价,集中表现为品牌。从结构上看,企业形象包括实体形象与品牌形象两个方面,是两者函数值的结果,用公式表示如下。

$$X = f(O) \cdot f(P) \qquad (3-1)$$

式(3-1)中：$X$——形象值；$f(O)$——实体形象函数值；$f(P)$——品牌形象函数值。其中：

$$f(O) = 管理形象函数值 \times 人员形象函数值 \times 科技形象函数值$$
$$\times 资本形象函数值 \times 实力形象函数值 \times 产品形象函数值 \qquad (3-2)$$

$$F(P) = 知晓度 \times 美誉度 \times 首选度 \times 忠诚度 \times 依赖度 \qquad (3-3)$$

在上述公式(3-1)至(3-3)中，任何一个要素(如管理形象)，又由若干个具体指标构成，这些指标的函数值，就是该要素的形象得分。这个公式表明，企业形象的任何一个具体指标出现负状态，如某个员工行为举止不检点而遭人指责，得分数值为"0"分，那么人员形象函数值也为"0"分，进而 $f(O)$ 也为"0"分，最后企业的总体形象分数值也为"0"分 $[X = f(O) \cdot f(P) = 0 \cdot f(P) = 0]$，这就是通常所说的"一粒老鼠屎搞坏一锅汤"的现象。因此，塑造企业形象时应该具备系统整体思维，立足于企业工作的每个细节，做好每一项工作，从实体与品牌两个方面，共同打造企业形象。

87

**课堂讨论**

"铜师傅"是高端铜工艺品品牌，其产品遵循的是爆品逻辑。第一个产品是售价不高但性价比极高的铜葫芦小摆件，承担引流作用，以吸引粉丝。第二个爆品是售价相当高的齐天大圣摆件，并请饰演孙悟空的著名明星做形象代言人，承担品牌作用，让公众感觉到"铜师傅"不是小摆件而是艺术品，以卖出溢价。第三个爆品是用铜包裹凳脚、售价不太高的小板凳，承担扩品类作用，直接做从铜工艺品进入铜木家具市场。爆品做引流、爆品做品牌、爆品扩品类，让铜师傅人气爆棚，迅速成为业界领头羊。从"铜师傅"的成长中，您认为应该如何摆正企业形象塑造中"做"与"传"的关系？

## 一、塑造企业形象的理论基础

塑造企业形象应该遵循声誉管理理论的基本要求。企业形象发展到被社会广泛认可、高度肯定时，就成为企业声誉，成为企业声誉资本。企业声誉是企业赢得公众尊重和青睐的评价结果,声誉就是声望名誉,拥有为众人所仰望的名声,所以莱维特(Levitt,1965)认为声誉包括知名度、可靠度、可信度和美誉度。企业声誉的基础是过往正当科学的经营管理行为和显著的市场战略绩效,同时又能化为企业的战略资源和无形资产,助力企业当下与未来的竞争。企业声誉的根本来源是企业政策和各种商业行为,它不是凭空生成的,是企业一贯的生产经营等实质性活动与传播沟通交往等象征性活动,长期影响利益相关者认知的结果,是企业战略与愿景、使命与价值观、产品与服务质量、企业实态与市场绩效、经营与竞争策略、社会责任行为等因素综合作用于公众心理的结果。美国《财富》杂志指出,企业的创新性、管理质量、长期投资的价值、社区与环境责任、吸引发展留住人才、产品和服务质量、财务合理性、公司资产的使用,影响着企业声誉的高与低。

关于声誉管理的内涵,影响较大的是 1996 年戴维斯·扬在《创建和维护企业良好声誉》中的界定,即声誉管理是对企业声誉的创建和维护,是企业以决策为核心,通过声誉投资、交往等手段,来建立和维护与公众信任关系的一种管理方法。关于声誉管理的框架,戴维斯·扬从过程角度,认定声誉管理包括分析、决策、执行和监控四个环节。分析就是判断企业声誉的现状,考察企业声誉的影响因素。决策就是针对顾客、雇员、媒体、社区等利益相关者的哪些期待,决定承担哪些责任与义务,采取哪些行动。执行就是对声誉进行投资,践行企业社会责任。企业一般通过公益经营、善做好事来承担社会责任。公益经营指企业应从事一些与公益事业相关的经营项目,帮助企业在赚取利润的同时为公益事业做贡献。善做好事指企业拿出相当大的财力单纯而直接地贡献于公益事业,不图回报。监控就是监测企业声誉的变化与走势,并反馈给决策者。

凯文·杰克逊(2006)认为声誉是一种资本,是一种无形资产,包括真诚、信任、尊严、同情和尊重等,是商业活动成败的决定性因素,比任何有形资产都重要。声誉管理主要有五个目标:一是帮助企业创建良好的营商环境,消除信任危机,增强竞争力;二是预先控制和管理企业面临的声誉风险;三是了解利益相关者特别是消费者的期望;四是在发生有损企业声誉的突发事件时,将损失降低到最低程度;五是保持企业公民责任和财务责任之间的平衡,以保证企业的长远利益。据此,他把声誉管理分为创造声誉资本、从内部打造声誉、从外部打造声誉、挽救声誉四个部分。创造声誉资本就是通过长期的公平交易和诚信行为,牺牲潜在的财务成果,逐渐提高利益相关者的期待与评价,建立良好的声誉。从内部打造声誉就是夯实企业声誉基础,主要措施有树立企业愿景、强调 CEO 领袖作用、确立定期审查声誉的制度、鼓励所有员工关心并创建企业声誉。杰克逊认为声誉管理必须处于企业重要决策层,是高层管理者必须承担的责任,以便"准确决策"。激励员工创建声誉尤为关键,因为员工是企业声誉的心脏和灵魂,企业必须制度化地与员工进行沟通,倾听员工意见,坦诚并及时地将企业各种信息告知员工，并不断进行员工培训，让员工以礼貌、热情、得体的服务方式与符合职业道德的职业行为服务于公众，创建企业声誉。从外部打造声誉就是主动与客户、投资人、政府、商业伙伴、社区、媒体等利益相关者发展和保持良好关系，通过交往创建声誉，倾听公众对企业声誉的议论，通过有效表述、慎重从容应对媒体、充分利用法律顾问等多种交往手段加强对外沟通，提高他们对企业的期待与好感，树立良好声誉。挽救声誉是指当企业面临危机时，立即主动承担责任，迅速关心危机利益相关者，尽快公开披露信息，即刻进行内部处理，以重建企业声誉。

> **问题思考**
> 有人认为"塑造形象"就是"炒作新闻"。您应该运用什么理论加以驳斥？

## 二、企业实体形象的塑造

美国公共关系专家亨得利·怀特（Handly Wright）提出了一个被业界高度认同的公式：公共关系＝90％做对＋10％传播，强调公共关系首先应该促使社会组织做好生产、管理、服务等实际工作，向公众提供优质产品，践行社会责任，然后才是开展传播沟通。这与声誉管理理论是一脉相承的。

### （一）企业实体形象的构成要素

企业实体形象由管理形象、人员形象、科技形象、资本形象、实力形象和产品形象六个方面构成，其中管理形象是基础，产品形象是根本。

1. 管理形象

管理形象的好坏，不仅影响着公众对企业的评价，而且直接影响着企业的运作与活力。塑造企业的管理形象，可以从以下几个方面入手。①设计科学的组织结构，组织结构的形态应该是扁平型而不是高耸型，管理层次和管理幅度比较合理。②设置合理的职位、职责和职权，通过科学的集权、分权和授权，建立良好的权力运行机制。③强化部门与部门之间的信息运行效应，以高效的信息管理促进企业内部的协调一致。④创造科学、有效、符合本单位实际情况的管理哲学体系，以指导各项管理工作的开展。例如海尔电器公司把自己的管理哲学概括为"日本管理（团队意识和吃苦精神）＋美国管理（个性舒展和创新竞争）＋中国传统文化中的管理精髓"，就颇有特色。⑤创建管理模式特色，形成自己独特的管理风格和方式。⑥探索科学的管理决策模式、计划模式、领导模式、激励模式、控制模式、创新模式。⑦健全科研、生产、管理、保管、卫生、保安诸方面的岗位规范制度。⑧健全民主管理制度,疏通上下沟通渠道,培养员工的参与意识与参政能力,在振奋员工主人翁精神的同时,充分调动员工的工作积极性与主动性。⑨建立新型的关系管理机制,以富于人情味的内部公共关系活动强化企业的凝聚力和向心力。⑩积极推进管理工作的现代化,以现代化的管理模式、管理设备强化企业的管理形象。

2. 人员形象

在企业内部,人是最活跃、最关键的因素,不仅直接决定了企业的生产、管理工作,而且影响着企业的整体形象。

人员形象包括以下四个方面。①领导者(决策者)的形象,包括他们的资历、才干、业绩、胸襟、胆识、知识、作风、政策水平、工作荣誉等。领导是企业的当然代表,领导的形象总是代表着企业的形象。②经营管理人员的形象,包括他们的品德、个性、机智、才干、能力等。他们作为企业的特定代表,频繁接触内外公众,直接影响着企业的形象。③典型员工的形象,包括先进典型员工的形象和落后典型员工的形象。他们作为企业的"知名"人士,容易引起公众的晕轮效应,在以偏概全意识支配下,对企业形成某种印象。④普通员工的形象,包括普通员工的学历状况、相互关系、主人翁意识、工作积极性、社交礼仪素养等,他们人数众多,社会交往范围广泛,影响面广,决定着企业的整体形象。

3. 科技形象

21 世纪是新经济时代,新经济的核心是高科技。企业的科技形象直接决定着企业的竞争力和市场影响力。加大科技投入,高举科技大旗,提高经营的科技含量,树立良好的科技形象,成为新世纪企业的必然选择。

企业的科技形象包括以下八个方面。①决策者良好的科技观和人才观,具有科学技术是第一生产力的意识,积极推行人才高地战略。②乐于进行科技投入,能够根据销售额比例抽成法不断加大企业的研发基金。国外企业技术开发的投入一般占销售额的比重高达 5%—10%,而国内企业平均不足 1%。特别是在高科技领域,没有投资,只想"空麻袋背米"是不可能的。高新技术产品开发的成本一般要高于传统产品 10—20 倍,其研发费用占销售额的比重一般为 5%—15%。以 500 强为主体的跨国公司能够控制全球技术贸易的 60%—70%,研究与开发成果的 80%—90%,与其高投入是分不开的。③拥有较多的技术开发成果数量,有些成果应该获得专家赞同或者市场认同,拥有比较多的专利技术。据美国学者 E·曼斯菲尔德调查发现,世界技术创新中 70% 以上的成果由世界 500 强所垄断,另外 80% 的国际技术贸易集中于发达资本主义国家之中。这从根本上造就其辉煌的业绩,实现了投资利润的最大化。④企业的科技成果在国际、国内不同级别的评比中获得较高的奖项。⑤企业研发队伍的数量、人员结构、院士或者享受国家和省市级政府津贴具有突出贡献称号的专家数量。⑥实验室的级别、规模和设备。⑦企业研发的可持续发展能力、产业战略创新能力。⑧技术开发的速度。这决定着企业能否占领高科技发展的制高点问题，同时也决定着其能否获得高新技术产品的超额利润问题。据专家计算，高新技术产品开发时间缩短1天，可增加0.2%的商业利润，缩短10天，可增加3.5%的商业利润。

### 4. 资本形象

企业运作基础是资本。没有雄厚的资本实力，再优秀的管理者、科技人员也难有作为。良好的资本形象不仅帮助企业获得充足的生产、科研资金，而且可以增强企业的信任感。

资本形象包括以下八个方面。①资本总额、资产数量、企业注册资金的数量及性质。②企业有形资产的价值。③企业的股权结构与规模。④企业无形资产的价值。⑤企业的融资渠道与能力。企业筹措资本的方式常见的主要有：企业自有资金、银行贷款、发行股票和债券、吸引外资、企业兼并、收购、联合、租赁、项目融资、补偿贸易等。方式不同，资本成本也是不同的。⑥企业流动资金的数量及未来走势。⑦企业的金融信用等级。⑧企业的资本盈利率。

### 5. 实力形象

实力形象是企业的基本形象。所谓实力，一般是指企业所拥有的物质基础和市场地位。具体而言，它主要包括以下几个方面。①企业的不动产，包括企业占地面积大小、所在城市与地段、建筑物的合理布置、环境综合开发（尤其是房地产的开发）等，它们在一定程度上体现着企业的实力。②员工的福利待遇。③软性实力，这主要是指企业的凝聚力和向心力，具体包括领导者的事业心，经营管理者的进取心和普通员工的责任心三个方面，"三个心"都到位，就可以齐心协力，克服任何困难，促进企业的发展。软性实力是实力形象的基石。④市场实力，即企业所拥有的市场规模、商品的市场占有率、消费者对商品的欢迎程度、公众购买商品时的选购比率、市场销售额、利润额等。这些方面是企业实力形象的重要外显部分，其中核心是销售额和利润额。世界500强企业都是市场实力强劲的企业。《财富》杂志进行世界500强排名时共采用5个指标：销售额、利润、资产、股东权益和雇员人数。其中，入围指标是销售额，凡是年销售额超过设定标准（如100亿美元）的企业均可申请参评，依次排序，其他是参考指标。能进入世界500强，意味着拥有了强大的市场实力，进入了全球企业界的精英阶层。

### 6. 产品形象

公众与企业发生联系的中介物就是产品，公众对企业形象进行评价的基本依据主要是产品形象，产品形象是公众感受最直接的企业形象。由于它直观实在，影响公众的生活,容易为公众所判别,成为企业整体形象的基础。

产品形象是一个整体,主要包括三个方面,即核心产品形象、形式产品形象和附加产品形象。①核心产品形象。所谓核心产品,就是指产品提供给公众的基本效用和利益,也就是产品的使用价值和功能。公众购买产品,是为了运用产品解决某个问题。因此,核心产品形象,也就是产品的基本功能与用途,成为公众最为关心的问题。核心产品形象具体表现为产品的功能形象与利益形象两个方面。②形式产品形象。形式产品是指产品呈现在公众面前的具体物质形态,如产品的工艺、质量、外观、特征、商标、包装等。当产品的功能趋于一致的时候,公众就比较注重形式产品形象了,喜欢购买造型美观的产品。为了吸引公众,企业在策划产品形象时,应该高度重视形式产品形象的设计与包装。形式产品形象可以细分出质量形象、工艺形象、技术形象、外观形象、价格形象等。世界500强企业对质量的追求均是完美无缺和超群,而不是一般的质量要求,这从根本上奠定了企业形象的基础。③附加产品形象。附加产品指公众在购买产品时所得到的附加服务或利益,如操作教育、调试安装、"三修"(包修、保修、维修)服务、零配件的供应等。附加产品形象通常表现为品位形象、文化形象、心理形象、地位形象、服务形象等。

根据产品的整体形象构件,可以把产品形象图示为"三足鼎立"型结构,具体参见图3-2。

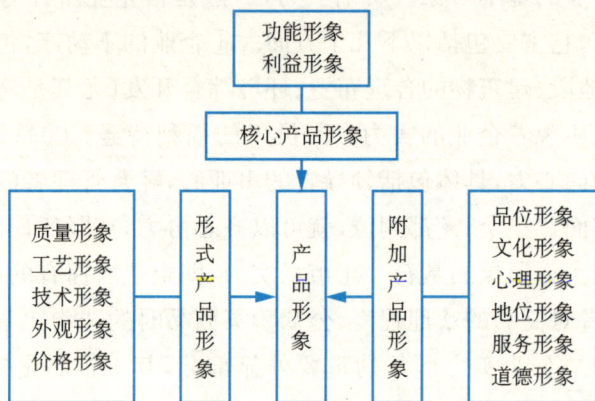

图3-2　产品形象结构

**课堂讨论**

在高科技全自动生产条件下,黄铜家用摆件品生产企业应该侧重产品的核心产品形象、形式产品形象还是附加产品形象?为什么?

## (二) 企业实体形象的塑造

既然企业形象包括实体形象和品牌形象两个方面,那么纯粹的宣传就不可能真正塑造企业形象。企业形象的塑造依赖两个方面,即"做"和"传"。"做"就是扎扎实实地做好企业质量工作、经营工作、管理工作,这是根本,负责塑造企业的实体形象,占形象塑造工程90%的份额。"传"就是通过公共关系活动和传播媒体向公众传递相关信息,负责塑造品牌形象,具有起画龙点睛的作用,占形象塑造工程10%的份额。在塑造形象问题上要有辩证思维:既要造实("做")又在造名("传"),造实先于造名,造实重于造名,造名不能急于求成。策划企业形象重中之重的工作是夯实形象基础。

总体上讲,塑造企业形象的途径主要有以下六个方面。

### 1. 推行规模化、集团化、国际化、多角化经营战略

企业形象的塑造需要内在的实力,这就是规模化、集团化、国际化、多角化的经营。在塑造企业形象的过程中,应该利用自身积累的资金,积极开发企业形象的聚合效应、磁场效应和扩散效应价值,同时大胆运用资本经营策略、负债经营策略、兼并策略等,组建集团化公司,经营多种但体系化的业务,主动开拓国际市场,实现规模化营运,以有效地创造出规模经济效应,为企业形象的塑造奠定良好的基础。

### 2. 加强科学管理

从严格角度来看,企业形象不是"包装"出来的,而是"管理"出来的。从以下两例调查中可知,公众对良好企业形象的期待是多方面的。美国的马克斯教授经过大量调查研究后,指出公众所期望的企业形象应有二十二个特征:①有革新表现。②企业正在发展,成长性好。③具有现代感。④在产品研究和开发方面表现突出。⑤深受顾客欢迎。⑥盈利丰厚。⑦经营管理有方。⑧进行多角化经营。⑨有效满足消费者的需要。⑩有良好的社区环境,邻居关系融洽。⑪与原料供应商关系良好。⑫光明正大地进行竞争。⑬主动为解决社会问题尽心尽力。⑭培养出效率高、有才能的经营管理人员。⑮关心合并问题。⑯坚守独立。⑰没有劳资纠纷,员工关系融洽。⑱拥有优秀的雇佣者。⑲积极资助文化、教育、艺术事业。⑳重视营销与贸易。㉑在重大的诉讼中取胜。㉒制造优异的产品。后来,日本一家广告公司通过对日本公众的调查,指出公众心目中的良好企业形象,具有以下二十个特征:①技术精湛。②热心开发新产品。③历史悠久,有传统性。④和蔼可亲,公众乐于接近。⑤宣传广告有效。⑥可靠性强,可信赖程度高。⑦行业有发展前途。⑧企业稳定性强。⑨能够顺应潮流。⑩形象整洁。⑪研究、开发力量强大。⑫有国际市场竞争力。⑬公司积极进取。⑭公司风气良好。⑮有现代感。⑯经营管理者优秀。⑰对顾客服务细致、周到、热情。⑱认真对待顾客提出的问题。⑲企业规模大。⑳销售网络健全。公众对企业形象的期待和评价指标,任何一个方面都离不开科学而严格的管理。管理是良

好企业形象的根本。

3. 推行科技创新战略

技术是企业形象的支柱。企业形象的好与坏,取决于产品的水平和质量。因此,企业形象的本源是产品形象。塑造企业形象,最根本的措施就是塑造产品形象。为此,企业应该积极推进科技创新战略,引进高科技人才和现代经营管理人才,全力推行产品的科研、开发战略,用新材料、新技术设计新产品,以款式新颖、性能先进的产品满足公众的需要。高新技术是现代企业发展的制高点,同时也是企业竞争的焦点。掌握了高新技术,企业就能够不断推出新产品,为公众提供优质产品,这是独享创新利润、提高产品质量、延长产品寿命、永葆竞争活力的关键。

4. 构建企业质量保证体系

公众购买商品时,讲究性价比,不仅关注商品的价格,而且关注商品的功能、造型和质量。质量在公众心目中具有至高无上的意义,所以质量是企业的生命线,是企业形象的根本。公众出于保护自己的利益,在消费活动中逐渐形成了强烈的"以偏概全"思维倾向。在公众看来,商品质量上 1% 的失误,就是 100% 的问题。这将严重影响企业形象。因此,塑造企业形象必须重视质量管理,推行全面质量管理模式。

5. 积极参与市场竞争

品牌是在市场竞争中成长起来的,通过竞争的优胜劣汰机制,品牌得到了公众的认同,就会成为名牌。因此,在塑造企业形象的过程中,应该选择权威性、具有辐射效应的市场,积极推介企业的商品,并根据公众的消费意见及时革新产品设计,使企业在竞争对手中脱颖而出,最终确立起自己的企业形象。

6. 重视品牌的定位策划

根据企业的产品特性和公众的心理差异,应该确定出企业品牌的商业方位,选择好自己的品牌地位。优秀的企业形象宣传都有自己特定的核心定位。

品牌定位过程中,应该重视公众的需求。对于公众而言,定位是公众能够切身感受到的,也就是说,定位要切合公众的实际需要和个性特点。对于企业来说,定位要以产品的真正优点为基础,突出企业的技术优势和竞争优势。另外企业定位应该清楚、明白,使公众能够在繁杂的商品中迅速分辨出企业的企业形象。

在实际工作中,品牌定位的方式有优势定位、跟随定位、是非定位、逆向定位、进攻性定位、空隙定位、感性定位和理性定位等。优势定位就是企业找出产品在价格、性能、质量方面的绝对优势以及在企业文化、产品社会地位、消费者身份方面的相对优势,以优势作为区别于竞争者的特性,形成自己的商业地位。跟随定位就是在市场选择、广告宣传、产品设计以及公共关系活动方面,采取与竞争对手相似或相同的策略方式,跟随他人,坐收市场利润。是非定位则是企业在宣传中,对消费市场或公众群体有意进行人为的区分，使产品在品种、性别、年龄、职业、地域以及生活事宜方面有别于其他企业，创造出区别于竞争对手的公众市场。由于这个市场是全新的，因而具有特别的意义，能够有效地保证企业的市场利润。逆向定位是按照公众市场一般的发展趋势，逆向进行策划，找出怀旧性的发展机会，使企业的产品带有明显的传统化、回归性色彩，以传统和回归为手段创造出自己的顾客群体。企业品牌的定位方式多种多样，在策划过程中，应该组合性地运用，全方位地设计出企业的企业形象。

> **问题思考**
>
> 请您运用 AI 大模型，以"海尔品牌成长史"为主题生成一个短视频。您能读出其中的踔厉奋发、笃行不怠、赓续前行、奋楫争先品格吗？

## 三、企业品牌形象的推介

企业实体形象得以塑造后，还需要加强品牌形象的推介，这就是酒好还要勤吆喝的道理。

### （一）推介品牌形象的理论基础

基于对时代特征特别是市场的特性，围绕品牌形象的构成维度和公众认知品牌的环节，不同学者提出了多种具有方法论指导意义的品牌推介理论。

1. USP 理论

20 世纪 40 年代，面对美国大众化消费时代的到来，罗瑟·瑞夫斯提出 USP 理论。USP 是 unique selling proposition 的缩写，即"独特的销售主题"。他认为品牌传播要想获得成功，就必须提出独特的商品销售主题，以实证手法突出商品的特点和商品带给公众的独特利益。该理论包括三项基本内容：一是每个品牌必须寻找并提炼出商品能够带给公众的利益，给公众提供一个明确的概念主题，特别是利益主题。二是提出的主题必须独具一格，与众不同，是竞争对手没有提出的理念。三是主题内容必须具有感动公众的力量，能够有效引起公众的注意，引导公众的消费行为，具有强大的销售力。

2. 品牌印象理论

品牌印象（brand image）理论是大卫·奥格威在 20 世纪 60 年代提出的，主要内容有:①传播最主要的目标是塑造品牌形象,每一则传播作品都应当是创造品牌个性的长效投资,对强化品牌形象应有所贡献。②品牌间的共性越多,选择品牌的理智考虑就越少,因此需要创造品牌个性特色。③品牌的个性在于让公众获得清晰的认知,以便识别与认同。④品牌形象的形成是一种战略,具有长期性和全局性,需要持续的努力,是广告、公共关系、促销、商品名称和定价等因素共同作用的结果。⑤最终决定市场地位的是品牌总体性格,而不是商品之间微小的差异,传播内容的重心应当从商品信息转向品牌个性,让品牌在公众心目中留下稳固的印象。

### 3. 品牌性格理论

品牌性格(brand character)理论是 20 世纪 80 年代提出的,主要观点有:①品牌性格由商品、定位和个性组成,其核心是品牌人格化,即赋予品牌生命,如同活生生的"人",企业通过品牌性格魅力的塑造来造成品牌崇拜。②品牌个性是品牌形象的核心,是与公众沟通的最高境界。③品牌个性既是特殊的,又是永续的。④公众与品牌互动时,就如人际互动一样。⑤描述人的性格的词汇,即纯真、刺激、称职、教养和强壮,能够用于描述品牌的性格。⑥品牌个性形成的主要驱动力是与商品相关的特征,包括行业特点、包装和商品属性,此外还有传播风格、产地、公司形象、总裁特质、名人背书、顾客形象、赞助事件、上市时间、标志等。品牌性格理论主张传播不仅要讲利益、讲形象,更要讲个性,强调塑造品牌的个性。

### 4. 品牌身份理论

品牌身份(brand identity)理论形成于 20 世纪 90 年,认为企业应该立足于企业文化精髓,围绕品牌的主题理念、核心意义,在整体设计品牌 Logo 系统的基础上,动用一切有形和无形的企业要素,利用各种传播工具,突出宣传企业品牌不同于竞争对手的、独特的、唯一的价值意义,构筑坚实的品牌保护圈,形成强有力的市场竞争壁垒,建立可持续的优势竞争地位。品牌身份理论强调,为了让品牌具有市场广度和深度,品牌必须是商品、企业、人和标志的有机整合,这样才能让品牌的个性更清晰、更丰富、更有个性。品牌是商品,是指品牌应该鲜明展现公众所看重的商品属性和特性。品牌是企业,是指品牌应该充分呈现由企业员工、企业文化、企业团队共同创造出来的企业属性,如创新能力、品质追求、环境贡献等。品牌是人,指品牌要人格化,富有情感,以创造品牌人际亲和力。品牌是标志,强调品牌应该成为商品的卓越品质符号、原产地符号和消费者身份地位符号等。

> **问题思考**
>
> 请您运用 AI 大模型,以"法拉利的车生活"为题生成一则短视频,在速度与激情的背后,您是否读出了其中的高端象征与奢华身份? 其实,它也只是代步工具。

## （二）企业品牌形象的构成要素

国内外企业凭借自己的销售额、利润、资产、股东权益和雇员人数进入世界 500 强并寻找位次，这是企业实体形象的问题，同时又都把进入世界 500 强及其位次作为企业形象的重要宣传项目，这涉及的就是企业品牌形象问题。关于品牌的内涵，P·道尔认为品牌是用以区分不同企业产品的名称、标志、图形及其组合。美国市场营销协会则认为品牌是产品名称、术语、标记、符号或其组合运用，目的是用以辨识销售者的产品和服务，与竞争对手的产品和服务区别开来。菲利普·科特勒认为品牌包括属性、利益、价值感、文化象征、个性和使用者六个方面。大卫·奥格威指出品牌是品牌属性、名称、包装、价格、历史、声誉、广告方式的无形总和，并与消费者使用产品的经验和印象相关。品牌形象就是指公众对企业商品品牌和服务品牌的认知和评价状况，即企业品牌为多大范围内的公众所知晓和喜爱，由知晓度、美誉度、首选度、忠诚度和依赖度组成。

企业如果只有良好的实体形象，没有品牌形象，从市场角度来看，还是不完善的。例如，一个企业内部管理井然有序，员工素质都很高，整体实力也很雄厚，产品质量也很好，但是公众不知道有这样一个企业，即知晓度为"0"分，那么，在现代社会中，这个企业短时间内是很难获得市场认可的。企业只有在建设实体形象的同时，通过公共关系、广告宣传来树立良好的品牌形象，才能赢得公众，开拓市场。

### 1. 知晓度

知晓度是指公众对社会组织名称、地理位置、行业归属、愿景使命、价值观、商品类别、经营业绩（特别是经典业绩）、规模状况、发展历史（特别是典故）、组织领导、组织文化等方面的知晓程度和记忆状况。知晓度表现为目标公众中知晓公众人数的比率，其测算公式是

$$知晓度 = \frac{知晓公众人数}{目标公众人数} \times 100\% \tag{3-4}$$

一般而言，知晓度大于 50% 属于高知晓度，小于 50% 则属于低知晓度。在公众市场上，知晓度本身就意味着良好的形象指标与市场占有率。这是因为公众倾向于购买自己熟悉的商品，只要某品牌为公众所知晓，就容易成为公众的消费对象。社会组织策划和实施新奇的品牌推介活动，刺激公众的认知心理，能够在较短时间内让品牌给公众留下鲜明的印象，提高知晓度。保持知晓度则需要持续的广告传播、新闻传播和公共关系活动。

### 2. 美誉度

美誉度是社会组织获得公众赞美、信任、好感、接纳和欢迎的程度，是公众基于满

意体验而对社会组织及其产品与品牌的褒奖、赞誉情况，是评价社会组织声誉好坏的社会指标，一般表现为顺意公众人数在知晓公众人数中的比重。

$$美誉度 = \frac{顺意公众人数}{知晓公众人数} \times 100\% \qquad (3-5)$$

如果美誉度大于 50% 属于高美誉度，低于 50% 则属于低美誉度。美誉度是评价指标，主观性更强。市场经济初期，影响美誉度的因素往往是产品的质量状况，后来在质量基础上，商业服务成为新的指标，现在则进一步增加了企业社会责任行为。企业要想提高美誉度，就要在不断进行产品革新、管理革新以确保商品与服务质量的基础上，加强商业服务，同时积极参加公益资助、慈善赞助和社会服务等活动。

> **❓ 问题思考**
> 如果某个品牌处于高知晓度、低美誉度状态，市场情形将会如何？

### 3. 首选度

首选度是指公众把社会组织的产品和服务项目纳为消费首选对象的状况和程度，表现为首选消费公众人数在知晓公众数中的比重，其测算公式是：

$$首选度 = \frac{首选消费公众人数}{知晓公众人数} \times 100\% \qquad (3-6)$$

经过调查测试后，首选度大于 50% 属于高首选度，低于 50% 则属于低首选度。社会组织的产品或服务项目，能够成为众多知晓公众购买时的第一考虑对象，拥有大批消费公众，说明社会组织具有较高的首选度。首选度主要取决于产品或服务项目的性价比优势，即恰好满足目标公众的需求，恰好与目标公众愿意支付的消费成本保持一致。

### 4. 忠诚度

忠诚度是顾客对某一品牌的产品或服务产生满意好感，而重复购买并主动推介的一种趋向，是顾客购买决策时多次表现出来的对某个品牌存在的偏向性购买行为，表现为情感忠诚、行为忠诚和意识忠诚。情感忠诚就是对社会组织的 CIS 特别是 Logo 怀有持续的满意感与荣耀感。行为忠诚表现为重复消费和主动推介。意识忠诚表现为对企业及其品牌的未来充满信任。忠诚度表现为忠诚顾客总数在顾客总数中所占的比率，其测算公式是

$$忠诚度 = \frac{忠诚顾客人数}{顾客人数} \times 100\% \qquad (3-7)$$

判断是否为忠诚顾客的指标主要有三个方面：一是愿意重复购买、消费同一品牌的商品或服务，选购时间短暂，价格敏感度低，宽容产品质量，并排斥品牌竞争对手的商品；二是乐意购买某个品牌的延伸产品或服务；三是喜爱向自己的亲朋好友推荐品牌的商品或服务。影响忠诚度的因素主要有产品质量与服务质量、客户关系维护水平、顾客使用商品的增值感受。当顾客高度认同品牌的物质意义（表现为精致与性价比）与文化意义（表现为商品消费所带来的身份感和地位感）时，忠诚度就会增高。

**问题思考**

为什么有些品牌畅销过后便归于平静，没有获得忠诚度？

5. 依赖度

依赖度是目标公众基于身份消费需要而对某个品牌产生依附性偏好的状况。当公众认为某个品牌的商品是自己某种生活特别是社交生活必需的基本配置，不可或缺，表明该品牌成为公众依赖的对象。出于显示、维持社会身份而进行消费的顾客就是身份消费顾客，其消费决策依据的不是商品的实用性能与性价比，而是商品品牌所附带的社会地位价值。依赖度表现为身份消费顾客人数在消费顾客人数中的比率，其测算公式是

$$依赖度 = \frac{身份消费顾客人数}{顾客人数} \times 100\%  \tag{3-8}$$

现代社会的某些市场特别是高端市场，受控于消费主义，认为商品具有社会地位和炫耀作用，拥有商品便拥有地位，正如美国学者波德里亚在《消费社会》所言："需求瞄准的不是物，而是价值，需求的满足首先具有这些附着价值（风格、威望、豪华、权力、地位）的意义"，呈现出鲜明的身份消费现象，即通过消费获得社会地位。在这种背景下，塑造品牌的身份价值便具有了特殊的意义。提高品牌的依赖度，需要企业客观审视商品使用价值的前提下，有意识地为品牌附加社会价值，与身份消费顾客的需求保持一致。

**记住**

提高品牌依赖度的关键在于看清真相，制造梦想，讲好高端品牌故事，形塑品牌的社会地位价值，商品精致而奢华。

### （三）企业品牌形象的策划

品牌形象的策划是一项艺术性很强的工作，具有特殊的操作规范，必须遵循基本

的策划要求。

1. 品牌管理的科学化

企业形象的塑造,离不开品牌管理。强化品牌管理,具体内容主要有:在时间上,注重品牌形象的持续性与稳定性;在空间上,不断开拓市场领域,提高市场占有率,以赢得具有优势感的市场地位;在经济上,注意谋求经济效益,提高品牌的价值效应;在社会形象方面,积极参与公益事业、社会问题的宣传和解决,不断提高品牌的社会声望。

2. 形象规划的战略化

企业形象的塑造是一项时间跨度比较大的工程。塑造企业品牌形象,不是一朝一夕就能完成任务的。规划品牌形象时,要注意战略性,立足长远目标,进行长期规划,谋求长期效应,使企业形象永葆活力。

3. 形象差异的特色化

品牌是企业的一种"身份证",是接近公众的"通行证"。为了发挥品牌形象的客观效应,形象的设计应讲究差异性,让公众从形象之中轻而易举地发现行业与行业之间、同行业内企业与企业之间的不同。为企业策划品牌形象时,要充分注意它与其他企业品牌的关系,在符合行业形象基础上,强调个性化、差异化,切忌雷同。这样,就可以从鲜明的对比之中提高品牌形象的竞争力。

4. 形象定位的高科技化

社会的进步,依赖于科学技术的发展。对于企业而言,形象的塑造同样依赖于先进的技术和科学的工艺。没有相应的技术含量,形象指标设计得再好,失去基本的依据,也是不可能形成市场冲击力。因此,形象定位时,应强调高科技化要求,发展新质生产力,使公众从根本上信赖企业的经营内容,信赖企业的形象。

5. 形象变革的时代化

品牌形象应该具有继往开来、与时俱进的品质。"继往开来"就是说品牌形象需要历史的积累。据调查,世界前100家知名企业,企业历史在100年以上的约占30%,80至100年之间的占25%,50至80年之间的占30%,50年以下的占15%。《中国企业家》调查表明,《财富》全球500强企业的平均寿命是40—50年,跨国公司是11—12年,我国集团公司是7—8年,我国中小型企业仅为3—4年。"与时俱进"就是说品牌形象需要不断发展,需要推行持续创新战略。资料显示,现代国际品牌的成长平均只有100年的历程,有的甚至只有几十年。而"中华老字号"品牌平均都有180年的历史,有的甚至达到三、四百年。但是我国老字号的品牌价值却不尽如人意,说明它们"继往开来"的特性有余,而"与时俱进"的品性则显不够。世界知名的"长寿企业"具有四种品质,即感觉敏感、员工有归属感、管理宽容和财务谨慎。其中感觉敏感是最重要的品质,能够对周围环境具有快速、敏锐的反应,不断学习、调整,适应环境新的要求。品牌形象是在特定时代条件下塑造出来的,随着社会的进步与时代的发展,品牌形象原有的内容、形式可能会丧失吸引力,甚至成为企业维持、开拓市场的障碍。因此,只有根据时代特点和公众在新时期的需要,及时变革企业形象,才能永久保持品牌形象的影响力。在市场开放初期,企业为了取悦公众的民族心理,高举"振兴民族企业"的旗帜,强调民族形象是有益的,但是现在面对全球化的形势,品牌形象应该做出相应调整,把企业的民族化形象发展为国际化形象,以便巩固国内市场、开拓国际市场。

6. 形象诉求的有效性

脱离公众认同的形象是乌托邦式的形象,虽然美好,但是没有实际作用。策划品牌形象时,应注意诉求上的有效性,无论是内容还是形式,都应力求符合公众的心理需求,符合公众的基本情况。

7. 形象口号的大众化

品牌形象要能广泛地影响公众,必须具有可传性,能借助符号形式进行宣传。为此,在品牌形象策划中,要善于设计准确表达形象意境的品牌名称与宣传口号。根据现代公众追求感性的特点,设计的企业品牌和宣传口号不能追求表面上的深邃,而应大众化,以便公众记诵、流传。

8. 形象标志的美学化

标志是品牌形象相对稳定的标记符号,是企业接近公众、影响公众的主要途径。策划品牌形象时,要善于借助标志、图案、图形等象征性符号来展示特别的意境。设计品牌标志时,要遵循审美原则,以美的形式表现美的形象,以美的标识给公众美的感受,以美的联想影响公众的审美化消费心理。

9. 形象宣传的立体化

品牌形象的策划离不开宣传战略的制定。开展形象宣传,应该充分调动员工,运用各种媒介,实行全员化、全方位的宣传,创造出企业宣传上的规模效应,以宣传的规模效应和气势强化企业品牌形象的冲击力和感染力。

## (四)企业品牌形象的推广

塑造企业实体形象旨在发展企业的竞争实力特别是核心竞争力,起到夯实品牌基础的作用。策划品牌形象旨在让企业拥有独特的品牌系统,起到规划与设计品牌的作用。推广品牌形象则定位于提高品牌的知晓度、美誉度、首选度、忠诚度和依赖度,起到向目标公众传播品牌形象的作用。企业品牌形象的推广主要有以下八种路径。

1. 宣传品牌识别系统

品牌识别系统包括品牌标准字、标准色和标准图三个基本方面,集合表现为品牌名称和商标。面对海量信息,公众注意力显得相对稀缺。因此,宣传品牌识别系统,提高品牌知晓度,是推广品牌形象的基础活动。宣传品牌识别系统的方法主要有广告宣传、品牌征集、企业自媒体传播三种形式。广告宣传侧重在主流媒体(如电视、报纸、广播、杂志等)、互联网平台(如网站网页、客户端、APP、公众号、小程序)、户外媒体刊载以品牌名称、商标为创意素材的广告,起到广而告之的作用。品牌征集则是围绕品牌名称和商标向社会举办征集活动,如 Logo 征集、品牌名称征集、品牌代言人征集、品牌故事征集、品牌征文、品牌谐音征集等,以强化公众的品牌记忆度。企业自媒体传播就是企业自身网站网页、产品包装盒(袋)、办公用品、交通工具、公司制服、厂房办公楼等自己的各种媒体上刊载企业的品牌名称与商标,以唤醒公众的品牌记忆。

**2. 建构并传播品牌故事**

品牌只有借助故事才能流传于社会。立足时代和社会背景,挖掘企业历史资料所蕴含的核心价值观,创作并传播企业的创业故事、管理故事、革新故事、商业故事、竞争故事、危机应对故事、服务于重大社会事件的故事等,以彰显企业的家国情怀、人文精神、科学精神,提高企业的社会影响力。海尔的砸冰箱、零缺陷管理、国际星级服务等故事,不仅提高了品牌的知晓度,而且提高了美誉度。

**3. 传播品牌的生活主张**

品牌传播强调创新,但是美国的保罗·康纳德说道:"所有的开头都包含回忆因素……但是,绝对的新是不可想象的。"任何品牌的商品都是用于生活的,向目标公众推介品牌形象,需要基于商品在目标公众生活场景中的实际作用,概括品牌的生活品质,提取品牌的生活主张,使品牌呈现出鲜明的生活乐趣,贴近目标公众生活。

为了引起目标公众的心理共鸣,增加目标公众对品牌与商品的熟悉程度,传播品牌的生活主张时,必须遵守接近性规则。接近性是指传播涉及的话题、情感属性和新闻细节,与受众在年龄、地理、性别、阅历、心理、利益关系等方面的关联和接近程度。接近性能够使目标公众感受到品牌与自己切身利益存在直接、密切的关系,进而产生阅读欲、观看欲和亲切感。与目标公众生活越接近、关系越密切的事,就越为目标公众所关注,传播价值也就越大。基于接近性而创作的品牌传播作品,更加贴近目标公众的生活,更加真实可感,可以突破目标公众的认知防线,达成共识。传播信息蕴含了接近性,就更具号召力,更能打通目标公众的情感隔阂,更能拨动目标公众的心弦,目标公众因此而惊奇、兴奋或感动,自愿安静地沉醉于传播"游戏",融入各种媒体"链接"与"联结"之中,欣赏品牌传播的主题内容,领会传播作品的身份消费意蕴,实现"品牌传播蝶化游戏"的目的。

**4. 建构品牌公共话语**

常言道:追势不如乘势。品牌推广需要应势而谋、因势而动、顺势而为,把企业的经营管理巧妙嵌入社会重大事件，立足公共精神，建构品牌话语，讨论公共事务，以凸显企业的社会责任感。话语是多维的，英国的诺曼·费尔克拉夫说："既是一种表现形式，也是一种行为形式。"话语不仅呈现为话语文本，还显现为话语建构和话语实践。建构品牌公共话语，不仅考虑怎么说，建构和维护话语权，而且考虑怎么做，以行动巩固话语权，具体做法有：企业领导人就社会重大事件理性发表意见，为重大社会重大事件捐资、捐物、提供专业服务，参与社会重大事件的动员与传播等。

5. 建构品牌情景语境

情景语境（context of situation）是传播作品叙事张力的关键因素。情景语境概念是马林诺夫斯基 1923 年提出的，当时被界定为与语言交际活动直接相关的客观环境。现在则被解读为由语言交际所有当事人、话题牵涉到的人或物、时间处所、社会背景和体态语言交际手段（如表情、姿态、手势、服饰等）所组成的统一体，涉及作品的语词风格、体裁类型、叙事结构和呈现形象。迈克尔·格里高利和苏珊·卡罗尔指出情景语境由话语范围、话语基调和话语方式三个要素构成。情景语境具有人情味浓、定位精准、权威性高、影响广泛的特点，能够对重要社会现象进行现场式呈现与思考，表现出鲜明的"在场"和"行动"特质。品牌推广时，要善于剪裁真实而形象的文献影像来建构情景语境，用有人性、有温度的品牌故事来表达传播的主题与内容，把抽象的宣传主题融入人性化的故事之中，借助故事性话语进行叙事转换，从人物、时间、场域、事件和情感维度谋篇布局，或者映现奋斗、积极、向上、向善、公平、和谐、诚信、友善的企业景象，或者构建温馨、平和、知足、快乐、健康的企业氛围，缔造情节，形象化再现品牌事件、人物与地景，凸显情景语境的传播旨趣。

6. 策划品牌营销

品牌营销是指以暂时放弃企业利益，旨在提升品牌知晓度、巩固美誉度的营销活动。品牌营销不追求眼前的利益回报，而是用营销的方法，把品牌符号嵌入目标公众的心里，使顾客对商品留下特殊印象，商品因此成为顾客往后消费的首选对象，最终提高市场销售量。品牌营销常用的策略有赞助营销、零成本营销、捐送营销、赠送等。当年养生堂公司推出"喝农夫山泉，为北京申奥捐一分钱"，就是典型的赞助营销。表面上看，这是一个公益赞助活动，搭乘的是当年的社会热点事件，而且是公益活动，颇具社会影响力，巧妙地激发了公众的参与欲望：公众喝了一瓶水后，公司才能捐出一分钱，人人多喝农夫山泉，聚沙成塔，北京申奥就多一份成功的希望。这次活动，不仅成功地提高了品牌知晓度，而且扩大了商品的销售量。

7. 策划品牌展览

品牌展览是通过集中展示企业文化特别是核心产品来向公众传播品牌形象的一种载体。在品牌展览会，公众不仅可以接触商品，可以实实在在地感受商品的品质，接触企业员工,直观体验企业文化。所以说,品牌展览是传播品牌性格、彰显品牌文化的有效途径。企业参与品牌展览的途径主要有三种,即企业独自筹办、联合筹办和参与专业大型展览会。为了取得品牌推介的效果,策划品牌展览时,应该注重主题和表现形式的创新,把企业品牌、商品外观特征与使用性能、企业文化等内容,极富诚意地呈现目标公众。

8. 妥善应对品牌危机

竞技比赛中有句名言:防守是最好的进攻。品牌是件难塑却易碎的艺术品,历经千辛万苦,说尽千言万语,走遍千山万水,想尽千方百计,好不容易塑造的品牌形象,在危机事件中极易瞬间崩塌。从这个角度看,及时应对品牌危机,就是最经济的品牌推广。

---

**实战**

请您收集 DeepSeek 的相关资料,然后借助这个模型生成"DeepSeek 面向 Z 世代大学生的品牌形象推广方案",并进行人工优化,以增强实用性。

提示:推广品牌形象的公共关系路径是媒体传播与活动传播,关键是富有诚意、富有创意地讲好品牌故事。

脚踏实地,勇毅前行,一切皆有可能! 加油!

---

## 本章小结

1. 协调公众关系,只有遵循利益相关者理论、关系管理理论的内核,满足目标公众的实际需要,才能建构良好的内部公众关系、顾客关系、政府关系、社区关系、媒体关系等,为社会组织缔造良好的社会关系。

2. 顾客满意理论和客户关系管理理论进一步明确了建构顾客关系的特殊要求。

3. 根据声誉管理理论,企业形象分为实体形象和品牌形象两个部分,其中管理形象、人员形象、科技形象、资本形象、实力形象和产品形象是实体形象的基本要件,是品牌形象的基础;知晓度、美誉度、首选度、忠诚度和依赖度是品牌形象的核心指标,是实体形象的外化。

4. 策划品牌形象,需要遵循 USP 理论、品牌印象理论、品牌性格理论和品牌身份理论,以提高品牌策划与品牌推广的科学性和实效性。

## 学习重点

- 利益相关者理论、关系管理理论、声誉管理理论
- 顾客满意理论、客户关系管理理论
- 内部公众关系的协调
- 外部公众关系的构建与维护
- 协调公众关系的关键
- 品牌形象的构成要素
- 品牌形象的策划与推广

## 语录

国外谚语："愚笨的商人卖产品,聪明的商人卖品牌。"

## 前沿问题

关于公众关系,起初的研究偏向法律道德的规范,提出社会责任理论,引领公众关系的建构与协调。现在则立足经济理性立场,提出利益相关者理论和利益共同体理论,引导企业建构实质性的公众关系,触及了公众关系的利益内核。

关于品牌形象,起初认为知名度就是品牌形象,后来提出美誉度,认为品牌是知名度与美誉度的统一体。现在进一步认识到,品牌是企业的核心竞争力之一,品牌形象需要扎实的实体形象,著名品牌代表着同类商品(服务)中的最高品质和最完善的服务,其背后存在着强大的支持力:一流的管理、一流的组织结构、一流的战略决策能力、庞大的促销和公益开支、个性化的企业文化、在一定历史条件下的人力资源。品牌形象构成指标包括知名度、品牌忠诚度、品牌联想、认知的品质和其他特有的竞争优势。打造品牌核心竞争力成为公共关系的重要使命。

## 推荐阅读

《品牌管理》(王海忠著,清华大学出版社,2021年)

该书以培育和经营全球知名品牌为宗旨,围绕品牌经营遵循的规律和逻辑建构了3S品牌战略框架,以此为主线,阐述了品牌、世界品牌演进史、自主品牌战略、品牌顾客本位、感知质量、品牌定位、品牌要素战略、品牌营销组合战略、品牌杠杆战略、品

牌延伸战略、品牌组合战略、品牌更新战略、品牌防御与保护、品牌文化塑造、品牌管理体系、品牌审计评估等内容。

推荐理由:在品牌经营的思想观点知识体系上,具有国际领域下的创新与突破。

## 案 例

### 分"手"48 小时,与 Di 有约——比亚迪乐享移动车联生活

在车内取代手机是当下衡量智联网联汽车的关键指标。比亚迪 DiLink 智能网联系统能够自由安装各种 APP,充分满足用户车内全方位的智能生活需求,确保用户在专注于安全驾驶的前提下,保持对网络的自如使用。

为了传播 DiLink 智能网联系统全面接管用户对手机需求的特性,2019 年 6 月 15 日至 17 日,比亚迪公司举办了一场题为"分'手'48 小时,与 Di 有约——比亚迪乐享移动车联生活"的挑战赛,邀请汽车圈、财经圈、科技圈、泛大众圈的四位主要嘉宾,上演一场不带手机、足不出车 48 小时的"真人秀综艺"。活动宣传页面的内容是:"智能互联网已经深度融入并改造着我们的生活/也让我们对智能手机非常依赖/尤其是对汽车驾驶者来说/在车外离不开手机/在车内放不下手机/驾驶安全与断网焦虑的矛盾/始终没有解决/基于用户这一痛点比亚迪推出 DiLink 智能网联系统/在车内接管所有智能手机的功能与操作/现在,我们正在进行一场/持续 48 小时的极限压力测试/验证 DiLink 能否真正接管手机/还原互联网的智能生活/我是挑战者李云飞/我正在用 DiLink 与你对话"。

挑战赛设计的场景主要有:第一天上午参加启动仪式进入车内后,上午完成生活必需品采购和 48 小时生活 Idea 大放送,中午通过美团叫外卖,下午进行一场"上车吧,好声音"K 歌和海底捞晚餐。第二天上午在车内"以茶会友",并进行网红化妆或游戏直播,下午进行"儿童游戏大拼盘",完成直播网红狸家的上门美容服务、亲子趴和朋友趴活动。第三天上午召集一场工作视频会议,最后完成出舱仪式,并接受媒体采访。车内 48 小时真实有趣的生活,通过 DiLink 全面传达给用户,充分呈现了座舱的移动智能,场景化地展现了产品的亮点。

**点评:** 由于挑战赛的内容设计紧扣产品特性,而且颇具趣味性,加上跨界 KOL 全程直播,创造了很好的微博话题,引发网络热议,累计阅读量达 1.6 亿,有效传播了比亚迪的移动智能形象。

练习与思考　　　　部分参考答案

# 第四章
# 公共关系战略分析与运作程序

## 学习目标

学完本章,您应该能够

1. 了解公共关系战略环境分析的外延;
2. 运用 PEST 分析模型明晰公共关系宏观环境的特性;
3. 理解行业生命周期模型和波特竞争结构的公共关系启迪;
4. 理解公共关系在核心竞争力建构中的作用;
5. 理解 SWOT 分析法、价值链分析法、BCG 矩阵分析法和大前研一策略选择模式的公共关系启迪;
6. 熟悉公共关系四部曲的基本内容;
7. 熟悉公共关系策划的核心步骤;
8. 运用各种创意技法进行公共关系主题创作;
9. 制定公共关系计划。

## 基本概念

PEST 分析模型　行业生命周期模型　波特竞争结构　SWOT 分析法　价值链分析法　BCG 矩阵分析法　大前研一策略选择模式　核心竞争力　公共关系策划　公共关系创意　五 W 媒介计划法　公共关系流量

　　公共关系旨在协调公众关系,塑造品牌形象,为企业的发展创造良好的外部环境。策划公共关系的前提是分析战略环境,熟悉宏观环境和微观环境的特性;基础是分析战略能力,熟悉企业自身的总体实力。公共关系策划立足于外部环境和企业战略能力两个维度,创造性地进行公共关系创意,规划公共关系战略方案,使公共关系于外而言具有合法性,于内而言具有正当性。

# 第一节 公共关系战略环境分析

策划公共关系需要战略思维,熟悉外部环境,这就是"不谋全局者,不足谋一隅"的道理。企业的外部环境包括宏观环境和微观环境两个方面,其中,宏观环境的最宽界限是全球,最窄指向是目标市场环境,主要涉及政治、经济、社会与文化、技术四个维度;微观环境涉及行业经济特性、行业生命周期和行业竞争结构等。只有从全局角度思虑公共关系,才能明确公共关系的总体目标和方案,具体目标和具体方案才会有明确的指向和着落。

## 一、社会宏观环境分析

社会宏观环境分析首先需要分析全球环境,因为经济全球化已经成为主流趋势,但是重点依然是立足企业自身发展需要,分析本国的宏观环境。分析宏观环境,一般采用 PEST 分析模型(见图 4-1)。

图 4-1 PEST 分析模型

PEST 分析模型的基本内容是,企业的发展受制于政治环境、经济环境、社会文化环境和技术环境,同时又反作用于这些外部宏观因素;外部宏观环境因素彼此相互作用;企业、政治环境、经济环境、社会文化环境和技术环境交互影响,组成为有机的生态系统。公共关系是在这种生态系统中推行的,只有适应生态环境系统,才能实现预期的目标。运用 PEST 分析模型,有助于明确外部环境的影响作用,找出影响公共关系的关键因素和公共关系创新的驱动力。

政治法律环境对公共关系具有显著的制约作用,对公共关系的影响具有直接性、难以预测性和不可逆转性的特点。直接影响公共关系的政治和法律因素主要有:国家意识形态、国家政治制度、政党制度、法律法规、基本国策、行政政策与行政行为等。鉴于政治法律的权威性和特殊性,一般宜向政府主管官员、政府决策咨询专家、社会活动家和法律专家求教。

经济环境是指企业经营管理过程中所面临的各种经济条件、经济特征、经济关系等客观因素,包括社会经济结构(特别是产业结构、分配结构、交换结构消费结构和技术结构)、经济发展水平(特别是国内生产总值、国民收入、人均国民收入、经济增长速度)、经济体制和经济政策(特别是国家经济发展战略和产业政策、国民收入分配政策、价格政策、物流政策、金融货币政策、工资政策、对外贸易政策等)。经济环境具有不确定性特点,因此为了准确了解经济环境对企业公共关系的影响,宜求助于专业咨询机构。

社会文化环境是指一个国家和地区的民族特征、文化传统、生活方式、消费习惯、价值观、宗教信仰、教育水平、社会结构、风俗习惯等。

技术环境是指一个国家和地区的科技水平、科技力量、科技体制、科技法律法规与政策、科技产业、科技优势与传统、新产品开发能力和技术发展动向、产业链等。

110

> **问题思考**
> 社会宏观环境对公共关系的干预,属于"无形的手"还是"有形的手"? 对公共关系的影响是否具有可逆性? 为什么?

## 二、行业特性分析

公共关系的最终目标服务于企业的经营行为,策划公共关系必须熟悉行业的特性,否则,即便富有社会责任内涵的公共关系,也将无助企业的发展,自然会丧失存在的正当性。行业特性分析主要包括行业生命周期分析、行业吸引力分析、行业经济特性分析和行业变革驱动因素分析四个方面。

### (一) 行业生命周期分析

行业生命周期是指一类产品从研究开发、投入生产、进入市场直至在市场上消失,被另一类产品代替的过程。根据产品的市场销售增长率和获利能力,产品生命周期一般分为导入期、成长期、成熟期和衰退期四个阶段。导入期的行业具有市场增长率不高、市场规模有限、技术变动大、产品开发不稳定、产品品种有限、产品质量不稳定、产量低、成本高、销售价格高、获利性不确定、管理水平低、缺资金也缺市场、缺熟练员工等特点。进入成长期,产品有市场,销售量猛增,商品市场增长率高,市场规模显著趋增,技术趋稳,产品开发容易,产品品种趋多,获利性高,生产人员和销售人员大增,企业规模迅速扩大,初步拥有市场地位,但结构脆弱,人才短缺,人员队伍跟不上行业发展的需要。成熟期的行业,商品市场增长率不高但市场规模大、技术成熟,企业规模、市场规模、技术状态、经营能力、盈利能力和社会声誉均进入最佳状态,但是产品开发变得困难、产品品种繁多、获利性趋降,而且不知不觉之间患上自傲、沟通不畅、官僚主义、创新弱化等大企业病,容易坠入"温水煮青蛙"的陷阱。行业处于衰退期时,商品市场增长率、市场规模和获利能力均显著下跌,销售与利润大幅度下降;产品品种越来越少;设备工艺落后,产品更新慢;负债增加,财务恶化;员工队伍涣散,不公平感增强,职场期望值下降;企业氛围暮气沉沉;企业只有衰亡或转型两种选择。

行业生命周期理论对策划公共关系具有重要的指导作用。行业处于导入期时,企业应该增加投资,在加强科研的同时,强化公共关系的推介力度,开展消费教育,引导公众逐渐了解产品的性能和功效,建立行业开拓者形象。处于成长期时,企业应该根据"自己盈利自己发展"的机制,从商品盈利中安排专项资金用于公共关系,继续加大公共关系传播,建立行业领导者形象,尽量提高商品的市场占有率。处于成熟期时,企业不必再进行投资,而应加大市场回收力度,以增强企业的获利水平,但是需要进一步加强公共关系,借助公共关系力量,壮大行业市场需求规模,维持并提高市场占有率,强化行业领导者形象,提高品牌忠诚度;同时,开启公共关系创新机制,传播企业的前沿思考与革新探索的信息,塑造学习型组织形象。处于衰退期时,企业加速市场回收进程,并计划退出市场,因此公共关系也宜转型,偏向巩固品牌忠诚度。

> 💡 **要点提示**
>
> 　　行业生命周期理论的核心启示是导入期、成长期、成熟期和衰退期的市场经营情形不尽相同,策划公共关系的基点发生了相应的变化,公共关系策略当然也要各有特色。

## (二)行业吸引力分析

行业吸引力分析主要判断某行业利润率高于还是低于本国各行业平均利润率,如果高于本国各行业平均利润率,则被认为具有吸引力。行业利润一般取决于三个因素:能否为顾客创造价值、竞争激烈程度、企业在产业价值链上讨价还价的能力。分析行业吸引力,主要分析以下问题:行业是否具有成长潜力?风险是什么?当前的竞争态势能否带来足够的盈利？行业的竞争力量会增强还是减弱？企业处于什么样的竞争地位？继续参加竞争能否保证利润？

---

**课堂讨论**

Sora 模型能够基于大数据形成对现实物理世界规律的算法，根据文字描写，生成高清视频，背景高度细致，细节十分逼真，加上复杂镜头的运用与切换，产生出接近电影画面的效果。请您运用 ChatGPT 生成 Sora 模型的市场吸引力分析报告，并评估这个报告的准确性。

---

### （三）行业经济特性分析

行业经济特性分析主要是找出影响行业经济特性的因素。一般来说，影响行业经济特性的因素主要有：行业的市场增长速度、市场规模（即判断某行业是大市场还是小市场）、行业竞争范围（判断是国际化竞争还是本土性竞争）、竞争厂商数量和相对规模、客户数量、行业盈利水平、进入与退出壁垒（进入壁垒高会保护现有企业的地位与利润，进入壁垒低则容易吸引新进入者，退出壁垒高则加剧行业竞争）、产品的标准化程度、资源条件、规模经济效应等。

### （四）行业变革驱动因素分析

行业变革驱动因素是行业成功的关键因素，决定了企业的发展命运。找出行业变革的驱动因素，并在这些关键因素加大投资，获得竞争优势，就意味着企业掌握了核心竞争力。

常见的行业变革驱动因素主要有：行业长期增长率的变化、客户的变化和客户使用商品方式的变化、产品革新、技术革新、营销革新、大厂商的进入和退出、专有技术的扩散、行业的全球化进程、成本和效率的变化、政府政策的变化、社会关注点和生活方式的变化、不确定性和商业风险的变化。相对某个具体行业来说，变革驱动因素一般不超过 4 个。

策划公共关系需要具备行业意识。行业生命周期方位、行业吸引力强弱、行业经济特性和行业变革驱动因素，不仅规范了公共关系的目标与方向，而且制约着公共关系的规模与未来。高速发展、富有吸引力的行业的公共关系，对任何从业者来说都是一笔宝贵的财富，公共关系市场规模大，创意机会多，也容易赢得公众的关注，因此策划公共关系时可以尽情涉足社会民生领域，从事公益赞助和慈善捐助，塑造家国情怀形象；大胆聘请一线明星担当品牌形象代言人，恣意邀请明星出场助兴，借助明星效应扩大品牌影响力；尽兴策划整合性的媒介传播阵势，实现主流媒介与新媒介的同步共振，创造良好的舆论环境；豪迈地提供公共关系礼品，创造万人空巷的活动效果。

> **问题思考**
>
> 《中国人口普查年鉴—2020》显示，我国家庭人均居住面积约为 42 平方米，其中，城市家庭人均居住面积约 36 平方米，平均每户居住面积约 111 平方米，达到发达国家水平。房地产行业的公共关系曾经尽显大气磅礴，明星如云，气势如虹，而今也讲"学会过紧日子"。请您运用行业生命周期理论解读这个现象的必然性。

## 三、市场竞争结构分析

公共关系强调战略思维，也就必然强调竞争思维。从词源上看，战略一词来自军事领域，原意是"将军指挥军队的艺术"，极具对抗性、竞争性。公共关系的直接动机是增强企业的市场竞争力。策划公共关系暗含着竞争的意图。早期的竞争是零和博弈，一方得到的份额恰恰是竞争对手失去的份额，正所谓"同行是冤家"。现在强调利益共同体，讲究竞合，强调竞争中有合作，合作中有竞争，共同做大市场。但是在某个固定的时空，终究还是存在竞争的。当然，今天的竞争，从内涵上看已经不仅仅是同行的竞争，还包括供应商、购买者的议价压力。策划公共关系，不仅应该牢记竞争的本意，而且还要拓宽对竞争对手的理解。在这方面，迈克尔·波特提出的竞争结构模型（图 4-2）颇有启迪价值。他认为竞争结构由现有同行的竞争、潜在入市者的威胁、替代品的威胁、供应商的议价能力和购买者的议价能力构成，任何行业的竞争态势都是这五种力量共同作用的结果。

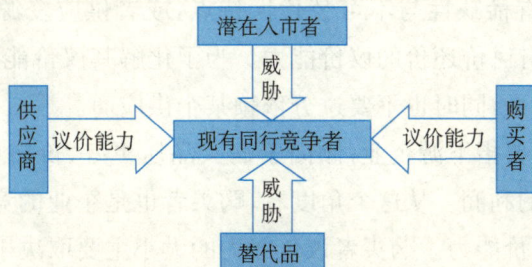

图 4-2 波特竞争结构模型

面对同一个市场,为了提高市场占有率,现有同行往往围绕产品性能与品质、价格、新产品开发、服务质量、品牌形象、渠道便捷性等,通过创造差别化优势,来开展激烈的竞争,这就是商场如战场的缘由。同行竞争的激烈程度取决于以下因素:行业集中度、市场需求的增长速度、现有竞争者的数量与规模、竞争者对其市场地位的满意度、产品特色、用户的转换成本、企业固定费用和库存成本的高低、行业生产能力、退出壁垒的高低等。

潜在入市者对于顾客来说是件好事,但往往会威胁现有企业,产生来者不善、善者不来的竞争压力。行业进入壁垒与现有厂商的预期反应,将影响潜在入市者的愿望。进入壁垒高,而且现有厂商的预期反应大,潜在入市者就会产生惧怕心理;进入壁垒低,现有厂商的预期反应小,潜在入市者将会有恃无恐。进入壁垒高而现有厂商的预期反应小,或者行业进入壁垒低但现有厂商的预期反应大,潜在入市者则比较慎重。行业进入壁垒的高低往往取决于规模经济、商品差异化程度、资金需求大小、资源供应、销售渠道、员工经验、法规政策等。进入新行业,一般需要进行大规模投资,追求规模经济效应,才能获得质量优势、价格优势、技术优势、市场优势,否则初期就会遭遇亏损,但现有企业不能麻木。

替代品是指与现有产品与服务的功能相同的产品与服务。公众一般倾向追求更好、更具性价比的商品,而现代科技又恰好能够不断推出新材料、新技术,加上社会倡导"资源有限、创意无限",鼓励创新。这样,有市场需求,有技术可能,企业家在赢取竞争优势的冲动支配下,不断推出新式产品与服务,替代品层出不穷。替代品替代现有商品与服务的途径有相同功能替代、多种功能替代、新功能替代、回收品替代、上游产品替代和升级产品替代等。替代品能否真正威胁现有商品与服务,主要取决于替代品在性价比上与现有产品相比是否具有比较优势,当然也与用户转换成本的大小和使用替代品的欲望有关。

供应商是企业的上游合作者,但因为存在利润分割问题,为了争取最大化的利益,也会以提价、限制供应、降低质量等条件向企业施加压力。如果供应商集中程度高,或者供应资源具有稀缺性与不可替代性特点,或者供应资源对企业来说相当重要,就表明供应商拥有讨价还价的议价能力。为了化解其议价能力,企业应与主要供应商建立长期合同关系,同时也不要过分依赖某个供应商。

这里的购买者主要指下游企业,倾向于购买品质更好、价格更低、服务更好的产品,这必然损害企业的利润。从这个角度看,购买者也是企业的竞争者。购买者对企业的竞争也表现为议价能力。购买者议价能力的大小主要取决于产品对购买者的重要性、产品的标准化程度、购买者对产品的满意程度与偏爱程度、购买者的集中程度与转换费用、购买者的盈利能力以及购买者掌握行业信息的程度。

请您运用 AI 大模型生成"波特竞争结构模型视角下淘宝的竞争对手分析"，其结论具有启迪作用吗？为什么？

波特的竞争结构理论，提示公共关系需要具备 360°的全方位竞争维度观念，从而引导企业树立科学的竞争观，变压力为动力，利用压力壮大实力，培育核心竞争力，从根本上增强企业的竞争实力。

# 第二节　公共关系战略能力分析

市场规模无限大，企业活力更可无穷，公共关系当然要有宏大的目标追求。但是古人告诫："度德而处之，量力而行之"，过分心急可能适得其反。根据市场环境，立足企业自身条件，量力而行，尽力而为，才是公共关系的王道。

## 一、战略能力分析的对象

运作公共关系的前提是了解企业的战略能力状况，否则，即便公共关系富有创意，但与企业战略能力相比缺乏匹配性，也就没有实际意义了。企业的战略能力是指企业基于资源状况所形成的生产能力、营销能力、财务能力和组织能力。战略能力分析就是摸清家底，对企业的资源状况与能力状况做到知根知底，认清自己的真相。

### （一）企业资源评估

企业资源是企业静态层面的实力。评估企业的资源，可以重点从以下五方面着手：一是企业的实物资源，如厂房、机器设备、矿山、原料、地理位置等；二是企业的人力资源，包括员工数量与质量结构；三是企业的财务资源，如资本金、股票、债务、银行存款等；四是企业的无形资产，如品牌价值、客户网络、交易网络等；五是企业有无核心资源。核心资源是企业发展所需要的有价值的、稀缺的、他人不可完全模仿、也不能被完全替代的资源。拥有核心资源，企业的实力就会陡增。

评估企业资源，不是财产登记工作，需要根据企业专项资源的内在特性及其市场影响能力，制定评估表和权重系数，逐项打分，然后进行统计。由于理解上的差异，评估指标体系也会呈现不同。以品牌价值评估为例，美国"世界最有价值品牌评估公司"和"国际品牌公司"评估量表就很不相同,具体见表 4-1 和表 4-2。

**表 4-1　美国"世界最有价值品牌评估公司"评估量表**

| 评估项目 | 评估指标 | 权重 |
|---|---|---|
| 领导能力 | 商标影响市场的能力 | 0.3 |
| 稳定性 | 商标的生存能力 | 0.1 |
| 市场环境 | 商标交易的市场环境 | 0.05 |
| 国际性 | 商标越过地理和文化边界的能力 | 0.1 |
| 趋势 | 商标对本行业发展方向的影响力 | 0.1 |
| 法律支持 | 商标授权与转让的法律有效性 | 0.1 |
| 金融支持 | 商标获得不断投资的支持能力 | 0.25 |

**表 4-2　美国"国际品牌公司"评估量表**

| 评估项目 | 评估指标 | 权重 |
|---|---|---|
| 量度 | 该品牌在同类产品中所占的市场份额 | 0.35 |
| 宽度 | 该品牌对不同年龄、性格、国籍的人们的吸引力 | 0.3 |
| 深度 | 该品牌消费者的忠诚程度 | 0.2 |
| 长度 | 该品牌超越该类产品原有吸引力的程度 | 0.15 |

### (二) 企业能力评估

企业能力是动态层次上的企业实力,主要包括生产能力、营销能力、财务能力和组织能力。

生产能力是企业设备能力、人员能力、管理能力、设计能力、查定能力和计划能力综合表征。生产能力的评估重点可以从正常生产能力和最大生产能力两个角度进行评估,具体评估指标包括原材料成本,原材料的供应情况,与供应商的关系;存货控制系统效率,存货周转情况;生产设施布局及利用效率;对分包方式的利用情况,进行纵向联合的情况,联合的附加值及利润额;企业设备效率与成本效率,操作控制程序,生产日程安排的合理程度,采购管理问题,质量管理工作的效果;与产业平均水平和竞争对手相比较的相对成本和技术竞争力;研发与技术创新情况等。其中,生产环节的评估最直接,其评估内容可以细分为以下六个方面:①厂区布置是否合理。即从方便、安全方面判断厂房安排、部门分配、动力照明系统、给排水系统、运输道路以及三废处理设施的布置等方面的合理性。②生产工艺是否科学。③生产工序是否合乎科学。看它是否符合人体运动工程学,是否省时,是否可减少生产动作等。④生产效率是否达到最佳状态,包括员工能否保持较高的工作热情,操作动作是否规范,机器设备利用是否充分等。⑤生产质量是否有可靠的保证,看企业是否建立起切实可行、持久贯彻的质量管理制度、质量检验办法,员工是否具备强烈的质量意识等。⑥生产管理是否符合科学要求。

营销能力是企业借助市场渠道把产品销售给顾客的能力。由于企业的生产能力得到大幅度提高,如何把产品销售出去成为企业最重要的问题,营销能力变得十分重要。营销能力是指表现在五个方面:一是企业感知市场、联系市场和战略思考的能力,二是企业进行市场定位、市场选择的能力,三是接触顾客和顾客关系管理的能力,四是销售、促销、广告传播、公共关系的能力,五是整合线上营销与线下营销、促成电商网红的能力。

**课堂讨论**

请您借助 ChatGPT 和 DeepSeek 分别生成"DeepSeek 市场推介能力分析报告",然后比较两者差异,并分析造成差异的原因。

财务能力是企业进行资本管理和财务运作的能力,主要表现在四个方面:一是财务管理能力,涉及财务决策、财务控制、财务规划、财务创新等方面。二是财务活动能力,如筹资能力、投资能力、资金运用能力。三是财务关系能力,即平衡股东、债权人、员工、政府等利益相关者之间财务关系的能力。四是财务表现能力,主要涉及企业盈利能力、偿债能力、营运能力和成长能力。

组织能力是企业的组织架构建设与协调运转能力,是基于组织结构、业务流程、管理制度、企业文化而展现出来的活动能力。

**要点提示**

对"知己知彼,百战不殆",习惯性地强调"知彼"的重要性。从语言学角度看,"知己"位列第一,更加重要。企业资源和企业能力是企业形象定位和目标公众定位的客观依据,只有摸清企业的家底,才有可能使公共关系与企业需求保持匹配性。

## 二、企业战略能力分析的理论模型

围绕企业战略规划,许多学者从企业和市场两个维度进行了模式化的探索,这些探索为分析、规划企业战略提供了独特的视角,也为公共关系在企业战略中的角色定位提出了思路。

图 4-3 SWOT 分析模型 表格:

| 企业优势 | ST | SO |
|---|---|---|
| 企业劣势 | WT | WO |
|  | 市场威胁 | 市场机会 |

图 4-3　SWOT 分析模型

## (一) SWOT 分析法

斯提勒认为制定企业战略,关键在于根据企业自身的优势(Strengths)和劣势(Weakness),找出市场环境所蕴含的机会(Opportunities)与威胁(Threats),从其象限中寻找出基本的发展方向,见图 4-3。

在 ST 象限,企业拥有较大的竞争优势,但面临的是市场威胁。企业应该采取收割型战略和多样化战略,重点是制定周密的防范措施,削减成本,减少某一特定经营部门(如一个战略经营单位、业务分部、商品系列、特定商品与品牌)的投资,以消除来自环境的危机,清除发展障碍。与此相关,公共关系宜采用收割型策略,频繁策划促销型公共关系活动,开展公共关系营销,引导公众大批量购买商品,尽快最大限度地获取市场利益。

在 SO 象限,企业拥有竞争优势,面临的是良好的市场机会,企业应当采取增长型战略,包括集中化策略、中心多样化策略、垂直一体化策略,重点是制定可行的方案,尽快推出商品,严格控制成本,以价格优势迅速占领市场,建立技术领导者形象和市场领先者形象,使企业的增长速度高于商品所在区域市场的增长速度,获得高于平均水平的利润幅度。因此,公共关系宜采用进攻型策略,通过知识营销活动和新闻传播,积极创造市场需要,强化企业的市场领导地位。

在 WT 象限,企业在竞争中处于劣势,市场给行业的发展设置了障碍。企业应该采取比较保守的防御型战略,强调专业化、低成本,利用价格和服务,避开威胁并逐渐消除劣势,有步骤地从目前的市场领域和基础水平收缩,必要时应该尽快撤出市场。与此相关,公共关系宜采用紧缩战略,侧重品牌传播,巩固公众的品牌忠诚度,为企业转型发展创造品牌条件。

在 WO 象限,企业没有竞争优势,但是市场为行业的发展提供了良好的机遇。企业应该采取扭转型战略,在弥补内部劣势的同时,最大限度地利用外部环境的机会,经营战略重点是积蓄实力,以图未来。与此相关,公共关系宜采用稳定型战略,即追求与过去绩效相同的公共关系目标,保持此前的风格与节奏,开展与过去主题与规模大致相同的公共关系活动。

> **? 问题思考**
>
> 请您借助 AI 大模型,尽量收集淘宝与拼多多两家电商的资料,然后为拼多多制作 SWOT 分析表,并拟定相应的公共关系方案。

## （二）价值链分析法

价值链分析法（见图 4-4）是麦可·波特 1985 年提出的。波特认为价值链是企业研究开发、采购、生产、营销、服务、人力资源管理等价值活动的集合体。它们分别属于两种不同类型的价值活动：即基本活动和支援活动，每个行为都对最终产品价值有所贡献，都是价值行为，是企业竞争优势之所在，是企业利润的来源。但是不同类别的价值活动所创造的价值是不同的，不能创造价值的行为应予以排除。

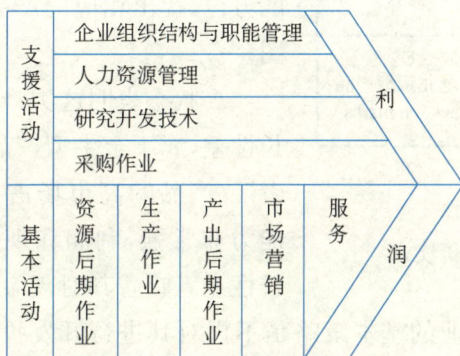

图 4-4　波特价值链分析模型

根据价值链分析模型，可以分析哪些价值活动应该自己做，哪些价值活动应该由别人做；哪些价值活动自己做有利，而由别人做不利；哪些价值活动自己做不利，而由别人做反而有利。这个分析模型对理解企业成本变化及其原因具有参考作用，有利于企业根据自身条件，找出对顾客最有价值而企业最有优势的活动，加以改进提高，从而提高企业的竞争力。

公共关系肩负外脑咨询重任，为决策层提出建议。价值链分析模型在公共关系咨询决策方面具有特别重要的作用。价值链分析模型的启示是有所为，有所不为。公共关系应该基于内外信息的全面把握与综合分析，帮助企业找准并做强自己的核心优势价值行为，同时列为公共关系传播的重点话语内容，塑造企业的特色形象；协助企业建构战略联盟队伍，把不能创造价值但又不可或缺的经营行为，以业务外包的形式交由合作者经营，塑造企业的利益共享形象。

> **？ 问题思考**
>
> 基于价值链分析模型，在 AI 大模型背景下，公共关系公司在业务经营上如何做到有所为、有所不为？

### (三) BCG 矩阵分析法

BCG 矩阵分析法是波士顿咨询公司(Boston Consultant Group)的创立者布鲁斯提出的。他认为"公司若要取得成功,就必须拥有增长率和市场份额各不相同的产品组合。组合的构成取决于现金流量的平衡。"BCG 矩阵分析法以企业产品的市场占有率和行业的成长性(往往表现为销售增长率)为轴线,设计出矩阵图,借此判断产品现有的方位,提出相应的产品组合对策。其模式见图 4-5。

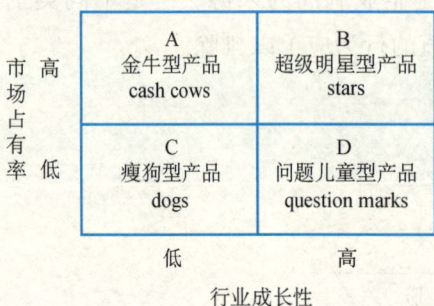

| | | |
|---|---|---|
| 市 场 占 有 率 | 高 | A<br>金牛型产品<br>cash cows | B<br>超级明星型产品<br>stars |
| | 低 | C<br>瘦狗型产品<br>dogs | D<br>问题儿童型产品<br>question marks |
| | | 低 | 高 |

行业成长性

图 4-5 BCG 矩阵分析模式

A 状态表明这类产品市场占有率高,但成长性差,属于金牛型产品,是企业的"现金提供者"。产品的高市场占有率,说明其短期获利能力非常强,利润和现金产生量比较高,而成长性差意味着其对现金需求较低,所以是企业现金的主要提供者。企业的基本策略是不再对其进行开发投资,而应以有效的方式尽快回收市场利益,为企业赢得经济效益、开发问题儿童型产品提供资金,同时准备在某一时期主动淘汰产品。此时,企业应该推行公共关系营销策略,不仅引导公众积极购买,扩大市场销售量,而且强化品牌影响力,为企业转型奠定品牌基础。

B 状态表明这类产品在整个行业中处于主导领先地位,而且行业颇有发展前途,属于超级明星型产品,产品销路好,获利丰厚,发展后劲足。为了保持其优势,企业应该加大投资规模,但资金应来源于产品自身的市场盈利,企业资金净收入不高。此时,企业需要不仅加强公共关系媒介传播,而且不断开展公共关系活动,整合线上传播与线下传播的内容,以强势公共关系传播进一步激发公众的消费愿望。

C 状态表明这类产品既无行业前途,又无市场占有率,属于瘦狗型产品,可能自给自足,也可能亏损。面对这种情形,企业应该尽快关闭生产线,积极筹备开发新型产品。为此,企业应该开展以提高品牌知晓度和美誉度为目标的公共关系传播,为企业转型后开拓市场奠定品牌基础。

D 状态表明这类产品行业成长性高,但是目前企业的市场占有率低,属于问题儿童型产品,前途未卜。经过努力,这种产品可能成长为超级明星型产品,但稍有不慎,又可能成为瘦狗型产品。企业的对策是加大投资规模,加强新产品开发与市场开拓工作,以提高产品的市场占有率。相应地,企业需要开展推介型公共关系,重点向公众传播新兴产业的价值优势,在推动行业成长的过程中壮大企业的竞争实力。

**问题思考**

请您运用 AI 大模型生成"复旦大学出版社图书业务的 BCG 矩阵分析及公共关系传播策略"。这个 AI 文本需要在哪些方面进行优化?

## (四)策略选择模式

策略选择模式是日本策划大师大前研一提出的,他以现有产品与创新产品、相对优势和绝对优势为轴线,进行区分后,提出了四个基本策略,即集中关键因素、利用相对优势、主动出击和利用策略自由度。这四个策略的关联模式见图 4-6。

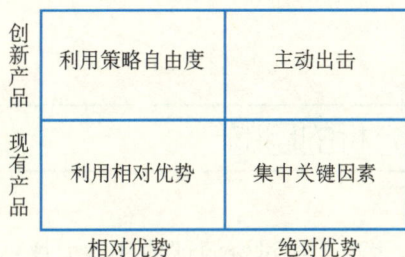

图 4-6　策略选择模式

利用策略自由度就是企业开发新的产品或开辟新的市场,创造出只属于自己的优势领域,谋取发展,但是与竞争对手要避免正面竞争。公共关系应该重点传播创新产品,讲好技术创新的故事,塑造创新产品的替代者形象。

利用相对优势就是企业把自己现有的产品与竞争对手的产品进行分析,找出两者的差异,以企业自身的相对优势与竞争对手展开竞争,但是要避免正面竞争,因为相对优势只是局部优势。公共关系需要强化定位意识,开展错位传播,把企业的相对优势充分呈现在目标公众面前,塑造产品的性价比形象。

主动出击就是企业面临强大的竞争对手时,主动放弃原来的竞争领域,开发全新的产品,形成全新的竞争优势,主动与对手展开正面竞争。此时,公共关系宜充分传播企业不屈不挠的奋斗精神和坚强的意志,塑造凤凰涅槃、浴火重生的形象,同时积极开展知识营销活动,传播产品的技术革新故事,塑造创新产品的替代者形象。

集中关键因素就是企业以现有产品为基础,找出影响竞争成败的关键性因素,并把企业的资源集中于关键性因素之上,创造出新的优势,与竞争对手展开正面竞争。公共关系应该讲好企业引导行业发展的故事和核心竞争力,塑造企业的市场领导者形象。

大前研一的策略选择模式,虽然有避免正面竞争的话语,但始终都强调进攻性策略,主张强化或者创新产品的优势,调整企业的现有实力,集中优势展开竞争,使企业凌驾于竞争对手之上,对于强化公共关系的进攻性,具有重要的应用价值。常言道:进攻是最好的防守。公共关系本质上主动的,其核心动词塑造、策划、传播、创意、建构、管理等都含有明确的进攻色彩。即便危机公关,也强调在应对的同时,追求"化危为机",带有明显的进取意识。应该说,大前研一的策略选择模式的实质要求与公共关系是高度契合的。

> 💡 **要点提示**
>
> 竞争是个好东西,不仅能开拓市场,而且还能激活员工进取意识。但是采用正面竞争策略还是避免正面竞争,则要客观判断是否有优势,有多大的优势,否则就是鸡蛋碰石头。

## 三、战略能力分析的目的

企业战略能力的分析,表现为通过资源评估和能力评估,了解企业现有资源及利用情况,了解资源的平衡性和应变力,了解资源与战略之间的适应性,找出企业的优势与劣势,根本目的是确认并培育企业的核心竞争力。

核心竞争力是企业所特有的能为顾客创造特殊价值,使企业在某一市场上具有持续竞争优势的内在能力资源,是企业内部一系列互补的技能和知识的有机整合,能够确保企业具有一项或多项业务达到行业一流水平,包括技术方面的核心竞争力和管理方面的核心竞争力。核心竞争力指向业务的关键成功要素,使企业既能为客户创造更多更持久的价值,更好地满足顾客对商品质量、创新升级、价格、品种和服务等方面的需要,同时又能为自身创造最佳效益,具有价值性特点。核心竞争力能够保证企业在行业内处于引领地位,比竞争对手更好、更强,具有优越性特点。核心竞争力是竞争对手很难模仿而且不可交易的能力,难以转移,难以复制,具有独特性特点。核心竞争力必须为企业所占有,能够保证企业能获得相应的租金,具有占有性特点。核心竞争力能够应用于企业的多种产品和服务领域,具有延展性特点。此外,它是企业科学技术、制造技术和工艺技术的有机整合,具有融合性特点。

公共关系应该主动对标和服务于核心竞争能力,为核心竞争力的发展创造良好的条件。①开展内部公共关系,增强员工凝聚力和向心力,为核心竞争力的发展奠定扎实的组织基础。②概括核心竞争力的责任品质,即通过企业核心竞争力文献资料的梳理,发掘其中所蕴含的企业使命与担当故事,提炼核心竞争力的境界理念。③收集相关顾客评价和行业发展资讯,为核心竞争力的创新与发展提供咨询建议,确保核心竞争力的永续性。④传播核心竞争力,即运用创意手法,构思核心竞争力的呈现话语,创作展现核心竞争力的整体形象广告,围绕核心竞争力策划新闻传播,提高核心竞争力的知晓度,扩大核心竞争力的市场影响力。

> **问题思考**
>
> 请您运用 AI 大模型生成"景德镇陶瓷短视频广告宣传的拟用文稿",注明"突出景德镇陶瓷核心竞争力"和"约 500 字"。给出的广告文案是否彰显了景德镇陶瓷核心竞争力?为什么?

# 第三节　公共关系的运作程序

公共关系运作程序的经典模式是斯科特·卡特李普在《有效的公共关系》中提出的"四部曲",即公共关系调查—公共关系策划—公共关系实施—公共关系评估。在实践中,现在越来越强调策划环节,认为策划是公共关系的本质,其中策略被界定为策划的核心内容,而谋略被认定为策略的根本。公共关系策划是一种谋划,讲究运筹帷幄,注重"时"(时间)、"势"(局势)、"术"(策略、方式)的有机统一,讲究深谋远虑之计、权宜之计、随机应变之计的灵活运用,增强公共关系活动的实效,降低风险性。

## 一、公共关系调查

公共关系调查就是在特定时空条件下,运用既定的调查工具和技术,收集公众信息和社会信息、分析公众意见的过程,包括制定调查方案、实地收集资料、分析调查资料、撰写调查报告等环节。

制定调查方案是开展公共关系调查的基础,包括确定调查目标与任务、确定调查选题、设计调查指标、设计调查问卷与访谈提纲、确定抽样方法、选择调查方法、确定调查对象、确定调查实施的时间等。

实地收集资料是公共关系调查的核心环节,就是根据调查方案,在既定的范围和时间内,利用既定的调查方式、方法,向既定的公众收集信息资料,具体需要做好以下四项工作:①组织调查对象群体,即根据调查工作计划中的抽样方案,选择调查样本,把符合调查样本要求、具有代表性的公众挑选出来,作为本次调查活动的调查对象。

②发放问卷,讲清填写问卷的注意事项,引导调查对象认真、如实地填写问卷、回答问题,提高调查对象填写问卷的主动性和规范性。③回收问卷,并进行初步的问卷整理,把不符合要求的问卷作为无效问卷清理出来,归档另外收藏。④观察公众的言行,收集公众在言谈举止中流露出的真实信息资料,并及时做好记录。

分析调查资料就是研究调查资料,客观得到调查结论,从纷杂的信息资料中判断社会组织公众关系和品牌形象的实际状况,发现存在的问题,初步明确公共关系的目标和思路。

撰写调查报告是调查工作的最后一个环节。调查报告是呈现调查分析结论与调查资料的一种应用文,强调主题明确、中心突出、材料典型、逻辑性强的要求,形式上要做到条理清晰,用词宜精练简短。

**课堂讨论**

AI大模型能够根据用户的提示瞬间生成调查报告。在这种背景下,公共关系调查有没有存在的价值?为什么?

## 二、公共关系策划

公共关系策划就是根据调查结论、社会组织发展的需要和经费状况,确定公共关系目标,创造性地设计公共关系活动方案和宣传方案的构思过程。公共关系策划包括目标决策、制定定位策略、进行公共关系创意、创作宣传文案、设计宣传作品、制定整体方案、进行公共关系经费预算、撰写《公共关系策划书》等环节。

### (一)进行目标决策

公共关系目标是一个内容丰富而有机整合的体系,从不同的角度来划分,其构成要件是不一样的。

从时间角度看,公共关系目标分为长远目标、中程目标、短期目标和具体活动目标。长远目标是社会组织的战略性目标,希望通过10年甚至更长时间的奋斗才能达成的总体设想,是具体公共关系活动的努力方向和奋斗目标,强调相对稳定,不能随意更改。中程目标是长远目标的阶段化呈现,使公共关系在2—5年这样一个较长的时间内,有一个相对明确的目标。短期目标是公共关系的年度目标,用以确定年度的日常工作、定期活动和专题活动需要完成的具体任务,具有很强的约束、导向作用。

具体活动目标是专题公共关系活动需要解决的具体问题。

从指向上看，根据顾客、中间商和销售员的不同，公共关系目标各有不同。其中，针对顾客的公共关系目标主要有九个：①让顾客了解商品知识，熟悉操作方法。②刺激潜在消费者尝试进而反复购买商品。③争取其他品牌消费者转向自己品牌的商品。④刺激消费者大量购买商品，提高购买频率。⑤高度认同企业品牌，强化品牌忠诚度。⑥积极向周围公众推荐商品。⑦毫无顾忌地消费品牌延伸的新商品。⑧淡季购买企业所推介的商品。⑨为商品的技术创新出谋划策等。针对中间商的公共关系目标有八个：①提升商品展示位置，在商店显著位置陈列商品。②提高货架陈列率，增加销售面积。③加强橱窗设计和 POP 广告，有效展示商品形象。④增加库存量，提高交易量。⑤在店内积极开展商品文化节、品牌专题公共关系活动。⑥强化品牌忠诚度，排除竞争品牌。⑦积极宣传和公共关系品牌延伸的新商品。⑧配合企业开展公共关系活动，提供公共关系支援等。针对销售员的公共关系目标有五个：①树立首选介绍意识，优先向顾客推介企业的商品，频繁向顾客推荐企业的商品。②寻找潜在顾客，扩大顾客队伍。③积极向顾客宣传品牌延伸的新商品。④维护商品的品牌形象。⑤在淡季保持宣传和销售企业商品的热情，维持商品销量。

**课堂讨论**

请您运用 AI 大模型生成"食品类老字号企业的公共关系目标有哪些"，然后与本教材的界定加以对比，找出两者的差异，由此对你有什么启示？

### （二）制定定位策略

现代社会的市场是一个追求个性、讲究差异性消费的时代，企业成功的关键之处在于寻找具有发展前途的市场空间，开展错位竞争。这就需要公共关系定位。

公共关系定位就是运用市场营销的细分原理，根据自身实力与社会需求，明确目标市场和目标公众，进而确定品牌形象品质与品牌位置的过程。明确目标市场与目标公众是公共关系定位的基础工作，旨在清晰界定符合企业实力且具有成长性的市场空间，是城市市场还是农村市场，是高端市场不是中档市场还是低端市场，应该有明确的结论。确定品牌性格与品牌位置是公共关系定位的核心工作，旨在为品牌创造一个能够迅速进入目标公众心智的概念与想法，形成品牌刻板效应，使品牌在目标公众的心目中独树一帜，获得独一无二的专属位置。其中，确定品牌性格就是明确品牌形象的个性特色，是轻奢精致还是身份地位或是科技时尚抑或实用实惠等等；确定品牌位置就是明确品牌在竞争同行中的位序，是市场领导者还是市场挑战者或是"沉默的大多数"。

**问题思考**

请您运用 AI 大模型生成"DeepSeek 的定位分析报告",并评价这份报告的适用性。

### (三) 进行公共关系创意

创意是公共关系和广告学科都十分强调的专业核心概念之一,对其内涵的界定虽不尽相同,但都强调创造性思维的运用。韦伯扬说:"创意是商品、公众以及人性诸事项的组合,创意应着眼人性,从商品、公众与人性的组合中发展思路。"阿尔伯特·圣捷尔吉(Alber Szent-Györgyi)认为"创意就是发现人们习以为常的事物的新含义,是'旧的元素、新的组合'。"希雷·波尔科夫(Shirey Polkoff)也说"创意就是用一种新颖而与众不同的方式来传达单个意念的技巧与才能。"关于创意的呈现形式,主要有两种观点,一种观点认为创意就是构思过程,是设计剧情、安排情节的过程,强调的是以写实化的意境来表达某种观念、思想;另一种观点认为创意是创新过程,是提出与众不同的活动方案、拟定出奇制胜的措施的思维过程,主要强调新颖问题,创意的结论往往是某种点子、主意。其实,创意既有构思的成分,又有创新的色彩,是创新与构思的结合体。

公共关系创意是创意技法在公共关系领域的特殊运用,是根据调查结论、企业形象特性和公众心理需要,运用联想、直觉、移植等创造性思维方法,构建富有吸引力的美好意境的过程。进行公共关系创意,需要运用奥斯本创立的"头脑风暴法",遵循暂缓评价、自由联想、数量产生质量和搭便车的原则,借助移用法、移植法、修改法、放大法、缩小法、替换法、重新安排法、颠倒法以及组合法等,大胆构思,提出新颖想法。

公共关系创意是服务于公共关系活动需要的,必须实现创意与"创异""创益""创艺"的有机统一,既能以新异提高公共关系的注目率和吸引力,又能服务于企业的市场销售。在这方面,戴·比尔斯关于钻石与爱情的创意就颇具启迪意义。钻石最早开采于 2800 年前的印度,当时被视为天赐的圣物,用于驱灾避邪,中世纪成为地位与权力的象征。1888 年戴·比尔斯公司成立,逐步垄断了全球 80％天然原钻的开采与购销,1929 年金融危机后,遭遇市场危机,于是推行"时尚计划",但以失败而告终。1945 年,公司决定再次赞助奥斯卡颁奖典礼,当 24 克拉纯钻石项链送到最佳女主角琼·克劳馥时,琼·克劳馥深受感动,惊呼"太漂亮了,是用什么做的?"并问道"钻石有什么特别的意义吗?"公司代表微笑回答道:"钻石有坚硬、亘古不变的品质,就是您的下一代、再下一代之后，它依然会保持今天的美丽和光鲜!"琼·克劳馥闻后，想到自己失败的爱情生活，伤感地说道:"要是一个人能有像钻石一样的爱情，那该多好啊!"。苦于找不到合适创意的公司代表突然得到启发:钻石是坚硬的，钻石是稳定的;爱情应该是坚定的，爱情应该是稳定的，不因时间变化而变化。由此形成了"钻石＝坚硬＋稳定＝永恒""爱情＝坚硬＋稳定＝永恒"的思维链接，并得出"钻石＝爱情＝永恒"的结论:A diamond is forever。这样，爱情需要形式，品牌需要故事，经过持续多年的广告宣传与公共关系活动，戴·比尔斯被成功赋予了甜蜜幸福、美满爱情的产品形象。其实，钻石也就是钻石，与爱情没有关系。后来"A diamond is forever"被翻译为"钻石恒久远　一颗永流传"，更是演绎了其中的真爱永久内涵，为戴·比尔斯赢得实实在在的中国市场利益创造了扎实的品牌特色基础。

---

**课堂讨论**

　　戴·比尔斯轻轻的一句"A diamond is forever"，打动了世界女性，全球一半的人口为之着迷。请您模仿戴·比尔斯"A diamond is forever"的创意套路为新疆和田玉石进行创意设计，创作一则主题标语，然后以相同主题运用"文心一言"AI大模型生成一句主题标语，并客观评价这两则主题标语的优劣。

　　从上述案例中，可以看出，公共关系创意包括主题构思和创意表达两项基本工作。主题构思就是以公共关系活动核心概念为轴心，明确公共关系活动的中心思想、主题基调、核心内容的思维过程。在这个过程中，策划人员要善于把公共关系活动视为文学作品、影视作品、戏剧小品，进行编写、编导、编演，这样才能提高主题构思的水平，使公共关系活动既有明确单一的主题思想，又有丰富愉快、感性色彩浓的美好梦想，从而赢得公众的注意与好感。创意表达就是围绕公共关系活动的核心概念、中心主题，拟定宣传标题、标语、口号，编制活动表现情节，确定公共关系活动的图案与音响，让美好意境直观形象地呈现在公众面前。

### （四）确定公共关系活动

　　活动与媒介共同构成了公共关系的传播载体。公共关系策划的核心任务就是基于创意和公共关系的具体目标，构思公共关系活动，借助活动建构公众关系，塑造品牌形象。例如一款早年被我国台湾译为"刁陀"的瑞士表，为了在台湾市场提高知晓度，策划、实施了三项活动。第一项活动是"寻人启事"，在台湾主要报纸上刊登标语为"从瑞士到台湾，刁陀表万里寻亲"的广告，告知大家寻亲的对象有:姓名叫"刁陀"或"刁陀表"的人;姓名的读音和"刁陀"或"刁陀表"相同的人;姓"刁"的人;知道刁陀表产地的人(能够说明是哪一国、哪一厂家的产品)。第二项活动是"潜水寻宝",举办单位将两只价值1万元新台币的刁陀表投入海中,应征者潜入海中寻宝,寻得者即拥有。第三项活动是"海边万人寻宝及趣味竞赛"。在活动的前一天,厂家委托海边某浴场,将400多个装有奖品的小塑料袋分别埋藏在海边沙滩上事先划好的范围内。奖品有手表、双人用帐篷、瑞士皮夹、旅行袋、大浴巾、T恤衫等。第二天下午3时至4时,游客在沙滩寻找这些小塑料袋者,寻得者即可凭袋内的奖品单领取奖品。此外,当天还举办了多种趣味性游戏,例如挑水比赛、滚瓜烂熟、堆沙比赛等。这些游戏活动,就是传播刁陀手表产品信息与品牌信息的公共关系活动。

> **问题思考**
>
> 假如您是景德镇陶瓷的美国市场业务代表,请你根据美国人的国民特性,构思五项主题鲜明、前后连贯的公共关系活动。然后运用ChatGPT生成"景德镇陶瓷面向美国公众的五项公共关系活动"。两者在创意上差异明显吗?您更心仪哪份公共关系活动方案?为什么?

### (五)制定媒介策略

制定媒体策略,主要包括制定媒体方案与传播阵式两个方面。

制定媒体方案就是围绕既定的公共关系项目活动,提出相应的传播目标,然后根据传播目标,明确以下六个事项。①媒体邀请,即邀请哪些主流媒体、专业媒体参加公共关系活动。②新闻发布,即什么时候举办什么内容的新闻发布会。③媒体体验,即什么时候给哪些媒体提供专属体验机会,体验什么主题的内容。④网络传播,即明确在哪些网络平台发布什么主题的信息。⑤视频传播,即制作什么主题的短视频,在什么视频平台进行传播。⑥合作推广,即明确与哪些专业媒体共同讨论、传播哪些话题。

> **实战**
>
> 请您运用AI大模型生成"特斯拉新款汽车北京国际汽车展览会的媒体方案",并进行人工优化,以增强实用性。
>
> 脚踏实地,勇毅前行,一切皆有可能! 加油!

制定传播阵式,就是根据媒介传播效用指数,运用五W媒介计划法,明确在什么时间和运用什么地方的哪些媒介按照什么样的组合方式进行什么内容的传播,包含四个分配法和一个组合法,即媒介分配法、地理分配法、时间分配法、内容分配法和宣传阵势组合法。所谓媒介分配，就是基于媒介的传播效用指数，确定使用哪些媒介（如哪些网络平台、哪些报纸、哪些电视台等）进行公共关系传播。所谓时间分配，就是对公共关系活动广告、新闻作品、公益广告作品发布的时间和频率做出合理安排。地理分配，就是确定选择哪些区域的媒介开展传播。内容分配，就是确定在相应媒介上刊载哪些方面的传播内容。宣传阵势组合法，就是把上述四个分配决策结论，根据优化原则和层次原则，进行媒介整合，安排传播阶序，组合成公共关系的宣传阵势。

### （六）确定公共关系活动的时机

时机选择得好，可以增强公共关系的效果。相反，时机不当，则可能影响公共关系的活动效果。一般地说，以下一些时间是开展公共关系活动的理想时机：成立周年之际；节假日；重大社会纪念日；开业之际；新产品、新技术、新服务项目上市之际；企业转产、合并、合资、迁址之际；组织社会公共福利活动之际；产品畅销之际；企业荣获重大荣誉、证书之际；领导人、重要外宾参观企业之际；发生重大责任事故之际；采取重大决策措施之际等。这些时间是企业发展过程中的关键阶段，敏感度高，在这些非常时刻，适时地开展相应的公共关系活动，容易引起公众的注意和好感，形成公共关系的轰动效应，从而获得良好的公共关系效果。

## 三、公共关系实施

公共关系实施就是落实公共关系策划书的具体计划和要求,主要包括举办公共关系活动和开展公共关系传播两项工作。举办公共关系活动涉及的工作主要有:邀请与确认嘉宾、政府主管部门报批、规划与布置场地、制定预案、活动演练、主持活动、保安等工作。开展公共关系传播就是按照策划书的规划,围绕公共关系的开展,撰写新闻稿,策划新闻事件,召开新闻发布会,制作并发布符合技术参数要求的公共关系广告作品与短视频作品,启动网络新媒体传播,实现主流媒体与新媒体、新闻与广告的同频共振传播,扩大公共关系活动的社会影响力。

公共关系策划书虽然是前期调查与分析讨论的安排,但毕竟是一种先期预设性安排,与后期实施阶段的实际情形相比,尚存在一定的不确定性。因此,公共关系实施阶段,在原则上遵从策划书安排的基础上,还需要根据变化着的实际情形,调整公共关系策划书的局部内容,包括对原有公共关系活动主次地位的调整,放弃某些不合时宜的项目,补充一些原来没有设想的新项目,以便更好地达成既定的公共关目标。

在公共关系实施阶段,社会组织直接面对公众,与公众打交道。因此,必须严格遵守交往礼仪,展现出现代公民应有的情怀与亲和力,借助难得的人际交往平台强化社会组织的良好形象。

## 四、公共关系评估

企业运用科学的检测方法,评估公共关系的效果,是公共关系的最后环节,同时也是后续公共关系的起点,为确定新的公共关系目标提供客观依据。

### (一) 公共关系效果的评估标准

公共关系效果的评估标准是社会效益、心理效益和经济效益。企业公共关系的绩效路径应该是以社会责任绩效为形、以心理绩效为媒,最终结出经济硕果,因此,在这三评估标准中,社会效益是前提,心理效益是中介,经济效益是根本。

企业不仅肩负创造经济效益的使命,同时还承担社会责任,前提条件是合规,底线思维是公序良俗,不违反社会公共秩序和善良风俗。评估公共关系活动的效果,首先要衡量其社会效益。评估公共关系社会效益的指标主要有:避免敏感话题与用语;规避负面话题与事件;参与社会难点问题的解决,展示出浓烈的家国情怀和人文情怀;传播社会核心价值观,弘扬社会正气;参与公共突发事件的处置,表现出企业的公民责任精神;资助社会公益、慈善事业,呈现企业的道德责任形象;弘扬民族传统文化与民族精神,展示企业的文化传承和文化自信形象;促成积极、乐观、奋斗、进取等健康社会心理的形成,表现出企业促人奋发向上的鼓动者形象;引导大众养成文明的生活方式;获得社会与政府的称赞。

为了争取公众的认同,公共关系强调取悦于公众,因此它又表现为影响公众心理的活动,旨在引导公众产生积极、正面的心理体验,在赏心悦目之中对企业产生好感与期盼。所以,评估公共关系活动的效果,还要衡量其心理效益。评估公共关系心理效益的维度主要有:引起公众对企业及其公共关系给予注意;引导公众产生兴趣和好感;引导公众产生参加公共关系活动的欲望;促成公众参加公共关系活动的行为;引导公众记忆,对企业品牌留下深刻印象,记住企业的愿景、使命、战略、技术、产品、价值观、核心竞争力和品牌个性;引导公众对企业和品牌产生美好联想与期盼,形成品牌依赖心理,提高品牌依赖度。

企业不是公共部门,也不是心理健康教育机构,其社会使命在于创造财富,公共关系的社会效益与心理效益,最终应该体现为经济效益。因此,评估公共关系的效果,在评估社会效益、心理效益的同时,必须重点评估其经济效益。公共关系不是市场营销,但要服务于市场营销,因此评估企业公共关系的经济效益,不是统计其销售额,而是看公共关系在提高市场份额、提高经营利润方面的贡献,衡量指标主要有:立足商品推广消费观念,使商品成为新生活方式的一种标配;在新市场推介品牌形象,开拓市场领域;推介商品形象,特别是商品的性价比形象和技术形象、身份形象;激发目标公众的消费需求与购买欲望;培养目标公众的商品消费乐趣;促成并固化目标公众购买行为;引导公众进行网络传播和口碑传播,促成点赞、转发、评论、弹幕等行为,分享美好体验;提升品牌的竞争地位;开发并推介商品新的用途等。

### （二）公共关系效果的评估方法

评估公共关系效果的方法,主要有以下四种。

1. 观察体验法

评估人员亲临公共关系现场,直接了解公共关系的实施情况,观察收集公众的反应,估价公共关系效果,并当场提出改进、调整意见。

2. 目标管理法

把公共关系活动的具体目标细化为公共关系绩效考核指标,用绩效考核指标评估公共关系目标的实现程度。

3. 民意调查法

把公共关系效果评估的内容设计成问卷,通过问卷调查的方式,了解公共关系对目标公众的影响[如 AIDAC 效果,即是否引起公众注意(attention),是否培养公众的兴趣(interest),是否激发公众的欲望(desire),是否促成公众的行为(action),是否赢得公众的信任(conviction)]和目标公众对公共关系的反映与评价,据此形成调查结论。调查结论就是公共关系效果的评估结果。

4. 流量统计法

纸媒的发行量、电视与广播的收视率当然是评价公共关系效果的维度,但在社交媒体成为公众媒体生活主阵地的背景下,流量统计法显得更为重要。流量通常是指用户访问和使用互联网的数据量,是衡量网站或在线服务受欢迎程度和用户活跃度的指标。在这里,流量特指关于传播作品的访问用户数量和用户的阅读、转发、评论等行为。受众的访问和阅读、转发、评论等行为,被数字化,就成为流量。流量统计法就是统计传播作品的关注数(用户数量)、完播率(观众停留时间)、点赞率(正面评论量)、互动率(留言评论)、收藏率、转发率和转粉率。公共关系活动的流量统计法,强调基于公共关系目标,统计媒体曝光次数(如新闻报道、专访、社交媒体帖子等)、社交媒体关注度(社交媒体平台上的关注者数量)、受众互动参与度(包括点赞数、评论数、转发数、收藏数、完播数)等,分别赋予不同的权重,来综合评价公共关系的效果。流量越高,表明公共关系活动受关注程度越高,效果越好。

**实战**

某平台立足内容(community)、曝光(engagement)、粉丝(score)三个维度建构了如下流量评估模型:CES=点赞数×1 分+收藏数×1 分+评论数×4 分+转发数×4 分+关注数×8 分。请您参考这个 CES,建构专门用于评估公共关系效果的流量统计模型。

脚踏实地,勇毅前行,一切皆有可能! 加油!

**本章小结**

1. PEST 分析模型、行业生命周期模型和波特竞争结构模型,是分析公共关系战略环境的基本工具。

2. SWOT 分析法、价值链分析法、BCG 矩阵分析法和大前研一策略选择模式,对于分析公共关系战略能力、培育和发展企业核心竞争力具有方法论指导意义。

3. 策划公共关系活动的基础是调查;运用定位理论,设计融公共关系活动与公共关系宣传于一体、既有创新色彩又富有可行性的公共关系活动方案,是公共关系策划的中心任务;公共关系方案真正产生效果还在于实施。

## 学习重点

- PEST 分析模型和行业生命周期模型、波特竞争结构模型的基本内容
- SWOT 分析法、价值链分析法、BCG 矩阵分析法和大前研一策略选择模式内容及其公共关系启迪
- 公共关系四部曲
- 公共关系策划的步骤和内容

## 语　录

美国哈佛企业管理丛书编纂委员会："策划是一种程序。在本质上是一种运用智力的理性行为。基本上所有的策划都是关于未来的事物,也就是说,策划是针对未来要发生的事情做出当前的决策。换言之,策划是找出事物因果关系,分析未来可采取的途径,作为目前决策的依据,亦即策划是预先决策做什么,如何做,谁来做。……策划的步骤是以假定目标为起点,然后制定策略、政策和详细的内部作业计划,最后还包括效果的评估和反馈,而返回到起点,开始策划的第二次循环。"

## 前沿问题

公共关系刚刚引入大陆时,主要是从公共关系原理与公共关系实务两个角度,阐述公共关系的基本过程、原则和技巧。后来发现公共关系作为一种内求团结、外求发展的特殊活动,策划至关重要,于是确定了策划在公共关系中的核心地位,聚焦探讨策划的方法与技法问题,并引入了创意的概念。当下,对公共关系策划的探讨,不仅从实战角度梳理公共关系运作步骤,以优化公共关系操作流程,而且特别强调战略观,以强化公共关系的正当性。

## 推荐阅读书目

《公关战略:成就卓越的商业组织》(李曦著,清华大学出版社,2024 年)

作者近距离观察并深度剖析众多企业公关实战案例,首次重点总结了在企业从小到大的发展进程中,企业公关所能够起到的战略作用,以及为不同发展时期的企业所带来的独特价值,并完整介绍了企业工作所涉及的所有专业能力模块。

推荐理由:该书内容源自作者作为一名资深公关人 30 年来在企业一线的公关实

践和行业洞察，值得仔细阅读。

## 案 例

### 白沙飞机送学子

望子成龙的心态使高考成为中国社会六月份最为关注的焦点。某年高考临近之际，湖南白沙集团公司决定借高考这一特殊的社会事件，塑造公司形象，开展"白沙飞机送学子"活动。

高考的前一天，该公司在《长沙晚报》上陆续刊登了两则广告，宣布白沙集团将包租专机免费送被北京重点高校录取的长沙学子赴京就读。广告登出之后，"白沙飞机送学子"的消息迅速传遍长沙，民众议论纷纷，公司名声大振。随后，该公司又召开了一个"新闻通气会"，向各个新闻单位披露了有关举办这次活动一波三折的内幕消息，引起了媒介的极大兴趣。会后，电视、报纸、广播纷纷报道、评说这项活动，进一步扩大了公司的影响。

为了强化影响力，公司相继策划多个大型广告宣传，不断为此次活动推波助澜：7月中旬推出第三则广告"有利家国书当读，无愧儿孙事莫辞"，正面宣传公司举办这次活动的良好动机；紧接着又推出第四则广告"荣损且当平常事，成败岂可论英雄"，以抚慰和激励落选考生，升华公司的人格形象；第五则广告"世人多跟感觉走，口碑许比金杯强"，强化顾客对白沙公司产品的认可心理，并成功推出一次免费品尝的活动；在第六则广告中，公司宣布以优惠供货价欢迎落选考生加入部分产品的直销队伍。

待到高考揭晓时分，活动进入高潮。8月28日，该公司买下《长沙晚报》和《湖南日报》的整个版面，刊登了题为"大风起兮云飞扬，腾空一去兮望君还"的广告。这则广告不但设计得气势恢宏，而且把即将免费乘机学子的姓名、母校及录取大学全部刊登出来。结果，报纸销量直线上升，许多考生家长买下数份分赠亲友。当晚，公司在湖南宾馆举行大型酒会，公司领导亲自向"天之骄子"赠发机票。8月31日，长沙中央大道五一路上挂满了公司的宣传横幅及气球、彩旗，赴京学子乘坐的专车在此缓缓而行，然后直驶机场，湖南有关电视台和报社记者随机作了采访报道。

新生抵京后，该公司驻京办又安排专车将其分送到首都各个高校，活动圆满结束。

**点评：**以一年一度的社会热点事件高考为依托，为赴京求学的学生提供特别服务，步步为营，环环相扣，在方便学生的同时，也创造了良好的舆论效应，有效塑造了公司的社会形象。

练习与思考　　　部分参考答案

# 第五章
# 公共关系的接待策略

## 学习目标

学完本章,您应该能够:

1. 了解接待在公共关系中的地位与作用;
2. 掌握公共关系接待工作的基本要求;
3. 掌握设计自我形象的基本技能;
4. 运用各种接待策略有效开展公共关系接待工作;
5. 熟悉各种基本的公共关系礼仪要求。

## 基本概念

公共关系人员形象　沟通 8C 法则　语言感化策略　微笑表达策略　赞美贴近策略　情感交流策略　公共关系礼仪

接待在公共关系中具有极其重要的作用。从某种角度来看,接待是其他各种公共关系工作的基础,接待工作成效显著,能够有效地影响公众的心理,给公众留下良好的印象。做好公共关系接待工作是公共关系人员的基本职责。本章重点探讨公共关系接待的要求、设计公共关系人员形象的技能、开展公共关系接待工作的策略和礼仪,学习这些内容,有利于提高公共关系接待工作的实效性和艺术性。

# 第一节　公共关系接待方案的设计

公共关系接待工作分两种类型,一是日常性接待活动,即渗透在日常经营管理活动中的接待工作,表现为人际交往,一般不需要专门的接待方案;二是大、中型公共关系活动的接待工作，由于涉及的人比较多，事务性活动比较繁杂，一般需要根据公共关系策划书的总体规划，设计专门的接待方案。公共关系接待方案的内容主要包括以下八个方面。

## 一、成立接待工作领导小组

为了提高接待工作的地位，应该成立临时性的接待工作领导小组，一般由社会组织的高层管理人员担任组长，由相关职能部门的主管担任副组长，从机构上保证接待工作顺利进行。特别是接待工作的关键环节与重要场合，都应该明确副组长，与专业接待人员一起负责，指导具体工作，使每一项活动、每一个环节的工作都能按统一标准与要求落到实处。

## 二、确立接待工作理念和基本思路

接待工作领导小组根据公共关系活动的规模和规格，集体商定接待工作的规格，制定接待工作"无缝对接，横向联动，纵向整合，理顺职责，形成合力"的指导思想，确定做好接待工作的基本思路，分解任务，落实责任，确定接待工作队伍的数量、选择办法与标准，拟定接待预算方案，制定细化的接待应急预案。

## 三、制定细节化的接待工作规范

从语言规范、肢体动作要求、服饰规范、化妆要求等方面，设计接待工作各个环节上的要求，包括迎宾姿态、签到姿势、导座方法、应答要求、倒茶要领、座次安排等方面，精心编写《接待人员培训手册》《接待岗位方案》《应急预案》《接待工作指南》，确保接待人员职责清楚、任务明确。

## 四、组建接待工作队伍

接待工作领导小组根据接待工作的要求，从素养形象、形体形象、神态形象等方面制定选人指标，挑选合适的内部成员组建接待工作队伍。如果内部成员达不到相关要求，应该从高校、演艺公司等外部社会组织中选聘接待人员，确保一线接待人员的质量。

## 五、明确各组职责和工作范围

根据接待工作需要，将接待工作队伍分为若干小组，明确各个小组的接待起止时间和时间段、工作范围和任务，最好细化出每个人的具体安排和要求，为每个接待人员制定具体文本方案，使接站、报到、开幕、茶叙、宴会、文艺演出、参观游览线路、礼品发放、医疗保健等活动都有专人负责，形成细化方案，特别是重点宾客、重点活动，应该精心安排，制订专门、详细的接待实施方案，专人负责，明确接待工作的时间、地点和陪员，并专门指定工作人员负责通知相关部门人员准时参加。

## 六、开展接待培训工作

根据接待工作的具体要求和接待队伍的素质状况，有针对性地从礼仪规范、口头语言、肢体行为、接待技能（如导座方法、倒茶事项等）、工作制度（如保密要求等）、心态调节技巧、公共关系活动策略等方面，开展培训教育工作，让接待人员知晓接待服务忌语和用语，掌握接待工作技巧，做到"四个熟悉"：熟悉本市市情、熟悉会议安排、熟悉会议场馆、熟悉接待服务对象。

## 七、安排住宿与交通事宜

针对需要住宿和交通安排的公众，应当根据公众的要求，预先制定具体详尽、妥当周详的方案，安排专人负责陪同、接送，确保公众休息好、走得了。

## 八、开展接待演习与排练

通过预演，发现问题，大到接待工作的定位问题，部门之间的协调问题，突发事件的处置问题，小到主要领导的站位问题，桌签的摆放问题，姓名的书写问题，尽量抓错，及时调整，优化活动方案。

# 第二节　公共关系接待人员的形象设计

公共关系人员的形象设计是一个系统工程,涉及的内容比较多,具有综合性特点。凡是在公共关系中所呈现出来的、为公众视觉所注意或影响公众情绪体验的言行现象,都是形象设计的具体指标,常见的主要有素养形象设计、姿态形象设计、神态形象设计、语言形象设计、服饰形象设计等。

## 一、素养形象的设计

素养形象是公共关系人员展示其他形象的基础。素养形象好,往往能够给公众这样一种感觉:文化品位高、有修养,这对展示个体形象进而展示企业整体形象具有重要的点拨作用,恰似画龙点睛之效。公共关系人员有知识、有修养,不仅可以直接提高工作效率,而且为自己转向新的工作领域提供良好的基础,从而逐渐发展为懂业务、懂管理、懂经营的复合型人才。

素养形象不是抽象的,而是具体实在的,其构成指标主要有以下几个方面。

### (一) 行业专门知识素养

公共关系人员不是纯粹的"公共关系事务者",应该熟知企业所属行业的专业知识,了解国际同行的先进水平,并对行业知识和技术的发展趋势研究具有一定的水平。因此,在设计素养形象指标时,应该设计专门的业务理论知识培训制度,强化周期性的轮训机制。同时,规定出公共关系人员在平时应该阅读的行业、专业书籍,并设计相应的考核办法,引导员工不断学习新知识,成为某一业务领域知识方面的行家里手。

### (二) 相关学科知识素养

现代学科知识呈现出两个看似矛盾、实则同一的发展趋势,即分工越来越细的专门化趋势和学科彼此渗透的综合化趋势。应该说,专门化是前提和手段,而综合化则是结果和目的。根据时代对人才的要求标准,在设计素养形象的时候,要引导公共关系人员广泛吸取相关学科的知识,完善自己的知识结构,扩大知识面,以全方位地塑造自己的素养形象。

### （三）现代高新科技知识素养

现代科学知识的发展可以说是突飞猛进，自我淘汰速度也很快，新的高新技术层出不穷，生物工程、光纤工程、海洋工程等学科的知识时时刻刻都有崭新的突破，新材料技术、卫星技术、信息技术的长足性发展更是让人惊愕。在高新技术风行全球的时代背景下，设计素养形象时，应该经常邀请专家、教授作专题报告，给公共关系人员进行高科技知识方面的教育，更新自己的知识素养，掌握新的知识理论和技术，在理论修养方面站在时代的前列，保持良好的素养形象。

### （四）社会人文知识素养

设计素养形象时，不能只偏重理工科专业知识素养的规划，而忽略社会人文知识素养的规划。在这个问题上，科学的态度是：以专业业务知识指标为导向，以社会人文知识指标为保障，"两手都抓紧"，推动公共关系人员素养的全面发展。

> **要点提示**
>
> 公共关系人员的素养形象，基础在于知识，核心在于终身学习。

## 二、形体形象的设计

形体形象是员工的一种外在形象。外在形象的美是人追求和欣赏的一种美。孔子曾说："文质彬彬，然后君子。"英国哲学家培根也说道："相貌的美高于色泽的美，而优雅合适的动作的美，又高于相貌的美，这是美的精华。"美国礼仪专家威廉·索尔比说道："当你走进一个房间，即使房间里没有人认识你，或者只是与你有一面之缘，他们却可以从你的外表对你做出以下十个方面的推断：经济水平、受教育程度、可信任程度、社会地位、个人品行、成熟度、家族经济地位、家族社会地位、家庭教养情况、是否是成功人士。"注意仪表仪容是修身养性的重要方式。

形体形象不仅可以满足公众的审美要求，而且还能传递信息。人的一个眼神、一个动作，都有一定的语言符号意义。所以说，在人的综合形象中，形体形象直观、实在，直接以图像的形式影响公众的感觉性判断思维，给人印象深刻而具体，对展示公共关系个体形象和企业形象具有重要的意义。

形体形象应该给人端庄得体、朴素大方、温文尔雅、干练精明的感觉。设计形体形象,既要注意实用性准则,又要注意人体工程美学准则。常言道:"站有站相,坐有坐相。"这是对人体形体的基本要求。现代人主张形体应当"美如画、站如松、行如风、坐如钟",这是社会对美的形体的形象概括。

**资料补充**

美国联邦政府发行的"地区经济学家"中一项调查研究指出:长相与人生际遇息息相关,长得高高、瘦瘦又好看的人,不仅薪金比普通人高,而且升迁的可能性也大。该研究发现:长相丑的人待遇比一般人低9%,长相好的人待遇比一般人高5%;身材好坏也影响薪金,胖女人的薪金比普通人低17%;身材高挑者,身高每高出1英寸,薪金上涨2%到6%。

就一般意义而言,人体形体主要包括容姿、站立、行走、坐姿和间距美,这是体现公共关系人员仪表和修养的主要内容,也是进行形体形象设计的基本方面。

### (一) 容姿的设计

公共关系人员的容姿应该端正庄重、简约朴实、整洁干净,自然得体。容姿是个体形象最直观的形象,主要包括美发与美容两个方面。

美发的设计对展现公共关系人员的外在美具有重要的作用。美发的基本要求是干净、整齐、简明,长短适宜。设计美发形象时,应该根据企业形象的总体要求,选择合适的发型。发型设计时应注意以下几个要求:①发型与自己的发质相协调。②发型与自己的脸型相统一。③发型要与自己体型和谐一致,一般而言,身材体型高者,应以中长发或长发较适宜,矮者宜用短中发。④发型要与年龄相一致,少女的发型应以简洁为主,以突出天真、活泼的自然美,青年人的发型应以新颖、美观、活泼为原则,中、老人的发型则宜整洁、文雅、大方。

美容的设计应以淡妆为原则。这样既可以减弱、遮掩自己的容貌缺陷,又可以突出自己的自然美。

### (二) 站立姿势的设计

良好的站立姿势能够给公众一种挺括、直立和稳重的美感,进入一种"亭亭玉立"或"站如松"的境界,给人以美的享受。

站立姿势的要求有:①头宜端正,下巴放平,双目正视前方。②人体直立,头部伸直,抬头挺胸,给人一种开阔的感觉。③双肩放松,自然下垂,略略后倾但不能前倾后斜。④胸部(含全副肋骨)自然舒展挺起、背部伸直,但肌肉不要收紧。⑤腹部向内收缩。⑥臀部肌肉略微向上收,适当收缩,但不要后蹶。⑦手臂在身体的双侧自然下垂,女性也可以双手在身前自然交叉。⑧两腿均衡受力,腿跟并拢,保持身体平衡。男子站立时,双腿宜略微分开,以显稳健强壮之美。女子站立时,双腿自然并拢或呈丁字步,以显温顺、轻盈、典雅之美。

站立姿势最忌讳斜靠在柜台、门框或墙壁等物体上,因为这样显得有些懒散、疲惫。

### (三)行走姿态的设计

良好的行走姿态应当洒脱稳重、轻松矫健、自然大方。行走姿态的要求有:①抬头挺胸,以胸带动肩肘摆动,提髋、膝,迈小腿,整个身体的摆动要自然、和谐而有节奏。②手势方面,宜自然、贴切,与步姿协调一致。③在步伐上,男子宜用大步,以显洒脱之美。女子宜用小步,以显含蓄之美。如果陪同公众,步伐应以公众为准,步子太大,公众不易跟上,步子太小,公众又易产生不自然的感觉。④在步距上,总体而言应注意协调,相互间距离不能过大,关系密切者可以并肩同行,而地位上有差别者,可拉开一步左右的距离,以显示对公众的尊重。⑤在力量上,脚步要轻而稳重。

以下这些行走形体缺乏美感,影响接待工作的质量,是行走姿态中的忌讳:①手插在裤兜或倒背着手,或叉着腰行走。②行走路线歪歪斜斜。③跷起臀部,双肩前倾。④高耸双肩,腰部发僵。⑤弓腰驼背,左右摇晃。⑥相互之间勾肩搭背。⑦与人同行时,步伐不协调,步距过大。⑧高步阔视,目中无人。

### (四)坐式形体的设计

良好的坐式形体应当端正、稳重、直挺、舒适、大方,给公众以优雅、端庄、亲切之感。坐式形体的要求有:①坐序上的要求是先人后己。②入座时动作要轻而稳。③保持优美的坐相。正确的坐姿是背部有依托,肩部放松,双脚贴地。具体要求有:上半身端正挺直,略略向上提着,下半身自然放松,以显示精神饱满。在落座时,两腿收拢弯曲,膝盖自然靠拢,脚跟合拢。落座后,把右脚尖向前斜伸出,把腿斜放,这可以保持身段均衡与自然美。在随便场合,男性可以跷二郎腿,但不能太高,不可抖动。女性可以采用双腿垂直式、双腿斜放式和双腿内收式,或者小腿交叉,但不可向前直伸。入座后手不要托着腮帮。④如果椅子有扶手,不要把双手平放在椅子的扶手上,因为这给人以老气横秋之感。⑤坐沙发时,不要坐得太靠里面。

坐式姿态的忌讳主要有:①坐下时用力过重,使人产生惊恐之感。②坐下后身体颤动,不断发出响声。③双脚张开,摆成八字形。④跷腿过高,上下抖动。⑤双腿向前直伸。⑥把脚搁在椅子上。⑦不打招呼,提前离席。

坐姿 SOLER 模式指的是:Sit 坐着面对别人,Open 姿态要自然开放,Lean 身体微微前倾,Eyes 目光接触,Relax 放松。

### (五)间距美

间距既可以展示公共关系人员的形体美,又可以强化自己与公众的人际关系。一般而言,员工与公众的关系不同,其间距也应不同。美国人类学家爱德华·霍尔曾对人的间距"语言"和适用情形作过专题研究,结论详见表 5-1。这也是设计形体形象应该遵循的要求。

表 5-1　交往间距的"语言"内容

| 交往间距 | 性质 | 适用情形 |
| --- | --- | --- |
| 15 厘米以内 | 亲密区间 | 恋人、夫妻相处 |
| 15—45 厘米 | 亲密区域 | 好友相谈、恋人及夫妻相处 |
| 45—120 厘米 | 友好区域 | 朋友、熟人相处 |
| 120—210 厘米 | 社交区域 | 工作交往、社交聚会 |
| 210—370 厘米 | 庄重型社交 | 与身份、地位较高者相处 |
| 370—760 厘米 | 观赏型区域 | 演讲、表演性场所 |
| 760 厘米以上 | 开放型区域 | 与陌生人相处 |

## 三、神态形象的设计

在人的形体形象中,外在姿态美固然重要,而内在神态美则更重要。古人说:"山蕴玉而生辉,水怀珠而川媚。"古希腊哲学家德谟克利特说道:"身体的美,若不与某种聪明才智相结合,是某种动物性的东西。"苏联著名作家奥斯特洛夫斯基说得更加直接:"人的美并不在于外貌、衣服和发式,而在于他的本身,在于他的心。"可见以内在美为基础的神态在个体形象体系中具有多么重要的作用。

神态是一种心理感觉。当一个人以某种可视化的姿态、动作或可听化的发音出现在公众之中,人们就会自然而然地对其言行举止做出心理判断,形成喜欢或厌恶的情绪体验,并透过其言行举止这些表象性的外部形象,做出概括归纳,概括归纳出来的结论就是公众对于某个人神态判断,也就是一种神态形象。

公共关系人员神态形象的指标内容主要有以下四个方面。

### (一) 美好的情操

美好的情操是内在美的根本,是神态形象的核心。在个体形象设计中,公共关系人员应该自觉学知识、学技术,树立崇高理想,做到正直无私、廉洁奉公、遵纪守法、谦虚谨慎、勤俭朴素、热爱祖国、热爱事业、热爱集体,不断培养出良好的情操。

### (二) 合适的气质

良好的神态是以良好的气质为基础的。一般而言,男子气质宜刚劲洒脱,女子气质应以高雅平和为中心。当然,气质是内在的,所以气质培养应以内在修养为主。为了塑造良好的神态形象,公共关系人员应该尽量多阅读些意境美好、文字优美、健康生动的精品性经典文学著作,以强化自己的文学素养。这是培养气质的根本途径。

### (三) 友善的仪容

人在交往活动中,对仪容是比较敏感的。为了赢得公众的好感,并在员工之间创造和谐的气氛,公共关系人员应该时时表现并维持和善友爱、面带微笑的容貌。善于微笑是公共关系人员的基本素质,因为微笑是人际交往中最积极友好的表情,是友好、礼貌、合作的表示,也是自信、成熟的标志,不仅给人一种和悦的美感,消除公众的隔阂与疑虑,而且还能传递令人喜悦的信息和友好热情情感。因此公共关系人员应当始终和颜悦色、满面春风、常带微笑,做一个熟练驾驭微笑的专家。

### (四) 动人的眼神

良好的神态还应包括眼神。充分发挥眼神的魅力也是良好神态的一个重要组成部分,因为眼睛是人心灵的窗户,折射着内心世界的活动。一双灵活机智、炯炯有神的眼睛,对公共关系人员来说是最重要的接待工具。运用眼神征服公众,消除企业与公众之间的陌生感和不信任感,这是优秀公共关系人员的基本条件。在实际工作中,公共关系人员应该避免出现色眯眯的眼神、勾魂眼、死盯眼、东瞅西望的张望眼、痴呆眼、瞳孔放大的兴奋眼。

---

🖨 记住

公共关系人员不能使用的眼神。

---

## 四、语言形象的设计

语言是人类在劳动中交流经验创造的符号,是人们交流思想、传递情感的重要工具。古人说"言为心声""情动于中而形于言"。语言作为"思想的直接实现",是展示人的内在形象和外在形象的重要途径。因此,需要高度重视语言形象的设计。

口头、书面语言方面总的要求是做到语言美,通过形象设计使公共关系人员认识到污秽语言、粗野语言、生硬语言的丑陋性,自觉地净化语言、美化语言,常用礼貌语言、文雅语言和热情语言,以美的语言强化自己的形象美。

设计口头、书面语言时,应该注意语言本身的科学性与规范性。一般而言,语言表达一则信息的完整内容需要回答六个方面的问题,即谁、什么时候、在什么地方、发生了什么事情、为什么、怎么样,以便使人们得到一个全面的认识。这是设计公共关系工作用语时必须注意的。当然,在具体应用过程中,应根据需要进行选择,突出强调的部分。

公共关系人员使用口头、书面语言的基本要求,除了在内容上表述正确外,还应注意形式美,做到文明简洁、有条有理。不仅声音优美,而且言谈与措辞优雅动听;不仅速度适宜、节奏感强,而且动之以情,从而给公众留下一个良好的印象。

> **资料补充**
>
> 日本的原一平先生根据自己的经验,总结出提高声音魅力有七个诀窍:(1)语调低沉明朗。(2)咬字清楚、段落分明。(3)说话的快慢运用得宜。(4)运用停顿的奥妙。(5)音量的大小要适中。(6)词句须与表情互相配合。(7)措辞要高雅,发音要准确。

## 五、体态语言的设计

现代科学研究表明,人们传递信息、表达思想的途径除了口头、书面语言外,还有体态语言(又称肢体语言)。从某种角度来看,体态语言使用频率还高于口头、书面语言,作用也大得多。著名人类学家艾伯特·梅瑞研究发现:人际沟通中,一条信息传递的全部效果,只有 38% 是有声的(包括音调、变音和其他声响),7% 是语言(只是词),而 55% 的信号是无声的体态语言。

人类的体态语言十分丰富,大致包括面部表情、手势、身体动作、眼神等。由于公众对体态语言比较敏感,所以体态语言在表达友好或敌视、热情或消沉、进攻或防御、尊重或侮辱方面的内容具有特殊的优势。如果公共关系人员善于运用友好、尊重等褒义性体态语言,不仅有助于传递信息,而且有助于感化公众,使公众不自觉地进行情感沟通。公共关系人员在待人接物过程中一定要善于运用体态语言。

> **要点提示**
>
> 人的各种肢体动作都在表达信息,举手投足就是话语。

体态语言的总体要求是适度得体、保持风度,既要举止自如、沉着稳健、大方洒脱,又要运作规范、美观动人、适应场合、文明礼貌、尊重对方,给人高雅品位感觉。运用体态语言时,应注意以下几个要求。①自然得体,而不能让公众产生莫名其妙、矫揉造作的感觉。②准确表达内容。体态语言有时作为一种动作,有其不确定性的一面,不像文字、口头语言那么规范,运用不准确,可能正好表达出相反的意思。③注意公众的文化背景。由于历史等方面的原因,同样的体态动作,在不同的文化背景下会有截然不同的含义。如跷大拇指这个手势,在我国表示高度称赞,在希腊则是要对方"滚蛋"的意思,在另外一些国家又是"需要搭车"的含义。④注意与口头语言的协调与配合,争取两种语言的整合效应。就总体而言,体态语言可以对口头语言起辅助作用,为语言符号增添影响力,以强化口头语言的内容。

此外,运用体态语言时,应避免带有消极色彩、表达不友好信息的体态动作。表 5-2 所列举的体态语言,容易引起公众的反感,影响公共关系工作的质量,应该自觉地加以克服,使自己的"体态语言体系"中,只有友好的体态语言,没有消极的体态语言,从而提高自己体态语言的影响力。

表 5-2  部分容易产生消极意义的体态动作

| 体态动作 | 可能产生的消极含义 |
| --- | --- |
| 翘小拇指 | 贬低 |
| 掌心向上招呼人 | 看不起,贬低 |
| 伸出一、两根手指指人 | 似有戳脊梁骨之嫌 |
| 捂嘴 | 撒谎 |
| 频繁摸鼻子 | 撒谎 |
| 揉眼睛 | 看到讨厌的东西 |

(续表)

| 体态动作 | 可能产生的消极含义 |
|---|---|
| 搔耳朵 | 阻止逆言入耳 |
| 搔脖颈儿 | 怀疑、犹豫 |
| 室内踱步 | 怀疑、犹豫 |
| 把手指、钢笔放在嘴中 | 遇到困难、感到威胁 |
| 双臂交叉 | 防御心态 |
| 腿交叉 | 紧张、防御心态 |

**资料补充**

美国的马蒂布郎斯坦先生,指出积极自信表达信息有十大秘诀:(1)提高声音,尤其在群体场合要让别人很容易地听到。(2)尽量保持语言简洁,避免冗余。(3)尽可能用最佳方式去表达意思。(4)注意使用手势来强调关键点。(5)诚恳直接地面对听众,这应该成为自己的一贯准则。(6)与听众保持稳定的目光接触,吸引他们的注意力。(7)保持灵活的姿态,为表达信息增添活力。(8)停顿、集中思考,避免外来的扰乱信息的声音。(9)讨论问题时,聚焦于解决问题的方法。(10)保持真诚:人们对讲话真诚而有礼貌的人反应最好。

## 六、服饰形象的设计

先正衣冠,后明事理。所以郭沫若先生说:"衣裳是文化的表征,衣裳是思想的形象。"服饰文化是现代社会中极其重要的大众文化,不仅可以满足人们御寒、防暑的要求,还能满足展示身份、地位、职业、成就、美感诸方面的社会心理要求。所以,人们历来都比较重视服饰,力图以整洁得体、美观大方的服饰,给公众留下美好的印象。

在公众看来,公共关系人员的服饰不仅体现了其个体的修养水准,还在很大程度上体现着企业的精神面貌,左右着公众对企业及其个体的评价,甚至影响到相互关系的建立与发展。因此,设计公共关系人员形象时,需要高度重视服饰形象的设计。

在国外,服饰穿戴强调 TPO 规则。T 就是 Time,即服饰要应时,既要注意时代特征,又要注意季节特点和早中晚的区别。P 就是 Place,即服饰要应景,考虑工作场所的性质对服饰的要求,如去政府机关办理事务不宜穿时装、休闲装和便装,而应该穿正装。O 就是 Occation,即服饰要应事,注意事件内容对服饰的要求。

服饰主要由色彩、款式和质地三个方面构成。服饰形象的设计,作为企业形象战略的一部分,首先要服从和服务于企业整体形象的需要,同时,还要遵循服饰美学规律,讲究色彩美、款式美和配套美。

就服饰的色彩美而言,设计公共关系人员服饰时,应注意以下四个问题:①注意色调、明度和色相问题,并进行科学的色彩组合。一般而言,同类色调让人感到稳重、和谐、安静,淡雅色调使人赏心悦目、轻松愉快,而对比色调则给人兴奋、热烈、华丽富贵、刺激强烈之感。②注意服饰色彩与工作环境的协调。在通常情况下,室外工作服色彩宜以鲜艳为主,以渲染周围空间,减少空旷感。室内工作服则宜以淡雅或冷色调为主,淡雅色可选用的有米、驼、白、浅黄、浅粉、浅蓝、绿色等,冷色调可选用的有黑、灰、咖啡、蓝等,以保持室内的宁静气氛。③选择的服饰色调应该与企业标准色的色调相吻合。④注意与员工的年龄、性格、气质、体型、肤色相协调。

就服饰的款式美而言,公共关系人员服饰总的要求就是"优雅美丽、大方合体、朴实整洁",既不能太新潮时髦,又不能太古板守旧,应给公众一种稳重的时代感和可亲可敬的信任感。大方即整体上看起来洒脱美观,配色理想。合体包括衣服样式、尺寸与人的体型相一致,衣服的颜色、线条和人的肤色、脸型相统一。整洁即整齐清洁。

就服饰的配套美而言,设计服饰形象时,应该注意上、下装(上衣、裤子或裙子)的协调,内衣与外衣的协调,主体服装与辅助性物品(如鞋子、帽子、袜子、围巾、手套、提包等)、装饰性物品(如项链、饰花、胸饰、耳环、手镯等)的协调,以创造出服饰形象的整体美。

# 第三节　公共关系的接待策略

根据公众在接待过程的特别需要,为了提高工作效率与效果,应该强化接待工作的策略意识。公共关系接待工作策略主要有语言感化策略、微笑表达策略、赞美贴近策略、服务侍候策略和情感交流策略。

## 一、语言感化策略

**课堂讨论**

请您运用 AI 大模型生成一则"祸从口出"的短视频。假如您是当事人,最反感其中的什么话?为什么?

我国有句古话:良言一句三冬暖,恶语伤人六月寒。这就是提示大家时刻注意自己的言行举止,常说肯定、鼓励他人的话,坚决不说伤害他人尊严的话,让他人感受到人间的温暖与人性的光辉。日本的松下幸之助深有体会地说:"培养销售人员一套完整合适的应对辞令,那就如虎添翼,一定能达到销售的目的。"他分析道:"当公众走进你的店里,指定买某种商品,但该产品正好缺货时,你应该怎么办? 如果只是说:'对不起,这种东西卖完了',难免使公众觉得不够亲切。但如果你说:'很抱歉,刚好卖完。我立即向批发商进货,明天一定会有。'这样一来,公众肯定会比较满意,心里也就舒服多了。或许,也可以换一种方式说:'我们这里没有了,但某家商店或许有',进而介绍公众前往附近的商店,或为公众打电话查询,那么公众一定会觉得'这家商店真亲切'。这样,不但不会由于缺货而惹恼公众,反而提高了自己商店的信誉。"公共关系工作情同此理,应该高度重视语言感化策略的设计与运用。

语言感化策略就是有意识、强化性地运用友善、和蔼的体态语言、口头语言和书面语言,来感化公众,赢得公众的信任与好感。运用语言感化策略的前提是设计规范而富有温馨色彩的"接待语言工程"。作为一种职业性要求,接待语言应该包括以下三个方面。

### (一) 遵循沟通 8C 法则

接待语言是一种特殊的沟通话语。沟通的核心目标是让公众接收信息、使公众理解信息、让公众接受信息并引起公众反应,改变态度和行为。因此,接待中的沟通交流话语需要遵循 8C 法则:自信(confident)法则、热诚(cordial)法则、礼貌(courteous)法则、清楚(clear)法则、简明(concise)法则、建设性(constructive)法则、准确(correct)法则、完整(complete)法则,让对方在体态语言和口头语言中,感受到自信的张力、服务诚意和礼貌的呈现,清楚而准确地理解富有建设性的话语内容。

**要点提示**

AI 大模型能够生成主题化的文稿书信、诗词小说、艺术绘画甚至学术论文,但是无法生成富有人文情怀、人性内涵的沟通。人工智能时代的公众,依然保持着很高的沟通需求。

### (二) 规定详尽明确的接待服务工作忌语

人的语言表达有时受制于心态,自己心态不好,心绪不佳,容易出言不逊,恶语伤人。因此,在大力提倡文明、热情、亲切的服务语言的前提下,为了杜绝"恶语伤人六月寒"的现象,应把各种可能出现的不文明、不符合公共关系要求、有损企业形象的体态语言、口头语言和书面语言,列举出来,作为禁语公之于众,要求公共关系人员坚决避免。

在内容上,接待服务工作忌语包括三大类:一是禁止出现的体态语言,如禁止出的眼神情形、禁止表露的面部表情、禁止出现的手势、禁止出现的姿态、禁止使用的声腔与音调等。二是禁止使用的口头用语。三是禁止使用的书面语言。

### (三) 规定必须表达的接待服务工作用语

这主要是从正面严格规范接待服务工作中的情景用语,并使之成为公共关系人员的"口头禅","谢谢您""对不起""请原谅""早上好"等文明、规范用语不离口,让公众产生愉快的情绪体验。

在内容上,接待服务用语也包括三大类:一是规定一系列的、在每一种工作情形中必须相应表露出来的各种姿态动作,即友善和蔼的眼神、面部表情、姿态、手势、声音等体态语言方面的系列要求。二是规定各种场合下必须使用的口头文明用语。三是规定各种行文中必须使用的文明书面用语,特别是敬辞与谦语。

**课堂讨论**

请您运用 Sora 大模型以"很抱歉,这种商品讲究用料、做工考究,品质好,品相好,所在售价比较高,您慢慢看吧,不着急的。"和"嫌贵,是吗? 买不起就别买呀! 一副穷酸相,看什么?"为题分别生成一则商场营业员与顾客对话的短视频,然后与同学们分享您的观后感。

## 二、微笑表达策略

**实战运用**

请您面对自己最喜欢的同学,展示自己的笑容,并从中感悟微笑的技巧。

据专家研究,20 世纪 50 年代处于经济衰退时期,英国人平均每天笑 18 分钟,现在生活水平大幅度提高后,英国人平均每天笑的时间急剧减少到只有 6 分钟。现代社会的人们感到压抑的概率是 50 年代的 10 倍,虽然生活富裕了,但是与他人比较后,总觉得是失败者,所以觉得没有什么可笑的,也没有理由笑,但是内心世界却本能地渴望微笑,不愿看到"苦瓜脸"。微笑成为赢得公众好感的重要途径之一。所以美国的查尔斯·史考勃说:"真正值钱的是不花一文钱的微笑。"美国的唐拉德·希尔顿说:"缺少服务员美好的微笑,正好比花园里失去了春天的太阳与和风。""无论旅馆本身遭遇的困难如何,希尔顿旅馆服务员脸上的微笑永远是属于旅客的阳光。"雨果说道:"微笑就是阳光,它能消除人们脸上的冬色。"在公共关系接待中,利用微笑表达策略可以有效地改善公共关系人员与公众之间的心理关系。松下幸之助说道:"我认为亲切的'笑容'才是最重要的。虽然招待公众观光的方法不错,但只要随时以一颗感谢的心,用笑容接待光临的公众,那么即使没有招待旅游的活动,公众也会满意的。相反,如果缺少笑容,即使招待公众观光,也无法与公众维持良好的长期关系。"

### (一)微笑表达策略的影响机制

微笑表达策略的作用机制在于微笑效应。在现实生活中,任何人都喜欢微笑。微笑具有特殊的效应,即显示出亲切、友善、和蔼、热情、礼貌,并引发公众产生愉快的心绪和美好的联想。日本的原一平先生说:"微笑是非常重要的助手,至少有下列十个好处:①微笑能把你的友善与关怀有效地传达给准客户。②微笑能拆除你与准客户之间的心理隔阂,敞开双方的心扉。③微笑使你的外表更迷人。④微笑可以消除双方的戒心与不安,以打开僵局。⑤微笑能消除自卑感。⑥微笑能感染对方也笑,创造和谐交谈基础。⑦微笑能建立准客户对你的信赖感。⑧微笑能去除自己的哀伤,迅速地重建信心。⑨微笑是表达爱意的捷径。⑩微笑会增加活力,有益健康。"由于微笑表达策略具有无本万利的作用,所以在公共关系中得到了推广,微笑表达成为一种颇具市场生命力的市场推介策略和经营模式。

---

🎡 **资料补充**

最美八个微笑的内涵

被人误解时,能微微一笑:素养。

受委屈时,能坦然一笑:大度。

吃亏时,能开心一笑:豁达。

无奈时,能达观一笑:境界。

危难时,能泰然一笑:大气。

失恋时,能轻轻一笑:洒脱。

被轻蔑时,能平静一笑:自信。

功成名就时,能开怀大笑:真诚。

## (二) 微笑表达策略的运用技巧

微笑既是一门科学,也是一门艺术。在公共关系接待中,为了提高微笑的魅力,强化微笑效应的影响力,企业应该构建"微笑表达工程",全方位地推行微笑表达策略。英国的洛特·福特说:"我们投下了大量的训练资金,目的是希望员工能以工作为荣,能对公众展开笑靥,殷勤大方。员工有无这些能力,直接决定了服务质量的高低,而且也是公众是否再上门的关键所在。"

### 1. 强化微笑服务理念,培养微笑服务自觉性

人的行为一般都受制于自己的观念、理念。为了提高公共关系人员微笑表达的主动性和自觉性,企业应该开展培训活动,让大家在观念上把微笑也视为一项基本的工作,而且是必要的基础性工作,使之认识到微笑是卓有成效地开展公共关系接待的前提,树立"微笑即工作"的观念,从价值观上正确对待微笑,意识到微笑与公共关系工作的关系,养成正确的职业微笑价值观。

### 2. 善于自我调节,强化快乐意识

现代社会应该不断强化人们的快乐意识。快乐与生活水平、财富没有内在联系,只是一种自我感觉。某国际研究组织最近就"快乐指数"对亚洲进行调查,指出日本是亚洲最不快乐的国家,27％的受访者认为自己不快乐,5％的人甚至认为自己活得特别凄惨,其"快乐指数"在全球位居第95位,远低于第31位的中国,而日本却是亚洲最发达的国家。由于市场经济机制的作用,人与人之间的收入差距将会不断拉大,人们往往觉得自己是失败者。德国精神治疗专家迈克·蒂兹认为"我们似乎创造了这样一个社会,人人都在拼命地表现,期望获得成功,达不到这些标准心理便觉得不痛快,产生耻辱感。"商品时代培养出来的商品情结,让人们变得越来越贪婪,需求越来越难以满足,心理世界越来越脆弱。为了提高接待工作水平,公共关系人员应该运用各种自我调节方法,引导自己养成"有所比有所不比"的心理思维,感受成功与满足,释放压力与压抑,提高生活的快乐指数。

### 要点提示

强化快乐意识,有利于提高幸福指数。

### 3. 时时欣赏公众,储备微笑心态

动人的微笑需要良好的心态,人的心绪不佳,其微笑是无法打动公众的。公共关系人员应该时时要求自己欣赏公众、鉴赏公众,努力寻找公众的可爱之处、动人之处、闪光之处,引导自己产生愉快的心态,为"发自内心地微笑"准备起码的心态。正如美

国的一位经营者所说："我把所有的公众都看成是自己的亲人来接待。"有了这种亲人般的认同感,公共关系人员就容易"微笑"了。

**资料补充**

面对达·芬奇的名画《蒙娜丽莎的微笑》,我们总被蒙娜丽莎那带有三分柔情、七分迷离的美丽笑容所打动。2005年科学家借助荷兰阿姆斯特丹大学和美国伊利诺伊州大学联合开发的"情绪识别软件",通过计算机处理了蒙娜丽莎的面部表情,分析其中的情绪成分,得出的结论是:蒙娜丽莎的微笑＝83％的喜悦＋9％的厌烦＋6％的恐惧＋2％的愤怒。

4. 熟练运用微笑技巧,提高微笑魅力

微笑具有一定的操作性,即存在方法与艺术的问题。公共关系人员除了养成科学的微笑表达理念、具备良好的心情之外,还应该掌握并熟练地运用各种微笑技巧。微笑技巧涉及的内容比较丰富,因人而异,常见的主要有运用"微笑口型"(即微闭双唇,口中发出轻轻的"Cheers"或"茄子"之声)、长久保持微笑、适当笑出声来、及时收敛等,这些方法可以使自己的微笑既自然,又动人,从而有效地提高微笑的心理感染力。

**实战**

请您借助 AI 大模型,以自己的头像与"真诚、善良、友善、甜美的微笑",生成一帧画像,并用作手机桌面壁纸,时时提示自己微笑。一个月后,您一定能收获崭新的人际关系氛围!

脚踏实地,勇毅前行,一切皆有可能! 加油!

## 三、赞美贴近策略

**课堂讨论**

送人玫瑰,手留余香。请您发自内心地赞美自己身边的同学,然后观察这位同学的反应。您能从中感悟赞美的价值和要求吗?

美国《财富》杂志的名人研究会对美国年薪 50 万美元以上的企业界高级管理人

员和 300 名政界人士进行调查以后,得出结论说:93.7％的人认为人际关系顺畅是事业成功最关键的因素,其中最核心的课程就是学会赞美别人。

**要点提示**

记住《财富》杂志的调查结论,并自觉运用于实践之中,您的事业就会成功。

### (一)赞美贴近策略的作用机制

从某种角度来看,人有赞美自己和接受赞美的天性。日本的推销界专家原一平曾说道:"推销的秘诀在于研究人性,研究人的需要。我发现,对赞美的渴望是每个人最持久、最深层的需要。"发自内心的、真诚无私的赞美,可以获得公众的好感。通常而言,公众最喜欢的人是给他们积极评价、褒美称赞的人,最不喜欢的人是贬低公众的人。赞美公众,可以创造出融洽的交往环境,赢得公众的友善,这是做好公共关系接待工作的前提。日本一家国民素质研究会在分析日本战后迅速发展的原因时说:"我们日本国民的一个显著优点是对外人不停地鞠躬,不停地说好话。可以说,善于发现别人的长处,善于赞美别人是日本走向世界的一个重要原因。"被人们称为美国商界奇才的鲍罗齐深有体会地说:"赞美你的公众比赞美你的商品更重要,因为让你的公众一高兴你就成功了一半。"

### (二)赞美贴近策略的运用技巧

为了提高赞美的效果,赞美公众时,应注意以下要求。

**1. 讲究赞美的针对性**

公共关系人员平时应该注意观察,了解各种公众引以为荣的事情及其心理弱点和忌讳,据此选择好赞美的角度,从公众比较感兴趣的方面赞美公众,提高赞美公众的有效性。一般而言,赞美公众的角度主要有公众的兴趣、才华、人品、前途及相关人员(特别是伴随公众来店的家属)等。

**2. 讲究赞美的真诚性**

也就是说,公共关系人员应该发自内心地赞赏公众、称颂公众,而不是虚情假意地向公众献媚。遇到公众比较感兴趣的话题,接触专家型的公众,公共关系人员应该虚心请教,真心赞美,这既能丰富自己的知识,又能满足公众的心理要求,建立良好的公众关系,为完成接待任务创造良好的条件。

**3. 注意赞美的可信性**

赞美公众选用的语词要恰到好处,力求准确,绝对不能偏离事实,背离公众的实际情况,否则就会给公众留下溜须拍马的印象。

**4. 注意赞美的流畅性**

在赞美公众的时候,公共关系人员要善于利用各种偶然出现的情景,或者是公众无意之中表露出来、引以为荣的事,创造良好的赞美"情节",以此为契机,选择有效的赞美方式,十分自然地夸奖公众。

**5. 注意赞美的亲切感**

公共关系人员赞美公众时,应该注意语言艺术,从语言表达的构思到语音、语调的设计,都要力求温和、亲切,从语言方面强化赞美的心理感染力。

**6. 注意赞美的专注性**

为了提高赞美的渗透力,公共关系人员赞美公众时,不仅要向顾客表明自己由衷敬仰的赞美性"结论",而且要善于向公众陈述自己羡慕公众的理由,让公众不仅听到赞美的"论点",而且听出赞美的"论据",以此强化赞美公众的专注性,增强赞美的影响力。

**7. 注意赞美的平凡性**

任何一个公众都有自己引以为荣的事情。对于公共关系人员而言,应该善于从小事上赞美别人,挖掘小事的重大意义,选用适当的语言,赞美公众,满足公众的心理要求。

---

📖 **实战**

请把您某位普通朋友老张的描述词(如性别、年龄、职业、职位、家庭生活、成就、爱好等)和"10句高情商地赞美老张的句子"输入 DeepSeek,然后把这 10 句话时不时地用于老张身上。老张听后开心吗?你俩的关系升温明显吗?

脚踏实地,勇毅前行,一切皆有可能!加油!

---

## 四、服务侍候策略

在接待工作中,公共关系人员要有强烈的"仆人服务意识",在内心世界真正把公众视为上帝,一切以公众的需求为中心,把满足公众的各种需求作为自己最大的快乐,并把为公众服务的公共关系宗旨转化为具体的接待工作准则,强化侍候公众的观念,以进一步提高公共关系接待工作的感染力。

根据服务侍候策略的要求,在接待中公共关系人员应该主动为公众提供仆人般的服务,如帮助远道而来的公众领取、搬运行李,办理酒店入住手续,提供导游服务等,让公众确有宾至如归的感觉。

## 五、情感交流策略

对照马斯洛的需要层次理论,公众的生理需要、安全需要、社交需要等较低层次的需要基本得到了满足,以情感需要为中心的高层次需要成为优势需要,在很大程度上支配着公众的行为取向。因此,在接待工作中,公共关系人员应该有意识地与公众进行情感交流与沟通,通过满足公众的情感需要来赢得公众的好感。

情感交流策略就是公共关系人员主动投入情感,有意识地进行情感投资,积极开展情感交流,并诱导公众给予情感回报,形成双向的情感交流,从而建立良好的公众关系。

### (一) 热爱公共关系接待工作

在实际生活中,主动与公众进行情感交流的前提条件是热爱公共关系接待工作。正如日本的阿部章藏说:"艺术家都热爱自己的工作。因为他们热爱工作,所以在作品之中会产生出感人的热忱,能够引起观众或者读者的共鸣。公共关系人员就热爱工作、以自己无比的热忱去感化公众而言,与艺术家一模一样。"只有把接待工作作为一项事业来做,公共关系人员才有可能创造无限的激情,萌发丰富的情感,积极与公众进行情感交流。

### (二) 富有情感投入意识

情感交流需要良好的心理基础,这就是在心灵深处认同公众,把公众视为亲人,而不仅仅是服务的对象。对待公众,应该具备情感投入意识,主动把公众视为自己的亲人。在这个方面,松下幸之助一直主张:"从事商业活动的人都应该认真考虑一下,自己是否把商品看作女儿,把公众看作亲家。"印度尼西亚的林绍良也说道:"做生意首先要注意的是为公众服务,但这还只是第一步。更重要的是,对公众要视如亲戚、朋友，建立感情，热情服务，从公众需要的角度考虑问题，这样才能得到永久的公众。"

### （三）善于观察情感变化

情感生活具有较强的情景性和时间性，与公众进行情感交流存在一个时机问题。为了提高情感交流的有效性，公共关系接待人员要具有较强的情感观察能力，善于发现公众的情感需要，在公众需要情感的时候及时与公众交流情感。在这个方面。美国的西奥多·莱维特分析得颇为深刻，他说："为了向公众推销一件商品或成交一项业务，必须能够做到想公众所想。而体察公众心情的能力则是感受力的中心环节。因此，推销员必须具有丰富的体察能力。一个推销员应该善于体察公众的心情，并在适当的时候以适当的方式与公众形成强烈的感情交流。"这个道理对于公共关系接待人员同样是适用的。

### （四）永远感激公众

公共关系人员对公众应该永远心存感激之情。关于这个方面，松下幸之助似乎颇有体会，他说："从表现上看来，做生意是出售东西，并收取货款。但如果仅仅是这样，就同自动售货机没有什么两样了。我认为对客人，也就是买我们东西的公众，要有一份感谢之情。据说古时候的商人即使睡觉的时候，脚也不能朝着客人的方向。如此以感谢之心对待公众，诚意自然能够感应公众。即使同样的货物，公众也会经常到这家来买。两者彼此的心灵相通，整个社会就会温暖。我认为做生意最重要的是'物心如一'"。他甚至还说道："向公众的背影衷心感谢地合掌。如果你的店铺保持这样的作风，就会吸引很多的公众。"

---

**课堂讨论**

AI 大模型能够进行情感识别和情感生成。请问，人工智能生成的情感是您内心需要的情感吗？您感受到人与人之间的真诚友善吗？优美用词与亲切声音的背后缺少了什么？

---

# 第四节　公共关系礼仪

公共关系礼仪是公共关系人员在履行公共关系职责中应该遵循的礼敬对方的规

范。在公共关系中,礼仪具有特殊的效用,不仅展示着个体的素养形象,而且影响公众关系的发展,公共关系人员应该掌握各种礼仪。

## 一、迎送礼仪

**课堂讨论**

　　假如学校派您去机场(或车站)迎接一位外地来您校讲学的教授,您需要注意哪些要求?

　　迎接公众可以显示出对公众的尊重。做好迎接工作能够直接影响公众的首因心理效应,给公众留下良好的第一印象。对于远道而来的公众,无论其职别、地位高低,企业都应主动派人去车站、码头或机场迎接,这是沟通双方情感的重要步骤。

　　在接站工作中,应注意以下要求。①了解公众到达的确切时间,并适当提前到达候客站台。②为了便于识别要接的公众,事先应准备一块白底红字或者黄字牌子,写上"欢迎××单位××先生(女士)"字样,书写的字牌要工整、醒目,以便公众寻找。③接到公众后,应主动给予问候,并真诚地前去欢迎,同时作自我介绍,递上名片。④必要时给公众检验一下自己的身份证与工作证,以便打消公众不必要的疑虑。⑤主动帮助公众提取行李,但不宜拿公众的公文包或手提袋,因为里面可能装有重要物品。⑥陪同公众乘坐事先安排好的交通工具,一同前往企业或住宿之处。⑦上车后向公众介绍活动的安排情况,并提示公众如有需要,企业将尽力满足其特殊要求。为了活跃气氛,应主动介绍本地的风土人情、气候、旅游胜地、地方特产等。

　　当公众达到企业所在地后,企业有关方面的领导人应该及时前去问候,表达欢迎之意。如果公众自己登门上访,企业一方的相关人员应该马上起立,向前迎接,热情问候。

　　在办公室,当公众表达离开之意时,企业一方的人员应该尽快结束话题,起身相送公众至门外,并握手道别。如果是外地公众,企业还应该派专人、专车将公众送至火车站、机场或码头,协助公众办理有关乘坐手续,并感谢公众的光临,请公众包涵、谅解接待工作中的不足之处,同时祝公众一路平安。

## 二、拜访礼仪

在与公众交往过程中，离不开各式各样的拜访，其中主要是业务拜访。拜访公众的时候，应该注意以下几方面的事项。①明确拜访的名义、目的、形式和需要表达的内容。②预约好时间与地点。③准时或提前 5 分钟左右到达，以示遵守时间。④到公众家里或单位拜访时，应客随主便，服从公众的安排。⑤在交谈前夕，如遇到熟人则要主动打招呼，对陌生人可以点头示意，还要注意与公众的小孩亲热，对公众的宠物也应显示出友善温和的态度。⑥不要主动提出参观公众庭院、房间的要求。⑦不要触动公众的陈设物品、书籍。⑧控制好时间，一般不宜超过 15 分钟，特别是在办公时间内，时间宜短。

## 三、握手礼仪

握手是大多数人见面、离别时的礼节，它可以传递对公众的欢迎、欢送之情，是友好的表达，同时还可表示感谢、慰问、祝贺或相互鼓励。

行握手礼时，首先应注意先后顺序。一般而言，男女之间，男方要等女方先伸手后才能握手。如女方不伸手，男方应以点头致意。宾主之间，主人应向客人先伸手，以示欢迎。长幼之间，年幼的要等年长的先伸手。上下级之间，下级要等上级先伸手，以示尊重。

其次，应注意握手的方式。正确的握手方式是：①公众来临时，要主动向前迎去，表示欢迎。②双方接近时，要马上做出立定的姿势，上身略略前倾，同时伸出右手，注意大拇指与其他四手指适当分开，食指、中指、无名指和末指则自然合拢，做出握手的姿态。③若需表示平等自然的关系，握手的两个人手掌宜呈垂直状态。若需表示谦虚、恭敬,则可掌心向上同他人握手。若伸出双手去捧接,就显得更加谦恭备至了。但绝对不可掌心向下与对方握手,因为这是傲慢无礼的表示。④根据双方的熟悉程度和对方的性别,确定用力程度和时间长短。若是相识公众,可略用力,持续时间可长些,以示亲切。若是新公众,用力宜轻,稍微一握并轻轻上下摇动,时间以三五秒为宜,不要太长。若为异性公众,男子只需握一下女性公众的手指部分,不必握满,也不宜太久。⑤行握手礼时,目光要自然地注视对方,微笑致意。

握手的方式比较讲究,通常忌讳以下情形:①用力过大,上下使劲摇动。②戴着手套与礼帽握手。③握手时与第三者寒暄或东张西望。④握着对方的手,海阔天空地神聊。⑤握手时握得太少(只握住几根手指)或太多(把对方的五个手指全部握住)。⑥对方还未伸手或无伸手之意,自己贸然伸出手。⑦对方已伸手,自己不接等。

## 四、介绍礼仪

**课堂讨论**

您和老师在校园遇到自己的一位中学同学,您的老师并不认识这位同学。现在请您为他们两个居中介绍。您如何介绍?注意从中领悟介绍的礼仪要求。

介绍是结识新朋友的重要途径。一般地说,介绍可分为为他人作介绍、被人介绍和自我介绍三种。

把他人介绍给别人即作中间介绍时,应注意以下几个事项。①注意介绍的方向。一般而言,应把男士介绍给女士,把年幼者介绍给年长者,把职位较低的介绍给较高的,把当地人介绍给外地人。在企业所在地作中间介绍时,通常先介绍企业一方人员的姓名与职务,以显示对公众的尊重。②介绍语要简洁清楚,明白易懂,可用的介绍模式有:"张总,我来给您介绍一位朋友,这是长江公司的李先生。"③介绍时,可简要提供一些被介绍人的个人情况,尤其杰出事件,但要注意尊重他人的隐私权。

自己被介绍给他人时,应该面对着对方,并显示出乐于结识对方的诚意。介绍完毕后,应主动伸手握手,并说"您好!""久仰!""幸会!"以示友好。

作自我介绍时,应诚挚热情,主动大方地通报自己的姓名和职务。介绍自己名字时要简洁干脆,吐字清晰,并用拆字法告诉公众写法,如"弓长张",以便公众记住。在自我介绍过程中,要洒脱自如,举止得体,彬彬有礼。

## 五、馈赠与回谢礼仪

馈赠礼物在人际交往活动中具有重要的作用。馈赠礼物的总体原则是"礼轻情意重",需要注意以下事项。①选择好时机,送礼一般宜在公众遇到喜事的时候。②礼品不要价钱昂贵,但应该由送礼者亲自挑选。③注意礼品的包装,使礼物更加美观。此外,还应注意送礼的文化忌讳,在我国,不能送手巾、扇子、剪刀、钟等物给公众,因为它们带有消极性暗示的寓义,分别是痛苦、分手、一刀两断、送终,给人以负面的心理联想。

我们常说:礼尚往来。如果我们得到了公众的礼品,也应在适当的时候回馈礼品给公众,以示友好。

## 六、鲜花礼仪

> **问题思考**
> 您的朋友乔迁新居。同学们决定上门道喜,让您去购买鲜花。您打算选购什么品种的鲜花?为什么?

随着生活的逐步富裕后,人们对于鲜花越来越偏爱。因此,在公共关系过程中,要善于赠送鲜花,以示祝贺或安慰。赠送鲜花应该注意以下事项。一是注意鲜花的心理象征意义。花的象征性喻义详见表5-3。二是注意花的枝数,现在花的枝数也逐渐被人们赋予了特殊的心理含义,如一枝花表示"爱",三枝花表示"我爱你",十一枝花表示"无穷无尽的爱"。三是注意鲜花的忌讳心理,有些品种的花,由于社会历史原因或心理原因,在某些公众心目中会有不祥之兆,这是赠送鲜花时必须注意的问题。公众的鲜花忌讳心理见表5-4。

表5-3　鲜花品种的心理喻义

| 品种 | 心理喻义 | 品种 | 心理喻义 |
| --- | --- | --- | --- |
| 荷花 | 纯洁 | 白百合花 | 团结友好 |
| 紫罗兰 | 诚实 | 水仙 | 尊敬 |
| 松柏 | 坚强 | 竹子 | 正直 |
| 铁树 | 严庄 | 梅花 | 刚毅不屈 |
| 橄榄枝 | 和平 | 紫藤 | 欢迎 |

| 品种 | 心理喻义 | 品种 | 心理喻义 |
|------|---------|------|---------|
| 康乃馨 | 健康长寿 | 万年青 | 友谊 |
| 郁金香 | 胜利、美好 | 长寿花 | 长寿 |
| 杨柳 | 惜别 | 白菊 | 追念 |

表 5-4　鲜花的忌讳心理

| 国家地区 | 忌讳品种 | 说明 |
|---------|---------|------|
| 国际交际场合 | 菊花、杜鹃花、石竹花、黄色花 | 不吉祥之物 |
| 德国 | 郁金香 | 没有感情的花 |
| 日本 | 荷花 | 不吉祥之物 |
| 意大利、南美洲 | 菊花 | 妖花，用于墓地、灵前 |
| 法国 | 黄色的花 | 表示不忠诚 |
| 巴西 | 绛紫色的花 | 用于葬礼 |

## 七、谈判礼仪

　　谈判是公共关系人员经常遇到的问题。在谈判中，如果公共关系人员拥有高超的谈判技能，既有原则性又有艺术性，对于协调公众关系、开拓业务市场具有重要的意义。公共关系人员应该懂得陈述礼仪、洽谈礼仪、聆听礼仪、反应礼仪、拒绝礼仪、道歉礼仪、停顿礼仪、磋商礼仪、签订协议礼仪等，并加以灵活运用，使紧张的谈判工作变得礼貌而温和，在轻松之中实现企业的目的。

　　掌握谈判的各种礼仪后，在谈判中，应力求做到以下几点要求：阐述自己的观点时，态度要谦虚平和。对方陈述时，要认真、耐心听讲，不要随意插话。向对方提问时，语气要委婉，不要生硬。请示对方帮助时，态度要诚恳。劝服对方时，宜用协商、征询口吻，不要有命令式口吻。遇到需要双方商讨解决的问题，应彼此坦诚交换意见，以礼相待，尤其要避免冲突。对于达成的协议，要遵守诺言。即使谈判破裂，也要礼貌相送、告别，以给公众留下良好的印象。

## 八、会务礼仪

　　为了交流信息、集思广益，企业经常召集会议，除了企业内部的会议活动外，还有大量外部的会务活动,如企业经营发展战略研讨会、市场业务推广工作会议、招商引资大会、股东大会、展览会以及招待晚会等。

为了提高会务质量,公共关系人员应该高度重视会务礼仪,具体而言,主要注意以下事项。①营造会务氛围,从场地布置到座位安排,既要重视企业形象的展示,又要注意营造友好气氛,使会务活动显得隆重热烈而温馨友好。②做好会务接待工作,准备好签名册、题词册及笔墨等物,让与会者签名、题词,以示对公众的尊重。同时还要组织好礼仪队,做好导座、续茶工作。③拟定会务基本程序,在发言安排中,应该把重要公众(如领导、来宾等)的发言放在前面,以示尊重。④提供热情周到的会务服务,及时给与会者续水等。⑤注意开会礼节要求。公众发言时,应该专心听取他人意见,不要随意插话。自己发言时,态度要谦和。讨论问题时,应该积极发言,不推诿不抱怨,以群策群力、解决问题的态度发表自己的意见。⑥会务结束时,应该以礼相送,并感谢公众的到会及其对企业各项工作的意见、建议。

---

**资料补充**

餐桌礼仪

(1) 自助用餐的规则是"少取、多次",且注意不同的顺序。

(2) 有人致辞时,应该安静倾听。

(3) 不要轻易为别人布菜。

(4) 聚餐时应使用"公筷"和"公勺"。

(5) 就餐时应轻声交谈,不要大声喧哗。

(6) 不要把骨头、菜渣直接吐在餐桌上,而应放在碟子里。

(7) 出入餐厅要按照一定的线路行走。

(8) 尊重饭店服务人员,不要频繁指使。

---

**本章小结**

1. 做好公共关系接待,能够让公众获得良好的体验,对组织形成的印象。

2. 为了提高公共关系接待的水平,需要全面设计接待人员素养形象、形体形象、神态形象、语言形象和服饰形象。

3. 运用语言感化策略、微笑表达策略、赞美贴近策略、服务侍候策略和情感交流策略,能够有效提高公共关系接待的影响力。

4. 遵循公共关系礼仪,是卓有成效开展公共关系接待工作的前提。

## 学习重点

- 公共关系接待工作的要求
- 公共关系接待人员的形象设计
- 公共关系接待工作的基本策略
- 公共关系礼仪

## 语 录

孙岚:"接待的黄金原则:①对朋友的态度要永远谦恭,要常常微笑着同别人交谈、交往。②对周围的人要时时保持友好相处的关系,寻找机会多为别人做些什么。③当别人给介绍朋友时,你应该集中精力去记住人家的名字。④要学会容忍,克服任性,要尽量理解别人,遇事要设身处地为别人着想。"

## 前沿问题

2005 年之前强调接待形象的似乎只有企业界。现在历来以严肃著称的公务员也开始讲究接待形象了,而且强调细节管理。2006 年某市政府出台"市政府办公厅工作人员行为规范",要求工作人员上班期间仪表整洁,对其着装打扮"管头管脚":不准穿拖鞋、无后帮鞋、短裤、背心、超短裙、吊带装,不准浓妆艳抹,不准奇装异服,不准染红色、黄色、绿色、蓝色等颜色的花头发,男公务员不准戴金戒指、项链、手链等饰物。同时还举办公务员礼仪培训课,由专业礼仪培训教师带着全体公务员一起学习说"请""您""谢谢"等礼貌用语。这些举措的用意是用细节体现政府机关的精神面貌。为了化解政府的"四难形象"(门难进,脸难看,话难听,事难办),政府部门应该根据单位实际情况,参照《公务员法》《行政许可法》《国家公务员行为规范》《公民道德建设实施纲要》以及其他法律法规和行为道德标准,制订切实可行的行为规范,细化和规范接待礼仪、服务礼仪、办公室礼仪,引导公务员多用称呼语、问候语、答谢语、请求语等,必要时进行监督与稽查,使公务员逐步自觉遵守,不断提高个人素质与修养,真正表现出公务员的公仆形象。

## 推荐阅读书目

《公关礼仪教程》(徐白编著,同济大学出版社,2019 年出版)

　　该书形象而生动地阐述了仪容、服装、言谈、应酬、宴请、办公与会议、推销与谈判、庆典与专题活动、涉外接待、世界主要国家和地区等多方面的礼仪知识。

　　推荐理由：内容具有条理性、趣味性和实践性特点，能够发展读者的礼仪素养。

## 案 例

### KD 机场开工仪式接待方案

　　根据市政府办发〔2014〕68 号文精神，按照 8 月 30 日协调会议要求，为切实搞好 KD 机场开工仪式的接待工作，特制定本方案。

#### 一、工作方式

　　接待工作采取"统""分"结合方式进行。

　　统：统一组织指挥，统一质量标准，统一服务要求，统一划分宾馆，统一制定食谱。

　　分：分对象，分任务，分职责，分别安排住宿，包干到小组，责任到人头。

#### 二、工作内容

　　本次接待工作主要有以下八项工作。

　　(1) 确认相关数据：嘉宾人数 56 位，其中 40 位为男性、16 位为女士；中国民航局领导和工作人员共 6 人，省级政府领导 4 人，局级领导 16 人；外省嘉宾共 10 人，集中在 9 月 5 日乘坐航班到达成都双流机场。

　　(2) 确定时间安排：2014 年 9 月 5 日至 9 月 6 日。

　　(3) 安排迎接：中国民航局领导和工作人员 6 人、外省嘉宾 10 人抵蓉后，接待小组安排就地安排入住黄丽大酒店，9 月 6 日上午 9:00 分专车大巴接送至金沙大酒店入住。

　　(4) 安排住宿：国家机关、省级有关部门领导和其他特邀嘉宾安排入住金沙大酒店；其他单位来宾和新闻记者等安排入住红都饭店。

　　(5) 安排就餐：9 月 6 日安排晚宴，地点金沙大酒店百合厅，主桌 18 人，安排 4 名服务员，准备席位卡、鲜花；副桌 3 桌，各 10 人，各安排 2 名服务员。另外，还需准备欢迎标语、台前的鲜花盆景、立式话筒。其他时间来宾就餐一律在金沙大酒店一楼餐厅用自助餐。所有接待点必须按统一审定的食谱供应食品，并在餐厅标明食品品名，设置自助调味台。

　　(6) 安排车辆：根据嘉宾行程需要，安排车辆台数和司机，全程专职为嘉宾服务。

　　(7) 安排会场：确认开工仪式会场主背景、主席台名单、主持人、讲台鲜花、话筒(有线、无线)、电脑、投影仪、祝贺单位名单、会场茶水、礼仪小姐、服务人员、签到处、签到本、文件袋、项目介绍影视片、导示牌、现场横幅的设计。

　　(8) 安排送客。

### 三、组织机构

组长:朱某某　市委副秘书长、市接待办主任(手机号码,下同)

副组长:范某某　KD机场办主任

(一)成都接待组

组长:范某某　KD机场办主任

副组长:乔某某　KD机场副总经理

成员:从KD机场办、KD机场公司中抽调

工作职责:

(1)负责来宾信息的收集汇总,并及时报会务组。

(2)负责机票的购买和在成都双流机场组织人员接送中央、国家机关来宾。

(3)负责在成都安排来宾的报到和食宿工作。

(4)负责仪式所需防寒、防雨、防晒等用具的准备工作。

(二)礼仪接待组

组长:李某某　市接待办副主任

副组长:张某某　团市委办公室副主任

成员:林某某　负责成都列车站迎宾的志愿者安排

　　　戴某某　负责随行服务的志愿者安排

　　　牟某某　负责酒店驻地服务的志愿者安排

　　　冯某某　负责重要来宾陪同服务的志愿者安排

工作职责:

(1)负责志愿者所需的绶带、徽章、导游旗、服装的准备工作。

(2)陪同市领导在成都双流机场和入住酒店迎接来宾,并搞好活动期间来宾的引领工作。

(3)合理安排在各接待岗位上的志愿者人员数量,安排志愿者全程陪同重要领导。

(4)做好太阳帽、雨衣、大衣、矿泉水等物品的领用和发放等服务。

(5)配合搞好金沙大酒店的食宿安排工作,负责做好宴会及演出节目的衔接。

(三)酒店接待组

组长:董某某　市接待办工作人员

成员:周某某　市接待办工作人员

工作职责:

(1)负责酒店房态、菜单的收集和审查。

(2)负责来宾在该酒店的住房安排。

(3)负责在酒店入住来宾的车辆停放安排。

(4)负责安排酒店举办的大型歌舞宴请活动,并做好平时用餐的安排。

（5）负责监督指导定点接待单位完善接待设施,规范服务行为。

接待要求:

（1）礼仪小姐佩戴白手套和"欢迎光临金沙大酒店"的绶带,面带微笑、亲切致欢迎辞(欢迎光临)。

（2）确保客人安全下车,及时将客人行李放置行李车送至房间。

（3）总台人员提前做好房卡、入袋。

（4）客人进店后,电梯口安排专人,负责将客人引进房间。

（5）总机人员负责叫醒服务:早晨7:15叫醒,午休2:00。

（6）房间里准备水果、点心、雀巢袋装咖啡、鲜花。

（7）提前一天做好房内及过道的灭蚊、灭苍蝇工作。

（8）对本次接待的所有用房提前做好通风工作,确保房内无异味。

（四）媒体接待组

组长:王某某　市委宣传部副部长

成员:叶某某　市委宣传部工作人员

工作职责:

（1）邀请、接待新闻记者,与媒体记者沟通。

（2）负责安排全程的摄像、录像、录音及整理工作。

（3）负责大会新闻材料的准备,撰写新闻稿、向媒体提供新闻影视资料。

（五）物资组

组长:杜某某　市接待办综合科科长

成员:孙某某　市接待办工作人员

工作职责:

（1）配合工程部确保本次接待的所有用房设施、设备完好。

（2）检查所有用品是否齐全。

（3）负责接待活动所需酒水、矿泉水、哈达、随车用品盒等物资准备。

（4）协助来宾住房的安排,宴会席次的排定和席签的准备等工作。

（5）开工仪式前两天进行现场车辆管理,确保活动当天来宾车辆能够有序停放。

（6）配合市公安局做好安全保卫工作。

D机场开工庆典接待组

2014年8月18日

练习与思考　　部分参考答案

# 第六章
# 公共关系的大型活动策略

## 学习目标

学完本章,您应该能够:

1. 理解大型活动相对于媒体传播所具有的特殊性;
2. 熟悉大型活动的构成要素;
3. 熟悉大型活动的基本类型;
4. 理解拟剧理论、互动仪式链理论和媒介事件理论的核心内容;
5. 运用 SMART 法则进行大型活动的目标管理;
6. 分解大型活动的项目;
7. 开展大型活动的时间进度管理;
8. 进行大型活动的项目分析与策划;
9. 撰写公共关系项目策划案。

## 基本概念

大型活动 拟剧理论 互动仪式链理论 狂欢理论 媒介事件理论 SMART法则 工作分解结构图 项目分解 时间进度管理 甘特图 核心事件 活动进度表 公共关系策划案 现场管理

公共关系与新闻、广告等皆肩负公共传播的使命,但在实现载体上存在重大差别。新闻与广告仅仅倚重媒体,其名词后缀基本为"作品"。公共关系的传播载体不仅有媒体,而且有活动,并且侧重活动,其名词后缀多为"活动"。当然,公共关系也倚重媒体,所以公共关系的传播载体是媒体与活动的融合。公共关系的多数情形是:先有活动的起意、创意与策划,然后是媒体的宣传造势,再后是举办规模或大或小的活动,创造新闻价值,最后是赢得媒体的报道,从而扩大社会影响。

# 第一节　大型活动的特质

准确理解大型活动的内涵、特质与类型，是策划与举办大型活动的认知基础。熟悉大型活动的构成要素，有助于深化对大型活动本质的认识，提高策划与举办大型活动的能力。

## 一、大型活动的内涵

**课堂讨论**

奥运会既是重大体育赛事，也是国家公关活动，其开幕式有其相对固定的程式，由以下环节构成：欢迎贵宾特别是东道主国元首和奥委会主席入场，升东道主国国旗，奏国歌—主题文艺表演—运动员入场式（希腊首先入场，东道主最后入场）—奥运会组委会主席讲话—国际奥运会主席致辞—东道国国家元首宣布奥运会开幕—升奥林匹克会旗，奏奥林匹克圣歌—各代表团旗手绕主席台形成半圆形，运动员、裁判员宣誓—点燃奥运圣火—歌舞文艺表演，燃放烟火。

请问应该用哪些形容词来描述奥运会的特质？在运动员入场环节中，安排希腊首先入场，而东道主最后入场，是出于什么样的仪式考量？

大型活动，不同于一般语言学角度所界定的大型活动，是英语 event 的特别译文。从字面上讲，event 具有大型活动、事件或重大事件、节庆或重大节庆的含义。但作为专业语词，有其特定的内涵。美国人罗伯特·加尼认为 event 就是 special event，是指"那些不同于日常生活的事件"。这个说法被视为关于 event 简单而经典的定义。约翰·艾伦认为 event 是指经过精心计划而举办的某个特定的仪式、演讲、表演或庆典。乔·戈德布拉特则认为 event 是"为满足特殊需求，用仪式和典礼进行欢庆的特殊时刻"。大型活动、仪式、专题、公共性、欢乐、程序、媒体等等，成为 event 的标配。

### （一）大型活动的含义

根据学科需要，我们把 event 译为大型活动，以突出 event 的动态、公共、创意、仪式等色彩。大型活动的主体可以是国家、政府、政党、学校、企业、社群甚至小区，大至国际奥运会，小到公司庆典晚会、新品上市，都是大型活动。但这样的研究视角过于宽泛。本书把大型活动的主体定位于企业,把大型活动界定为企业出于达成特殊公共关系目标需要,立足于吸引众多公众参与而策划、安排、开展的,具有仪式或程序色彩,给公众提供休闲或场景体验机会,需要专门营运管理的主题事件。

### (二) 对大型活动的理解

大型活动承载特殊使命,既有别于企业常规日常工作,也不同于一般的社会活动。商场,以前重"商"(即商品陈列),现在重"场",场即场景,强调营造生活场景,设计活动,让公众沉浸体验。

1. 具有明确的目标

> **问题思考**
> 举办奥运会需要花费巨资,为什么各国还要争办奥运会?
> 从国家公共关系的视角看,主办国希冀的目标是什么?

从总体上讲,企业策划和开展大型活动,投入大批资金,动员众多员工,目标极其明确,就是协调公众关系、塑造品牌形象,具有极强的功利特点。企业策划和开展大型活动,一般都会运用 SWOT 理论,把自己与竞争对手进行项目比较,既要找出自己好于竞争对手的优势点,又要找出弱于竞争对手的问题点,并从宏观层面明确企业取胜的机会点,然后细化大型活动的具体目标,或者改善企业与社区公众的关系,或者改善企业与顾客公众的关系,或者展示企业的社会责任形象,或者展示企业的产品形象,或者强化品牌的亲和力,或者强化品牌的忠诚度,从不同角度为企业的发展创造良好的市场环境。

2. 拥有鲜明的主题

大型活动的主题,一般表现为标语与口号,文字不多,但具有统摄整个大型活动的效用。有了主题,大型活动便拥有了"魂"的性格,个性鲜明,富有吸引力。世界园艺博览会的宗旨是倡导人们尊重自然、融入自然、追求美好生活,但不同年份、不同城市举办的世界园艺博览会,就有不同的主题(见表6-1)。借助这些个性鲜明的主题及其演绎,都以自己独特的风格很好地传播了绿色生活的主张,弘扬了生态文明的思想。

表6-1　部分世界园艺博览会主题

| 年份 | 举办城市 | 主题 |
| --- | --- | --- |
| 1999 | 中国昆明 | 人与自然——迈向21世纪 |
| 2002 | 荷兰阿姆斯特丹 | 体验自然之美 |
| 2003 | 德国罗斯托克 | 海滨的绿色博览会 |
| 2006 | 泰国清迈 | 表达对人类的爱 |

(续表)

| 年份 | 举办城市 | 主题 |
|------|---------|------|
| 2006 | 中国沈阳 | 我们与自然和谐共生 |
| 2010 | 中国台北 | 彩花 流水 新视界 |
| 2011 | 中国西安 | 天人长安·创意自然——城市与自然和谐共生 |
| 2012 | 荷兰芬罗 | 融入自然 改善生活 |
| 2014 | 中国青岛 | 让生活走进自然 |
| 2016 | 中国唐山 | 都市与自然·凤凰涅槃 |
| 2016 | 土耳其安塔利亚 | 花卉与儿童 |
| 2019 | 中国北京 | 绿色生活 美丽家园 |

**3. 呈现欢快气氛**

随着科技的进步和劳动交换的普及,现代社会的人拥有越来越多的闲暇时间,追求和分享欢快愉乐成为现代时代的生活方式。大型活动为了吸引更多公众参与,在或功利或严谨的主题统摄之下,十分重视欢快与休闲元素的策划与设计,或者设计富有美感的大型活动会徽标志、吉祥物,或者直接安排大量富有娱乐欢庆效果的节目,或者邀请社会明星到场助兴,或者借助装饰物品、色彩、音乐营造欢快的现场氛围,提升大型活动的观赏价值,满足公众的休闲需要,让公众在大型活动中充分感受快乐与满意。

**4. 计划严密详细**

社会组织大型活动牵涉的部门众多,一般涉及政府主管部门、市政管理部门、公安部门、酒店、交通运输单位、电力供应单位、电信通信单位、合作组织、竞争组织等,往往融经济实惠与文化体育于一体,大型活动内容十分丰富,能够吸引众多公众到场。为了确保现场安全与大型活动有序推进,大型活动往往都有严密、周详的工作计划,策划、设计形成了一整套的实施方案,从人员组成、项目运作模式、执行计划、安保措施到危机预案,都有章可循。

**5. 展示主旨文化**

大型活动的内核是功利的,但往往倾向于打文化牌,本着"文化搭台,经济唱戏"的思想,演绎主题文化,具有很浓的文化色彩。大型活动的主题内容充分展示着本土传统文化、行业特色文化或社会专题文化。大型活动的现场装饰,从主题色调的选择、饰物(如彩旗、鲜花图案、吉祥物等)的设计,以及工作人员服饰的穿戴,都强调主旨文化的演绎效果,大型活动的现场成为文化的海洋,充满了浓郁的文化韵味,具有浓厚的节日气氛,历经积累和流传,逐渐演化成当地多数公众的文化认同、文化记忆和文化行为,具有极强的参与性和互动性。

**6. 媒体高度关注**

经过专业策划与安排,大型活动一般具有较高的新闻价值,媒体往往给予高度关注,乐于报道大型活动。大型活动的新闻价值,主要来源于以下五个方面。①能够策划、举办大型活动的企业,实力雄厚,属于知名企业,影响指数高,从主体上看具有"明星就是新闻"的新闻价值效果。②大型活动不仅能够宣传举办企业的良好形象,而且同时也能宣传本地的形象,扩大本地影响力,从作用上看具有新闻价值。③大型活动策划时刻意运用文化元素,倾向于以行业主题文化或地区传统文化为根源,展示文化的神秘性、象征性,或者传承传统文化,或者演绎行业特性,具有节日气息,公众高度关注、积极参与,从内容和受众角度看具有新闻价值。④大型活动强调独特性,讲究创意,在表现形式上往往别具一格,从形式上看具有新闻价值。⑤大型活动一般邀请明星名流特别是一定级别的政府官员主持有关仪式、光临现场,这些特殊嘉宾本身就是媒体关注的对象,嘉宾队伍进一步强化了大型活动的新闻价值。

> **问题思考**
>
> 传统媒体时代追求新闻价值,移动互联网时代讲究流量法则。大型活动如何实现新闻价值与流量法则的统一?

## 二、大型活动的构成要素

大型活动由主办方、目标、目标公众、主题与内容、运作方案和传播方案六个基本要素构成。

### (一)主办方

规模较小的大型活动,主办方就是企业自身。而规模较大的大型活动,主办方一般以团队形式出现,根据责任不同,分为主办单位、支持单位、承办单位和协办单位。主办单位是大型活动的承担者、策划者和实施者,总体负责大型活动的策划、组织、管理、运作、传播、推广和招商等工作,拥有举办权,承担法律责任。在实际工作中,有些主办单位仅仅是名义上的主办方,不参与具体工作。多数主办单位则是实质性的主办方,承担大型活动的全部或者局部工作。支持单位是指导或者支持大型活动策划、组织、管理、运作、传播、推广和招商等工作的组织机构,不承担法律责任和财务责任。有些支持单位是大型活动主办单位的上一级组织机构,其支持作用主要表现为指导;有些支持单位是与大型活动主办单位平级的相关利益者,其支持作用主要表现为提供服务。承办单位是直接负责大型活动策划、组织、财务、

*Xian Dai Gong Gong Guan Xi Xue*

管理、运作、传播、推广和招商等工作的组织机构，是大型活动相关工作的执行机构，主要承担财务责任，也就是说，承办单位重中之重的工作是财务管理。协办单位就是协助主办单位和承办单位策划、组织、管理、运作、传播、推广和招商公共关系大型活动的组织机构。

> **要点提示**
>
> 主办团队的搭建，核心是明确各自的职责与职权，有分工，有协作。

### （二）目标

目标是主办方基于社会组织对社会发展大势判断和自身优势劣势判断而设定的、需要借助大型活动予以解决的实际问题。对于企业来说，大型活动的目标主要有以下十类。①吸引投资，增强企业的资金实力。②争取资源，谋求合作，理顺生产资源的供货渠道。③提高企业与品牌的知晓度、美誉度、信任度、首选度、忠诚度与依赖度，塑造品牌形象。④吸引公众光顾商业场所，提高人气，提升销售量。⑤建构、维系公众关系网络，扩大公众关系的广度与深度。⑥展示技术与管理创新成果，传播企业核心竞争力。⑦展示企业愿景使命与企业文化，提升企业的社会影响力。⑧展示企业的社会贡献与公益贡献，塑造社会责任形象。⑨推介所在行业的社会价值，培育行业的消费市场，发展行业顾客队伍。⑩展示企业良好的雇主形象，吸引求职者，维持和发展企业的员工队伍。

> **问题思考**
>
> 请您运用 AI 大模型生成"小米 SU7 汽车成都展览会目标清单"。请问其列出的目标数量太多还是太少？与实际情况是否存在明显差距？

### （三）目标公众

目标公众是大型活动为了实现预设的目标而需要影响的主要对象，是实质性的作用对象。公众分为目标公众和非目标公众，目标公众是大型活动的重要公众、基本公众，例如奢侈品展览会，其目标公众一般收入颇高的公众，如私营业主、明星及其子女，普通工薪阶层则是其非目标公众。非目标公众对大型活动成败的影响不大，可有可无。

## （四）主题与内容

主题与内容是主办方为了吸引目标公众参与，根据社会、社会组织和公众三方的共性需求，而确定的大型活动主旨、基本题目和相关材料。主题是大型活动的灵魂，表现为愿景、使命、价值观、精神、理念、宗旨、理想、格言和誓词等，呈现形式是标语与口号。内容是大型活动的骨架，表现为话语材料与文献材料，呈现形式是传播作品、装饰设计、展演节目等。主题是内容的提炼与升华，内容是主题的演绎和展示。以 2019 年北京世界园艺博览会为例，其主题是"绿色生活　美丽家园"，很好地体现了人类渴望自然、返璞归真的精神追求。立足这个主题，基本内容就定位于各国最新园艺创新资源的汇集，把各国的精品园艺融入北京天然的山水大花园中，让园艺融入自然的怀抱，让自然感动人类的心灵，让人类与自然和谐共生，展示出园艺、城市、自然与人类的和谐相融，进而反映出全球绿色创新、科技创新、文化创新的新趋势，和各国人民追求绿色生活、建设美丽家园的新常态。

## （五）运作方案

运作方案是大型活动在什么时间什么地方以什么方式表现和演绎主题内容的方案，是大型活动策划的核心成果，一般表现为策划案，基本内容是"节日单"。策划案立足大型活动的主题和需要展现的内容，以某一项目为中心大型活动，配合选用多个附属性大型活动项目，形成主旨明确、先后有序、前铺后垫、相互烘托、高潮迭起、完美收官、贯通一体的系列大型活动。以奥运会闭幕式为例，其相对固定的仪式程序是：国际奥委会主席和东道国国家元首入场—升东道国国旗和奥林匹克会旗—文艺表演—代表团旗手入场，并在主席台后形成半圆形—国际奥委会主席为男子马拉松金银铜牌颁奖—向奥运会志愿者致谢—升下届奥运会东道国国旗，奏其国歌—奥运会组委会主席致闭幕词，宣布奥运会闭幕，并邀请全球青年参加下届奥运会——降奥林匹克会旗，奏奥林匹克会歌——奥运会旗交接——下届奥运会东道国 8 分钟文艺表演——奥林匹克圣火熄灭——运动员狂欢。这前后相接的十三个节目，每个节目都有内容、形式甚至时间上的规定,被赋予了特定的含义,共同构成了奥运会闭幕式基本的运作方案,形象地传递了奥林匹克精神,有效地维持与扩大了奥林匹克运动会的影响。

> **实战**
>
> 　　请您运用 AI 大模型,生成"第 30 届上海国际茶文化旅游节开幕式程序",然后进行人工优化,以增强实用性。
>
> 　　脚踏实地,勇毅前行,一切皆有可能! 加油!

### (六) 传播方案

　　传播方案是扩大大型活动影响而策划的宣传方案,主要解决大型活动事前、事中、事后如何传播的问题。事前的传播内容往往定位于大型活动的历史回顾、曾经的意义与当下的价值,相当于社会动员。事中的传播内容偏重大型活动整体的动态呈现与主体内容的渲染,偏爱细节化描绘与花絮运用。事后的传播内容倾向于总结与概括。

## 三、大型活动的类型

　　根据内容,大型活动分为社会服务活动、节庆、主题纪念活动、大众体育赛事、地方主题文化展演活动、商品推介活动、促销活动、大型会务和展览会等。

　　社会服务活动是企业基于社会责任理念和提高美誉度的需要,立足商业或者公益慈善事业而向大众提供特定帮助的大型活动,主要有两类:一类是售前、售中和售后服务,一般是商业附加服务,主要面向企业的目标公众。另一类是公益资助、慈善捐助、社会赞助,表现为爱心公关,主要面向贫困地区与困难群体、公益组织(如学校)与公益事业(如环保)、灾区疫区等,以提供资金、财物为主。

　　节庆是企业在特定的社会传统节假日(如除夕、春节、元宵节、清明节、端午节、中秋节、重阳节、腊八节等)、政府新设定的节假日(如元旦、妇女节、劳动节、儿童节、建党节、建军节、教师节、国庆节等)和西方社会的传统节日(母亲节、护士节、感恩节、圣诞节、情人节等)中,选取与目标公众或行业极具相关性的节假日,立足企业特定需要,而策划和举办的节庆文化演示大型活动,仪式感强。

　　主题纪念活动是指企业在我国政府确定的主题日(如全国爱耳日、学雷锋纪念日、植树节、中国旅游日、抗日战争纪念日、抗日战争胜利纪念日等)或国际组织确定的主题日(如国际气象日、消费者权益保护日、世界水日、世界卫生日、世界地球日、志愿者日、世界电信日、护士节、国际家庭日、国际牛奶日、世界无烟日、世界环境保护日、世界人口日、世界粮食日、联合国日等),以及重大历史事件周年日和重要历史人物诞辰周年日,结合企业自身传播需要而策划和举办的大型活动,具有庆典、纪念色彩。

大众体育赛事是企业根据目标公众的体育爱好,立足全民健身主题,以普通大众为参赛选手而举办的体育比赛大型活动。例如,上海东方明珠元旦登高健康跑大型活动,借助"新年登高步步高"的国人迎新传统习俗,以"爱满东方、明珠汇聚"为主题,举办登高、长跑、骑行、全民健身展示等多项赛事大型活动,以全民健身的方式迎接新年的到来,深受市民喜爱。

地方主题文化展演活动是企业基于战略发展需要,立足企业所在地的传统文化而策划、举办的大型活动,民族性强,地方特色浓,往往冠以企业名称,如大白兔子之美——上海弄堂文化展。

商品推介活动是企业开发出新式产品、提高主打产品的市场份额或开拓新市场区域时,向目标公众推广、介绍创新产品或主打商品的路演大型活动,往往呈现为展会或商品节。

促销活动一般是商业街或某个商业单位为了刺激大众消费而策划、开展的多种商品共同打折、具有让利色彩的大型活动,其核心内容是打折让利,公众能够从中直接感受经济实惠,而企业也因其薄利多销的商业机制而获益。

大型会务是企业为了统一利益相关者的意见,或者集思广益而召集利益相关者、专家进行专题讨论、研究的会务。企业面临战略转型或者克服特殊困难时,需要齐心协力,全力以赴,一般都需要召集大型会务,并借此创造新闻价值,开展传播沟通,为企业未来的发展创造良好的组织氛围和舆论环境。

展览会是企业借助实物展示、融媒体和人际沟通技术,向目标公众展示成就或者问题的大型活动。以展示企业显著成就或杰出贡献的展览会,可以有效建构公众关系、塑造品牌形象。以解决社会问题(如游客不文明举止、落后生活方式、制售假货、吸毒、消防隐患等)、促进文明发展为主旨展览会,可以有效塑造企业的社会责任形象。博览会是展览会的升级版。当展览会规模庞大(如参观人次大于 100 万)、主题内容综合时,就成为博览会。

💡 **要点提示**

大型活动的类型是不能穷尽的,生活中的各种活动形态,都是大型活动的原型。

# 第二节　大型活动的理论基础

大型活动是元宇宙视野下的社会大戏，其中策划案是剧本，理念是剧本主题思想，现场是开放式舞台，台词是对白与唱词，主办方是导演，工作人员是主角，公众是配角，规划的程序是剧情，讲究起承转合，追求开端—发展—高潮—结局的剧情效果。在大型活动台，工作人员和公众按社会设定的身份特征彼此沟通、忙碌操作，是戏剧人物推进剧情和表达思想的语言与动作呈现，充满了互动式的默契与配合，追求媒介介入。从这个角度看，戈夫曼的拟剧理论、柯林斯的互动仪式链理论、戴扬与卡茨的媒介事件理论是策划大型活动的基本遵循。

## 一、戈夫曼拟剧理论

拟剧理论也称戏剧理论，是美国学者欧文·戈夫曼在《日常生活中的自我呈现》中研究符号互动论时所建构的理论，包括表演人生、戏剧分析、印象管理和污名问题四个方面的内容，对于策划大型活动具有方法论指导意义。

### （一）表演人生

戈夫曼高度认同莎士比亚关于"人生就是一出戏，社会就是一个大舞台"的论断，指出社会成员是社会大舞台上的表演者，十分关心自己如何在众多的观众面前塑造能被人接受的形象。人际传播的过程就是人们表演"自我"的过程，但这个"自我"并非真实的自我，而是经符号乔装打扮了的"自我"。符号本身具有某种欺骗性，其基本属性就在于似是而非。因此艾柯将符号学定义为"原则上是一门研究旨在撒谎而可以利用的一切事物的学科"，符号就是"能用来撒谎"的事物。

戈夫曼认为，人们在社会生活中以不同的角色、在不同的场次进行表演，如果能够按照剧本（即预想的方式）表演就按剧本表演，当剧本不明确或不完整（即情况更加复杂或发生变化）时就要随机应变，临时创作。

### （二）戏剧分析

基于对戏剧框架结构的理解，戈夫曼把社会拟剧划分出表演要素、表演框架、剧本期望、表演区域、剧组、剧情表演和假面具七个维度，并进行了内涵界定。

关于表演要素，戈夫曼指出社会生活大舞台上存在导演、剧本、舞台、表演者与观众等戏剧要素。导演是决策者。剧本就是社会生活本身。舞台就是社会生活场景。表演者就是社会成员,包括荣辱与共的同伴或相互竞争的对手。观众是周围真实存在并进入情境中的人,或者是表演者想象中存在的人。

戈夫曼把表演框架界定为人们内化了的现存的社会规范和社会准则,是一系列的惯例和共识,是人们在社会生活舞台上进行演出的依据。

戈夫曼把剧本期望定义为社会规范对各种社会角色的限定,还有各种社会成员的期望。

戈夫曼指出,人们为了表演,表演区域可能会区分出前台和后台。前台是个人按一般性的固定方式进行表演,在特定时间内为观众展现一定的情景,是让观众看到并从中获得特定意义的舞台部分。在前台,人们呈现的是能被他人和社会所接受的形象。前台包括布景和个人门面。布景是指演员表演所必需的场景,缺少它就无法演出。个人门面包括个人外表与举止,其中,外表是显示表演者社会身份的标志,举止是展示表演者行为角色的职业气质标志。后台是为前台表演做准备、掩饰在前台不能表演的东西的场合,是不让观众看到的、限制观众与局外人进入的舞台部分。在后台,表演者可以不关注外表与形象上的限制。前台与后台不是物理概念,而是功能概念,可以相互转换,如果观众闯入后台,那后台就会变成前台,即成为另一场不同演出的前台。戈夫曼强调,不能将前台行为用于后台,也不能将后台行为用于前台,而是应该在不同的场合表现出该场合应有的行为,而其标准则是社会的规范,即社会对角色行为的规定。一个成功的社会成员就是要知道在什么场合应该怎么做,判断场合并用适当的方式去行动。实际上,在日常生活中,"观众"也知道表演者有前台行为和后台行为,但他们很少对表演者行为的可信程度提出疑问,怀疑他在制造虚假印象。有时人们还会对表演者无意的、不合适的行为"有意视而不见",以共同维护双方的面子。因为在社会互动中,观众也是表演者,他也知道在特定情况下自己应该怎样做,即选择自己是实施前台行为或后台行为。与戏剧不同的是,在日常生活中人们的前台行为并不是"装出来的",而是他们的正常生活的一部分。

戈夫曼把在"彼此协作以形成某一种特别情景定义的表演",叫作剧组。剧组中的成员关系具有相互依赖和共谋的特性。当剧组表演正在进行时,任何成员都可能出于不恰当的举动而泄露或破坏整个演出。剧组存在互惠互赖契约,把剧组成员发展为一个整体。剧组中所有成员都了解他们是在上演同一幕剧,都了解舞台演出的秘密,都需要共同保守剧组的秘密。

戈夫曼认定剧情表演就是在某种社会情境中人们为了给他人某种印象或者表达某种意义,根据预先建立的行动模式而做出的所有活动。

在假面具方面,戈夫曼认为人与人的互动就是各自表演伪装起来的"自我",这个"自我"不是真实的"自我",是在他人面前戴着假面具故意演戏。"假面具"是与社会公认的价值、规范、标准一致的前台行为模式,是一种角色面孔,但不完全等同于欺骗工具。

### (三)印象管理

戈夫曼把人们为了在他人心中塑造一个自己所希望的印象,并引导他人自愿行动而表演的过程,称为印象管理。他认为印象管理策略有以下四种。

一是理想化表演。这种策略的一个重要特征是掩饰。掩饰那些与社会公认的价值、规范与标准不一致的行动,并隐藏,"掩盖或部分地掩盖与他自己理想的形象不一致的活动、事实和动机",以便集中展示自己理想化的形象。

二是误解化表演。目的是使别人产生错觉,得到假印象,如富人装穷,流氓扮绅士。误解化表演有两个目的:获得利益,满足虚荣心。误解化表演有善意的也有恶心的。

三是神秘化表演。与互动方保持一定的社会距离,在观众中造成一种令人敬畏的印象,使对方产生一种崇敬心理,并可以避免观众对演出提出疑问。戈夫曼在此指出,观众也卷入到这一过程中,他们自己也经常以尊敬的方式,对表演者这一行为进行配合。神秘化表演仅仅适合社会地位高的群体。

四是补救式表演。用以应对预期的意外行动,如无意的动作、不合时宜的闯入等。戈夫曼列举了四种补救措施:①表演者使用补救自己表演的预防性措施,包括戏剧忠诚、剧组素养、戏剧规则。②观众或局外人用以帮助表演者补救其表演的保护性措施,其中最主要的保护措施是老练,包括避免进入后台、对表演者的疏忽视而不见、对新手宽容等。③表演者还要采取一些措施,使观众或局外人都能为了表演而使用那些保护性措施。这就涉及"老练对老练"的问题了。首先,表演者必须善于接受观众的暗示;其次,表演者需要误传事实时,必须按特定礼仪行事,以便观众为他寻找一个开脱的理由,如演员最好以开玩笑的方式说假话。④观众有意忽视。观众为了配合表演的完成,对表演者的失误有意识地忽略。

### (四)污名问题

戈夫曼认为,当一个陌生人出现在我们面前时,表现他是不值得羡慕、坏透了、非常危险或者非常懦弱的人的这些迹象,就是污名。一个人本身是否有缺陷或者有污点并不重要,重要的是他在一定的社会群体和交往关系中被其他人视为是有缺陷、有污点的人。

戈夫曼认为现实生活中以下三类人容易被污名:生理上有缺陷的人、品质上有缺陷的人、来自不受欢迎阶层或群体的人。污名会使这个人处于社会交往中的不利地位。他指出,在人际交往中,有污名属性的人为了把伤害和损失减少到最低程度,可以利用以下表演方法:一是退出社交圈,不参加对自己不利的表演。二是通过误解表演掩饰某些东西,使污名属性不被发现。三是直接证明自己。

戈夫曼拟剧理论告诉我们,大型活动就是一场社会大戏,主题是否高尚,过程是否精彩,演绎是否得体,遮掩是否合理,结局是否完美,完全在于策划与组织。

**课堂讨论**

　　戈夫曼拟剧理论主要用以分析现实社会中的人际情景,能否用于研究社交媒体中的虚拟世界? 为什么?

## 二、柯林斯互动仪式链理论

　　法国学者涂尔干认为,仪式起源于宗教活动,旨在规定"一个人在那些神圣的对象面前应该如何表现自己"。仪式是个人与群体联结的工具,在仪式中社会核心价值观得以强化,进而激发个体的身份认同,促成个体与群体的情绪统一,最终实现社会整合。受此思想影响,美国社会学家兰德尔·柯林斯提出了互动仪式链理论。

　　柯林斯认为互动仪式贯穿于人类社会发展的始终,互动仪式链(Interaction Ritual Chains)是一个个具体的际遇集结而成的链条,经由具体情境中的个人之间的不断接触而延伸,群体中的个人利用仪式所产生的情感和符号,引发之后的社会互动,经过一定的时间循环成为固定的仪式模式,形成社会的基本结构。因此,互动仪式链是社会结构的基础。在互动仪式中,参与者形成共同关注的焦点,并彼此感受对方身体的微观节奏与情感。当人们在心理上存在共同展现和拥有共同的关注点时,便会产生相类似的情感冲动,促使他们采用等价的符号(如非言语的和讲话的方式等)来表达共同的关注点和情绪,生成这些符号的道德正义感。仪式能够激发情感,情感能够联系社会团体与个人行动,并进一步回应和提升人们对仪式的感觉。互动的基本资源是文化资本和情感能量,但驱动互动的真正动力是情感能量。情感不是非理性的,而是潜在的高度理性化,在仪式互动中,既能得到情感激励,又能得到因此际遇而来的物质资源。互动仪式具有权力和地位两个维度。当地位悬殊时,上级能够获得情感能量,下级则失去情感能量。权力和地位的情感能量优势是累积的,上级能获得更大的情感能量。

　　柯林斯把互动仪式链理论界定为"关于情境的理论,是关于那些具有情感和意识的人类群体中瞬间际遇的理论。"情境上的共同在场和身体上的共同在场同等重要。个体就是互动仪式链,个体是以往互动情境的积淀,又是每一新情境的组成成分,是一种成分,而不是决定性要素。个体的"物理在场"转型为"虚拟在场",成为新情境的一部分,引发共同参与。共同参与是引发"人们很想向他人倾诉这些盛况与情感"的前提。他指出,互动仪式的构成要素是"身体在场、有共同的关注焦点、分享共同的情绪或情感体验。互动仪式的核心机制是相互关注和情感连带。"当具备以下四种要素,互动仪式开始产生作用:①两个或两个以上的人聚集在同一场域,因身体在场而相互影响。②对局外人设定了明确的界限,参与者知道谁在参加,谁被排除在外。③人们将注意力集中在共同的对象上,相互传达并知道了共同的关注焦点。④人们相交流情感体验,分享共同的情绪情感。结果,人们在互动仪式中可以形成一种瞬间共有的实在,形成成员身份感,彼此传递情感能量,使大家充满信心、满怀热情地去从事被认为符合道德感的正当活动,维护群体中的正义感,尊重群体符号,防止受到违背者的侵害。也就是说,互动仪式产生了四种结果:(1)群体团结和身份认同。(2)个体获得情感能量。(3)产生代表群体的符号和"神圣物"。(4)形成维护群体、尊重群体符号的道德感,并对违反行为正当愤怒。

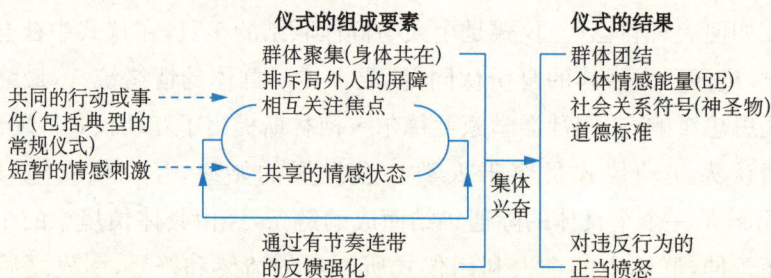

图 6-1　柯林斯互动仪式链模型

早期的互联网缺乏广泛即时互动的可能性,因此柯林斯认为其中的人们"觉得缺乏团结感、缺乏对共同的符号物的尊重",难以生成情境互动,电子沟通并不能替代身体在场,面对面交流仍是未来的主要交流形式。但是,他又指出:"如果神经系统能够直接远程产生连带作用,那么其效果与亲身在场将会是一样的。"现在的社交媒体具有了广泛即时互动的特性,因此,用户虚拟社群身份及其在场性得以确认,虚拟群体得以聚集,新的礼节形式在符号的不断再生产中得以确立,情感能量和群体兴奋感得以生成,群体团结与连接得以强化,社群文化得以建构,互动仪式的强度得以提高,互动仪式链理论中的个体"物理在场"终于可以转型为"虚拟在场"。这样,互动仪式链的应用空间得以扩延,虚拟社群成为互动仪式发生的新情境。

在线下与线上大型活动策划中,应该重视互动仪式机制的建构,在尊重已有共意的基石上,缔造共情,开展情感动员,实现艾维·李所描述的情感效应:"公众情感就是一切。有了公众情感,无往不胜;反之,一事无成。形塑公众情感的人往往比政策制定者或决策者走得更远,他可以断定法令或决议是否可行。"

移动互联网技术环境下,根据柯林斯互动仪式链理论,面向Z世代和α世代公众的虚拟仪式,作用是虚的还是实的?为什么?

## 三、戴扬-卡茨媒介事件理论

传播学者认为大众媒介具有整合社会的功能。关于实现这一功能的途径,拉斯韦尔认为是宣传,大众媒体通过"宣传"来聚合各种社会团体和社会成员,采取一致而有效的行动。丹尼尔·戴扬和伊莱休·卡茨则发现媒介事件容易唤起社会成员对事件的广泛关注和对社会核心价值观的认同,具有特殊的整合社会的作用,并于1992年出版《媒介事件:历史的电视直播》,标志媒介事件理论诞生。

戴扬和卡茨认为,媒介事件是指经过媒介化直播呈现而让全国甚至全世界的人屏息驻足、集体观看的重大历史事件,具有文化仪式表演的特性。媒体直播与集体观看的过程,成为一种特定的文化仪式,往往与分享、参与、联合、团体和拥有共同信仰等概念相关,是"将人们以团体或共同体的形式聚集在一起的神圣典礼",能够进一步强化已经被社会成员所共享和认可的情感、行为方式和价值理念。

戴扬和卡茨把媒介事件分为竞赛、征服和加冕三类。竞赛型媒介事件是指发生在竞技场、体育馆、演播室中的,围绕"谁赢"而展开直播的事件。征服型媒介事件是围绕社会特别是人类重大飞跃而展开直播的事件,主题是完成历史飞跃的英雄人物。加冕型媒介事件是对社会重大庆典、节庆的媒体直播,如国家领导人就职典礼等。戴扬和卡茨认为,现实生活中,更多的媒介事件不是竞赛、征服和加冕单一脚本的事件,而是混合多种脚本的,如奥运会具有竞赛、征服和加冕脚本的特性,奥斯卡金像奖颁奖典礼具有竞赛和加冕脚本的色彩,重大水利工程落成典礼具有征服和加冕脚本的旋律。

戴扬和卡茨指出,竞赛、征服和加冕虽然形式不同,但都遵循着同样的特定规则,都是具有展演特质、由事件组织者和电视台合作、通过建构与传播仪式化符号达成共识性历史记忆的仪式性传播。这种仪式性传播,是特定社会组织策划并有电视参与,自带知名度,能够让受众不仅突破身份界限,直接参与到事件进程之中;而且打破时间限制,变更日常生活规律,直接投入"表演"式观看之中。

仪式性是媒介事件的核心特征。仪式就是举行典礼的程序与形式,以庄重、隆重的外表在相对固定的时间向人们注入国家意识形态和社会核心价值观,展示社会生活的善与美,强化民众对传统与美好的认同,形塑民众情感,加深共同体的凝聚。策

181

划大型活动时,不仅要追求其规模的宏大,更要讲究主题内容的政治性与公共性,努力把大型活动打造为媒介事件,在形成社会公共利益和公共意见的过程中,达成助力社会组织发展的特定使命。

2007年戴扬和卡茨根据社交媒体时代的特性,修正了媒介事件理论,提出"冲突、幻想破灭、脱轨"三种类型,指出以电视为核心的传统媒介事件"不再独霸天下,而要和其他事件共存于同一媒介空间。"

> 📖 **实战**
>
> 戴扬-卡茨媒介事件理论形成于传统媒体时代,如果将其创新、建构为移动互联网时代的理论工具,您认为在学理层面需要保留、调整、删除或增添什么内容?
>
> 脚踏实地,勇毅前行,一切皆有可能! 加油!

## 四、狂欢理论

俄国巴赫金基于"两种生活,两种世界感受"判断,指出:现实生活中人们遵循着森严的等级制度,在教会管制下过着极度压抑的生活;狂欢节的到来,让人们开启狂欢式的生活,消除了所有的封闭性,消除了相互间的轻蔑。

巴赫金的狂欢理论主要包括狂欢节、狂欢式和狂欢化三项内容。

狂欢节是充满节日气氛的庆典,具有狂欢性质,狂欢是全民的演出,在狂欢节中,人们可以短暂摆脱日常等级观念的束缚,平等交往、尽享欢乐,表现出自由平等的对话精神,具有平等性、颠覆性、仪式性和全民性特征。

狂欢式是一切狂欢节式的庆贺、礼仪、形式的总和,有四种范畴:随意而亲昵地互相接触;插科打诨的相处方式;人们平等亲昵的生活态度;粗鄙,强调屈就并颠倒常规的、粗鄙戏谑的广场形式,大家保持着平民化的生活格调。狂欢式表现出对待任何现象和事物的俯就与玩世不恭的态度,它用粗俗的语言降格权威,进行戏讽嘲弄。狂欢式的形成使狂欢节逐步脱离了固定的节庆时间和庆祝的地点(即广场),渗透到人们生活的方方面面。

狂欢化来源于民间文化的力量,是一种在狂欢节中形成的专属语言体系,非常感性并且具有象征意义。狂欢生活摆脱了特权与禁忌,人们可以毫无拘束地交往,狂欢文化及其精神内核正是与主流文化与价值观相对立、相抗争才显示出所谓的颠覆意义,具有以下特征:(1)强调身体与人的主体性。(2)充满世俗的诅咒与谩骂。(3)经常使用隐喻和戏仿等修辞创作手法。(4)利用反讽展现与现实世界的对抗性。

当下移动互联网已经成为人类的"第二个生活广场",现实中存在狂欢节、狂欢式随即迁入虚拟空间,形成了更具规模在线狂欢,尽情摆脱压力,尽情丰富生活趣味。

# 第三节　大型活动的项目管理

大型活动的项目管理是由特定的管理运作团队,根据社会发展局势和企业的实际条件,针对特定项目的运作所进行的决策、计划、实施和绩效评估等工作的总称,强调的是立足于大型活动项目的有效运作和有序开展,合理分配人、财、物等资源。

## 一、大型活动的目标决策

大型活动不同于一般的社会活动,有明确的目标导向,需要进行目标决策,包括设定目标和调控目标两个方面。

设定目标就是明确大型活动的总体目标和具体目标,总体目标的设定强调高瞻远瞩,而具体目标的设定则强调缺什么补什么。无论设定总体目标还是具体目标,都应遵循 SMART 法则:具体化(specific),即切中企业切实的需要,指标要适度细化或量化,能随情境变化而变化。可测性(measurable),即目标的构成指标尽可能行为化,具有可观察性,绩效数据或信息可以获得。可达性(achievable),即只要努力,在大型活动期内是能够达到指标要求的,"有多大能量办多大事情"。结果导向(results oriented),即设定的大型活动过程绩效和最终绩效是实实在在的,可证明、可观察。时限性(time-bound),即使用时间单位设定完成指标的期限,绩效评估周期具有信度,关注绩效的时间效率。

策划大型活动,针对的是具有不确定性的未来环境。环境的不确定性,意味着不可能精准掌握未来环境。因此当环境发生出乎意料的变化时,必须修订大型活动的目标,即调控目标。

## 二、大型活动的机构管理

大型活动的项目管理,人是最为重要的因素。解决人的问题,实质是组织管理问题。明确了开展大型活动的意向和规模,项目管理首先需要解决的问题是机构问题,即由企业什么级别的领导挂职,召集哪些成员,搭建什么样的团队机构。

大型活动的由于牵涉面广,需要决策的事项和需要协调的工作相当多,因此一般宜由决策层中的分管领导挂职,吸收相关业务部门的中层主管为成员,组成组委会。组委会可选用的组织结构有直线制组织结构、职能制组织结构、直线职能制组织结构和矩阵制组织结构等。大型活动需要根据环境变化做出迅速、一致的反应,因此其组委会宜采用矩阵制组织结构(见图 6-2)。矩阵制组织结构既有纵向的职能领导系统,又有为完成某一任务而组成的横向项目系统。纵向领导系统和横向执行系统有机结合,机动性强,便于协调与配合,及时沟通情况,加上各种人员集中在一起,便于攻克难题。

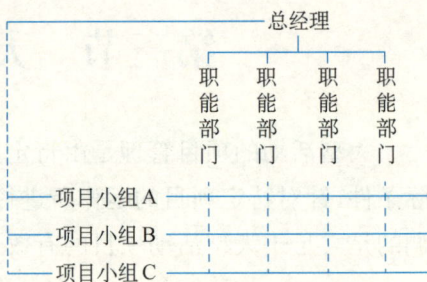

图 6-2　大型活动组委会人员结构

大型活动组委会建制完成后,然后就是细化项目,把大型活动分解为若干个小型项目,据此确定项目经理,组建项目小组,并招募志愿者队伍,构建完整的大型活动项目团队,开展项目团队培训工作和人力资源管理。

由于大型活动工作量大,专业要求高,有些工作是社会组织自身无力胜任的,需要求助于外部的专业团队力量。这些外部力量以项目形式与社会组织签订合同,按时、按量完成指定的工作,进而获得报酬。当然,这些来自外部专业团队的人员是企业的临时编外员工,因此必须加强合同管理。

## 三、大型活动的项目分解

大型活动的项目管理,主体是组委会,核心是对具体项目实施分工管理,必须对大型活动进行分解。大型活动项目分解的基础是目标分解,关键是活动项目排序,最终成果是工作清单,遵循"目标清单—项目绩效指标—子项目清单—任务清单—工作清单"的程序。

第一步,把大型活动相对抽象的总目标细化为明确、具体的目标清单。

第二步,把目标清单转换为具有可操作性和可测性的绩效考核指标。

第三步,根据项目绩效指标的要求,规划大型活动的总体工作事项,列出大型活动的子项目,即大型活动子项目清单。

第四步,明确大型活动项目清单的具体任务,把粗线条的目标要求分解为便于管理和控制的细节化的可操作性任务,形成任务清单。

第五步,把大型活动项目清单进一步细化为一项一项的工作事由,即工作单元,根据需要把同类或者相关工作单元合并为工作包,形成既有逻辑关联性又清晰具体的工作清单。

　　大型活动的目标分解和活动项目排序,一般采用工作分解结构模型。工作分解结构(work breakdown structure,WBS)模型是把大型活动的基本项目按照工作的程序或内在联系,逐级分解、细化为相对独立、内容明确、事项单一且易于核算的工作单位,完整而直观地展示各级工作从属关系的结构示意图(见图6-3)。

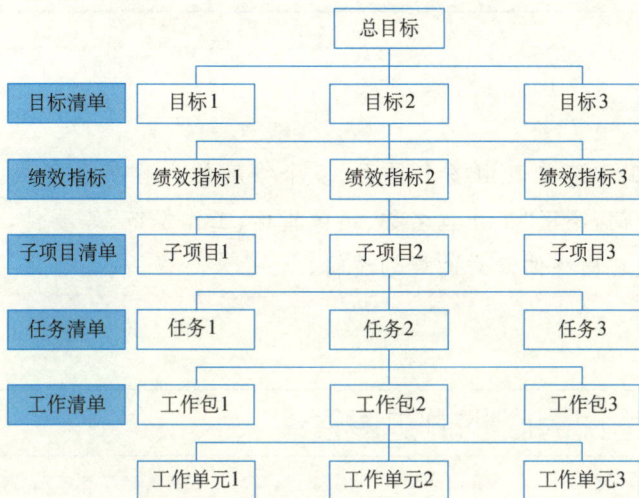

图6-3　大型活动的七级分解结构模型

185

> **问题思考**
>
> 请你运用工作分解结构模型,建构今年上海东方明珠元旦登高健康跑活动的结构图。

　　大型活动项目分解的最终成果即工作清单,其表述工具一般采用工作流程表的形式,即借助表格,把工作包名称与编码、工作单元名称与编码、绩效指标、工作规范、起止时间、执行部门(含负责单位、参与单位和监督单位)名称清晰地陈列出来,形成工作清单表(见表6-2),以便操作实施。

表6-2　大型活动工作清单

| 工作包名称 | 工作名称 | 绩效指标 | 工作规范 | 起止时间 | 执行部门 | | |
| --- | --- | --- | --- | --- | --- | --- | --- |
| | | | | | 负责单位 | 参与单位 | 监督单位 |
| 1××× | 1.1×<br>1.2×<br>1.3× | | | | | | |

(续表)

| 工作包名称 | 工作名称 | 绩效指标 | 工作规范 | 起止时间 | 执行部门 | | |
|---|---|---|---|---|---|---|---|
| | | | | | 负责单位 | 参与单位 | 监督单位 |
| 2××× | 2.1× | | | | | | |
| | 2.2× | | | | | | |
| | 2.3× | | | | | | |
| …… | | | | | | | |

**要点提示**

大型活动工作清单表由多个层面、多个维度的内容集合而成。在实际运用中,可以化繁为简,不用"工作包名称、绩效指标、工作规范"等要件,但要有系统思维做指导,并呈现出整体演进的规划逻辑。

## 四、大型活动的时间进度管理

大型活动的组委会和项目小组,在完成项目分解的基础上,根据要求交付的成果、标准、工作任务的难易程度、实施规范、约束条件、资源能力和常规进度,逐项估算工作清单中每一项工作特别是具有阶段性标志工作的时间要求,列出时间进度表。制作时间进度表,主要有三种方式,即阶段式、核心事件法和日程表。

时间进度表的阶段式,强调根据工作先后顺序,大致明确各项工作时间的开始时间和结束时间,一般采用甘特图(图6-4)表述,具有简单、直观的特点,便于了解大型活动的全局进度。

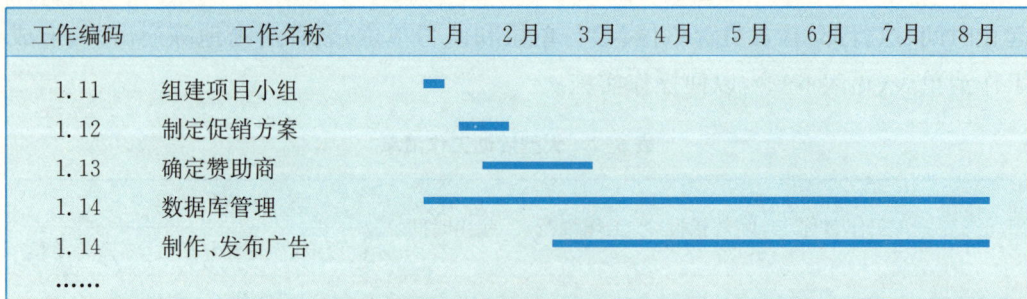

| 工作编码 | 工作名称 | 1月 | 2月 | 3月 | 4月 | 5月 | 6月 | 7月 | 8月 |
|---|---|---|---|---|---|---|---|---|---|
| 1.11 | 组建项目小组 | | | | | | | | |
| 1.12 | 制定促销方案 | | | | | | | | |
| 1.13 | 确定赞助商 | | | | | | | | |
| 1.14 | 数据库管理 | | | | | | | | |
| 1.14 | 制作、发布广告 | | | | | | | | |
| …… | | | | | | | | | |

图6-4 甘特图示例

时间进度表的核心事件法,强调根据大型活动中具有里程碑意义的重要事件的时间节点制作时间进度表(见表6-3)。核心事件法具有重点突出的特点,但是由于弹性空间大,因此项目小组必须根据核心事件的时间节点,以倒计时的方式细化进度安排。从总体上讲,由于核心事件法推迟了远期安排的决策,从而增加了时间进度的准确性,提高了时间进度管理的质量;而且强化了短期、中期和长期计划的相互衔接,使时间进度表既有目标导向作用,又有操作性,适用于特大型活动的时间管理。

表6-3　大型活动核心事件进度表(局部)示例

| 核心事件 | 5月1日 | 5月15日 | 8月20日 | 9月11日 | 10月12日 |
|---|---|---|---|---|---|
| 完成公司庆典审批 | ● | | | | |
| 成立庆典组委会 | | ● | | | |
| 公司与我的成长征文 | | | ● | | |
| 明天更美好寄语征集 | | | | ● | |
| 公司庆典晚会 | | | | | ● |

时间进度表的日程表,是根据大型活动所有事件的先后顺序,逐日进行安排而得出的具体工作时间表,其表现形式参见表6-4。根据日程制作的时间进度表,包含的维度有日期、工作内容、地点、负责人和注意事项等,具有详细、精准的特点。

表6-4　某化妆品公司新品上市推介大型活动日程表(局部)

| 日期 | 工作内容 | 地点 | 负责人 | 注意事项 |
|---|---|---|---|---|
| 5月5日 | 召开项目小组会议 | 营销部会议室 | 王方云 | |
| 5月6日 | 联系客户代表 | | 戴国丽 | 兼顾新客户 |
| 5月6日 | 邀请嘉宾<br>邀请媒体记者 | | 张良善 | 态度诚恳 |
| 5月9日 | 召开客户座谈会 | 公司会议室 | 李毓芳 | 话语亲和 |
| …… | | | | |

**实战**

请您借助 AI 大模型,用阶段式、核心事件法和日程表三种方法,制作贵校某届校庆相关工作与活动的时间安排表,然后分析各自的优点与缺点。

脚踏实地,勇毅前行,一切皆有可能! 加油!

时间进度表是一种特殊的计划,是开展时间管理的基本依据。因此时间进度表获得批准后,就应该得到贯彻,如期完成时间进度表确认的工作。当然,如果遭遇突发事件,时间进度表执行的条件发生变化,则应动态调整相关安排,根据原则性与灵活性相结合的原则，做出必要的调整，从而有效调控大型活动的进程。

## 五、大型活动的项目策划

大型活动的项目策划，旨在分析影响大型活动的内外条件，规划各项具体事务，完成创意与设计，最终提出大型活动实施方案与媒体传播方案，为开展大型活动提供文本指南。

### (一) 进行大型活动的调查分析

调查分析是大型活动策划的基础。当今社会已经进入大数据时代。在大数据时代，策划作为一种特殊的决策模式，与其他决策一样，需要在大数据库的建立和开发基础上，强调借助数据开发与管理，来分析社会发展的大势，了解市场的基本态势和公众的消费模式，掌握竞争对手的基本情况特别是其大型活动的特点，运用差异化方法，创造出大型活动的特色与亮点。

数据库有些来源于他人的第二手资料，有些则是自己的第一手资料。二手资料、一手资料都是项目分析的基础数据，但最重要的还应该是自己获得的一手资料。所以开展调查，获第一手资料，是进行大型活动项目分析的基础。

针对大型活动项目分析进行的调查，分为宏观和微观两个层次，调查的内容各有不同。当企业进行商务类大型活动项目分析时，其宏观层次的调查侧重促销市场的总体调查，主要涉及三个方面的内容：①全面掌握市场的整体信息，包括促销市场的文化信息、竞争态势、国家的经济政策等。②全面掌握公众的信息，包括公众的消费能力、需求状况、消费方式、消费特点、消费习惯、消费周期等。③全面掌握商品的基本信息，包括生产企业的背景状况、商品的历史信息、个性信息、定位信息、功能信息、服务信息等，准确了解商品的质量指标、技术水准及其商业形象。

当企业进行商务类大型活动项目分析时，其微观层次的调查侧重促销市场的情景调查。公众的消费行为具有情景性，即在某种特殊的情景氛围中，公众产生相应的心理大型活动，做出消费决策。促销市场的情景调查主要表现为心理调查，涉及的内容主要是消费过程中的心理活动特点，表现为民族消费心理、年龄消费心理、性别消费心理、职业消费心理、价格消费心理、品牌消费心理、文化消费心理等。

立足促销市场的总体调查和情景调查，是为了明晰促销市场的基本格局，把企业置于具体市场之中，通过与竞争企业、市场特性和公众需求的相关比较，找出企业及其商品的优势点、问题点和机会点，为企业策划商务类大型活动，特别是形成大型活动的特色，提供基本的信息依据。

请您运用 AI 大模型生成"'铜师傅'铜工艺品促销调查问卷"。这个调查问卷是否具有实用价值？为什么？

### （二）开展大型活动的定位管理

1969 年美国广告专家杰克·屈特(Jack Trout)最早提出定位思想，他认为"定位就是确定商品在市场上的位置"，"让商品在潜在公众的心中占有合适的位置、留下特定的印象"。定位适应了当时美国社会流行趋小众化的特点，因而深受业界广泛认同，并得以深入研究，形成了相当体系化的定位理论，主要有五个核心主张：①定位的目标是让品牌在公众心中留下深刻的特殊印象，获得一个明确的认知据点，一个认定的区域位置。②根据目标公众心理，明确特定的传播目标，集中到与目标公众直接相关的媒体上进行传播。③传播应该创造出品牌应有的独特位置，使目标公众难以忘记。④传播应该突出品牌与众不同之处，而不完全是商品的利益信息。⑤传播应把目标公众的消费愿望引向自己的品牌，提高品牌的忠诚度和依赖度。

问题思考
美国企业咨询专家米歇尔·特里和费雷德·维斯马尔说："想解决所有顾客的所有问题的人永远不会成功。那些选准一个突破点、那些为具有确切含义的市场提供用途更大的产品的企业，将成为市场上领先的企业。"这个讲话对于策划公共关系活动有什么启迪？如何落到实处？

我国正在步入小众化消费甚至"私人订制"时代，越来越多的顾客追求差异化消费。策划大型活动时，必须引入定位理论，自觉运用市场细分原理，找准目标市场和目标公众，根据企业文化的特质、品牌与商品的特性、目标公众的需求以及竞争对手的情形，提炼出与众不同的品牌核心主张，设计个性鲜明的大型活动现场，展示、传播富有特色的信息内容，安排具有特性的演绎节目，创造大型活动的品牌个性，使大型活动的品牌性格恰好满足目标公众的个性化需要，借助差异性强化大型活动的影响力。

### （三）进行大型活动的主题创意与演绎

创意就是基于调查和品牌性格以及目标公众的心理需要，运用发散、联想、直觉等创造性思维方法,构建大型活动主题的思维过程。创意不是臆想,前提条件是熟悉市场与目标公众,基本要求是忠于品牌性格。创意的结论是大型活动的主题,表现为主打标语与口号。

主题明确以后,还需要借助感性手法加以演绎,使大型活动的主题能够以具象的形式呈现在公众面前,变得可知、可感,具有视觉冲击力。演绎大型活动主题的途径主要有以下八种:①提炼大型活动的精神、理念、宗旨等,形成寓意深刻、便于传颂的标志性格言。"更快、更高、更强、更团结"短短四个词,就很简洁但又确切地演绎了奥林匹克运动会的主题。②创作大型活动的专题宣传片与平面作品。③确定大型活动的主题物品。④创作大型活动的主题吉祥物。⑤撰写大型活动的主题事故,特别是相关典故与历史趣闻。⑥创作大型活动的标语,设计标语的字体、字号和色彩组合,强化大型活动的语境效果。⑦设计大型活动的主题仪式。⑧营造大型活动的主题氛围,使大型活动的现场基调、音乐音响、装饰色调成为主题的有效表现载体。

### (四)设计大型活动的标志

大型活动的标志(Logo)是让自己与其他大型活动相区别、表明自身特征、具有明显差异的记号,借助单纯、显著、易识别的物象、图形或文字符号直观表达特定的含义,经过法律注册后便成为具体法律意义的商标,受到法律保护。标志是大型活动走向公众的通行证,设计意境美好、寓意深刻、色调鲜艳的标志,对于提升大型活动的影响具有特殊的促进作用。

> **要点提示**
>
> 确定主题和演绎主题是触及公共关系大型活动灵魂层面的工作,既要懂得时代命题与公众心理,更要熟悉创意技法,前者保障公共关系的价值高度,后者保证公共关系的艺术魅力。

大型活动标志的形态常见的有三类,即文字符号、图案符号和几何符号。设计标志需要遵循独特、简洁、准确、美观、合法、适用和通俗易懂的要求。

标志设计后,即可印制到大型活动的办公用品(如信封、信纸、证件、徽章、登记卡)、工作服饰、交通工具、会旗、吉祥物和各种广告作品中,利用各种传播工具强化大型活动标志的视觉冲击力,营造良好的大型活动氛围。

### (五)开发大型活动的衍生产品

大型活动的衍生产品是企业基于商业规则,为了满足公众收藏纪念、赠送他人等需要,而设计、制作的印有大型活动标志、吉祥物图案或主题标语等专属标志性符号的用品。这些衍生产品可能是日常生活用品,也可能是特制品,虽然售价相对较高,但因为能够满足公众特殊需要,而深受现场公众喜爱。

为了提高衍生产品的传播效用,设计时应该遵循主题、标识、实用和精美原则。主题原则就是衍生产品应该明确蕴含大型活动的主题,载有主题专属文化。标识原则是指设计衍生产品的外部图案、包装盒(袋)时,注重把大型活动的标志、吉祥物图案、标语等融入整体图案作品之中。实用原则就是衍生产品能够帮助公众解决某个方面的实际问题,具有实际价值,而不仅仅是装饰品。精美原则是指衍生产品的质料、设计风格和包装款式,具有精致、美观的特点,给公众以高雅品位之感。

### (六) 安排大型活动的节目

表现大型活动主题内容的要件包括静态载体和动态载体两个基本方面。其中,静态载体主要是大型活动现场的展示类作品,由平面传播作品、多媒体传播作品和展示实物构成。动态载体主要表现为大型活动,如开幕式、闭幕式、主题晚会、论坛会务、专项比赛、游览观光,这些大型活动有些是一次性举办的,有些是持续进行的,有些有明确的起止时间和运作时间表,有些只是相对宽松的大致安排。无论是哪一类大型活动,其基本单元是"节目",也就是说,一项大型活动由多个不同类别的节目构成,包括暖场节目、基本仪式、程式节目(如领导致辞、主办方演讲、嘉宾讲话等)、核心节目和娱乐节目。

策划大型活动的节目,应具备良好的"导演"意识,即情节创作、设计意识,善于谋划,通过对大型活动节目的巧妙设计和科学编排,确保大型活动既能有条不紊,又能高潮迭起。

策划大型活动的节目,基本准则是符合主题要求,忠于主题思想。节目应该是主题理念的逻辑演绎和生动展现,是主题理念的具象化表达。

大型活动的节目策划,在符合主题要求的基础上,特别强调要有兴奋点、娱乐性和炫耀价值。兴奋点就是大型活动应该拥有让目标公众感到心花怒放、欣喜若狂、情绪激动、精神亢奋的元素。娱乐性就是大型活动应该拥有让公众放松心情、尽情娱乐的元素。炫耀价值就是大型活动需要拥有让公众产生独特经历或特殊成就感觉进而满足其夸炫显示心理需要的元素。一般来说,策划暖场节目和娱乐节目强调的是娱乐性,安排基本仪式和程式节目强调的是端庄、规矩,策划核心项目强调的是唯一性、参与性,借助独特性和互动机制创造出核心节目的炫耀价值。

大型活动的安排,主要是根据大型活动各个节目之间的关联性,借助主持人的讲解词,把所有节目按照先后顺序串联起来,使之成为有机整体的过程。

> **要点提示**
>
> 策划大型活动需要文艺素养,具备导演意识,能够进入导演境界,实现认清真相、制造梦想的目的。

### (七)大型活动的传播管理

加强大型活动的传播管理,不仅有利于扩大大型活动的影响力,而且能够为大型活动的运作创造良好的舆论环境。

大型活动的传播管理,目标是建立融大众传播、组织传播与人际传播于一体,主流媒体与新媒体交相呼应的传播阵势,创造轰动效应,提高流量。建立与维护官方网站(页)、撰写新闻稿、策划新闻事件、创作宣传广告、引导口碑传播与微信微博公众号传播、及时应对负面报道特别是舆情,是大型活动传播管理的基本工作。

### (八)规划大型活动的场地

开展大型活动的场地分为室内场地、露天场地和临时搭建的凉棚式场地。选择场地需要考虑大型活动的主题性质、规模、地理位置、交通便捷程度、场地布局(如紧急出入口)与已有设施(如通风设施、电力设施、通信设备、餐饮设施)、公共基础设施(如公共厕所、停车场)等因素,尽量使场地与大型活动相匹配。

> **要点提示**
>
> 规划公共关系大型活动场地的要害之处是安全。大型活动现场人员多,事务杂,安全是第一位的。

场地确定后,需要专业人员根据大型活动的需要,划分舞台与演示区域、商品展示与销售区域、观众活动区域、设施设备管理区域、后勤服务区域,确定场地总体布置模式(如剧院模式、教室模式、宴会模式、体育场馆模式、T 型舞台模式等),然后设计大型活动的现场总体平面示意图、舞台示意图、展台示意图、主席台示意图、观众席示意图、观光路线等,运用多媒体技术设计现场布景与特技效果,确保装饰设计不仅能够有效烘托大型活动的现场氛围,而且满足观众的休闲需要与舒适需要。

### (九)开展大型活动的预算管理

大型活动的预算管理主要包括三项工作,即成本预算、收入预算和资金分配。

成本预算就是估计各种准备工作和所有大型活动需要支出的费用,大致包括以下项目。

市场调研费用:问卷设计费、实地调查费、资料整理费、研究分析费等。

宣传作品设计制作费用:广告作品(含宣传手册)印刷费、设计费、邮寄费、媒体与平台租金等。

工程费用:现场工程设计费、施工建设费、装饰费用等。

办公用品费用:保险费、电话费、注册费、许可费、复印费、摄影费、大型活动节目单设计印刷费、项目报告编制与出版费、日常水电费、清洁费等。

租赁费用:场地租赁费、现场办公家具租赁费、多媒体设备租赁费、汽车租赁费、照明设备租赁费、音响设备租赁费、饰物租赁费、道具租赁费等。

嘉宾酬金:明星嘉宾酬金、普通嘉宾酬金。

劳务费用:职员劳务费、志愿者费用等。

运输费用:汽车补助费、材料运输费、宾客交通费、职员交通补助费等。

奖品礼品费用:奖品费、奖项大型活动费如旅游费用、纪念品设计制作费用等。

咨询费用:法律咨询费、项目评估咨询费等。

机动费用:用于预料之外的合理开支和应对可能出现的突发事件,约占总预算的10%。

收入预算就是估计因大型活动运转而产生的收入,一般包括:广告收入、赞助收入、政府专项拨款、优惠销售收入、投资利息收入、票房收入、商业销售收入(如体育赛事的转播权)、大型活动品牌许可收入、纪念品销售收入、公众捐款、经销商佣金收入等。

资金分配就是根据大型活动的进度安排,确定各项预算的投入时间与规模,从资金上保障大型活动的正常运转。

### (十)开展大型活动的风险管理

策划大型活动,要具有危机意识,懂得墨菲定律和海恩法则,既要提防黑天鹅事件,更要严防"灰犀牛"事件,加强风险管理。大型活动由于事务繁多,公众繁杂,流程环节多,时间长,不确定性因素多,因此总是存在一定的风险,当风险演化为显性的事件后,就成为危机事件了。加强风险管理,是确保大型活动正常运转的必要措施。

大型活动可能存在的风险主要有以下七类。①政治类风险,即由于大型活动举办地的政治转向、政策调整所产生的风险。②法律类风险,即大型活动举办地政府修改法律、法规,或接受国际法、国际惯例所产生的风险。③文化类风险,即由于大型活动举办地的宗教、民俗、社会习惯、道德规范等文化因素所引发的风险。第四,商业运作风险,即由于大型活动举办方在履行义务中产生的财务风险、信用风险、工程风险、广告风险、技术风险、人员风险、销售风险、品牌风险等。⑤人身安全类风险,即大型活动举办过程中可能危及工作人员、观众或嘉宾健康、生命的风险，如食物中毒、人员拥挤、交通事故等。⑥假冒类风险，即他人未经许可假冒使用大型活动的名义、商标所产生的风险。⑦不可抗拒类风险，如蓄意破坏、恐怖袭击、天气突变、地震、洪水、战争、疫情等。

> **问题思考**
> 在公共关系活动中，哪些风险属于"黑天鹅"事件？哪些风险更具"灰犀牛"事件的色彩？为什么？

大型活动的风险管理，主要有事前、事中和事后三个环节。事前强调制定风险预案，开展应对演练，提高风险防御能力，基本态度是防患于未然。事中强调风险监测，从定性和定量两个角度分析风险、识别风险，采取回避、转嫁、减轻、承认、调整等手段及时、有效应对风险，降低风险危机的损害，基本态度是正视危机，果断处置。事后强调改进相关工作，基本态度是有则改之，无则加勉。

## 六、大型活动的现场管理

大型活动的现场管理主要涉及以下四基本工作。①执行大型活动策划案，完成策划案所确定的各项工作，适时调整相关工作计划，确保大型活动的所有项目得以正常运作。②开展后勤管理，为大型活动的工作人员和公众提供后勤保障。③开展现场人员管理，使所有工作人员在各自的工作岗位中尽心尽责，根据岗位工作要求，履行自己的工作职责。④做好保安工作，做好必要的安检工作和流动观察工作，及时处置突发事件，确保大型活动的良好秩序和现场人员的人身安全和财产安全。

## 第四节　公共关系大型活动策划案的撰写

公共关系大型活动策划案又称公共关系策划书，把大型活动的策划成果以书面形式撰写出来，形成执行文本，以便实施大型活动的项目管理。

### 一、策划案的封面内容与设计

公共关系大型活动策划案的内容由三个部分构成，即标题、署名和正文。其中，标题和署名呈现于封面。标题有两种写法：一是公文体，涵盖事由单位、事由和文体，如"全聚德160周店庆策划书"，"全聚德（店）"是事由单位，"160周店庆"是事由，"策划书"是文体。二是复合体，一般为活动主题＋公文体，如"超凡美食　匠心永驻——全聚德160周店庆策划书"，"超凡美食　匠心永驻"就是店庆主题。署名主要标识公共关系主体名称和完稿日期。

策划案封面是门面，出于传播社会组织的考量，需要呈现策划书的标题、共关系主体名称、完稿日期、策划代理单位（如公共关系公司）的名称。策划书的标题宜用大号加粗字体，置于页面视觉中心区域（即页面中间稍偏上的高度，约为自下而上的3/5处），居中编排。公共关系主体名称、完稿日期用略小加粗字体，置于页面下方，居中编排。封面色调宜为公共关系主体CIS的标准色，封面的背景图宜为公共关系主体Logo、标志性建筑图案或单位地图。策划代理单位的Logo可以出现在策划案的封面，但不可喧宾夺主，图案与字体宜小而淡，置于页面左上方或右上方。

---

**实战**

复旦大学出版社成立于1981年。请您运用AI大模型生成"复旦大学出版社成立五十周年庆典策划案封面"，要求是"主题鲜明、视觉效果强烈、排版简洁明了、富有文化底蕴、大气"。

脚踏实地，勇毅前行，一切皆有可能！加油！

---

## 二、策划案的框架结构及要点说明

大型活动策划案的主体内容是正文，正文的呈现方式主要有条文形式和图表形式。条文形式就是按照条款的逻辑顺序，逐条陈述策划案的内容。图表形式就是借助图表来简洁明晰地表述策划案的内容。策划案的行文一般以条文形式为主要表达方式，少量运用表格形式。策划案正文的内容比较复杂，主要包括以下九个部分。

### （一）项目背景

1. 社会/市场背景

简要介绍项目的社会背景和政策背景，明示本行业面临的机会与挑战，宜略写，但要写出社会高度和时代意义。主要呈现以下三项内容。一是专题化的PEST模型分析结论，明示政府相关政策、法律法规及对行业的潜在影响。二是描述宏观经济环境,即基于社会发展专题模型(如康德拉季耶夫经济周期理论、库兹涅茨建筑周期理论、朱格拉设备投资周期理论)分析而得出的结论。三是源自政府部门、社会团体、国际组织年度统计报告数据的专题分析结论,明示社会热点问题,分析公众的关注点和情感倾向。

2. 项目单位性质

简要介绍项目的单位背景,宜略写,但需突出必要性、紧迫性和针对性,主要呈现以下三项内容。一是项目单位的基本信息(如单位名称、主要产业类型、业务范围、发展历程及标志事件、员工数量、资产规模等)。二是现状分析,明示分析企业所使用的理论模型(如波特价值链分析模型或波特竞争力分析模型),重点呈现基于特定理论模型而得出的企业实态分析结论,特别是过去五年来的营收、利润、市场份额、销售渠道分布等财务状况和品牌状况,明示企业的发展机会点和面临的挑战。三是明示需要解决的问题,如经营策略问题、公众关系问题、品牌形象问题及传播矩阵问题等。

3. 项目契机

借助理论模型和数据分析结论,简介能够助力解决问题的法律法规和政策新动向、社会新常态、技术新趋势。

## (二)项目调研

1. 调研规划

明示择用的调查方法(如田野调查法、访谈法、问卷调查法)及其应用、调查对象(含调查对象的群体特征界定及抽样方案)、调查提纲和调查实施方案。

2. 行业分析

立足某个理论模型(生命周期分析模型、波特价值链分析模型、BCG 分析模型),运用调查资料、统计数据和文献资料,分析行业生命周期方位、行业吸引力、行业经济特性、行业变革驱动因素和行业发展趋势。

3. 目标公众调查

呈现目标公众特征、需求、行为习惯、态度诸方面的调查结果,主要呈现以下四个内容。一是人口统计特征,如年龄、性别、职业、收入水平、教育程度等。二是心理与行为特征,如兴趣爱好、消费偏好、信息获取渠道等。三是公众对品牌的认知与态度。四是目标公众的需求与痛点。

4. 企业自身调查

从专题活动角度呈现企业自身的资源与能力状况,主要包括企业团队的专业能力、经验水平、执行力,企业的技术与设备、财务资源和品牌资产价值。

5. 竞争环境调查

进行 SWOT 分析,通过与竞争对手品牌定位、产品特点、市场份额、传播策略及其亮点与不足的比较分析,确定企业的差异化竞争策略,主要呈现以下三项内容。一是借助调查资料、统计数据和文献资料,描述企业当前竞争环境下的运营状况,如品牌形象、市场份额等。二是明示企业相对竞争对手而呈现出来的优势与劣势,基于市场前景而面临的机会与威胁,识别企业与竞争对手的差距和机会点,呈现企业存在的核心问题、面临的内外部挑战和潜在的机会。三是竞争策略建议,即基于风口效应、工匠效应或狄德罗效应、鸟笼效应、凡勃伦效应,给出具体的经营策略。

6. 媒体矩阵调查

主要以表格形式呈现传播媒体的效用、成本、目标用户分布及内容定位,具体包括五个方面。一是主流媒体,如电视、广播、报纸、杂志等。二是数字媒体,如短视频、微信、微博等社交媒体及搜索引擎广告等。三是自有媒体,如企业官网、APP、微信公众号。四是合作媒体,如行业媒体、财经媒体、KOL(关键意见领袖)合作。五是线下媒体,如户外广告、地铁广告、线下活动。

7. 项目可行性论证

立足马斯洛需要层次理论和社会发展趋势规律,基于鱼缸理论,呈现目标公众的需求及其实现条件(如消费观念、收入水平),阐述公共关系项目的正当性与可行性。

8. 风险与挑战分析

基于"黑天鹅"事件/"灰犀牛"事件理论,识别可能的风险和挑战,以便制定相关预案,主要呈现以下三项内容。一是外部风险,如市场竞争加剧、政策变化、经济环境波动。二是内部风险,如资源不足、团队协作问题、执行能力不足。三是潜在危机,如可能引发公众负面情绪的敏感话题或事件。

## (三) 项目策划

1. 公共关系目标

呈现企业战略目标、公共关系战略目标和本次策划案支持战略目标实现的路径。公共关系目标的呈现模板是主题句加具体且量化的追求,主要有以下五个维度。一是立足哈金森-柯金品牌六要素(视觉印象和效果、可感知性、市场定位、附加价值、形象和个性化)或品牌六层次(知晓度、美誉度、首选度、忠诚度、依赖度、崇拜度),基于SMART法则,借助本位形象法或附加形象法,明确旨在提升品牌形象的公共关系目标。二是立足企业社会责任理论和热点社会话题,基于SMART法则,明确旨在转变公众态度(如改善品牌形象、消除舆情)的公共关系目标。三是立足拟剧理论或狂欢理论,基于SMART法则,明确旨在促成行为转化(如增加产品销量、吸引新客户、吸引用户参与活动)的公共关系目标。四是立足利益相关者理论,基于SMART法则,明确旨在建构和维护公众关系、提高客户满意度和忠诚度的外部公共关系目标。五是立足利益相关者理论,基于SMART法则,明确提高员工满意度、增强员工凝聚力的内部公共关系目标。

2. 目标公众

运用二八法则,明确目标公众群体,然后基于博亚特兹的素质洋葱模型或斯潘塞素质冰山模型,阐述目标公众的生活特性和心理特性,呈现以下五项内容。一是目标公众受年龄、性别、地域、教育水平、技能、职业、收入的描绘,及对项目主题的期望。二是目标公众基于社会生活阅历而形成的生活态度、价值观、自我形象、社会角色、趋势画像,及对项目主题的期望。三是目标公众个性、品质、性格、特质描绘,及对项目主题的期望。四是目标公众的社会动机、信仰描绘,及对项目主题的期望。五是目标公众的消费需求、品牌期望、消费态度、消费习惯、购买决策关键影响因素描绘,及对项目主题的期望。

3. 核心信息

根据目标公众的需求、竞争环境、企业自身优势和行业发展机会,立足公司愿景使命、制度变迁、组织演化、公司战略、管理创新、产品服务、核心资源、核心竞争力、原产地效应,从企业需求与公众需求的契合处,运用 KISS 法则(即 Keep it simple and sweet,简单甜蜜法则),提炼传播核心信息,诠释主题内容,主要包括四项内容。一是定位策略,即用一句话明确品牌的市场定位。二是话语策略,用一句话呈现传播的核心信息和主题。第三是差异化策略,用一句话呈现出与竞争对手的不同之处,找到独特卖点,满足公众的实用价值需求。四是情感连接策略,通过讲述真实的故事或聚焦社会热点,以情感共鸣的方式打动目标公众,满足公众的情绪价值需求。

4. 活动创意与设计

根据爆品理论(单一而极致、解决痛点问题、KOL 口碑),基于流量引爆法则(独特视角、原创性、话题性、兼顾实用价值与情绪价值、娱乐趣味性和社交属性),立足项目 KPI 要求和大型活动主题,遵循拟剧理论和剧本思维,聚焦项目目标与核心信息,呈现活动创意,描绘大型活动的实施要点与亮点,主要包括以下四项内容。一是活动主题,一般表述为概括活动核心内容、引发公众共鸣、简洁而有力的一句话或一组词。二是活动形式,包括线上活动与线下活动,强调游戏性和沉浸式体验,蕴含情绪价值。三是活动视觉作品,即根据品牌调性,设计活动标识、海报、视频等视觉元素。四是活动互动机制,即设计吸引公众参与的互动环节,如抽奖、打卡、分享奖励等。

5. 时间规划

借助 WBS(工作分解结构)模型,以结构图或甘特图形式,介绍活动的时间安排和阶段性任务,确保策划案的可执行性,包括以下三项内容。一是整体时间表,列出活动的起止时间及关键节点。二是阶段工作任务表,把活动划分为多个阶段(如预热期、高潮期、延续期),呈现阶段性工作名称、理念、目标清单、具体事项与任务。三是里程碑事件，即标注出重要事件或活动，如新闻发布会、活动启动仪式、重要接待活动等。

6. 公共关系传播作品

基于新闻价值五要素法则、USP 法则、R．O．I 理念、1E4I 理念特别是 SIPS 模型，根据项目 KPI 要求、媒体特性和目标公众媒体生活习性，明确定制化的传播内容与亮点，撰写大型活动新闻稿，设计公共关系广告作品，创作传播作品特别是短视频作品，建构传播作品体系。呈现的内容包括专题新闻稿传统媒体版与社交媒体版、专题短/微视频作品（含创作主题、内容与分镜头脚本）、专题视觉宣传作品（含主题、内容与作品小样）。

7. 媒体矩阵策略

媒体矩阵策略主要呈现运用哪些媒体、采用什么时间策略、基于什么目标、传播哪些内容，主要包括三个方面。第一，细分阶段性且具递进性的传播目标。第二，确定传播媒体体系，即基于阶段传播目标、目标公众媒体生活数据、媒体针对指数（媒体与公众的相交质量参数、覆盖率）、平台流量评估指数，从社交媒体平台、主流媒体、线下媒体中，选择并整合传播项目新闻和项目广告的社交媒体平台、媒体类别及其时长与篇幅。第三，确定传播推进方案，即确定传播的时机策略（主要有预备式、协同式、延迟式）和时间格局策略（主要有均匀式、集中式或媒体节目式），突出整合性与有序性。媒体矩阵策略一般呈现为媒体计划表，不仅显示媒体传播的总体框架，而且明示具体媒体的传播目标、传播作品内容及其创意说明。

| 媒体名称 | 传播作品名称 | 目标公众 | 启用时间与时长 | 创意说明 |
|---|---|---|---|---|
|  |  |  |  |  |

8. 风险预案

基于形象修复理论或情景危机管理理论等，从"灰犀牛"事件/"黑天鹅"事件两个角度列出风控点，明确风险类别（如舆情、活动执行失败、预算超支），制定应对办法，明确责任人；拟定媒体针对风控事件所关注的问题清单、新闻发布工作流程、新闻发言人，一般采用表格法呈现。

| 危机风控点 | 现场应对预案 | 媒体关注点 | 负责人 |
|---|---|---|---|
|  |  |  |  |

### （四）项目执行

**1. 团队职责与沟通机制**

清晰明确项目团队成员的职责,确保每个人都知道自己的任务和目标,具体呈现以下四项内容。一是核心团队人员及其职责,如项目经理、文案策划与设计人员、媒体联络人等。二是内部支援团队(如营销团队、技术支持团队等)的任务。三是外部合作方(如供应商、志愿者、媒体单位、社交媒体平台、行业协会、KOL、政府机构)的合同权利与义务。四是定期沟通会议或汇报协商机制,确保各方信息同步。

**2. 项目进度表**

主要运用核心事件法或日程表法,根据主要准备工作、活动安排、传播规划的先后顺序,将整个活动分解预热期、执行期和延续期,明示关键阶段的具体任务(包括传播任务),并为每个任务设定具体的完成时间,明确执行流程和各个阶段的时间节点,制作出详细的项目工作进度表,标注重要活动或事件的时间安排。

| 日期 | 工作任务 | 工作要点 | 负责人与执行人 |
| --- | --- | --- | --- |
|  |  |  |  |
|  |  |  |  |

**3. 活动细节与现场管理**

按照项目进度表,制定详细的具体活动执行方案,陈述不同实施阶段的目标、活动内容,具体包括三项内容。一是列出每项活动的具体环节及其时间安排,明示核心内容、实施细节和创意亮点,一般采用类似节目单的流程表,逐一介绍活动名称、时间、地点、节目名称、程序步骤、执行人、注意事项。二是针对可能出现的问题(如设备故障、天气变化等),制定备用方案。三是明确活动现场的负责人及其职责,如秩序维护、技术支持、媒体接待等。

| 序号 | 起止时间 | 节目名称 | 执行人 | 注意事项 |
| --- | --- | --- | --- | --- |
|  |  |  |  |  |
|  |  |  |  |  |

**4. 传播渠道与媒介执行**

根据媒体传播矩阵策略,明确传播渠道的具体执行计划,包括主流媒体(如电视、广播、报纸)的投放时间/版面和作品名称、微信公众号推文名称与发布时间、短视频平台的作品内容与更新频率、线下活动的落实、线上线下渠道的联动,确保形成传播合力,一般呈现为表格。

5. 人力资源与物质资源管理

具体说明活动推进中所需的人力资源和物资资源，即列出所需人员的数量、专业背景及工作时间安排，明确活动场地、设备、宣传物料等。

6. 质量管理

立足项目 KPI 要求，建立有效的质量控制和监督机制，确保执行过程符合策划要求，一般采用格式形式。

| 检查项目 | 计划内容 | 检查结果 | 问题描述 | 处理措施 | 负责人 |
|---|---|---|---|---|---|
|  |  |  |  |  |  |

（五）项目评估

通过问卷调查、访谈记录、媒体监测报告、销售数据、社交媒体分析工具收集数据和资料，对比活动实际效果与策划目标，找出完成度和差距，总结经验教训，并针对发现的问题提出具体的改进建议。

1. 效果综述

基于目标管理，运用达格玛法，概述核心目标的量化达成程度，特别是公众队伍的扩大、品牌价值的提升、公众好感度的增强、内部员工满意度的提高。

2. 现场效果

基于使用与满足理论，描述线上与线下的围观效应，涉及的内容包括活动现场图、活动现场文字描绘、活动采访图和接受采访实录。

3. 公众反应

基于科利的传播效果层次模型，从公众心理变化视角描述活动的心理绩效。涉及的内容包括现场公众的特写镜头和达成的认知绩效、理解绩效、信服绩效、行动绩效。

4. 市场反应

介绍投资回报率（ROI）、顾客特别是粉丝顾客数量的增长、销售额的增长、购买意愿指数的提高、中间商队伍的扩展、经销商进货意愿指数的提高、合作机会的增加等，主要呈现为图或表，如顾客队伍变化趋势图、购买意愿指数变化表、经销商进货意愿指数变化表、传播的销售效果与利润效果示意图，以及传播销售（利润）费用比率、效果比率、效益指数、效果指数示意图。

5. 流量统计表

运用大数据技术，生成大型活动的流量数据表，流量数据越大，说明大型活动影响力越强。大型活动的流量统计项目有六项，其权重和算法如下，六项得分相加就是活动的流量数据。

（1）现场参与的公众人数 30%

$$OPP=（到场人数÷10万）×30$$

（2）现场参与的社交媒体人数 10%

$$OMR=主流媒体记者人数×5＋自媒体人数×5$$

（3）社交媒体平台资讯作品的流量 30%

$$CES=点赞数×2＋收藏数×2＋评论数×6＋转发数×6＋关注数×14$$

（4）主流媒体资讯作品的曝光度 10%

$$MR=头部版面位置×2＋作品数×8$$

（5）品牌黏性的提升度 10%

$$BL=新增品牌喜爱用户数×5＋新增品牌忠诚用户数×5$$

（6）品牌魅力的提升值 10%

$$BA=新增上游合作数×2＋新增终端合作数×8$$

### （六）项目预算

立足节俭办节、以支定收、量入为出、收支平衡、略有结余和科学预算、严格审批的原则，做好项目预算工作，主要包括三个方面。一是制定收入预算表，说明预算的资金来源，如企业自筹、赞助商支持、政府补助、门票收入。二是列出支出预算表，明确各项支出的金额及用途，如人员薪酬（项目团队成员的工资、志愿者的补贴、外部专家的咨询费）、宣传物料制作费用（海报、横幅、礼品等）、传播推广费用（广告投放、微信公众号推文、短视频制作等）、活动执行费用（活动现场的餐饮、交通、安保、摄影摄像）及应急备用金（一般为总预算的 5%—10%）。三是制定预算控制措施、预算审批流程和超支应对方案。

| 序号 | 日期 | 收入 | | |
| --- | --- | --- | --- | --- |
| | | 摘要 | 金额 | 经办人 |
| | | | | |
| | | | | |

| 开支项目 | 支出细目/单价 | 金额 | 备注 |
| --- | --- | --- | --- |
| | | | |

## （七）项目总结

**1. 策划亮点**

基于国内外同行相同主题公共关系的观察，介绍项目主题、内容、操作实施上的亮点，特别满足公众物质价值与情绪价值需要的亮点，并分析其合理性。

**2. 策划价值**

陈述本次策划引领作用：引领企业走出品牌困境、经营困境，走进品牌辉煌；引领同行公共关系主题视角、运作规范的转型；引领社会给予公共关系传播主题话语和问题的关注。

**3. 后续行动**

立足延续活动积极影响，陈述以下内容：何时发布活动总结报告、感谢合作方、兑现奖励承诺，如何持续跟踪目标公众的反馈，定期举办哪些类似活动。

## （八）附录

以附录形式，陈列策划大型活动所使用过的田野观察提纲、访谈提纲、调查问卷。

## （九）参考文献

陈列策划大型活动所参阅过的主要著作、期刊论文、报纸文章、报告及电子文档等文献，陈列规则为内容切题、文献经典权威、数量适中、时间较近、格式规范、突出学术文献。

---

**课堂讨论**

请您运用 AI 大模型生成"香飘申城 美味至臻——上海市第一食品公司第十届粽子文化节策划案"。请问这份 AI 生成的策划案，是否像一份公共关系策划案？是否是一份公共关系策划案？是否是一份优秀的公共关系策划案？为什么？

脚踏实地，勇毅前行，一切皆有可能！加油！

## 三、策划案的撰写要求

公共关系大型活动策划案的撰写由低到高有三重境界，即像一份公共关系策划案、是一份公共关系策划案、是一份优秀的公共关系策划案。

像一份公共关系策划案,指策划案达到以下四项基本要求。①结构框架像,包含了策划案应有的九个部分。②图文呈现像,其中项目背景与项目调查应以实景图、数据图为主,兼顾 SPSS 数据分析表。项目策划应图文并茂,结构图、流程图、计划表轮番上阵。项目预算、项目效果表交替呈现。全文图表宜在 20—30 幅/桢之间。③文字表达像,既要有学理性文字,显出理论根据,以彰显思维框架;又要有文学性文字,采用三至五个小段子和对仗式的公文标题,加上流程与细节方面的文学描绘,以突出生动性;还要有写实式句式,以突出可操作性。当然跳跃性的句式也不可或缺,以突出创意思维的敏捷性。④行文格式像,做到五个统一:层次内容统一、字形字号统一、全文序号统一、图表序号统一、文献格式规范统一。

是一份公共关系策划案,指公共关系策划案的内容达到以下五个要求。①目标明确定位于协调公众关系和塑造品牌形象两个基本方面,凸显公共关系属性。②调查资料聚焦于公共关系主体的公众关系状况、品牌形象状况,针对目标公众和主题事件。③公共关系核心价值与活动主题富有公共品格。④公共关系活动的主题和内容,富有公共关系特质。⑤新闻作品和传播作品的内容聚焦于公共关系范畴,饱含公共关系特性。

是一份优秀的公共关系策划案,指在公共关系策划案中,公共关系工作部署严谨可行,活动主题质朴而高光,活动安排能惊艳四座,明星效应、场景效应、节目效应、段子效应显著,公共关系新闻作品、活动现场视频、短视频传播作品被媒体转发并引发弹幕潮,公共关系事件话题能上热搜榜,未来的执行效果可期待。

### 实战

中国国际公共关系协会每两年举办一届"中国大学生公共关系策划创业大赛",分全国校园巡讲、参赛作品征集、作品评审、预赛及总决赛等环节,有动员,有业界大咖经验分享,有待完成的真实公共关系选题,以大赛形式助力大学生提高公共关系策划能力。请您邀请 2 至 5 位热爱公共关系的同学组团参赛吧。

脚踏实地,勇毅前行,一切皆有可能!加油!

### 本章小结

1. 策划和开展大型活动需要科学的方法论和理念做指导。戈夫曼拟剧理论、柯林斯互动仪式链理论、戴扬与卡茨媒介事件理论是策划大型活动的基本遵循。

2. 大型活动是公共关系的两个基本传播载体之一,强调生活景场设计,以欢乐感和仪式感吸引目标公众参与,实现协调公众关系、塑造品牌形象的目的。

3. 大型活动由主办方、目标、目标公众、主题与内容、运作方案和传播方案六个要素构成,无论策划哪种形态的大型活动,都需要充分照应所有要素的基本要求。

4. 大型活动的项目管理是管理运作团队根据社会发展局势和企业的实际条件,就大型活动项目运作所进行的决策、计划、实施和绩效评估等工作的总称,涉及运作机构管理、项目分解、时间进度安排和项目策划四个方面。

5. 策划案是大型活动策划的文本成果,由项目背景、项目调研、项目策划、项目执行、项目评估、项目预算、项目总结、附录和参考文献构成,其中项目策划是核心,包括公共关系目标、目标公众、核心信息、公共关系策略、公共关系传播作品、媒体选择、传播策略、媒体计划、风险预案与管理等内容,是举办大型活动的基本依据。

## 学习重点

- 大型活动的理论基础
- 大型活动的构成要素
- 大型活动的项目分解
- 大型活动的时间进度管理
- 大型活动的项目分析与策划
- 大型活动策划案的框架结构

## 语 录

[澳]约翰·艾伦:"大型活动——我们生活的基准。"

## 前沿问题

受国外公共关系传播说的影响,我国早期的公共关系也偏向传播,业界有公关从业者是半个媒体人的说法。在不断思索公共关系核心范畴的过程中,逐渐发现大型活动是公共关系需要特别强调的传播载体,大型活动、专题活动等概念涌入公共关系领域。消费主义或者环境主义甚至国家主义视域下大型活动的仪式、主题、呈现、安全、利益相关者等话语成为当下公共关系的探讨对象,公共与狂欢被认定是大型活动的主旋律,发展与共识被视为大型活动的价值取向,对话与共享被界定成大型活动的标配。大型活动成就着现代人朦胧而浪漫的想象。

**推荐阅读**

《大型活动策划与管理》(范智军编著,中国轻工业出版社,2022 年)

该书分六大板块,包括大型活动策划与管理的基本要求、展览活动策划与管理、会议活动策划与管理、演出活动策划与管理、节庆活动策划与管理、体育赛事策划与管理。

推荐理由:大型活动是一种专题性的活动。阅读这本书,能够拓展大型活动的策划视野,做到战略与战术相结合、理念与技法相结合,使大型活动宽宏的视野与细节的实操成为现实。

**案　例**

### 全聚德 135 周年庆典大型活动

1999 迈入新世纪之际,全聚德为了发扬"全而无缺,聚而不散,仁德至上"的企业精神,对外弘扬全聚德民族品牌,树立全聚德老字号的崭新形象,以店庆造市场,以文化兴市场,对内强化全聚德烤鸭美食精品意识,丰富全聚德企业文化内涵,激励全聚德集团全体员工以百倍信心迎接新世纪的挑战,决定隆重庆祝创立 135 周年。

135 周年庆典大型活动总体上由三个阶段的大型活动构成。

第一阶段:在 1998 年 12 月至 1999 年 3 月,安排了一主四辅共计五项大型活动,主体大型活动是与《北京晚报》、北京楹联研究会联合举办"全聚德杯"新春有奖征集对联大型活动,从发布征联告示、公示评委名单、选刊应征新春征联作品、公布获奖作品与名单到举行颁奖大会,获得了 8 次宣传报道。四个辅助大型活动分别是:"我与全聚德"征文大型活动;全聚德店史文物征集大型活动;整理资料,编辑、出版《全聚德今昔》图书;邀请权威评估机构评估全聚德的品牌价值。

第二阶段:在农历六月初六,即全聚德创建的 7 月 18 日举办"全聚德建店 135 周年店庆暨首届全聚德烤鸭美食文化节开幕式"。上午 9:30—11:30,国家内贸部、北京市委市府、区委区政府的领导、媒体记者及全聚德成员企业代表 200 多人参加,主要议程有:唱《全聚德集团歌》—集团董事长致辞—北京市商业联合会致辞—向集团总厨师长、副总厨师长、各企业厨师长授聘书、绶带—首发《全聚德今昔》—举行 135 号全聚德冰酒珍藏仪式—邀请相关领导讲话—举行"打开老墙,重现老铺"全聚德老墙揭幕仪式—举行第 1 亿只全聚德烤鸭出炉仪式—举行第 1 亿只全聚德烤鸭片鸭仪式,获得包括境外媒体在内的多家媒体报道,其中第 1 亿只全聚德烤鸭的出炉与片鸭仪式,还成为中央电视台、南斯拉夫电视台、《北京晚报》、《香港商报》报道的重点内容。15:00—18:00,举行特色菜品推出仪式,集体领导先介绍全聚德特色菜品的战略构想,然后总厨长讲解全聚德特色菜品的制作与口味特点,并举行"重新装修后的一楼大厅"中华一绝"揭匾仪式,最后邀请来宾观摩特色菜品的制作过程,并品尝用餐。在此后的一周内,全聚德还推出了以下六项大型活动:精品烤鸭优惠销售、国际烹饪大师巡回献艺、亚洲大厨与获奖名厨绝活表演、发放全聚德会员卡、赠送全聚德135周年纪念品、组织顾客趣味烹饪竞赛与全聚德知识大赛。

第三阶段:在金秋十月,邀请中国商业经济学会、中国社会科学学院、中国人民大学、首都贸易大学、北京工商大学等单位的专家、教授,举办全聚德品牌战略研讨会,借用学者智慧,完善全聚德品牌战略的规划与实施方案。

**点评**:立足全聚德历史底蕴,着眼品牌发展,策划三个阶段的多项活动,主题聚焦,创意独特,形式新颖,卓有成效地传播了全聚德的品牌内涵,进一步强化了全聚德品牌的社会影响力。

练习与思考　　部分参考答案

# 第七章
# 公共关系的媒体传播策略

208

## 学习目标

学完本章,您应该能够:

1. 了解经典传播理论的基本内容及其对公共关系的启示;
2. 掌握策划公共关系媒体传播的基本准则;
3. 掌握撰写新闻稿、策划新闻事件、策划搭乘传播、召开新闻发布会和安排专访的要领;
4. 掌握短视频传播、二次元传播、IP 传播和电商直播的策划思路;
5. 掌握公共关系活动广告、整体形象广告、公益广告的创意技法。

## 基本概念

拉斯韦尔五 W 传播模式　把关人理论　两级传播模式　意见领袖理论　议题设置理论　沉默螺旋理论　整合营销传播理论　整合品牌传播理论　SIPS 模型　第三人效果理论　使用与满足理论　后真相理论　社交媒体口碑传播　策划新闻事件　布尔斯廷假事件理论　短视频传播　二次元传播　IP 传播　电商直播　公共关系活动广告　整体形象广告　公益广告

公共关系的传播载体包括媒体和活动,媒体传播是公共关系传播的基本路径,联袂活动传播,共同实现协调公众关系、塑造品牌形象的目标。当今社会是信息化社会,生活也日益媒体化,媒体不仅发挥 H·拉斯韦尔、C·赖特所指出的"监测环境、协调社会、传承社会遗产、提供娱乐"功能,而且还形塑着人的社会性格,呈现出媒体话语权力化的趋势,正如让-皮埃尔·韦尔南所言:"话语具有压倒其他一切权力手段的特殊优势。"诺曼·费尔克拉夫也说道:"话语不仅反映和描述社会实体与社会关系,而且建造或构成社会实体与社会关系。"话语已经成为人类一种重要的社会活动,所以福柯指出话语"意味着一个社会团体依据某些成规将其意义传播于社会之中,以此确定其社会地位,并为其他团体所认识的过程"。因此,公共关系必须重视媒体传播,倚重媒体话语建构和谐的公众关系,促成相互理解,彼此信任,达成利益共同体,既成就企业的社会价值,也成就公众的自我价值。

# 第一节 经典传播理论的启示

人类历经人际口语传播、杂志报纸文字传播、广播电视视频音频传播后,现在步入以短视频和直播为新质载体的去中心化沟通时代,热搜、短视频、算法、流量、电商、直播、移动互联网组成的社交媒体平台,成为传播的主阵地。在流量焦虑成为普遍现象的当下,公共关系学界引进并消化传播学理论,并使传播理论公共关系化,对于强化公共关系媒体传播意识,提高公共关系活动效果具有十分重要的方法论意义。

## 一、拉斯韦尔五 W 模式

> **问题思考**
> 一个完整的传播行为应该考虑哪些问题?

1948 年拉斯韦尔发表了《社会传播的结构与功能》,提出五 W 模式(见图 7-1),认为传播行为应该回答五个问题:谁传播(who)、传播什么(says what)、通过什么渠道(in which channel)、向谁传播(to whom)、效果如何(with what effect),对应的概念分别是传播者、讯息、媒介、受众和传播效果,据此,他把传播学的研究内容分为五个方面:控制分析、内容分析、媒体分析、对象分析和效果分析,这就是传播研究的基本范畴。

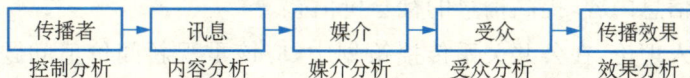

| 传播者 | 讯息 | 媒介 | 受众 | 传播效果 |
|---|---|---|---|---|
| 控制分析 | 内容分析 | 媒介分析 | 受众分析 | 效果分析 |

图 7-1 拉斯韦尔五 W 模式

后来,R. 布雷多克从流程角度,认为必须弄清楚传播者在什么情况下、为了什么目的而进行传播,为五 W 模式添加了两个环节,即情景(where)与动机(why),五 W 模式发展为七 W 模式(见图 7-2),以进一步强调传播过程是目的性行为过程,具有企

209

Xian Dai Gong Gong Guan Xi Xue

第七章 公共关系的媒体传播策略

图影响受众的明确目的。

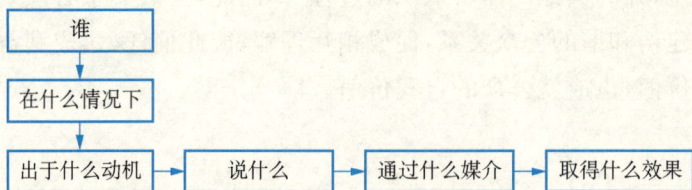

谁

↓

在什么情况下

↓

出于什么动机 → 说什么 → 通过什么媒介 → 取得什么效果

图7-2　布雷多克七 W 模式

　　根据拉斯韦尔五 W 模式和布雷多克七 W 模式,策划公共关系传播的时候,应该全面分析传播活动的要素,针对传播者与受传者特定情景下的需要,选择合适的传播渠道和信息,谋取良好的传播效果。

## 二、把关人理论

　　把关人这个概念出于库尔特·卢因 1947 年出版的《群体生活的渠道》,又称守门人,是指在信息传播中,对信息的提供、制作、编辑和报道能够采取"疏导"和"抑制"行为的关键人物。把关人理论主要研究传播的运作机制问题。

　　把关人理论认为,在传播过程中,把关人发挥极其重要的枢纽作用,它处于信源和受众之间,有权决定中止或中转信息。他们认定具有新闻价值、符合时代要求的信息,则给予"中转",即报道出去;否则给予中止,即不予报道。把关人的传播行为包括疏导和抑制两个方面,疏导就是中转,抑制就是中止。把关人之所以选择不同的传播行为,主要是出于自己的预设立场,特别是已有的新闻价值标准。

　　在传统媒体环境下,把关人一般是指记者和编辑。在互联网特别是移动互联网环境下,把关人进一步泛化,除了记者和编辑外,网络推送平台、普通网民特别是网络达人也成为把关人,他们认为信息具有新闻价值,就会在移动互联网平台进行推送、转发。经过他们推送、转发的信息,不仅能够扩大传播范围,具有中转、共享的意义,而且能够赋能信息内容,提高信息的社会价值感。

　　根据把关人理论,在公共关系传播策划中,应该重视新闻价值问题的研究,积极开展富有社会意义、符合优秀文化发展方向的公共关系活动,争取各种把关人的支持,借助传统媒体的报道和移动互联网的推送、转发,扩大公共关系活动的影响范围和影响力。

## 三、公众选择三S理论

早期研究者发现，公众接收信息时具有选择性倾向，是一个自我选择过程。1947年约瑟夫·克拉帕将这种选择性倾向概括为选择性注意（selective attention）、选择性理解（selective perception）和选择性记忆（selective retention），简称为公众选择三S理论。该理论主要研究公众在接收传播信息中的心理现象。

公众选择三S理论认为，选择性注意是指在众多信息中，公众只能对其中某些信息做出反应，倾向于接受那些与自己固有观念相一致的信息，回避那些与固有观念相抵触的信息。为了提高信息的竞争力，应该关注"对比、强度、位置、重复和变化"等因素的作用。选择性理解是指不同的人对于同一条信息会做出不同的理解，其影响因素主要有需要、态度和情绪三个方面。选择性记忆是指公众只记忆对自己有利或者愿意记的信息，容易忘记自己不喜欢的信息。记忆的过程分为输入、储存和输出三个阶段。

公众选择三S理论把公众视为信息加工的主体，而不是被动接受信息的消极对象，重点研究了认知主体的内部心理因素。根据其研究结论，在公共关系传播策划中，应该重视研究公众的需要和态度，组织传播信息时积极推行公众导向模式，根据公众的个性、需要和已有的观念及情绪情感，选择传播内容，从而增强传播活动的影响力。

## 四、两级传播模式与意见领袖理论

1940年，美国学者拉扎斯菲尔德针对片面强调传播效果的枪弹论、皮下注射论，通过分析影响人们投票倾向的因素，提出了两级传播模式，指出：观念先从广播和报纸传向意见领袖，然后由意见领袖传向一般公众，认为信息传递是按照"大众媒体——

意见领袖—普通受众"的模式进行的。

两级传播模式主要研究传播效果的强化机制问题，即意见领袖。意见领袖是社会交往中在特定领域或主题上拥有专业知识、享有威信、对信息的传播和影响有着显著作用的个人，具有以下特点。①意见领袖通常活跃于人际传播网络中，与其他个体保持密切联系，拥有多个信息渠道，经常接触大众传播，能够收集大量信息，是信息传播的汇聚地、中转站、过滤器和强化器，能将信息有效地传播给周围的人，影响他人的态度和行为。②意见领袖虽然不是领导者，但具有良好的专业知识，并被大家高度信任与认可，能够基于与受众的平等关系而非上下级关系影响受众。③所有的社会群体都拥有自己的意见领袖，各种社交网络中都存在意见领袖。④意见领袖分为单一型和综合型两种。单一型意见领袖精通某个领域的专业知识，能够给受众提供专业意见和观点。综合型意见领袖能够在多个领域具有广泛的影响力。

根据两级传播模式特别是意见领袖理论，在公共关系传播策划中，应该高度重视意见领袖的作用，借助意见领袖的传播力量强化公共关系传播的影响力。

> **要点提示**
>
> 意见领袖在公众心目中拥有了专业威望与公正品格的印象，也就拥有了"一句顶一万句"的话语效果。

## 五、议题设置理论

1963 年伯纳德·科恩指出："在多数时间，报界在告诉它的读者该怎样想方面可能并不成功，但它在告诉它的读者该想些什么方面却是惊人地成功"。受此影响，麦库姆斯和肖通过实证研究，1972 年发表《大众媒体的议程设置功能》，提出了议题设置理论：大众传播可以通过提供信息和安排相关议题来有效左右人们关注某些事实的意见，以及人们议论的先后顺序，媒介议题确定了公众议题。也就是说，大众传播对某些议题的强调和这些议题在公众中受重视的程度成正比，大众传播具有选择并突出报道某种问题、从而引起大众关注的功能，突出地报道某一事件，公众就会积极议论这一事件，成为舆论。

议题设置理论的基本内容主要有以下四个方面。①各种传播媒体对信息具有过滤作用。只有大众媒体热情报道的新闻事件，才有可能成为公众关注的"议题"。②面对过多的信息，公众感到无所适从。把关人的作用就是为公众选出值得关注的事件。③大众媒体时时刻刻都影响着社会发展的议题，大众媒体设置议题的过程，就是改造社会环境的过程,即"环境再构成作业"。④议题设置效果受制于议题自身属性、设置者的资源与能量、设置渠道和方法、社会公众的特征和属性,议题设置效果的形成是一个持续、循环的过程,效果需要不断积累。

议题设置理论就是关于议题显著性转移的理论,旨在使某个议题成为社会优先关注的议题。议题显著性就是某个问题在多项议题中的相对重要程度。议题设置包括三个层面(见图7-3)。

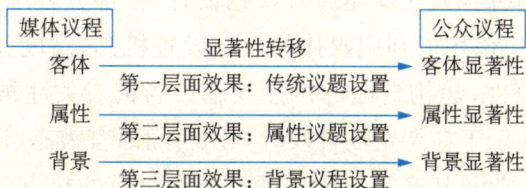

图7-3　议程设置的层面

第一层的议题设置是传统议题设置,关注的是获得受众注意,媒体传递的议程是客体,谋求客体显著性的转移,旨在告诉公众想什么。

第二层的议题设置是属性议程的设置,关注的是客体属性呈现,传递客体的实质属性和情感属性,以凸显客体图像的特点与性质,影响公众思考议题的方式、行为、态度及情绪,谋求属性显著性的转移,旨在告诉公众怎么想。属性议程依附在客体议程上,共同传递到受众,影响公众对事物特征的认知。

第三层的议题设置是背景议程的设置。麦库姆斯研究谁设置媒介议题、谁决定将哪些话题带入公众关注视野这些问题时,强调影响议题显著性的背景议程,即提供消息的信息源、其他新闻机构和新闻规范与传统。其中来自政府的政策议程是媒介潜在的新闻来源,左右着新闻媒体议程。

议题设置有两种模式,即主动模式和借力模式。主动模式就是社会组织根据自身发展需要,主动设置议题,通过媒体宣传和公众互动,使之成为有利于组织生存和发展的公共议题。借力模式就是引导和控制已有的社会议题(特别是社会发展中的重大议题),通过媒体宣传和公众互动,使之成为有利于组织生存和发展的公共议题。建构议题时,需要遵循创新性(即抓住热点问题,提出焦点意见,提高公众关注度)、公共性(即议题的内容必须是社会公众共同关心的话题,这是关键)、相关性(即话题内容与公众利益相关,与组织生存和发展相关)和系统性原则(即提出意见需要考虑社会各方面的因素,特别是历史因素、法律因素、社会阶层因素等)。

议题设置是媒体议题、公众议题和政策议题之间多向复杂的互动过程。有效的媒体传播就是整合这三种议程,使之产生合力效应。生成合力效应的主导者不同,将产生不同的框架印象。由政策议程引发媒体议程、公共议程,有利于塑造政府的积极施政形象。由媒体议程引发政策议程、公共议程,有利塑造媒体的公共责任形象。由公共议程引发政策议程、媒体议程,容易损害政府形象和媒体形象。美国在争取政策议程主导权方面,做得比较科学,白宫一位前传播顾问说:"要成功执政,政府必须确定议程,而不能让媒体来为它确定议程。"美国掌控政策议程的做法有:①通过及时表态来制造新闻。②通过各地视察讲话这样的"行动"来制造新闻。③围绕新闻性制定政策,使政策成为新闻。④策划"今天的新闻台词",以提高政策新闻的新颖性。

议题设置论告诉我们,大众媒体通过议题设置,在很大程度上影响受众想什么。因此,在公共关系中,应该积极利用媒体的议题设置机制,高度关注公众议题与政策议题,通过策划新闻事件,建构自己的传播议题。当记者关注被策划出的新闻事件时,公共关系人员应该乐于在特定场合及时采用新闻语言表态,讲话要简洁、清晰、富有人性和新闻性,使企业及其产品与服务项目成为报道的热点,成为公众的"议题",成为舆论关注的对象,创造出轰动效应,谋取良好的流量效果。

> **要点提示**
>
> 议题设置理论在公共关系策划中具有方法论意义。议题设置有两种模式,即主动模式和借力模式。议题设置有三种形式,即政策议程、媒体议程和公共议程。

## 六、沉默螺旋理论

> **问题思考**
> 如果面临公共事务的抉择,您能始终坚持自己的看法吗?为什么有时您会保持沉默甚至放弃自己的看法?

沉默螺旋理论是德国学者伊丽莎白·内尔-纽曼提出的。在1965年的联邦德国议会选举中,她观察到一个非常有趣的现象:在竞选过程中,社会民主党与基民党之间的支持率一直不相上下,但是在投票之际,由于大众传播媒体预测基民党将获胜,大量选民认为这是社会上多数人的观点,于是改变原有意向,纷纷投票支持基民党,基民党的支持率突然上升,获得胜利。她认为这是"多数意见"产生无形压力的结果。

纽曼认为,在社会集体中,公众都有与社会价值观和目标保持一致的愿望,否则个人就会感到恐惧孤独,产生被排斥、受威胁的感觉。这种心理就会产生沉默螺旋现象:由于害怕被孤立,个人如果认为自己的观点与社会大多数人一致,就敢于表达自己的看法,如果相反,许多人就选择沉默。于是就产生了强势意见愈强、弱势意见愈弱的螺旋现象,然后又对每个人形成心理压力。由于普通公众没有机会开展精确调查,所以大众媒体所营造的"意见环境"常常被看成是多数人的意见,对民意具有的影响力。大众媒体营造"意见环境"的途径主要有:多数媒体报道的内容具有高度相似性,生成共鸣效果;同类信息的传播活动在时间上具有持续性和重复性,生成累积效果;媒体信息的传播范围具有空前的广泛性,生成遍地效果。所以说媒体意见往往是强势意见,当公众发现自己的观点与媒体意见一致时就不断发表,不一致时就隐藏自己的意见,选择沉默。

沉默螺旋理论告诉我们,当一种观点得到媒体持续宣扬,日益成为支配性、主导性意见时,持不同看法者便逐渐陷入沉默。这样,一方表述(越说越有劲,越说越有理)而另一方沉默的倾向,便开始了螺旋过程,螺旋过程把不断表述的意见确立为主要的、正确的意见,即说得越多越正确。在公共关系传播中,社会组织应该积极策划新闻事件,经常召开新闻发布会,邀请专家开展专栏宣传,持续宣传符合社会组织发展的观念,使之成为社会的主流舆论。

## 七、整合营销传播理论与整合品牌传播理论

20世纪80年代后期,面对媒体高科技化和商业信息多样化形势,有些学者提出了整合营销传播(integrated marketing communication,IMC)理论。进入互联网时代,整合营销传播理论迭代出整合品牌传播(integrated brand communication,IBC)理论。

### (一)整合营销传播理论

整合营销传播的代表性人物是美国西北大学教授唐·舒尔茨,他与人合著,出版了《整合营销传播》,认为IMC"是一个业务战略过程,即制定、优化、执行并评价协调的、可测的、具有说服力的品牌传播计划。"此后,广告界高度重视IMC的研究,提出了多种定义,例如美国广告公司协会认为,IMC"是一个营销传播计划概念,在充分认识广告、促销和公共关系等手段所特有的传播附加值的基础上,将其加以组合,向社会提供明确的、连续的信息,使传播的影响力最大化。"汤姆·邓肯认为IMC"是指企业或者品牌通过发展、协调战略传播活动,借助各种媒体或其他接触方式与员工、顾客、投资者、普通公众等关系利益者建立建设性的关系,从而加强彼此之间具有合作伙伴特质的双赢互利关系的过程。"他认为实现这些目的,主要取决于企业文化,整合分为四个层次,即统一形象、一致声音、好公民和世界级公民。舒尔茨认为进行整合

营销传播,分七步骤,即建立顾客资料库—细分顾客(找出品牌忠诚顾客、竞争对手顾客和游离顾客)—开展接触管理(对营销传播的时间、地点进行决策)—制定传播战略(根据顾客的信息需求,确定最合适的传播信息)—明确营销目标—设计营销传播工具(包括广告、促销、公共关系、商品包装等)—确定营销传播战术的组合。

从本质上讲,IMC 就是通过多种传播手段的整合,达到关系利益者的整合,进而实现企业内外关系的整合,最终进入企业与社会协调、互动发展的境界。从现实角度讲,IMC 就是以顾客为中心,建立顾客数据库,分析顾客特性,综合、协调地运用各种形式的传播手段,连续传递本质上一致的信息,并积极与顾客沟通,建立顾客与品牌之间的双赢局面,强化顾客的品牌忠诚度,进而获取长期顾客价值。

整合营销传播理论是顾客中心论、媒体组合化、信息主题化、符号特色化和品牌忠诚度管理的有机组合。舒尔茨认为营销就是传播,传播就是营销,因此整合营销传播理论的核心内容就是整合与传播两个方面,但营销是内核,整合与传播都是为了营销,助力营销 4P 策略(产品策略、价格策略、渠道策略和促销策略)的达成(图 7-4)。

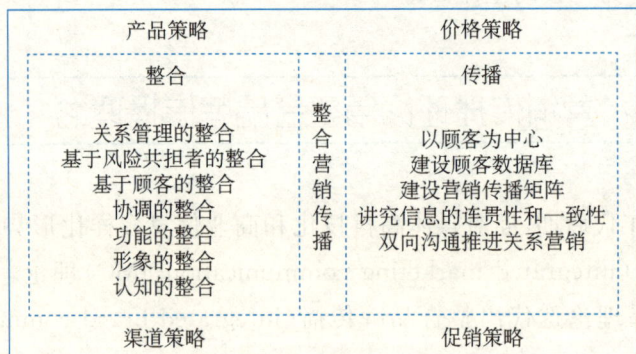

图 7-4　整合营销传播的框架结构

IMC 理论中的整合,是指通过传播的协调化运作,建立企业与顾客之间良性互利的社会关系。这里的整合由低到高分为以下七个层次。第一层次是认知的整合,即所有营销人员都认识到营销传播的重要性。第二层次是形象的整合,即各种传播手段的信息保持主题上的一致性。第三层次是功能的整合,即各种传播方案都直接服务于营销。第四层次是协调的整合,即人际营销和非人际营销的传播内容高度统一。第五层次是基于顾客的整合,即传播信息定位准确,符合目标公众需求,直击顾客内心。第六层次是基于风险共担者的整合,即营销人员与其他员工、供应商及股东共同开展营销传播。第七层次是关系管理的整合,即传播策略与营销策略、产品策略、财务策略甚至社会资源有机协调,形成营销传播大格局。

IMC 理论中的传播,特指传播手段的组合运作,把与市场营销有关的一切目标与活动一元化。IMC 理论包括五项核心要求。①秉持以顾客为核心的理念,强调基于顾客的实际需求来策划营销和传播,以抓住消费心理,促进消费行为,满足顾客需求。②注重顾客数据库建设,持续收集和分析顾客的反馈信息,运用大数据不断分析顾客的商品需要和信息需要,形成对顾客的动态认知与管理,不断优化和调整营销活动和传播策略,开展精准的商品营销与信息传播。③谋求营销传播的矩阵建设,讲究协同作战,力求多样的营销传播活动一元化,整合广告、公共关系、促销等营销传播活动,讲究传播手段的选择与搭配,使用多种媒体手段共同塑造一致性的品牌形象,通过媒体整合强化传播的整体性。④明确主题化的核心品牌信息与品牌形象,围绕统一、协调的品牌主题,策划相对完整、体系化、系列化的宣传作品和传播活动,确保品牌信息在不同渠道和不同时间都能够得到一致的传递,追求信息的连贯性和一致性,以"一个声音"传播信息,通过信息内容的整合创造传播的叠加效果,从话语主题上强化传播的整体性。同时,在传播主题一元化的基础上,力求信息符号一元化,用统一的信息符号向公众进行传播,从视觉形态上强化传播的整体性。⑤注重双向沟通,通过与公众持续、良好的互动,建立长期、连续的双赢互利关系,推行关系营销战略,提高品牌忠诚度,实现企业的可持续性发展。

---

**课堂讨论**

　　请您借助 AI 大模型,生成"华为新款智能手机的整合传播方案"。AI 生成的传播方案是否体现了 IMC 理论的要求?是否具有应用价值?为什么?

---

## (二)整合品牌传播理论

　　1999 年唐·舒尔茨在 IMC 理论基础上提出并系统地阐述了整合品牌传播概念。整合品牌传播是在更精准地掌握传播对象行为、要求、偏好基础上,立足品牌核心价值,整合公共关系、广告、互动传播、内部传播等所有传播活动,以移动多媒体整合方式实施整体品牌传播策略,建立品牌与传播对象之间的双向沟通,让顾客接受、认可品牌价值,使品牌与顾客群体、社会公众成为基于品牌核心价值的价值共同体。整合营销传播主要是整合性地传播产品信息或品牌信息,而整合品牌传播则主要是向传播对象输出品牌核心价值观,谋求顾客对品牌的价值认同。

　　整合品牌传播强调四项原则。①品牌接触点传播。品牌接触点是企业根据品牌定位所确定的与顾客建立联系的位置,是顾客接触品牌并与品牌互动的渠道和场景。品牌接触点传播旨在传递品牌价值观,输出品牌核心形象,以提高品牌的知晓度与美誉度。②双向沟通,在品牌接触点接近顾客时,通过多种互联媒体渠道深入了解顾客需求,持续维护品牌与顾客之间的交流沟通,以提高品牌的亲和力。③传播内容的一致性,要求根据品牌定位主题来明确所有传播活动的信息,立足定位点开展主题化的传播与沟通,杜绝出现内容分散现象,以增强品牌影响的震撼力。④传播时间序列的连续性,要求有节奏地推进品牌价值传播,连贯演绎品牌文化,避免断档、割裂现象,以强化品牌的魅力。

> **问题思考**
>
> IMC 理论强调整合性地传播品牌信息,IBC 理论要求整合性地传播品牌核心价值观。复旦大学出版社在社交媒体上需要传播怎样的品牌价值观?

## 八、SIPS 模型

早期互联网技术上的局限性使得受众更多只是在海量信息中搜索信息,而分享信息相对有限。AISAS 模型主导下的传播样式的变化是有限的,本质上仍属于信息扩散。随着互联网技术的发展,移动互联网全面介入受众的社会生活,公共空间和私人空间、现实空间与虚拟空间的界限变得晦暗不明,受众的社会生活特别是行为习惯发生了巨大变化。为了打破受众对传播信息的冷漠,更好把握受众新的需求,更好促成传播使命,2011 年日本电通广告公司敏锐洞察并深入剖析数字化时代受众社会行为的新发展,提出了 sympathize(共鸣)—identify(确认)—participate(参与)—share & spread(共享扩散)自驱动模型,即 SIPS 模型(见图 7-5)。

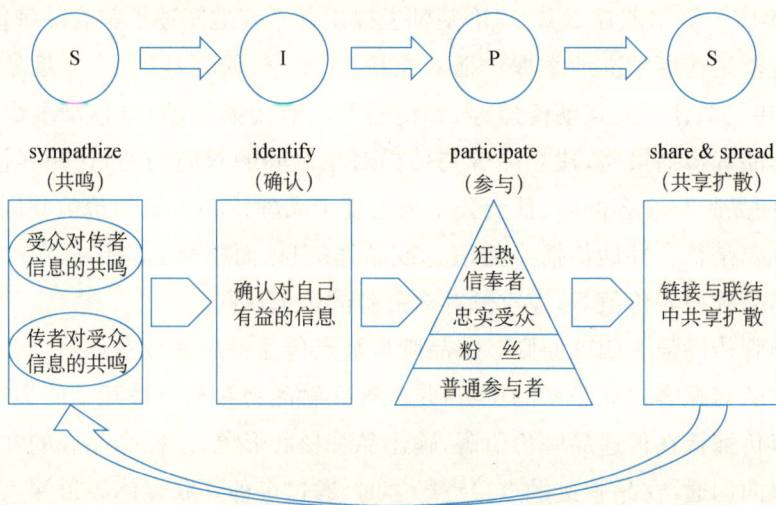

图 7-5　SIPS 模型

sympathize 即"共鸣"自驱动,认为传播信息只有引起"共鸣"才能产生扩散效应。这里的"共鸣"是双向的,既指受众对传播者发出信息的共鸣,也指传播者对受众发出信息的共鸣。基于双向共鸣而形成的传播创意,能够使传播信息更加真实可感,更加形象生动,从而突破受众的认知防线,吸引受众关注,启发受众思维,并对传播内容达成共识。有了共识,传播信息更能打通受众情感隔阂,更能拨动受众心弦,更能感动受众心灵,更能触动受众情感,从而激发起受众源于心理深处的共鸣。

identify 即"确认"自驱动,指受众利用所有手段"确认"已经引起自己"共鸣"的信息是否符合自己的价值观。基于"确认"自驱动而形成的创意,传播信息更加具有号召力,让受众或者惊奇或者兴奋或者感动,产生认知"共振",获得广泛认同,并激发受众探究和参与的欲望,促进受众自觉实践,促成受众和传播者达成主题内容的共意。

participate 即"参与"自驱动,既指受众本人参加传播信息所主张的社会活动,更指主动带领亲朋好友来参加,形成参与者涟漪效应。电通株式会社认为参与者由低到高依次分为理性思考的普通参与者、粉丝、忠诚受众和狂热信奉者四类,其中后两者最有可能产生持续性响应行为。受众轻松而愉悦地参与后,不仅主动扩散至朋友圈,而且容易促成其他受众给予响应,创造出流行景象。

share & spread 即"共享与扩散"自驱动,指基于共享与扩散考虑的传播创意,更加强调喜闻乐见,激发受众介入热情,造成焦点事件,并利用受众的人际分享本能,引导受众根据自己愉悦的参与体验,自觉或不自觉融入各种新媒体"链接"与"联结"之中,实现信息共享和扩散,满足受众的互动需求,进而引起更多的"共鸣",实现"传播蝶化游戏"的目的,受众因而自愿而安静沉醉于传播"游戏",欣赏传播文本的所有内容,自觉领会传播内容的价值与科学意蕴。

---

### 资料补充

AISAS 理念是日本电通广告公司基于互联网时代的市场特征而提出的传播策划模式,强调传播应在引起公众注意(attention)并产生兴趣(interest)的基础上,满足公众自主搜索信息(search)的需求,引导公众产生购买行动(action),并给公众提供消费之后的信息分享(share)平台,强调了互联网环境下搜索和分享的重要性,突出的是公众自主参与、即时沟通、实时共享的传播乐趣,而不是简单粗暴地向公众单向灌输信息。

---

SIPS 模型是基于受众满意理念通过信息启动受众自驱动,进而形成自扩散的传播模型。从表象上看,SIPS 模型强调渗入受众生活,创造共鸣效果,诱发受众良好体验,产生满意感,借助网络交互机制强化传播张力。但是其内核依然体现着福柯所认

定的话语主体控制规则："谁在说话？在所有说话个体的总体中,谁有充分理由使用这种类型的语言？谁是这种语言的拥有者？"在 SIPS 模型中,话语主题、话语主体和话语扩散进程的规定性,使得受众虽为话语主体,但却是受限制的话语主体。传播者通过话语主体的控制,实现话语传播的控制,最终达成自己的目标。

> **问题思考**
>
> 互联网改变人们生活的切入口是传播。在互联网已经延伸至城乡所有领域的今天,传播应该怎样转型,才能进入引领时代的改变？SIPS 带给公共关系传播的启迪有哪些？

# 第二节　策划公共关系媒体传播的准则

公共关系媒体传播是企业根据媒体性质和企业自身的形象定位、目标公众特性、目标定位以及经营管理需要,争取适合媒体或网络平台给予报道,或者在媒体及网络平台上刊载公共关系广告的传播过程。主流媒体和新媒体都是公共关系媒体传播的基本载体。公共关系新闻传播,存在公共关系事件能否被媒体认可为新闻的问题,媒体认定公共关系事件没有新闻价值,媒体传播也就没有可能。公共关系广告传播,存在争取公众注意力的问题,不能吸引公众的注意力,刊载的广告也就没有传播的意义。因此,策划公共关系媒体传播,必须遵循科学规律与准则。

## 一、切中目标公众信息需求

策划公共关系传播,必须充分照应公众的信息需求。信息需求是公众基于自己的社会生活需求而形成的,期盼从媒体得到满足。社会生活需求是多方面的,按照马斯洛的理解,包括生理需要、安全需要、归属与爱的需要、尊严需要和自我实现需要等五大类。公众往往会根据自己的社会生活需求选择并接触媒体内容,并做出反应。公众的媒介活动是基于特定的社会生活需求动机来"使用"媒介、并使需求得到"满足"的过程。这是使用与满足理论的基本判断。

使用与满足理论起源于 20 世纪 40 年代,通过贝雷尔森、麦奎尔特别是卡茨等学者的调查与分析,形成了比较系统的理论框架,核心观点主要有四个方面:①受众使用媒介是有目的的,他们基于心理或社会的需求,想通过使用媒体来满足需求。②传播过程通过受众把媒体的使用与需求的满足联系起来,也就是说,受众是媒介的主动使用者,受众使用媒介来满足需求。③大众媒体能满足的需求,只是人类需求的一部分。媒体满足受众需求时,必须与其他信息来源竞争。④受众是理智的,能了解自己的兴趣和动机,并能清楚地表达出来。1973年卡茨等人通过调查,总结出受众使用媒介有35种需求,分为五类:认知的需要(获得信息、知识和理解),情感的需要(情绪的、愉悦的或美感的体验),个人整合的需要(加强可信度、信心、稳固性和身份地位),社会整合的需要(加强与家人、朋友等的接触);纾解压力的需要(逃避和转移注意力)。1974年卡茨把受众的媒介接触概括为"社会因素＋心理因素→媒介期待→媒介接触→需求满足"的因果连锁过程(见图7-6),指出:①受众接触媒体行为的发生,需要两个基本条件:一是媒介接触的可能性,二是媒介印象。②受众根据媒介印象,选择特定的媒介或内容,开始具体的接触行为。③媒介接触行为有两种结果:需求得到满足或者没有得到满足。④受众根据满足的结果,修正媒介印象与媒介期待,进而影响以后的媒介接触行为。

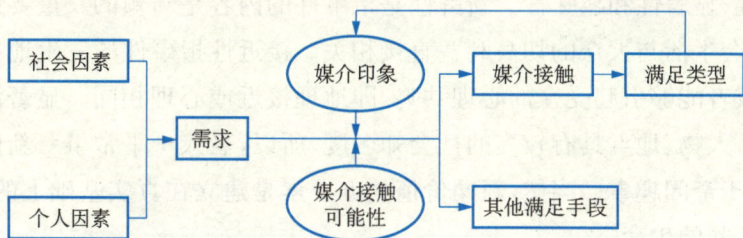

图7-6 使用与满足理论

根据使用与满足理论,策划公共关系传播时,必须调查目标公众实际的社会生活需求,据此确定传播主题,筛选信息内容,构思呈现话语,提供恰好满足受众信息需求的传播作品,并借此培养公众对公共关系传播的信任感和依赖感,为后续公共关系传播打造品牌基础。

**记住**

使用与满足理论告诉我们,受众接触与使用媒体是为了满足社会生活需要,公共关系传播策划者必须是受众生活的观察者,知晓公众的冷与暖,洞悉公众的实际需求。内容为王,价值为本。有用才是传播的硬道理。

## 二、形塑新闻价值

公共关系传播的内容不仅要满足目标公众的信息需求,还强调吸引媒体报道与网络平台转播、转载。这主要取决于公共关系事件与话题是否具有新闻价值、流量价值。

新闻价值是媒体视域下事实本身所具备的公共性价值意义,即从社会角度看有无报道意义。美国学者盖尔顿和鲁治认为有以下九个因素影响着新闻价值的大小。①时间跨度,事件发生的时间符合媒体时间表,则容易引起媒体关注。②强度,事件越具震撼性,或者越具重要性,媒体越关注。③明晰性,事件的意义越清晰,媒体越关注。④文化接近性,事件与社会文化、公众兴趣越相近,成为新闻的可能性越大。⑤预期性,事件越是符合既有期待与预想,成为新闻的可能性越大。⑥出乎预料性,事件越是不同寻常,越容易成为新闻。⑦连续性,能够引起公众持续关注的事实,容易成为新闻。⑧组合性,与已有新闻能够构成整体感、平衡感或对照感的事件,容易成为新闻。⑨社会文化价值感。

后来人们出于新闻需要,把新闻价值的构成要素界定为五个方面,即新鲜性、重要性、接近性、显著性和趣味性。新鲜性是指事件的内容是新颖的。重要性是指事件与当下的社会生活与大众的切身利益直接相关。接近性指事件的发生地接近受众的地理位置,或者能够引起受众的心理共鸣,即地理接近或心理相同。显著性是指事件涉及的单位、人物、地点具有较高的社会知名度,所以,名人＋平常事＝新闻。趣味性就是事件属于奇闻趣事。当然,新闻价值的五要素是建立在真实基础上的,真实是第一位的,是新闻的生命。

盖尔顿和鲁治认为,一个事件并不是只有具备以上全部要素才能成为新闻,新闻价值的判断机制有以下三种。①附加性机制,事件包含的新闻价值要素越多,越可能成为新闻。例如,名人＋不平常事＝大新闻。②补偿性机制,多个新闻价值要素平淡的事件,可因另外某个新闻要素特别突出而得到补偿,成为新闻。例如,普通人＋不平常事＝新闻。③排除性机制,事件所有的新闻价值要素都偏低,则没有新闻价值。即,普通人＋平常事≠新闻。

为了争取媒体的关注和报道,公共关系必须加强创意,根据新闻价值五要素策划新闻事件,开展搭乘传播,以提高公共关系事件的流量价值。

**课堂讨论**

新闻价值九要素也好,五要素也罢,总之得要有些价值。由此,请大家讨论:当主题内容注定平平常常,如何从形式上产生新闻价值? 例如,如何让平平淡淡的新产品上市富有新闻价值和流量价值,成为媒体热衷报道的对象?

## 三、巧妙隐藏传播动机

公共关系传播是一种特殊的社会传播,既有新闻传播的公共性品格,又追求自身传播的功利取向,内核是自利性的,旨在借助公共性的迷人效果实现开明的自我发展。公众对传播意图明显的宣传往往秉持怀疑甚至排斥的态度。为了化解公众的抵触心理,策划公共关系传播时应该运用框架理论和第三人效果理论,巧妙隐藏传播意图,提高传播效果。

框架理论告诉我们,没有观点的背后是最有观点。策划公共关系传播时,应该基于企业战略发展需要和传播意图,挑选新闻事件中符合企业自身需要的某些元素、特征或环节加以呈现,给予隐秘化的特别处理,把鲜明的企图隐藏于图与文的处理之中,利用框架效应启动公众脑海里业已存在的认知与价值准则,引导公众基于自己的框架思维轻而易举地"得出"结论,"形成"对公共关系新闻事件的"理解与判断"。虽然这种"理解与判断"没有呈现在文本之中,但是早已被隐藏于话语之中,因此,公众对新闻事件的理解与话语主体的期盼将是高度一致的。

第三人效果理论描述的是公众媒体生活中的内卷现象,是美国学者菲利普斯·戴维森1983年提出的传播学假说,其基本内容有以下三个方面。①人们倾向于高估媒体传播内容对他人态度和行为的影响,认为传播内容对他人的影响将大于对自己的影响。②为了避免陷入不利地位,自己往往抢先认同传播的内容,提前采取相关行动,以防止他人受媒体内容影响后的行为伤害自己。③支持限制媒介内容的传播,以防止媒介影响他人进而伤害自己。根据第三人效果理论,策划公共关系传播时,应该先找出目标公众心目中的攀比公众、竞争公众,针对攀比公众、竞争公众开展以先发优势为主题内容的传播,谁先认同谁就能获得领先优势。这样,在内卷机制作用下,故意被传播者忽略的目标公众反而主动接受传播内容,并先于攀比公众、竞争公众做出相应的决策。社会组织没有对目标公众动心,结果目标公众反而动心了,没有针对目标公众的动机,却是成功撬动了目标公众的动机,公共关系传播取得了歪打正着、敲山震虎的效果。

### 💡 要点提示

传播可以很好地伪装自己,把鲜明的企图隐藏于图与文的处理之中,让公众基于自己的框架思维能够轻而易举地"得出"结论,没有观点的背后是最有观点。

## 四、尊重公众主体间性地位

策划公共关系传播,需要端正公众地位观。关于公众地位,出现过客体论、主体论和主体间性三种见解。

受众客体论认为传播的基本特性是二元相对性,传播者与受众相互对应,在这种过程中,大众传播可以无条件地改变受众的态度和行为,受众作为传播的对象,是被动、消极的,媒体提供什么观点,受众就认同什么观点,媒体怎么叙述,受众就怎么接受。这就是 20 世纪 20 年代一度盛行的传播魔弹论或皮下注射论。沃尔特·李普曼 1922 年出版的《舆论学》是受众客体论的巅峰之作,分析了其作用机理。李普曼认为大众传播日趋发达后,人们关于世界的看法主要不是来自接触外部世界而得到的直接经验,而是来自大众媒体所营造的拟态环境;反过来,受众又按照从拟态环境中获得的信息,去作用于现实世界。他还指出,虽然拟态环境根本不是现实环境的真实反映,但因为受众受制于新闻检查、自然界和社会的障碍以及自身认知水平,加上现实世界的复杂与模糊不清,无法检验虚构的东西,于是"我们总是把我们自己认为是真实的情况当作现实环境本身",大众媒体的虚构意见演变成受众真实的思想,大众媒体可以强有力进行"环境重构"。

1940 年拉扎斯菲尔德等人跟踪研究美国总统竞选宣传对受众投票的影响,发现"大多数选民早在竞选宣传之前就已做出投票决定,只有约 5% 的人由于宣传而改变了投票意向,这些人之所以改变主意是受周围亲戚、朋友、团体中的意见领袖的观点所左右",过去认为大众传播具有绝对影响的假设并不成立,提出了两级传播理论,即大众传播只有通过意见领袖的中介才能产生影响。这是传播学界首次指出受众的主体性作用。受此影响,此后相继出现了有限效果论、说服模型、使用与满足理论等,大众传播进入受众主体论阶段。

受众主体论认为传播的基本特点是双向性,受众在传播中具有主动性,是接受和处理信息的主体,强调"不是大众传播影响受众,而是受众为了满足自己的某种需求而使用大众传播"。其逻辑假设是:受众具有自觉识别科学和社会问题、运用科学论据解释并解决科学和社会问题的潜能,大众传播应该重点培养受众的主观能动性和积极性,充分培育其主体性性格。

互联网出现后,主体间性理论影响大众传播成为可能。在互联网环境中,人的主体性得到充分发展,自我意识与本性得以膨胀,自主权得以确认,传播者与受众双方均成为主体,原来的主客体间对应关系发展为主体间交往关系,因此网络空间成为各种不同的主体"与他人共在"的场域,主体之间在网络空间的双向与多向交互机制发展出了互动的新内涵：互动不是你有来言我有去语，而是站在对方立场思考问题，谋求共意与共同满意，进而生成观念共同体。在网络世界，传播的基本特性是交互性，不仅呈现着传播者与受众之间相互影响的态势，还大量展现着受众之间的交互作用影像，双向传播演变为多向沟通，淋漓尽致地演绎人的主动性、主导性、创造性和超越性，突出了主体间性作用，强调每个人都拥有"像科学家一样思考"的潜能，能够在海量信息的今天，从纷繁复杂、相互联系的客观世界中理性寻找和判断论据，得出结论，解决实际存在的科学和社会问题。

在公共关系传播中，不仅要尊重受众的主体地位，不能诱导和蒙蔽受众，而且更要重视受众的主体间性作用，坚持以人为本、人格平等、生活世界、理性交往、互动共赢的原则，运用对话互动法、生活体验法、生命叙事法、多元化语法和团体学习法，积极主动地与公众构建"参与——合作"关系，充分利用"潮文化"交互生成机制，创造企业需求诉求与公众心愿心声融合的话语局面。

> **💡 要点提示**
>
> 当今的公众严格意义上讲已经不是传播学初期所认定的受众，不是海绵，什么水都吸收，而是与传播者地位平等、认知水平相差无几的主体，不仅是利益主体，而且是认知主体。大家互为主体，平等地通过交往、解释、对话、商谈、达成合作与协调，寻找共存互利的心理倾向、认知架构与行动取向，在传播交往中达成普遍共识。

## 五、瞄准公众情感立场

从传播学角度看，社会正在进入后真相时代。后真相现象是指陈述客观事实对民意的影响力弱于诉诸情感和个人信念。在互联网媒体环境下，公众对事件真相的认知和判断，往往忽视事件的真实状况，而情感特别是情绪的影响则越来越大，并倾向于表达情绪化的立场和观点。英国学者赫克托·麦克唐纳在《后真相时代》指出后真相时代有两个最重要特征：情感先于事实、消解事实成为常态。

情感先于事实，就是情感的认知作用大于事实。信息社会中，由于量子思维的出现，事实本身日趋复杂，人们获得真相的三个途径——理性推理、数据分析和实践均告不断祛魅，理解真相的常态是渐进性，无法准确了解复杂的社会事件，公众逐渐诉诸主观性的原则，凭借经验、情感和态度来解读事实。所以后真相时代的事件陈述文本,始终处于断裂、拼接、补充的不确定性状态,基于立场和利益对事件的理解和对信息的补充,不断解构事实本身,真相成为各方撰写的流动"剧本"。在后真相时代,客观事实影响舆论的作用不断变小,而诉诸情感和个人信仰则能产生更大的舆论影响力,主观情感比客观事实更能影响舆论。情感胜于事实,感性大于理性,成为媒体生活的常态。所以有些学者认为,后真相的本质是情感与信念优于事实真相,甚至屏蔽和取代事实真相。于是,情感、信念、理性、真相成为描写后真相时代的四个序列性词汇,位序不可更改,强调的是情感第一、信念第二、理性第三,而事实真相位列第四,变得不像从前那样重要,只要情感先行,事实可以忽略不计。

消解事实成为常态,是指在后真相时代,人们出于自己的情绪立场或利益需要可以直接消解事实,另外捏造事实,奉行立场决定真相的理念。事实本身的复杂性与人们对于真相理解的渐进性所造成的认知偏差,随着传播与互动,是可以得到校正的。但是,如果出现自觉性利益驱动,利益主体都试图遮蔽、替换、拼接、掩盖、暗示、剥离、影射真相,认知偏差将加速成为鸿沟,朴素的新闻文本将变成利益化的权利"剧本",真相逐渐从可读、可见走向可写、可创,话语在互动中不断变化、衍生,成为别样内容,消解事实因此成为常态。所以,属于0.1%的个别负面事件,更能支配受众的情感、情绪立场;介于真相与谎言之间的似是而非的"第三现实"及其引发的情绪,更能左右受众的观点;明明知道传播的信息很可能虚假、不实,但受众基于当时的情绪或者为了迎合某种利益而选择相信。后真相时代表面是新闻认知问题,实质却是社会问题的折射,受众消解事实的背后,总能发现操纵皮影戏的利益之手,进而顺藤摸瓜找出社会结构转型期的深层次矛盾:利益格局重组、贫富差距变化、正义邪恶交织、社会歧视、环境问题……,这些社会问题如果可能长期得不到解决,消解事实的背景就不可能被剔除,消解事实另构真相也将是长期的。

在传播领域,情感优先于事实、消解事实的做法当然不可取,但公众基于情绪而强调情感的优先地位,要求策划公共关系传播时,要预估公众的情感立场,准确了解公众的价值信念,在不违背客观真相的前提下,践行社会责任,支持、资助富有情怀意义的社会短板问题,如环境保护、公共医疗、女性权益、社会养老、乡村教育、健康传播等,确保传播话语直指社会痛点难点现象、不公现象,与公众情感与信念保持协同性,进而赢取公众的认同与喜爱,实现协调公众关系、塑造品牌形象的目的。

**课堂讨论**

无论是积极情感还是负面情绪,均被定义为非理性心理,但都具有应用价值。我们应该如何鉴别公众情感与情绪的性质?如何在道德伦理边界内合理地利用公众情感与情绪开展公共关系传播?

# 六、整合媒体传播

信息社会的直观表现是媒体众多，信息量大。为了争取公众的注意力，在有限的媒体展示平台扩大公共关系传播的影响力，应该整合媒体传播，扩大媒体呈现面积，创造媒体传播的流量效应。整合媒体传播，包括战略和策略两个层次的整合。

## (一) 战略层次的整合

这是从宏观整体层面上谋求媒体传播的显著性和规模性，主要体现为策划公共关系传播选题、设计公共关系传播主题的公共性和匹配性要求。

公共性就是要求确定传播选题与话语主题时，做到以下四点。①充分照应社会、时代的话语命题，反映时代趋势话题、社会热点话题以及苍生苦难话题的主旨，以形塑企业的家国情怀。②充分体现行业文化，反映行业现状，引领行业发展，以扩大市场总需求为己任，展现企业的责任担当形象。③充分关照企业战略和经营目标的需求，使公共关系传播直接服务于企业的发展，彰显公共关系传播的实用价值。④充分演绎传播主题的内容，围绕既定的选题，从不同维度尽量拓展相关的话题内容，把话讲透彻，做大传播话语的体量，创造认知的累积效果。

匹配性就是要求策划传播选题与话语主题时，充分照应传播媒体的特性，实现内容为王与媒介为体的有机融合。这是因为不同类别的媒体，传播的生成机制是不同的，对事件内容的聚焦以及新闻呈现形式的要求均与不尽相同。例如，在聚焦对象上，广播与报纸作为主流媒体，高度关注意识形态视域下的宏大事件与民生事件，充满正能量，而以互联网传播技术为基础的新媒体则更加热衷生活层面上的细小事件与负面事件，时时表现出"乌合之众"的特点。在话语的呈现形式上，广播讲究通俗易懂、节奏明快和口语化，报纸强调内容丰富、层次清晰和逻辑性，新媒体偏爱立场化和情绪化表达、图片呈现和碎片化。

## (二) 策略层次的整合

这是从操作角度追求公共关系媒体传播的规模性，具体要求有以下六个方面。①谋求公共关系活动与公共关系传播的整合，做到线下公共关系活动传播与线上媒体传播相互映衬。其中，公共关系活动倚重运营主题事件，强调新颖有故事，利用活动本身的主题效应、身份效应和情节效应向公众传播信息。媒体偏重讲故事，以图片、文字或视频、音频等形式，向公众描绘公共关系活动的现场画面，报道主题内容。②谋求主流媒体与新媒体的整合，既要尽可能地吸引广播、电视、报纸、杂志等主流媒体给予新闻报道,更要邀请社交媒体介入,使公共关系传播的内容充溢于微信、微博、客户端,实现融媒体的数字化传播。③追求主流媒体的规模化,根据公共关系传播内容的特性和目标公众的媒体生活习惯,尽可能邀请多种主流媒体报道公共关系事件,创造新闻传播的遍地效应。④追求新媒体传播的规模化,尽可能邀请多个新闻网络平台介入报道之中,同时自建网络传播平台,发起社交传播,并鼓励公众转发公共关系传播作品,利用现代公众"新媒体原住民和新媒体移民"的情结,扩大影响面。⑤谋求媒介文本传播与短视频传播的整合,借助文字、图片、数据与视频传播的力量,做到图文并茂、动静相宜,充分用好文字有想象、有图有真相、视频为王的传播优势,全方位地开展公共关系传播。⑥讲究媒介传播与人际传播的整合,利用口碑效应与人际链接效应,强化公共关系传播的渗透力。⑦注意媒介传播与户外传播的整合,在充分进行主流媒体与新媒体传播的同时,重视各种户外媒体的综合运用,扩大公共关系传播的接触面。

## 七、开展社交媒体口碑传播

进入数字时代,网络成为人际联系的基本纽带,平台成为人际交流的基本场域,社群成为人际群体的基本组织,口碑传播成为人际沟通的核心载体。当下公众消费日趋个体化和平台化,人际信任的作用逐渐大于品牌信任,个体因信任而更易接受他人分享的信息与观点,口碑传播显得越来越重要了。口碑传播指个体间基于人际信任和自然交流,通过日常对话、社交媒体分享特别是推荐、讨论等对话形式而非商业渠道(如广告)与他人分享产品、服务、品牌信息或事件观点、经验的行为,具有可信度高和双向互动的特性,能够有效影响彼此的态度与行为。最初的口碑传播发生于人际的面对面交流,大众媒体时代则主要表现为专家权威人士的证言代言传播,进入数字时代后演变为社交媒体口碑传播,在线评论、评分、转发、发帖等都是口碑传播的形式,具有传播速度快、范围广、可留存、可重复的特点。在商业领域,社交媒体口碑传播的本质是用户主动为品牌代言。用户具有通过点赞、转发来实现社会交换、带来心理满足的需要,加上网络平台的物质奖励刺激(如转发抽奖),参与口碑传播的热情空前高涨,社交媒体口碑传播显得异常活跃。

在信息从社交媒体→意见领袖→普通用户的过程中,社交媒体开放性与去中心化特性的加持,使得口碑传播由一级、两级传播演变为多级扩散。在社交媒体时代,意见领袖是关键的中介因素,但其外延不再局限于传统的专家权威人士范围,已扩展为网络平台及其算法逻辑(虚拟意见领袖)、关键意见领袖 KOL、关键消费领袖 KOC和普通用户。口碑传播除了传统的人际面对面交流和专家权威人士的大众媒体证言代言外,产生了以下更加有效的途径。第一,平台算法推荐与流量分配,即平台这位虚拟意见领袖不仅通过算法推荐内容(如微博热搜、抖音推荐页),而且根据热度、用户偏好等分配流量,把热门信息和优质内容精准推送给潜在受众,形成口碑传播的滚雪球效应。第二,意见领袖推荐,包括 KOL 和 KOC,播主、博主和网红利用其网络意见领袖的身份,发挥口碑传播的核心作用。其中 KOL(关键意见领袖)利用其专业影响力、个人魅力和粉丝基础,形成并带动粉丝参与口碑传播。KOC(关键消费领袖),通过分享消费真实体验与经验带动口碑传播,形成圈层效应。第三,普通用户生活分享,普通用户主动发布消费生活、社交生活的文本、图片、视频等内容,创建口碑传播的信息源并发起口碑传播。第四,普通用户转发与讨论,即普通用户基于自我表达、社交维系和帮助他人等动机,扩散平台信息,深化话题理解,扩大了口碑传播的范围。第五,即时反馈与修正,用户通过评论区实时互动,以修正信息或强化观点的形式,强化了口碑传播的深度。第六,平台工具支持,即平台便捷的评论、转发、标签功能,降低了创作与传播的门槛,便于用户分类和搜索信息,人人成为意见领袖,扩大了口碑传播的队伍。第七,社交网络的节点扩散,平台信息通过"强关系"(亲友)和"弱关系"(陌生人)的交织传播,不断突破社交圈层,口碑传播得以无限拓宽。

在社交媒体时代,企业不仅要引导口碑传播,而且还要赋能口碑传播,通过提供价值感、参与感与归属感,让用户自发成为品牌叙事的主体,使口碑不再是被刻意塑造的神话,而是被广泛认识和接受的真实情况。策划和生成社交媒体口碑传播,关键在于做到队伍可依赖,内容可传播、情绪可传染、节点可联动、数据可追踪、关系可沉淀。具体而言,建构口碑传播的队伍时,应该遵循以下要求。第一,组建网络意见领袖队伍,开展分层传播。企业不仅要选聘与品牌调性相匹配的网络意见领袖,让这些头部 KOL 引爆话题,借助其身份提升影响力;而且要主动与专业化、垂直化领域的达人(如宝妈博主、健身爱好者)合作,以腰部 KOC 渗透社群,精准触达细分圈层。第二,组建普通用户传播队伍,通过"晒单有礼""品牌体验用户招募"等活动激活普通用户的参与热情,实现素人用户裂变扩散,人人成为口碑传播的发起者与参与者,生成口碑传播的共振效应与遍地效应。第三,开设并维护品牌社区(如小米的"米粉论坛"),创建和扩大"熟人"队伍,使之成为口碑传播的基本依靠。第四,策划与开展UGC(用户生成内容)活动,通过发起方案征集(如小米 SU7 上市周年方案征集)、挑战赛(如抖音"海底捞隐藏吃法")、话题标签(如微博♯秋天的第一杯奶茶♯)等活动,让普通用户成为口碑传播的内容生产者与扩散者,无限扩大口碑传播的群众队伍。第五,建构身份认同,通过身份标签(如"果粉""米粉")建立品牌社群,夯实口碑传播的社群基础,激发社群归属感,鼓励用户为群体发声,维持口碑传播。第六,充分利用通过平台联名技术机制(如喜茶×原神)和跨界活动,链接不同兴趣群体,融入多元社群,扩大口碑传播网络。

策划口碑传播的内容时,需要注意以下要求。第一,注重娱乐与社交。立足企业IP,打造有故事、有温度、有代入感的内容,满足用户娱乐和社交需求,让用户开心,开心的用户会不断传递开心,开心的口碑传播一定会让企业更加满意和自豪。第二,突出实用价值,通过主动输出普通用户日常生活中确实需要的相关知识(如完美日记的"化妆教程"、小米的"手机摄影技巧"),促成口碑传播。第三,注重情感共鸣。惊喜、愤怒等具有情绪价值的信息内容更能激发公众的转发欲望。因此,通过故事化叙事专题(如支付宝"十年账单回忆杀"),深入挖掘用户情感共鸣点,有效刺激用户产生分享欲望。第四,持续提供"谈资",围绕企业品牌故事,定期制造社交话题,维持公众讨论热度,强化口碑传播的张力。第五,强化品牌信息的稀缺性与独特性,提供用户愿意分享、值得炫耀的内容,从而激发用户的口碑传播欲望。第六,预埋传播关键词,在传播内容中巧妙嵌入网民偏爱的搜索关键词,提升内容被算法推荐的概率,从而借助平台机制扩大口碑传播的影响力。第七,利用物质激励,开展裂变式奖励活动(如瑞幸咖啡"邀请好友得券"),激励用户主动分享并邀请更多人参与口碑传播。

# 第三节　公共关系媒体传播的策划

公共关系媒体传播主要有新闻传播和广告传播两种形式,均强调创意与策划,试图借助主流媒体和新媒体的传播机制,扩大公共关系事件的影响。

## 一、公共关系新闻传播的策划

相对广告传播,公共关系新闻传播能够打破公众拒绝认知的心理防线,借助新闻的客观性和公共性光环,通过特殊的主题诉求和新闻事实,让公众不知不觉地接受相关信息,并进入企业所设定的"思维圈"。

### (一)撰写公共关系新闻稿

公共关系新闻稿是描述企业具有一定新闻价值的专题事件的消息稿,一般来说,不仅总体上描述专题事件,还要含蓄表达对事件潜在的态度和观点,由企业主动提供给新闻媒体并希望媒体采用报道,同时也发表在企业官方网站以及微信、微博、客户端等新媒体平台。

新闻稿一般由新闻图片和新闻文字两个部分组成。

新闻图片主要有五种,即重现人、物、景原貌为主的新闻照片,根据统计数字制作出来的新闻图表,具有讽刺幽默效果、旨在借形表意的新闻漫画,速描新闻人物和事物瞬间动态形象的新闻速写,还有新闻地图。新闻图片以视觉图像来传达新闻信息,具有纪实性、证实性和实感性等"在场"特点。在被称为读图时代的当下,新闻图片能够确切而清楚地突出新闻主体形象,使读者与网民迅速集中视点。

新闻文字部分的总体框架包括四个方面:标题、导语、正文及新闻背景。新闻标题用以明示新闻事件,呈现公共关系活动的主题,并点明主题的公共性与社会价值。导语部分主要用最简洁的语言阐明公共关系事件的时间、地点、人物、事件、原因等信息。根据写作方式,导语分为直述式导语、发问式导语、引语式导语、评论式导语和描述式导语五种。

正文部分主要阐述新闻事件的基本过程,旨在呈现公共关系事件的总体框架,再现其中的故事性情节。正文常用的行文结构有金字塔结构(即按照从小处落笔、向大处扩展的思路,以小故事、小人物、小场景或小细节为开头,然后过渡性进入新闻主体部分,再和盘托出新闻大主题、大背景,重点深化主题,最后呼应开头,回归到开头的人物,从社会与人文角度升华主题)、倒金字塔结构(即按重要性进行排列,重要人物、重要事件置放在前面,而次要人物、次要事件置放在后面)、顺时结构(即按照事件发生的先后顺序安排写作内容)和并列结构(即把同等重要的人物或者事件进行归类,按专题形式予以安排)。新闻背景主要是交代与新闻事件有关的背景资料。

公共关系新闻稿肩负传播信息、塑造形象的重任,在写法上宜遵循确切真实、故事叙事、客观呈现、人文关怀、贴近生活和饱含信息的原则。确切真实强调的是公共关系新闻涉及的事例要真实存在、具体确凿,从根本上形塑公共关系新闻的真实感。故事叙事强调用文学描绘的手法讲述公共关系新闻事件,营造话语情景和在场效果,使新闻变得生动活泼、通俗有趣。客观呈现强调的是记录准则,一方面要客观描摹极具代表性的个案性人物故事,借助其动作、语言和感情,呈现其真实的生活状态和工作状态;另一方面要直接引用具体人物真实感人的鲜活语言,以新闻人物的话语表达对问题、现象的意见与看法。人文关怀就是强调的是新闻不能就事叙事,而且是延伸出人与自然、人与社会、人与人关系的高度。饱含信息强调的是新闻要有强大的信息释放功能,能够从具体的事件或人物展开出去,由小见大,引出一串数字或某个问题,表现出对人物命运和社会现象的思考。

**实战**

假如您是学校宣传部的工作人员,请您以校友回母校探望教师、重温校园生活的活动为题,拟写一则旨在宣传学校人文精神、推送给本地晚报的新闻稿。

脚踏实地,勇毅前行,一切皆有可能! 加油!

### (二) 策划新闻事件

策划新闻事件的思想源于美国学者布尔斯廷的"假事件"理论。假事件是相对社会中自然呈现出来的客观性新闻事件而言的,不是虚假、捏造的事件,而是"由传播者以吸引媒体注意和进行公共宣传为目的而制造的事件",正如施拉姆所言,是"故意制造出来供大众媒介报道的事件"。1961年布尔斯廷出版《图像:美国假事件指南》,认为假事件是当代社会整体机制的重要组成部分,在获得公众认知、认同、信任和支持方面具有特殊作用,能够整合社会的传播功能。他总结假事件具有以下特点。①它是真实发生过的事件。②发生的过程是人为设计和策划出来的,而不是自然发生的。③策划假事件的目的是争取大众媒介的报道。④假事件与真实情况关系暧昧,客观的自然事实与建构的人为事实浑然一体。⑤策划者希望假事件是一种自我实现的预言。⑥假事件与自然事件相比,具有显著的戏剧性品质。⑦因为预先做妥了报道预案,假事件的传播显得高效而生动。⑧假事件是策划出来的,直面社会问题和社会需要,富有情怀、社会效果,具有话题性,容易引起公众关注。

基于假事件理论所揭示的宣传性作用现象,公共关系学者创造了策划新闻事件这个传播工具。策划新闻事件是指社会组织围绕某个公共关系目标而开展的,通过巧妙的策划与安排,有意开展具有话题效果的社会事件,以引起新闻媒体的报道,进而获得公众的广泛关注。策划新闻事件,成功的关键就在于策划开展的社会事件确实富有社会意义和情怀价值,具有新闻价值,主流媒体和新媒体感到确实有必要进行报道、转发,如果没有报道、转发,就是新闻工作的失职。

根据假事件理论,公共关系要端正认识,高度重视策划新闻事件,同时也要讲究艺术。具体而言,策划新闻事件须遵循以下六个法则。①正当法则,即必须秉持传播的政治性和公共性品格,确保事件主题的社会意义,基于社会责任担当来形塑新闻价值。②建构法则,即在尊重客观事实的前提下,积极建构人为事实,追求事件暧昧的真实效应。③传播法则,即积极筹备传播预案,推进事件的媒介化进程,使社会事件呈现为新闻事件。④编导法则,重视事件的导演,注重人—内容—环境的关联,创造新闻亮点和话题效果,提高事件的吸引力指数。⑤平衡法则,即注意隐藏动机,准确平衡传播媒介的报道需要与社会组织的宣传需要,踔厉达成新闻利益共同体目的。⑥正当法则,注意避免过度建构,避开敏感话题,守住底线,确保事件话题的适当性与合理性。

新媒体环境下的传播具有去中心化、去中介化的趋势,策划新闻事件需要针对网民特性,及时进行转型。如果说在主流媒体环境下,策划新闻事件追求的是新闻价值,那么在新媒体环境下追求的则是传播黏性。鉴于网民新媒体生活的碎片化和平民化特性,为了能够争取新媒体的转发,提高传播的黏性,策划新闻事件应该在遵循以上六个法则的基础上,还需要特别注意以下要求。①简约,即话题内容直奔社会核心议题，直击人性核心需要，而呈现形式却又显得十分精练。②意外，即事件具有打破常规、超出预期的非主流效果，能够让人产生惊讶之感。③具体，突出细节的展演、回放与提示，因为细节更能帮助人们理解和记忆事件。④可信，在事件展演中，注重提供令人信服的细节、统计数据、获得权威专家或全球卓越组织认同的证据。⑤情感。为此应该寻找能够启动关爱情愫和兴趣向往的人与事作为新闻事件的策划对象，并采用微观叙事的策略。单个具体的人或事特别是落单的、被时代遗忘的人与事，更能唤起人们的同情情感和对涉事规章制度的激怒情绪。而具有共通效果的兴趣与爱好，则能激起人们的向往兴奋之情。微观叙事具有深厚的非虚构写作，突出的是底层人物的非正常遭遇，在情绪引导和情感引领方面具有特殊的作用。⑥故事，即善于缔造具有麻雀变凤凰和反转效果而结局完美的剧情。

需要强调的是，策划新闻事件毕竟带有明显的宣传性，而所谓的事件又是策划出来的，容易引发公众的反感心理。因此，策划新闻事件时，无论是人与事，内容与剧情，呈现的标题与图文，都需要遵守公共秩序，符合善良风俗，不得挑战公序良俗和道德底线，做到出奇而不离谱，追求震撼而不是震惊的传播效果。

**实战**

假如您入职的公司成立十周年，请您以此为题，大胆创意，策划一则新闻事件，把公司原本平凡的庆典仪式，做出新闻亮点，让本地晚报主动采访并报道。

脚踏实地，勇毅前行，一切皆有可能！加油！

### （三）策划搭乘传播

社会重大活动，如大型体育比赛、重大社会事件、重要名人活动、重大外交活动等，本身具有较大的新闻价值和流量价值，是新闻媒体、网络平台的报道对象。企业只要通过巧妙策划，参与其中，或为其提供场地、人员、设备等方面的服务，成为整个活动的有机组成部分之一，就能够成为新闻报道的内容。策划搭乘传播，关键是选择参与的社会事件本身要具有极高的新闻价值，有流量，有话题，同时让企业有机嵌入社会事件之中。

**实战**

假如您是德国某化妆品公司中国业务代表，请您构思方案，使公司成为某届中国国际进口博览会的新闻内容，引来网络平台报道和转载。

脚踏实地，勇毅前行，一切皆有可能！加油！

### (四) 召开新闻发布会

新闻发布会是企业召集媒体公众、政府公众等,宣布某一专题事件信息的一种特殊会议。当企业专题事件具有社会重要影响力,具有新闻价值、流量价值时,应当及时召开新闻发布会,争取媒体报道。

新闻发布会的准备工作相当重要,需要做好以下工作:确定邀请媒体与记者的范围,确定地点和时间,确定主持人和发言人,预备记者参观路线,准备发言提纲、报道提纲和辅助材料,资料必须全面准确、简明扼要,主题突出。

新闻发布会的实施阶段,主要涉及以下五项工作:布置会场,接待来宾,发布信息,现场调控,组织提问与回答。

### (五) 安排专访

专访是邀请或接受媒体就社会普遍关注、共同感兴趣的事件,采访新闻事件单位领导的一种报道形式。相对于新闻发布会,专访的事件更加显著,往往是社会重大事件;访谈对象的级别更加特殊,或者是主管领导,或者是当事人;谈话的内容更加深入丰富,涉及事件本身的来龙去脉和处置事件的决策过程等,许多内容往往是首次发布。

为了充分扩大专访的传播影响力,在前期准备阶段,需要做好五方面的工作。①热忱接洽或积极邀请采访者,主动向采访者提供相关资料,同时请采访者提供专访的问题提纲。②根据采访提纲,为被采访者提供访谈咨询,预测采访问题,并初步拟定回答要点与话语。③明确回答的禁忌话语与不适宜公开的事实。④培训被采访者,提高其应对媒体记者的综合素养和专项技能。⑤组织仿真演练,立足实战,训练被采访者的话语表达能力和应变能力,确保被采访者善于讲真话,熟悉专访所涉及的工作,并能够始终保持亲民、轻松的态度。

在专访中期,需要做好三项核心工作。①引导被采访者熟悉环境,并为被采访者减轻心理压力与负担。②为采访者与被采访者提供基本的书面采访资料。③按照预先的商定,安排足够的采访时间,供采访者与被采访者进行深度会谈,充分交流。在专访过程中,公共关系人员应该全程坚守在采访的现场,时刻注意专访内容和走向,确保专访"不跑题"。

采访结束后,应该核实记者记录的采访稿,确保记录内容准确无误;征得采访者的同意,协商并修改采访者的新闻稿内容,并时刻与专访记者、编辑保持联系,确保在新闻刊发前获悉最终定稿内容。

## 二、公共关系网络传播的策划

　　在移动互联网环境下，智能手机拥有独立的操作系统和运行空间，成为公众的刚需与标配，互联网成为公众生活的主阵地之一，微信、微博、短视频和直播成为公众生活的重要平台，做好网络传播当然就是公共关系传播的重要任务。

　　公共关系网络传播讲究渠道至上、内容为王。

　　渠道至上，强调通过关键词把传播作品推至合适的网络平台。网络传播的方式方法多种多样，当下适合公共关系传播的主要有以下六类：一是自媒体传播，即把原创作品推至自媒体平台，如抖音、快手、微信公众号、小红书、西瓜视频、今日头条等短视频与直播平台，爱奇异、腾讯视频、哔哩哔哩等网络视频平台。二是软文传播，即以新闻形式把公共关系信息推上新闻资讯平台类的商业网站，如新浪网、网易网、搜狐、凤凰网、和讯网、太平洋时尚网等。三是问答传播，即在问答平台如百度知道、知乎问答、头条问答等，发布问题，以答题形式互动化地传播相关信息。四是百科词条，即编制企业百科词条，让公众通过百度搜索获得相关信息，达到传播目标。五是社交平台，即撰写短文，编辑图片，以微信、微博形式发布于社交圈。六是主流媒体 APP 应用程序及其在各大平台上的媒体账号传播。

　　内容为王，强调生产、制作符合网民民生需求和精神需要的网络传播作品，包括两个方面：一是在融媒体生产思维指导下，根据互联网特别是移动互联网的传播特性及其用户群体特征，立足社会组织的官网和移动互联网的传播需要，把用于报纸、广播、电视传播的新闻作品进行内容上和形式上的转型与改造，生成互联网版新闻稿和手机版新闻稿，并加以发布。二是基于 5G 时代背景，针对 Z 世代公众和 α 世代的特征，开展具有去中心化和碎片化特色的短视频、二次元和 IP 传播，提高社会组织及其品牌的黏性。

**235**

*Xian Dai Gong Gong Guan Xi Xue*

### （一）策划短视频传播

随着 5G 宽带移动通信技术的发展，以快手、抖音短视频和微信视频号为代表的视频平台迅速崛起，并挤占电影、电视等长视觉媒介的呈现空间，社会正在转型步入长视觉与短视频并存、但趋向于短视频的媒介格局。

短视频是指在移动互联网视频平台上播放的、主要由草根普通用户生产制作、记录日常生活、内容短小有趣、适合移动化与碎片化观看、时长在几秒至 5 分钟之间的分享式视频作品。微电影、微短剧、纪录短片、DV 短片、广告片段、视频剪辑都是短视频的呈现形态，写实记录、建构叙事、衍生创作都是短视频的生成路径。写实记录就是以生活风貌与风土人情为核心，用镜头语言没有设计感地记录生活场景，可能是真实火热的工作瞬间，可能是细致入微的生活片段，也可能是精彩纷呈的娱乐休闲，还可能是唇齿留香的美食体验，有故事、有人情、有梦想，用烟火味、人情味、文化味浅显而直白地呈现普通人对生活的热爱，体现的是经典的现实风格。建构叙事就是立足特定主旨进行文稿创作，选择美景表达创意，呈现出视频散文的唯美风格。衍生创作就是在不侵犯知识产权的前提下，剪接、编辑已有视频，具有典型的碎片化特点。各种形式的短视频切合了普通网民关切社会问题、追求快乐生活及明星梦的需要，深受大众喜爱。

短视频传播就是立足协调公众关系、塑造品牌形象的公共关系目的，把社会组织的品牌故事、对新鲜世界的感受加以剧情化、段子化、梗文化演绎，创作主题短视频，或者把社会组织的标识符号和品牌植入唯美的散文式短视频，让公众在观看和分享短视频的过程中，共情聚焦，裂变引流，不知不觉中形成品牌认知和品牌情感。短视频传播，不仅能够营造直观的消费场景与氛围，创造粉丝经济，而且能够植入企业文化和品牌信息，迅速提升品牌影响力，拉近品牌与公众之间的距离，增进公众对品牌产生信赖感、依赖感。

短视频传播包括明确公众定位、确定投放的视频平台、创作短视频、启动 KOL 网络活动和账号运营等工作。其中，创作短视频是核心工作，细分出内容与呈现风格定位、确定标题、撰写短视频概要、编制分镜头脚本、采集素材、运用视频剪辑软件剪辑素材、编辑合成等环节。创作短视频需要遵循以下六个方面的要求。

第一，话题简短。短视频的核心特征是时间短。它是定位于 5G 技术环境下行色匆匆的人们在碎片化状态下收视的作品，因此其话题应该是一个能用几十个字就能完整表述的故事，短小精悍，与公众碎片化观看的习惯保持一致。创作短视频，要善于把社会组织的整体形象和历史形象碎片化，生成一个一个的小故事，提炼出故事的精要，概括出事件的精髓，然后运用视频镜头语言，截取碎片化的某些瞬间，进行细节化、情感化和故事化的逻辑呈现，把短小而有趣的精髓内容，借助主体突出、主次分明、简洁明了、富有舒适变化感的画面,真实而生动地呈现出来,力争取在短片的前3秒抓住用户,并持续黏牢用户。这是短视频产生影响力的基础。

第二,基调有趣。短视频的关键是短小之中显眼有趣,满足公众对快乐志趣的内心渴望。这里的有趣,有四层意识:一是直接打快乐牌,围绕音乐、明星、旅游、动物等容易给人带来轻松、欢乐感觉的主题制作短视频,社会组织与产品只是作品中被植入的背景符号或道具。二是选择稀缺的美好事物、有价值的平凡事物、蹭热度的事物作为主题内容,以内容简单但有反转的故事,追求感人效果或搞笑效果。三是进行个性化的即兴夸张表演。短视频的故事线虽然短而简,但依然充满戏剧性,喜感、戏感十足,娱乐、轻松、幽默、搞笑色彩浓,能够让人开怀一笑或顿悟,帮助大众消除心理负担,缓和精神压力。四是呈现高级乐趣,即探求真理的旨趣,直面问题本质的情趣,解决问题的志趣,通过短视频实实在在地解决一个又一个具体的难题,在引领社会发展的过程中,缔造大众的幸福心绪,帮助社会沉淀坚忍、乐观、从容、智慧等优秀品格,引导大众信心满满向明天、青春不停步,步入激情燃烧的岁月。

第三,蕴含公共情怀和公益温情。短视频具有公共产品的属性,故事线、细节线的终端是社会信仰与核心价值观。因此,短视频的叙事应该具有教育性、时代性、典型性、代表性、重要性、公益性和代入感的特点。教育性是指短视频定位于传播传统文化、节庆仪式、时代精神、人文精神、科学精神、社会核心价值观,能够让公众收获进步与成长。时代性是指短视频反映的是当下国家、社会的关切,属于热点问题或热点话题。典型性是指短视频集中体现某一类事件或问题的共性,能够由个别到一般,完成由特殊到普遍的认知。代表性是指短视频应该再现某类事物的总体属性,能够帮助人们形成对事物总体的认知。重要性是指短视频的指向对象是对当前社会、对当地发展、对当下人们特别重要的事物,是大家共同高度关注的事件。公益性是指短视频积极介入环境保护、慈善、教育、医疗、扶贫帮困等公共领域的事业,关注民生基本问题,具有底层叙事的风格。代入感是指短视频的内容展示着人们共同的经历、共同的面对、共同的向往,能够引起大家的共情、共鸣。

第四,突出梗创作。梗源于相声中的"哏",即笑点,现在指特定圈层中的人,经典而有趣地描述相关事物的金句或词汇,具有极强的娱乐性,或者有趣,或者扎心,在某个时期内的圈层交流中为大家频繁使用、复制模仿,人们津津乐道,彼此心领神会。在短视频创作中,要善于从企业文化特别是品牌中提炼关键符号和元素,创作梗语,或者把企业标志符号替代流行梗语的某个词中,用梗来呈现品牌特性和产品优势,激发公众对品牌的共鸣与认同,并借助梗的拓展留白,引导公众进行多元化的创意再生产,创造更多的反转点,启动二次传播。

第五,维持社群互动。公众观看短视频,不仅具有获得资讯、丰富精神生活的目的,而且还有社会交往的用意,把观看、分享短视频视为社会交往的渠道。因此,短视频应该保持开放性与交流性,让用户点赞和评论短视频、私信视频发布者,视频发布者则及时给予回复与评论。有时,为了活跃短视频社群气氛,还要特意设置具有争议色彩的话题或奖励环节,加强视频发布者与用户、用户与用户之间的交流互动,拉近彼此之间的距离,增加社群成员的身份感,强化社会组织的黏性。

第六,重视双向书写。在信息技术和网络平台的支持下,生产、制作短视频的门槛低,分享、互动日趋便捷,一部智能手机就可以记录、展现、分享日常生活中的所见所闻和自己的美好瞬间,传播的草根主义得以落实,实现了人人都是艺术家、人人都是传播者的梦想。因此社会组织应该邀请公众共同创作短视频,引导公众立足社会组织的故事、产品和品牌,记录生活、开展交流和表达对社会事件的看法,帮助公众张扬自我、助力个性成长、铸就个体价值,借此生成公众与社会组织的共同体意识,实现巩固公众关系的目的。

**课堂讨论**

请您拍摄某知名化妆品新款上市推介会的素材并制作一则短视频。然后以相同主题运用 AI 大模型生成一则一分钟的短视频。您创作的短视频与 AI 生成的短视频,哪个更加具有传播效力?为什么?

脚踏实地,勇毅前行,一切皆有可能!加油!

## (二)策划二次元传播

二次元来自日语,是相对一次元和三次元而言的。一次元指小说描绘的世界。三次元是指人类生存生活着的现实世界、现实的人物与事物及由此诞生的图像(如真人照片)、真人影视剧作品,偏向直观影响人的认知。二次元的字面含义是二维世界,特指以动画(animation)、漫画(comic)、游戏(game)及轻小说(novel)这些二维图像形式在纸质、电视平面媒体所营造的虚拟世界,偏向启动人的幻想思维。二次元作品中的角色都是图像形式,而非真人饰演;内容都是唯美幻想的,而不是现实主义的。随着移动互联网的普及,二次元的外延得以拓展,现在把具有唯美、幻想特点的 3D 动画、游戏作品、虚拟偶像、电影电视剧及其衍生产品也称为二次元作品,并把真人表演与动画的合成作品、由 ACGN 作品衍生出来的舞台剧等真人表演作品、动漫真人秀、动漫角色扮演、动漫配音、动漫周边手办等,称为 2.5 次元。

二次元是年轻公众的精神乐园。开展二次元传播,是赢得年轻公众的捷径。策划二次元传播,应该注意以下要求。

第一，有机凸显社会组织。对年轻公众来说，二次元是精神世界，但对社会组织来说，二次元则是传播载体，是社会组织的一种传播形式。社会组织的文化、故事和品牌，只有有机融入二次元世界，对社会组织才是有意义的。社会组织融入二次元世界的途径主要有主题演绎与植入两种。主题演绎以社会组织的文化、故事与品牌为主线建构二次元世界，即围绕行业、企业和目标公众三个维度，基于行业故事、企业故事和目标公众相关的消费故事，特别是企业的历史故事、文化故事、信仰追求、管理故事、品牌故事、营销故事等，进行创意构思，生成时间线、人物线、场景线、事件线、冲突线、决策线和思考线，形成动画、漫画、游戏或轻小说等二次元作品。其中，时间线就是合理而清晰编排企业关键性生产经营管理及商业事件的时间点和进行决策的时间点；人物线就是明确企业故事的主角与配角及其各自扮演的角色、需要完成的情景性任务、面对任务的心情；场景线就是明确企业故事展演地点与环境的辗转，如内景与外景、街景还是自然景、近景中景还是特写等；事件线就是明确企业发展历程和公众成长历程中的关键事件及其起承转合的发展线；冲突线就是安排企业故事在何处形成争端、在何处产生冲突、在何处矛盾升级、在何处给予隐藏、在何处转折得到最终解决，创造出扣人心弦的剧情节奏；决策线就是通过心理刻画和人物对话，呈现企业发展决策面临的挑战与机会、威胁与机遇，展示决策角色的内心向往、性格特征，使角色人物形象更加丰满；思考线就是借助角色叙事，以提问形式或者留白形式给公众留下思考平台，让公众基于剧情思考场景、问题和方案，获得参与感。植入就是将社会组织文化、故事碎片化，或者 Logo 等元素，以二次元角色的话语素材与道具形象、展演背景等形式，呈现于二次元世界之中。

第二，拿准目标公众对光荣与梦想的热切向往。二次元诞生于 1989 年的日本，有其特殊背景。当时，日本经济由快速发展坠入衰退阶段，而周边国家社会经济发展却高歌猛进，于是日本社会情绪普遍消沉悲观，但个人又没有改变社会经济下坠局面的契机与能力，普通民众都有我国南唐后主李煜的"虞美人"心态，时时追问"春花秋月何时了/往事知多少/小楼昨夜又东风/故国不堪回首月明中/雕栏玉砌应犹在/只是朱颜改/问君能有多少愁/恰似一江春水向东流"，十分怀念过去经济高速发展所带来的美好与光辉，希望摆脱现实世界的困惑、迷茫、失望，于是沉迷于动画、漫画、游戏及轻小说所建构的虚拟世界，从中获得了心灵上的满足。光荣源于历史，梦想指向未来，但现实很骨感，臻于完美的追求在现实世界成为永远的奢侈，成为心中的痛点与难点。为了善待自己，一头钻进二次元世界。这才是人们偏爱二次流行的内因。进行公共关系二次元创作，只有找准确了目标公众光荣与梦想的向往所在，二次元才能生成超越现实的优越性和价值感，才能赢得目标公众的青睐。

第三，缔造唯美的梦想世界。成长于丰富的物质环境，加上没有困境逆境的成长经历，Z 世代公众的心理任性而脆弱，容易产生挫折感，于是二次元世界是成为大家摆脱沮丧心情的港湾,成为公众最好的聆听者,成为情感的归宿,灵魂的延续,成为虚拟人生的驿站。二次元只有具有唯美、幻想、梦想、憧憬的特质,把三次元世界人类心中模糊的对梦想生活的憧憬和对美好未来的期望描摹出来,充分展示人类天马行空的浪漫气质,才能让公众沉醉其中,安好地生活在二次元世界。公共关系二次元的唯美世界,应该拥有远方的世界、绝美的主题、纯美的情景、精美的故事、鲜美的人物角色,以令人憧憬、想象的展现方式触动公众的视觉体验和心理体味,满足公众"高贵的二次元才不屑于与三次元同流合污"的精神追求。

第四,秉持画面感的叙事风格。二次元作品在形式上的特点就是细致的图像语言取代了繁华的文字描写,丰富的图像和极简的文字构成了二次元的叙事风格。二次元作品倚重丰富而精细入微的图像语言,用简化的线条传递无法言传的境界与故事,让公众产生看景胜于读景、观景胜于觅景的意会效果,简单直白,想象空间却十分丰盛。二次元作品也运用文字,但惜墨如金,且偏爱对话语和象声词,以造就故事内容直白简约、画面风格精致唯美的特色,唤起公众的想象热情。公共关系二次元世界,在呈现形式上必须要突出图像丰富和文字极简的品格,充分满足公众的读图需要和画面想象需要。

第五,提供目标公众共同书写的机会。现代社会里,繁重的学习、工作和生活压力,让人们偏爱梦想,而总体丰富的物质生活,又让人们敢于梦想。把自己的梦想、幻想外化于互联网世界,进行交流、分享,既是精神的寄托,也是社交的需要。所以越来越多的公众,不再仅仅被动接受二次元,而且渴望创作自己的二次元。在公共关系二次元传播中,应该在互联网平台设置公众参与窗口,邀请公众共同书写梦想,共同缔造梦想,在梦想分享中启动集体幻想。

**课堂讨论**

请您运用 AI 大模型,生成一则主题为"匠心杏花楼月饼与美好 Z 世代中秋夜圆"的二次元短视频作品。这个作品对您具有影响力吗?有让您怦然心动的元素或情节吗?

## (三)策划 IP 传播

IP 是 intellectual property 的缩写,字面含义是知识产权。IP 传播作为一种商业策略,是指把具有文化底蕴和快乐价值,且为目标公众珍藏深爱的已经存在的著作物(如漫画、轻小说、电影、音乐、游戏等)中的标志性元素符号(如短语、图片、图像、声音等),或者是把企业形象中的某个标识性要素,根据目标公众的偏好进行人格化、故事化、动漫化、人物化改造，甚至邀请目标公众共同书写，使之成为内容全新的知识符号，生成出第二形象或衍生产品、周边产品，用以唤起目标公众的美好情感，激发目标公众浪漫想象，从而实现跨界经营、多平台自主传播的策略。

第一，IP策略的价值使命是发展、壮大忠实粉丝队伍。企业立足知识符号已有的品格特性，利用文化产业链进行跨界经营、跨界授权再利用、跨界合作，把企业受欢迎的主打产品孵化出多种衍生产品、周边产品；或者基于知识符号的固有品质，发展、延伸知识产权新的品牌特性，推出衍生产品或品牌，让企业由一个品牌发展为一个品牌群，由一个IP扩展为一个IP系；或者利用社交媒体，邀请公众共同参与书写，延展知识产权的内涵，开展线上、线下社群活动，形成一个完整全面的品牌形象展示，强化IP与公众之间的情感关系，实现巩固、扩大公众队伍的目的，获得关注和流量并得到商业变现。

第二，用于IP开发的元素材属于蕴含快乐的"富矿"，这些已经存在的著作物，承载着目标公众往日的美好记忆、当下幸福的欢乐共情或未来生活的浪漫梦想，承载了一代人的情感记忆，具有陪伴价值、情绪价值和炫耀价值，是目标公众的情感寄托所在，与目标公众存在情感纠缠关系，能够给目标公众带来轻松一刻、快乐无涯的感受，拥有强大的市场号召力和粉丝队伍，具有极强的影响力、注意力、连接力。

第三，IP符号不仅是符合系统，而且饱含着被快乐所包裹的社会文化，讲究形式上的欢乐感和内容上的严肃性。形式欢乐表现为用户能够自发参与，接地气、通人性，极富爱好价值和娱乐价值，有效地阐释人类的娱乐精神。内容严肃指IP内容应该是基于特定世界观，以文化与情感为核心要素的文化符号体系，有故事，有角色，传播的是社会信仰、人间梦想、传统文化、时代精神、社会核心价值观，展示着一代人激情燃烧的岁月，体现了一代人共同的精神生活，借助符号系统、故事链和精神内涵的力量唤醒目标公众的深层情感、底层记忆和长期情怀。由于IP传达的是一种精神，而不仅仅是种符号，因而能够跨越产品和行业的界限，为跨界传播与经营提供了内容上的可能性，使IP粉丝转型为产品用户。

第四，IP的作用契机在于追求品牌与顾客深层次的情感连接。IP通过精神与情感的传达，特别是品牌人格化的形象处理，引导顾客与品牌缔结深厚的情感联系，产生共鸣、喜爱、同情、鼓舞等情感，加深共情，获得精神层面的情感体验，对品牌产生认可感与依赖感。

第五，能够持续生产有故事性、情境性和可读性的IP内容，给目标公众创造3F获得感，即fresh（新鲜）、flash（快速）和fulfill（满足），让目标公众获得够新鲜、够快速的满足感。故事性就是要求IP内容要有人物线、时间线，呈现真实或唯美的焦点事件，有跌宕起伏的故事情节，能够引人入胜。情境性就是要呈现故事发生的背景、过

241

程和冲突，有代入感。可读性就是要设置有吸引力的角色，注重对人物进行心理刻画与细节描述，用以渲染情景。

IP公关的实现路径主要有以下六种。①把富有喜感快乐特质、目标公众喜闻乐见的文艺作品中的某个标志性元素符号，如人物、动物、植物、物品、短语、构图等，标注全新的性格特质，注入全新的故事内容，生成二次创作物，生成企业的文化IP。②对社会重大事件包括突然发公共事件中具有娱乐、快乐色彩或者温暖人心的事件、人物、话语、符号、标志等注入新的内涵，进行全新的解读或改编，生成企业的社会IP。③与知名的动漫IP、游戏IP、小说IP、电影IP、电视剧IP、主播IP、明星IP等进行联动，开发衍生产品、周边产品，开展跨界传播与营销，借船出海，生成企业的合作IP。④把企业历史文化中的某个片段，或者企业战略中的某个亮点，或者企业形象中的某个符号（如商品Logo、标志性建筑），以年轻公众喜爱的内容和生活线进行全新的叙事，生成企业的品牌IP。⑤挖掘企业核心人物、英雄人物的信念与精神追求，基于企业文化和行业特性，进行有人设、有性格、有个性的角色传奇演绎，生成企业的人物IP。⑥立足商品定位的公众生活样式，描绘或者建构一种类型化、个性化的用户生活风格，生成企业的用户IP。

### （四）策划电商直播

在互联网上，但凡文字传播，必需的前提是传者能创作书写、受众能识字明义，偏爱主旨主题，偏爱摆事实讲道理，具有精英取向，呈现的内容相对理性，传播的议题设置效果显著。相比之下，短视频传播具有草根特质，人人拍，人人看，再加上算法推送机制，很容易聚拢志趣相同者，传播的"自己人效应"和"后真相现象"十分明显。但短视频是固定的，而电商直播则充满动态互动，融底层草根、喊麦、表演、配乐、直接互动、算法推送和明星崇拜于一体，极易进入"乌合之众"的情绪化状态，传播的仪式链效果和后真相效果十分显著，特别能够吸粉、提高流量。在社交媒体时代，应该重视电商直播，根据社会组织的性质与公共关系战略，挖掘社会热点事件中具有讨论空间、多维信息的新闻价值，选择合适的话题，在相关直播平台上合法合规、富有逻辑地呈现自己的观点，与用户分享话语故事，展现社会组织的视角与立场、情怀与审美，用公共性品格引领社会发展。

## 三、公共关系广告的策划

公共关系广告包括公共关系活动广告、整体形象广告、公益广告以及公文式广告（如致谢广告、致歉广告、响应广告等），是提高企业知晓度和美誉度的重要途径，也是展示企业社会责任形象的基本平台。公共关系广告属于广告的一部分，也特别强调创意，遵循 R. O. I 等经典创意理念的基本要求，借助 AI 大模型美术技能，策划富有冲击力的公共关系广告作品。R. O. I 理念是 20 世纪 60 年代美国 DDB 广告公司创始人威廉·伯恩巴克提出的广告创意策略，指出优秀广告应该具备的三项特质，即关联性（relevance）、原创性（originality）和震撼力（impact）。关联性就是广告创意的主题要与商品信息相关、与目标对象的生活形态相关、与企业期望的公众行为相关，否则就失去意义。原创性就是要求广告创意具有与众不同的特色，刻意求异，否则就缺乏吸引力。震撼力就是指根据目标公众的媒体生活习惯，在恰当的时间、地点选择恰当的媒体，传播符合公众当时心境的广告信息，使广告深入到公众的心灵深处，拥有"打破公众漠视广告"的能力。

**资料补充**

◆ 广告创意 KISS 法则：让广告甜美而简洁（Keep it sweet and simple）。

◆ 广告创作 4F 法则：使广告具有新鲜（fresh）、乐趣（fun）、承诺（faith）和人性自由（free）的特质。

◆ 广告创作 5I 法则：基于创意（idea），创作具有冲击力（impact）的广告，以激发公众产生兴趣（interest）、满足目标公众关注的信息（information），促成公众产生行为冲动（impulsiveness）。

### （一）公共关系活动广告

公共关系活动广告是企业向目标公众传播公共关系活动主题、内容等信息的一种广告，旨在吸引目标公众参与相关的公共关系活动。公共关系活动表现形态是多种多样的，如周年庆典、产品与品牌推介、产品上市路演、商品文化节、专题征集、大型会务、公益服务等等，只要能够实现企业公共关系传播的意图，任何活动都可以演化为公共关系活动。公众参与与否，深度参与还是浅度参与，直接影响公共关系活动的现场效果与传播效果。为了提高目标公众的参与人数与深度，必须借助广告来传播公共关系活动的信息。

公共关系活动广告的内容由标题、标语、正文和随文四要素构成。其中，标题用以点明公共关系活动的主题，标语用以渲染公共关系活动的主题，正文用以介绍公共关系活动的社会背景与企业背景、目标公众、时间与地点、主题、内容板块、精彩节日、流程安排、奖品奖项、受邀嘉宾、注意事项等。随文用以呈现联系办法，如官网、二维码、邮箱等。

公共关系活动广告的主旨是吸引公众参与,因此在策划中,除了遵循一般广告创意的要求外,特别强调鼓动性要求,激发公众产生参与愿望,继而付诸行动。例如,上海某制药厂为了在目标公众(老龄人)扩大品牌影响力,在重阳节前夕,决策开展了一项公共关系活动,其广告作品的标题是"活力钙评双星",广告标语是"夕阳无限好百善孝当头"。广告正文是"在年龄结构已呈老龄化的上海,有一群壮心不已、老当益壮的年老者在各种领域发挥着余热。/在社会主义精神文明蓬勃发展的今天,有一批孝敬长辈、任劳任怨的人们默默地付出一切。/他们不是为人痴迷的所谓'球星'、'歌星',但他们是社会发展的基石,是我们身边的明星。找一找,看一看,也许他们就在您身边,就在您的生活中。市妇联和我厂诚意邀您参加'活力钙评双星(寿星、孝星)'活动。/要求:寿星70岁以上,身体健康,积极锻炼或与病魔顽强抗争,生活积极向上,达观开朗,老有所为,对社会无私奉献的老者。/孝星年龄不限,尊敬长辈,孝敬父母之典范;在家境困顿中勇于担负责任,照料长辈的少年与青年;数十年如一日,悉心照料无亲缘关系孤老的普通公民等。/申报办法:①自我推荐,将本人事迹和相关证明材料寄往指定地点;②他人推荐,将身边感人事迹写成材料寄往指定地点;③组织推荐,由单位、居委或者各区妇联选择典型报送评审委员会。/评选办法与奖金:由主办单位组成评审委员会,对申报资料进行严格筛选、评定,评出寿星奖100名(其中入围奖99名,各奖500元,寿星典范大奖1名,奖4 999元)、孝星奖100名(其中入围奖99名,各奖500元,孝星典范大奖1名,奖4 999元)。"随文是该制药厂地址、E-mail、通信地址、邮政编码、联系电话等。"活力钙评双星"这则公共关系活动广告,内容切中目标公众需求,创意质朴明了,表达清晰明白,在老龄公众中产生了相当大的影响力。

### (二) 整体形象广告

整体形象广告是企业向公众展示企业愿景与使命、经营哲学、管理宗旨、核心价值观、历史、实力与规模、社会责任、杰出贡献、发展远景等内容的一种公共关系广告,旨在塑造企业的整体形象,给公众留下全局性的良好印象。

整体形象广告的策划,需要立足企业发展历史与当下总体格局,挖掘富有文化底蕴、展现雄厚实力或美好愿景的主题,然后结合社会大势来整理、开发企业过去与当下的资料,以彰显企业灿烂辉煌的历史、气势恢宏的规模、超凡出众的品质、卓越出色的市场表现、享誉全国的品牌。因此,整体形象广告既要秉持宏大叙事风格,又要彰显个人视角。宏大叙事注重全面描绘企业拼搏的历史进程和波澜壮阔的当下奋斗。个人视角侧重收集来自员工、顾客等利益相关者自身的叙事材料,强调个人体验,亲身感受,让企业文化融入经营管理的现实情景,使广告话语饱含故事、情感和意义。融宏大叙事与个人视角于一体的叙事话语,既有人情事理,又有人性故事,能够激起目标公众的心理共鸣,体验到企业的家国情怀与责任担当。

图 7-7　广告作品 1

图 7-8　广告作品 2

图 7-9　广告作品 3

**作品讨论**

请您观摩《南方周末》的形象广告作品 7-7,7-8,7-9,关切民生的良知媒体形象跃然纸上,三幅传统物件的照片,以具象的手法表达了广告标语的旨趣,而摘取反映民生事件的新闻标题所组成的正文,则以文献的形式呈现着广告标语的内核。

请您运用某款 AI 大模型仿制三则宣传本地晚报民生形象的广告作品。

**(三) 公益广告**

公益广告是企业出资购买媒体使用权,向社会传播人文精神、科学精神,引导大众接受文明观念、形成健康生活方式的一种公共关系广告,旨在展示企业的社会责任形象。公益广告针对的问题往往是社会生活中公众普遍存在的错误观念与行为,因此其主题多是社会规训的内容,如节约用水、保护森林资源、保护矿产资源、保护土地资源、关爱残疾人、反对封建迷信、崇尚科学、反腐倡廉、关爱老年人、帮助失学儿童、讲诚信、保护珍稀动物、交通安全、消防安全、反吸烟、反吸毒、反赌博、家庭美德、慈善救灾、男女平等、全民健身、爱眼、打击盗版、珍惜生命、反对战争,渴望和平、保护文化遗产、关爱艾滋患者等。公益广告是以广告的形式进行思想教育,强调家国情怀和人文情怀,注重引领社会精神信仰,消解不良陋习,化解社会问题,因此具有鲜明的精神文明建设色彩。但是,它又借用了广告强调创意的特点,形式生动活泼。所以说,公益广告是教育的实质与广告的形式的有机结合,既能引领社会发展,又能展示企业关切社会发展的公共性品格。

策划公益广告,需要注意做到以下要求。

第一,在主题的选择方面,立意要高,善于捕捉社会关注指数较高的发展问题与趋势问题,作为公益广告的创意主题,以充分展示企业的社会责任担当形象。

第二,在内容取向方面,要善于设置情景语境,立足公众的原生态生活情景,缔结广告主题与受众原生态生活的关系,把陈述的重点定位于广告主题与受众生活之间自然而贴切的默契之处,提炼广告主题的现实性,回归生活,贴近实际,以公众视角,用公众话语,用公众情怀传播广告内容,使公益广告与社会"零距离"、与受众面对面。

第三,在诉求策略方面,要巧妙运用恐惧诉求手法,形象展示出问题与后果的严重性,以引起社会公众的高度关注。

第四,在呈现形式方面,要善于运用具象手法,借助图与文,形象、生动地表现广告的主题内容。

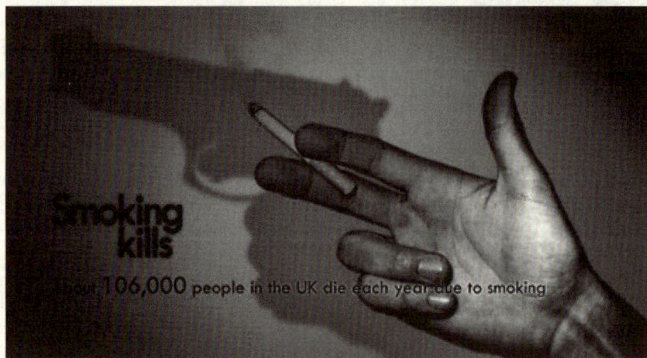

图 7-10 公益广告作品 1

图 7-11  公益广告作品 2

**实战**

请您运用 AI 大模型,生成一则"篮球与步行健身是一切快乐的源泉"的公益广告。这则 AI 广告能够让您走进健身操场吗？

脚踏实地,勇毅前行,一切皆有可能！加油！

## 本章小结

1. 简要介绍了拉斯韦尔五 W 模式、把关人理论、公众选择三 S 理论、两级传播模式、议题设置论、沉默螺旋理论、整合营销传播理论、SIPS 等经典传播理论与范式的基本内容及其对公共关系传播的启示。

2. 基于公共关系传播策划的实操,概述了使用与满足理论、新闻价值理论、框架理论、主体间性理论、第三人效果理论、后真相理论,提出策划公共关系传播必须遵循切中目标公众信息需求、形塑新闻价值、巧妙隐藏传播动机、尊重公众主体间性地位、瞄准公众情感立场和整合媒体传播的原则。

3. 基于公共关系传播的特殊性,介绍了布尔斯廷假事件理论,分析了撰写新闻稿、策划新闻事件、策划搭乘传播、召开新闻发布会和安排专访的基本规范,以促成公共关系新闻传播,建构企业的公共话语权力。

4. 针对 Y 世代、Z 世代和 α 世代公众的特性,阐述了短视频传播、二次元传播、IP

传播和电商直播的策划思路,以促成公共关系网络传播,扩大社会组织在移动互联网的影响力。

5. 分析了公共关系活动广告、整体形象广告和公益广告的创意框架,以提高公共关系广告的震撼力。

## 学习重点

- 经典传播理论的核心内容及其启迪
- SIPS 模型视域下公共关系新媒体的传播框架
- 策划公共关系传播的规范
- 策划公共关系新闻传播的路径
- 策划公共关系网络传播的要点
- 策划公共关系广告传播的路径

## 语 录

J. P. 摩根:"舆论真是个奇妙的东西,每个人都会在它的脚下动摇。"

## 前沿问题

公共关系学被定位于传播学与管理学的交叉学科,媒体至今依然是公共关系传播的重要路径。基于公共关系媒体传播的考量,借用经典的传播理论范式至今依然是公共关系学科建设的特色。公共关系学科建设与实际操作都启蒙于拉斯韦尔五 W 模式、把关人理论、公众选择三 S 理论、两级传播模式、议题设置论、沉默螺旋理论、整合营销传播理论等,现在受到使用与满足理论、新闻价值理论、第三人效果理论、主体间性理论、框架理论、后真相理论、SIPS 模型、布尔斯廷假事件理论的启迪,着眼点也发生了变化,试图把已经被传播化的公共关系转型为公共关系化的传播,着力探讨公共关系媒体传播的理论框架。在移动互联网环境下,针对 Z 世代和 α 世代公众的特性,策划短视频传播、二次元传播、IP 传播和社交媒体口碑传播成为当下热点,探索公共关系网络传播成为化解流量焦虑的新"手势"。

## 推荐阅读

《传播学原来很有趣:16 位大师的精华课》(梁萍著,清华大学出版社,2021 年出版)

该书围绕生活中经常出现的传播学现象,选取了 16 位享誉世界的传播学大师,把他们的观点以一种通俗易懂而又妙趣横生的方式介绍给读者。该书借助课堂演讲形式,让每一位传播学导师来讲解自己的传播学理论见解。

推荐理由:讲解的内容都是传播学经典理论,而且与日常生活关联密切。

## 案 例

### 亚马逊(中国)的"书路计划"

北京师范大学中国公益研究院等单位针对中西部贫困地区儿童阅读现状调查研究发现:74％的乡村孩子一年阅读的课外读物不足 10 本,超过 36％的孩子一年只读了不到 3 本书;超过 71％的乡村家庭藏书不足 10 本,一本课外读物都没有的孩子占比接近 20％;与此同时,由于父母外出打工,留守儿童比例较高,大部分乡村家庭或家长在儿童课外阅读中普遍缺席,89.9％受访儿童父母平时基本不读或只是偶尔读书,并未养成读书习惯,无法陪伴和引导儿童阅读。引导山村孩子课外阅读是当务之急。

为了帮助偏远地区的乡村孩子学习与成长,2015 年,亚马逊中国和中国扶贫基金会联合发起"书路计划"创新公益项目,决定运用创新的数字阅读科技改善欠发达地区农村小学的阅读现状,让偏远乡村孩子与城市孩子一样,能够受益于数字阅读的成果,决定向欠发达地区的偏远农村学校捐赠建立 Kindle 电子图书馆,为孩子们提供适合和丰富的课外书籍。每所 Kindle 电子图书馆的基本配置是:50 台 Kindle,每台 Kindle 预装 500 本适合孩子阅读的电子书,另外还配备一个储物柜,提供相应的充电设备。"书路计划"每 3 年进行一次图书管理与更新,以保证 Kindle 电子图书馆正常运转。

为了真真切切地发挥帮助乡村孩子的作用,"书路计划"为每个 Kindle 电子图书馆培养和发展一位"护路者"老师,免费向"护路者"老师提供阅读指导、写作指导、电子图书馆管理、学生成长教育等方面的培训服务,让他们更好地引导乡村孩子使用 Kindle 电子图书馆和阅读电子课外书,养成爱阅读的习惯。

"书路计划"在激发乡村学生阅读热情的同时,还有意激发他们的写作热情。每年组织所有已建 Kindle 电子图书馆的学校的学生参加《书路童行》作文评选,联合作家、写作老师、出版社等,甄选 100 篇优秀作文,结集出版《书路童行》电子作文集,并在亚马逊公司等平台义卖,义卖收入全部反馈给这 100 位小作者。乡村学生因此获得了自己人生的第一笔稿费。此举产生了鼓励更多乡村孩子阅读和写作的积极作用。

2017 年,"书路计划"登上新台阶,发展成为中国扶贫基金会独立管理的公共筹款型公益项目,面向社会开放,任何社会组织、企业与个人都可以参与这个公益项目,直接通过中国扶贫基金会向偏远地区学校捐建 Kindle 电子图书馆。"书路计划"由此获得社会更多爱心人士和企业的支持,更多的乡村学校得以建成 Kindle 电子图书馆,更多的乡村孩子可以在 Kindle 电子图书馆阅读。

亚马逊中国总裁说道:"让更多偏远地区的孩子感受到阅读的魅力,树立积极的人生观,因此而成就更美好的生活。这是多年前我们发起'书路计划'的初衷。非常高兴我们能不断看到'书路计划'走进了越来越多的山区学校。亚马逊会继续发挥我们在创新科技方面的优势,我们也希望更多社会力量可以参与到'书路计划'中,让偏远乡村孩子和城市里的孩子们一样,都能平等地享受阅读的乐趣,开启更精彩的人生。"

中国扶贫基金会领导对此给予高度肯定,认为:"扶智工作一直是我们当前脱贫攻坚的重要组成。'书路计划'作为运用创新科技践行教育扶智的典范项目,切实帮助许多偏远乡村的儿童接触到优质的图书资源。我们希望更多社会爱心人士能和我们一起为更多儿童铺就这条扶智的书路,为他们创造更好的学习和成长环境。"

**点评:**在精准扶贫的大背景下,亚马逊中国以公益项目助力乡村振兴战略,乡村孩子的阅读与成长,扶志与扶智,加上国际知名企业与偏远乡村的对比效果,"书路计划"就这样生成了新闻价值与流量价值,成为记者关注的对象,赢取了媒体的热忱报道,有效展示了公司的公共情怀,很好地宣传了公司的社会责任形象。

练习与思考　　部分参考答案

# 第八章
## 公共关系的服务策略

![学习目标]

学完本章,您应该能够:

1. 理解公共关系服务的含义和重要意义;
2. 掌握企业社会责任理论的基本内容;
3. 掌握策划售前服务、售中服务和售后商业服务的要领;
4. 掌握策划公益赞助、慈善资助和环保公共关系的要领。

**基本概念**

公共关系服务 企业社会责任理论 售前服务 售中服务 售后服务 公益服务 公益赞助 慈善资助 环保公共关系

　　随着社会的发展,公众追求服务享受的意识越来越浓,服务文化逐渐成为社会的主导文化。公益性组织的服务主要表现制度建设,建立服务型组织。营利性组织(即企业)的服务既表现为商业服务,又表现为公益服务。根据公众的需求,谋划服务策略,通过优良、周全而富有个性的服务活动,是赢得公众的好评、塑造良好形象的重要途径。

## 第一节　公共关系服务的特征

　　完美的品牌形象离不开服务。影响企业品牌美誉度的核心要素是产品质量与公共关系服务。其中,来源于研发与生产环节的质量是企业拥有美誉度的基础,公共关系服务是企业不断提升品牌美誉度的重要举措。当今社会由于标准化生产技术设备的推广和作业流程的优化,保证产品质量的基础得以夯实。相比之下,公众的服务需求日趋旺盛,没有得到充分满足。公共关系服务是品牌美誉度的"短板"。根据短板效应理论,改善公共关系服务,能够有效迅速提升品牌美誉度,具有投资小、见效快的特点。

## 一、公共关系服务的内涵

公共关系服务是企业基于形象塑造和关系协调的需要,立足于道德伦理规范,有意识地向符合某些条件的特定公众无偿提供相关帮助、给予特殊优待的过程。公共关系服务既不同于政府以职责为旋律的公共服务工作,也不同于伦理道德领域以无私奉献为主旋律的服务,更不同于经济学领域以等价交换为主旨的服务产业,在行为取向上带有明显的利己倾向,在具体做法上具有明显的利他色彩,利他是手段,利己是目的,两者是有机统一的,是基于目的与手段相一致而呈现出来的利己与利他的完美结合。

### (一)公共关系服务的目标

企业开展公共关系服务,主要有四个核心目标。

第一,提升社会美誉度。企业品牌形象由知晓度、美誉度、首选度、忠诚度和依赖度构成,其中美誉度主要取决于产品性价比优势和服务优势,性价比优势来源于研发、生产、管理和营销环节,服务优势来源于售中服务、售后服务和社会公益服务,售中服务、售后服务具有明显的外力强制色彩,强调的是遵守法规政策,社会公益服务具有明确的内在自愿色彩,强调的是自觉践行社会责任,因而特别能够提高社会美誉度。企业开展公共关系服务,核心目标就是提高社会美誉度,塑造自己完美的道德人格形象。

第二,强化品牌亲和力。大卫·奥格威指出:"品牌是一种错综复杂的象征,是产品属性、名称、包装、价格、历史、声誉、广告等要素无形的总和,是顾客对企业或产品全部经历的总和。"如果顾客在商品消费或与企业人员交往过程中,有愉悦快乐感觉,就觉得品牌拥有亲和力,容易成为企业的忠诚顾客。企业开展公共关系服务,表明企业存好心、做善事、说好话,品牌亲和力就强,公众的信任度就高。

第三,争取大众媒体报道和口碑传播。企业知晓度的提高,离不开媒体传播与人际沟通的作用。通过公共关系服务,企业为公众提供道义上的帮助、支持,不仅具有精神文明视角的新闻价值,从而赢得媒体报道,而且让受益公众心生感恩,口口相传,产生流量价值,客观上使社会组织美名远播,从而提高知晓度。

第四，培育、开拓市场。这是公共关系服务的终极目标。公共关系服务对于企业来说，是一种特殊的投资行为，谋求的是经济效益。企业开展公共关系服务，最终目标就是培育和开拓消费市场，提高企业的市场占有率和销售份额，谋取利润。

💡 **要点提示**

赠人玫瑰，手留余香，善行无疆，暖意永存。"帮助他人是一种最可靠的幸福生活"，在温暖他人的同时，也温暖着自己。这是公共关系服务的逻辑起点。

### （二）公共关系服务的对象

公共关系服务的对象主要有以下三类。

第一类，企业的目标公众。企业的目标公众就是实际顾客和潜在顾客，其中实际顾客是已经购买企业产品的顾客，潜在顾客是针对企业的产品具有消费愿望而且拥有相应消费能力的顾客。针对目标公众，企业开展的公共关系服务，主要是搞好售中服务、售后服务和额外附加服务，提高顾客满意度。

第二，社会弱势群体。社会弱势群体（如贫困人口、残疾人口、孤儿弃婴、无助老人等）是社会的特殊群体，由于各种原因，生活相对困难，暂时陷入窘境之中。企业为这些特殊群体提供公共关系服务，能够有效塑造自己的道德人格形象。针对社会弱势群体，企业开展的公共关系服务，宜定位于帮困济贫，给予经济资助或产品援助。

第三，普通大众。普通大众不仅是社会人口的主体构成部分，而且是企业的潜在公众。企业为普通大众提供公共关系服务，有利于扩大企业的影响力。针对普通大众，企业开展的公共关系服务，宜定位于补充公共服务，捐资修桥铺路，参与环境保护，资助全民健身活动，援助大型文化演出和体育竞赛等。

### （三）公共关系服务的理念

企业策划、开展公共关系服务，遵循的基本理念是感恩。

感恩是企业基于"信""法""义"而生成的自觉行为，"信"强调的是信仰、信念，即信仰市场，敬畏公众，属于愿景，是自我加压、自我提高的要求。"法"强调的是国家法律、政府政策的规定，属于义务层面的刚性要求。"义"强调的是正义，虽然没有法律政策规定，但从道义上应该做到的要求。

企业能够有自己的辉煌业绩，虽然有自己努力经营、不断创新的因素，但主要取决于公众的认同。没有公众的宽容，企业的创新无法持续。没有公众的认同，企业经营上的努力都将是徒劳的，投资不能转换为销售额，也就无法实现利润。从终极意义讲,是公众成就了企业。其他社会组织情同此理,没有人民的拥戴,政府将失去执政合法性。没有社会的重视,学校无从正常运转。因此,社会组织应该感恩公众,感恩的基本途径就是公共关系服务,向公众直接或间接输送有形或无形的利益,从而进一步获得公众的认同,为社会组织实现新的发展愿景创造良好的市场基础,实现"舍"与"得"的良性循环。

---

💡 **要点提示**

公共关系服务的基本理念是感恩,感恩就是美好,就是人性的光辉。

---

### (四)公共关系服务的核心路径

公共关系服务的核心路径是基于企业的社会责任意识,尽力为公众做好事、做善事。

做好事就是做善良之事,做对公众有益的事情。越来越多的企业认识到"心中没有公众,必被公众抛弃",破产的企业并不是被竞争对手搞垮的,而是被自己锁定的目标公众抛弃造成的。人心向背是企业存亡的决定性因素,企业应该经常自问:自己会不会成为下一个倒闭的企业?为了避免这种现象,企业必须塑造自己的道德格形象,时时想到为公众多办实事,并且做到实事办实,从而取信于公众,立足目标公众的急事、难事、愁事、盼事,在开发富有性价比优势的产品的基础上,提供贴近公众需求的服务项目,优化为公众服务的流程,持续提高公众的满意度,从而让公众切实感受到企业的善良品质。

做善事就是做慈善之事,满怀同情心和关爱心,向处于某种困境中的公众伸出援助之手。如果说做好事侧重的是立足创造竞争优势,提供优质服务的话,那么做善事侧重的则是立足人道主义精神,帮助遭遇困难的公众,尽力扶贫济困,积极参与和发展公益事业,践行企业的慈善责任。做善事主要是为公众提供物质或经济上的资助。企业做善事,现在还需要由小慈善发展到大慈善,即由帮助困难公众发展到补充公共服务。这种大慈善主要有以下四种形式。①参与特定的市政项目建设,如修桥、铺路、建候车棚等,担当公共责任。②参与社区公益事业,担当道义责任。③协助政府提供医疗、教育和文化类公共产品,担当文化责任。④保护环境,维护自然和谐,节约资源,担当环境责任。小慈善服务与大慈善服务整合起来,就是积极全面履行社会责任,倾力支持各种公益事业,使自己成为最有爱心和最具社会责任感的企业。

### (五)公共关系服务的形式

公共关系服务的形式主要有商业服务和公益服务两类。

商业服务是企业立足于行业特性和业务范围,向公众提供的售前服务、售中服务和售后服务,其特点是伴随业务,即只有购买企业相关产品或服务的公众,才能享受这类服务。国家为了保护顾客权益,一般制定了明确的约束性法律法规,属于刚性要求。因此,商业服务强调的是合规与提升。凡是国家法律或政府规定的,一定严格遵守其基本要求。凡是法规要求不明确或者法规要求偏低的,应该自我加压,主动更新要求,提供高于现行规定、趋于完美的服务。

公益服务是企业基于善良愿望与塑造人格形象的考虑,没有任何附加条件地向公众提供帮助的服务,一般定位于补充公共服务。这类服务属于法律规定之外的特殊专题服务,即企业自愿承担法律义务之外的社会责任,无偿资助和援助某些特殊社会群体。公益服务的基本模式就是献爱心,通过一系列社会公益、慈善活动,向公众提供物质方面的援助与精神方面的慰问。

> **? 问题思考**
> 商业服务和公益服务的区别是什么?

255

## 二、公共关系服务的意义

> **? 问题思考**
> 美国的安瑞克说:"只要你一心一意想着顾客,向他们提供所需要的服务,那么,其他的一切便会自然而来。"对于这句话,您是如何理解的?

公共关系服务的价值效应具有双重性,既能给公众带来实惠,又能给企业创造顾客、创造市场。在服务活动中,公众所得的利益是十分明显的。而对企业来说,服务的价值效应也是多方面的,因此,企业家都高度重视服务。松下幸之助曾说道:"不论是多么好的销售,若缺乏完整的服务,就无法使顾客满意,并且也会因此而失掉商品的信誉。'服务'不管在生产或销售上,都应优先考虑。如果对于销售的产品无法做完的服务,这时就该考虑是不是应该把销售的范围缩小。因此,在扩张业务的同时,也应该有这种责任的自觉。要常常自问生意做大,服务的范围是否扩大了。如果有能力扩张业务,但在服务方面仍没有信心,那就先不要扩充,免得到最后在服务方面无法面面俱到,引起客户的不满,而走向失败之途。"由此可见,强化服务活动的策划,提升服务品位,对于塑造良好商业形象具有极其重要的意义,具体表现在以下几方面。

### (一) 增强企业吸引力

企业对公众的吸引力(用 A 代表),取决于三个方面,它们分别是质量(用 Q 代表)、管理(用 M 代表)和服务(用 S 代表),三者产生吸引力的效能机制表示为如下公式:A＝(Q＋M)S＋S。从这个公式中,可以看出,服务作为产生吸引力的一个方面,不仅本身具有效能,而且还直接影响着质量与管理的能量大小。服务在增强企业的吸引力方面,具有至关重要的作用。

### (二) 完善企业的道德人格形象

企业在塑造形象过程中,靠技术科研力量塑造自己的质量、技术形象,靠资产、实力塑造自己的实力形象,靠科学管理、规章制度塑造管理形象。这些形象都是十分重要、十分必要的。但是,一个企业如果只具备这些硬件色彩的形象,还是不够的。就如同一个人,业务工作能力很强,但是思想道德素质没有得到相应的发展,那么至少可以说他的成长是不充分的,人们对他的评价自然是有限的。因此,就如同人的发展必须有良好的思想道德修养一样,企业的形象也需要有道德人格指标。塑造企业良好道德人格形象的途径只有一个,那就是积极主动地为公众服务。服务本身是一种具有浓厚道义色彩的工作,能够给人一种善良的道德感觉,所以它能发展社会组织的道德人格形象。为了企业形象的完善与发展,应该树立正确的服务观,积极开展服务活动。

### (三) 提高服务商品的附加值

服务,作为一种劳动过程,本身也在创造价值,尤其是在科研生产技术普遍发达的情况下,服务创造的价值占有越来越大的份额。有些学者研究指出,时至今日,产品的价值来源有三个方面:品质、品牌和服务,各产品在品质和品牌上差异已经不大了,而服务在其中起着至关重要的作用。于是服务逐渐成为商家的必争之地,许多企业开始在产品本身或附带的"服务"上下功夫,在出售商品的同时,还出售"服务",以此来提高商品的附加值,拓展利润源头。正如松下幸之助分析道:"同样的商品别人卖 1 万元,我看情形。说不定会以 1.05 万元卖出。如此一来,顾客必定会问你,为什么比人家贵? 于是我将告诉他,产品相同,但是本店还附送了别的东西。顾客若问什么东西? 我就回答:附送了我的诚意及售后服务。"他甚至主张:"将诚意和售后服务加到产品上,再决定售价的多少吧。"从这个角度看,服务不仅对公众具有"功利"功能,对企业同样具有"功利"的功能,提高了商品的附加值。

产品价值来源有三个，即品质、品牌和服务，品质表现出匠心，品牌呈现信任，而服务则是美好的体验。

### （四）刺激消费，扩大市场占有率

就市场意义而言，服务具有特殊的"扩容功能"。现代市场已经是买方市场，顾客有挑选的余地，他们购买物品时，除了受到个人需求、价格、质量等因素影响外，也越来越受到服务的影响。方便、及时的服务，能够给公众一种舒适感、满足感，因而容易产生新的购买欲望。此外，良好、方便的服务，还能够激发公众将一些潜意识的消费需求转化为直接的消费动机，从而扩大市场消费量。有一家杂志这样说：好的服务不只是被动地适应顾客需求，提供事后服务，还应"主动出击提供产品知识，引导顾客正确选择产品，掌握使用方法，让他觉得不只是买了商品，还得到额外知识服务，通过这种教育渠道，创造消费需求，无异于替自己扩大市场。"

### （五）密切公众关系

公众对企业形成良好的印象，需要其情感介入。有了情感介入，才能有情绪体验，进而才会形成好感。一般而言，良好的服务，尤其是那些无偿、道义服务，往往能使公众受到感动，并产生好感，进一步信赖企业。在实际的服务工作中，总是强调热情、亲切，这些带有情感色彩的语言、举止，能够诱发公众进行情感交流，进一步密切企业与公众之间的关系。

## 三、公共关系服务的理论基础

公共关系服务的理论基础是企业社会责任理论。企业社会责任（corporate social responsibility，CSR）源于企业家精神的实质，即守正精神。守正即恪守正道，基本要求有三点：①守住人类良知，用良知使自己做到道德有底线和欲望有上限，经营有原则、走正道、讲正气，力求做真人。②守护企业利益，努力回报股东。③守望社会责任。社会责任有高尚的要求，如奉献、慈善，更有很普通、很简单的要求，即尽责。

1924 年，美国学者谢尔顿首次提出企业社会责任概念。1953 年企业社会责任之父伯文出版《商人的社会责任》，认定企业社会责任是商人按照社会的目标和价值，向政府政策靠拢，做出符合政府要求的决策和行动的义务。后来更有学者声称"企业社会责任是企业在促进自身利益的同时，采取措施保护和增进社会整体利益的义务""是与社会主流规范价值期望相一致的企业行为"。现在学界更加认同内涵宽广的定义，即企业社会责任是"在给定的时间内，社会对企业的经济、法律、伦理、慈善方面期望的总和"。

工业革命以后，企业一直在探索践行社会责任，但不同时代对其理解存在一定差异。18世纪中期，认为正当经营，即高效开发资源，提供符合社会需要的产品和服务，并以顾客愿意支付的价格卖给顾客，就是企业社会责任。18世纪末认为捐助学校、教堂和穷人，才是企业社会责任。19世纪中后期，保护员工权益和顾客权益成为企业社会责任的基本选项。进入20世纪70年代，有人主张企业社会责任就是为股东增加利润，而80年代，环境保护、职业健康和人权则成为企业社会责任的标配。

企业社会责任是指企业在不断创造利润、积极对股东承担法律责任的同时，还要主动承担对政府、员工、消费者、社区和环境的责任，强调超越视利润为唯一目标的传统经营理念，强调在生产过程中关注人的价值，强调对消费者、环境、社会和社区做贡献。具体而言，企业社会责任主要表现在以下七个方面：①对政府负责，扮演好社会公民的角色，遵纪守法，及时足额纳税，接受政府监管，不参与腐败，承担政府规定的其他责任和义务，不违反善良习俗。②对股东负责，把企业做强、做大、做久，对股东的资金安全和收益负责，如实向股东提供经营、投资信息。③对顾客负责，确保产品和服务质量，确保产品货真价实，具有性价比优势，不欺骗顾客，不侵犯公众的健康权、安全权，踔厉提供更有用的产品和更好的产品与服务。④对员工负责，维护员工人权，遵守基于《国际劳工组织公约》《世界人权宣言》《联合国儿童权利公约》等国际公约而制定的SA8000标准及其认证体系，切实保障职工的尊严和福利待遇，提供符合人权要求的劳动环境，有效保护职工生命、健康。⑤对社区负责，自觉回馈社区，向社区提供就业机会，捐助社区公益事业。⑥承担慈善责任，主动参与慈善事业，帮助经济落后地区发展教育、社会保障和医疗卫生事业，帮助社会弱势群体。⑦承担资源环境和可持续发展的责任，主动保护环境，积极推进绿色生产方式和绿色生活方式，努力保持自然资源，竭力阻止全球气候变暖和生物多样性减少。

基于企业社会责任理论，企业只有全面践行慈善责任、环境责任、顾客责任、社区责任，才能实现对股东负责的使命。企业社会责任要求企业必须积极策划和组织商业服务、公益赞助、慈善资助和环保公共关系。

**问题思考**

请您运用AI大模型生成"商业银行企业社会责任的特性"文本，这对开展公共关系服务有什么启迪？

# 第二节 商业服务的策划

## 一、售前服务的策划

> **问题思考**
>
> 开展售前服务有必要吗？如果有必要，需要从哪些方面开展售前服务？

售前服务就是指企业在公众购买商品之前开展与企业经营项目相关的服务活动。就其实质而言，售前服务主要表现为"知识营销""观念营销"和"培训营销"，其关键的功能就是创造顾客和发展市场。

售前服务常用的形式有以下几种。①积极开展消费文化教育，推行知识营销战略。日本的盛田昭夫说："只有超凡的技术和独特的商品，并不足以维持企业的生存，还必须知道怎样把产品卖出去，也必须事先告诉潜在顾客这些商品的真正价值何在。"告诉顾客商品的价值是什么，这就是一种知识营销。盛田昭夫把它视为维持企业生存与发展的必要条件，可见他对知识营销服务是多么重视！②及时开展消费操作教育，指导顾客正确消费。盛田昭夫曾经说道："我们的责任是教育消费者，教他们正确使用我们的产品。"顾客不懂得使用商品的办法，自然不会购买商品。开展商品消费操作教育，应该是企业持久的服务项目。③认真为公众准备好方便的消费设施，引导公众的消费欲望和消费方向。④事先准备良好的维修网络，消除公众的后顾之忧。⑤设立专题服务热线。结合企业经营特色和公众需求，以优秀服务明星为核心，设立具有个性色彩的专题服务热线或工作室，如上海市第一医药商店陶依嘉的"依嘉医药热线"。这种服务热线表达了商业职工主动、真心、热情为公众服务的诚意，能够有效地吸引公众。

> **实战**
>
> 中老年公众对人工智能技术存在陌生感，在很大程度上妨碍了他们对 AI 大模型的接触。请您运用 AI 大模型策划一份自己面向中老年知识分子的售前服务

推广方案。除了免费使用外,您还能从哪些方面吸引这些潜在公众尝试使用DeepSeek?

脚踏实地,勇毅前行,一切皆有可能! 加油!

## 二、售中服务的策划

企业在线上或线下销售环节向公众提供的服务,都是售中服务的范畴。公众浏览电商平台,或者逛实体商场,无非是购物、散心和社交,追求愉悦的购物体验与生活享受。做好售中服务是所有企业最基本的经营之道。所以日本的佐川清说:"客人之所以特地到百货公司,就是想,如果有中意的东西就买回去,可是也有不买就回去的。那是因为没有中意的商品,或者是不符合自己的预算。那不是客人不好,是因为我们百货公司没有将客人所喜欢的货品以符合他们预算的价格,将货品予以备齐的缘故,不好的是我们。因此,对不买而回去的客人,我们要比买了商品的顾客,以更大的感激和'对不起,没有能符合你的期待'的抱歉心情,恭恭敬敬地弯腰鞠躬说声'欢迎再度光临',然后郑重地将客人送走。这样的话,那位客人一定会产生下次再来这里的意念,渐渐成为商店的常客。"

售中服务的理想境界就是"优质服务",全面满足顾客的需要,其具体要求主要表现在以下六个方面。

第一,提高服务质量,以高超的服务树立良好的形象。优质服务最基本的途径就是与业务工作相结合,立足业务之中为公众服务,以业务范围为服务阵地,开展服务活动。从某种意义上讲,搞好业务工作,就是为公众服务的具体表现,而且是最为重要的表现。为此,在实际工作中,应该树立强烈的业务服务意识,端正业务服务动机,努力培养高超、优质的业务行为,切实有效地为公众服务。提高服务质量的关键在于引导员工精通业务。只有精通业务,才能为顾客提供优质的服务。法国的波里曾说道:"我们在掌握某些水果的成熟程度方面能够精确到半天的时间,当你购买梨子时,店员会问,是今天晚上吃,还是明天吃? 然后按你的回答,为你送货。"如此精通业务,哪还会有顾客不满意的现象?

第二,对顾客诚实友善、和蔼可亲、热情接待,以良好的服务态度,赢得公众的好感。在公共关系活动中,应该要求员工认真准备商品,做好接待工作、样品出示工作、商品介绍工作、递交工作和送别工作,做到主动先招呼、主动出示样品、耐心解释商品性能与特点、礼貌道别。美国的唐拉德·希尔顿说:"对于顾客的心理而言,买一只提包与买几百万元的东西没有根本的区别,无论地区和民族,买者与卖者的想法大同小异,买者希望便宜,卖者希望赚钱。做生意的诀窍就在于你既要赚到钱,又要使人高高兴兴,并感到满意。"日本的原一平也说道:"我们诚心诚意地去服务别人,关心别人,此种服务与关心最后还是回报到你身上。"可见,为了企业自身的发展,商店必须为顾客提供诚实、友善的服务。正如美国的山姆·华尔顿所说:"从今天开始,任何一位走进店里的顾客,都会受到我们的热情欢迎。不论我们正在做什么,都应该迎上去,给他关注的目光,亲善的微笑和热情的招呼。"

第三,服务要公平、公正,绝对不能欺骗、坑害顾客,哪怕是一分一厘,也不能侵占公众的利益。这是恪守信誉的基本要求。企业若能做到这一点,不仅能成功促销商品,而且能直接树立良好的形象。公平、公正,切实保护公众的合法利益,这是服务的本质所在。例如,顾客购买商品时,商品单价为 9.99 元,顾客递出一张 10 元面额的人民币,1 分钱要不要找给顾客呢?如果营业员不找零,顾客一般不会当面争吵。但是他会牢记在心,经过理性概括提升后,在脑海中将会形成"商店多收顾客钱"的印象,这就影响到商店的形象了。在经营活动中的 1 分 1 厘,不是简单的金额问题,而是影响商业形象的问题。

💡 **要点提示**

服务的公平、公正问题直接影响诚信形象。

第四,服务周全、细致。这包括:商品品种、规格、档次等要齐全;照顾到各种公众包括残疾人的要求;运用多种经营方式,尽可能为公众提供方便、简易的服务。

第五,主动为公众出谋划策,做好贴心参谋,做到精心配置。公众在购买商品时,有时会犹豫不决,不知道究竟购买哪种规格。这时企业的员工要为顾客提供"专家"式服务,客观地向公众介绍商品,并主动站在顾客的立场上,帮助顾客出主意,确保顾客买到最合适的商品。

第六,注意环境卫生,这也是售中服务的基本内容。心理科学研究表明,人所在的环境对人的反应与判断有一定的影响作用。人都喜欢幽雅、美观的环境。优美的环境不仅可以吸引公众,而且可以使置身其中的公众产生美好的联想。因此,设计出一个富有个性特色、幽雅、质朴、美观、整洁的服务环境,在公共关系服务工作中同样占有重要的地位,环境建设本身也是服务战略整体内容中不可缺少的组成部分。在国外的公共关系策划中,曾经出现了一项题为"厕所战略"的服务方案。这项策略的基本内容就是:当所有商业机构的经营场所都进行了维修、装潢后,有些经营者利用人的"厕所卫生效应"(即看到厕所干净,则会想到家庭所有地方都干净;看到厕所不太卫生,则会联想到整个家庭到处都不卫生),率先设计、装修经营场所原来只供内部员工使用的厕所,使厕所达到星级宾馆的水平,免费向顾客开放,以此吸引顾客光临商店,提高商店的顾客流量,许多商店因此而增加了市场竞争力。

> **实战**
>
> 请您以"在宜家家居实体店愉快的购物体验"为主题,给出"整洁、明亮、和蔼可亲的服务员、温馨的对话、周到的服务"等提示语,运用 AI 大模型生成一则短视频。透过视频,您会生成满意感吗? 为什么?
>
> 脚踏实地,勇毅前行,一切皆有可能! 加油!

## 三、售后服务的策划

美国的沃尔特·迪斯尼说:"对于顾客所要求的售后服务,应该以紧急事件来加以处理。"日本的松下幸之助也说:"在某种意义上,服务比制造、销售更为重要。售后服务不能做得完全、彻底,顾客就会越来越少。"在公共关系活动中,应该高度重视售后服务问题。策划售后服务,最基本的工作就是根据《产品质量法》《消费者权益保护法》《广告法》《反不正当竞争法》等相关法律规定和 WTO 协议、ISO9000 国际质量认证体系等国际通行的规则,本着从严从高的原则,制定体系化的售后服务管理制度。

售后服务的关键是恪守诺言,其基本内容有以下几个方面。

第一,推行退货、换货制度。商店应该向公众明示:产品自出售之日起 7 日内,发生性能故障时,公众可以选择退货、换货或者修理;产品出售之日起 15 日内,发生性能故障时,公众可以选择换货或者修理;产品自售出之日 15 日至三包期内,修理两次仍不能正常使用的产品,凭修理者提供的修理记录和证明,由销售者负责调换同型号、同规格的产品,如无货可换则按售价退货。

第二,提供可靠、及时、优良的包修、保修和维修服务,包修的具体情形和时间要求,保修与维修的具体范围、时间条件和收费标准,均应该公之于众。"三修"服务没有保障,公众容易滋生不满心绪,并试图借助网络平台予以发泄。这很容易引发不利的社会舆论,制造出危机事件。

第三,推行召回制度。当某种规格的商品出现设计失误、管理失误,导致较多产品存在相同的瑕疵、出现相同的性能故障时,企业应该主动召回商品,无偿更换零配件、予以修理。

第四，建立赔偿服务制度。如果顾客购买的商品出现性能故障，向企业的售后服务部门提出修理要求后，在约定的时间内没有给公众解决产品质量问题，企业给公众赔偿一定的费用，弥补公众的损失。这种售后服务制度向公众明示后，实际上就是自我加压，引导员工及时为公众解决产品性能故障。

第五，经常向用户征询使用意见，定期为公众提供制度性的常规检测、保养服务。

第六，搞好特殊的维修服务。有些公众遭遇不幸，商品因此出现质量问题，按理说这与厂商无关，但是厂家应该本着人道主义精神及时向公众伸出援助之手，无偿帮助公众解决问题。这种特殊的售后服务能够有效地塑造企业的道德人格形象。

第七，推行文明的售后服务行为准则和语言规范，如要求上门服务的员工自带修理时摆放工具的塑料薄膜，以免污损公众地板；进门主动脱鞋；不得吃、拿、索、要，谢绝公众的请吃请喝；主动诚恳道歉；用语文明、举止礼貌等。这些细微的做法能够给公众留下良好的印象，从而更好地强化企业形象。

> **问题思考**
>
> 不少知名品牌时不时地因为售后服务而生成危机事件和网络舆情。您认为在售后服务环节应该如何落实"顾客至上"的理念？

# 第三节　公益服务的策划

公益服务是一种特殊的公共关系专题活动，一般表现为企业提供资金或物品给某些弱势公众群体，或参与解决社会公共问题（如环境保护、市政建设等），是企业展示社会责任形象的核心途径，不仅能够提升企业的美誉度、塑造人格形象，而且能够增强企业的市场影响力，正如美国王安先生所言："如果一家公司以服务于社区和顾客为宗旨，那么它就有忠实的顾客、和睦的劳资关系和积极的社会关系，从而得到长期的报偿。"

## 一、公益赞助的策划

公益赞助就是企业自愿拿出财物帮助其他社会组织所开展的公益性、公共性专题活动。公益赞助与慈善资助都具有"送人玫瑰手留余香"的效果，付出的是财物，得到的是社会赞誉，能够有效提升企业的社会责任形象。

### (一)公益赞助的类型

赞助体育活动。大众健身体育活动具有广泛的群众基础,专业体育竞赛具有良好的新闻流量价值,企业应该赞助体育运动,以扩大公共关系影响的广度和深度。赞助体育运动常见的主要形式有:赞助专业体育训练经费、赞助举办体育竞赛活动、设立体育竞赛奖励基金、赞助大众健身体育资金与设备、赞助大众健身比赛等。

赞助社会公益事业。即参加市政基本建设,一方面可以为政府减轻建设压力,赢得政府公众的信赖;另一方面又能为广大市民公众带来方便,赢得市民公众的称赞。这不仅能树立企业的社会形象,而且能为企业的发展创造良好的条件。赞助社会公益事业的途径就有很多种,常见的主要有以下四种。①独家捐资建设某项市政建设工程,如桥梁、道路、公共交通候车亭、公益性娱乐休闲活动场所、市政雕塑工程等。②与政府有关部门共同出资兴建某项具有特殊意义的市政工程,如城市纪念碑、城市标志性工程等。③出资维护市政工程项目。④设立专项基金,供政府有关部门奖励市政工程项目设计、规划、建设与维护方面的有功人员。

赞助社会福利事业。为各种需要社会照料与温暖的人(如革命军属、残疾病人、孤寡老人)和社会福利机构(如敬老院、儿童福利院)提供物质经费帮助、开展服务活动,是企业向社会表明自己履行社会责任和义务的重要手段,是企业塑造爱心形象的重要途径。

赞助社会文化生活。这可以丰富公众的生活内容,增进企业与目标公众的感情,提高品牌影响力。赞助文化生活的方式主要有:赞助影视作品制作、赞助文化演出队伍、赞助文化演出活动、赞助文化演出建筑的修缮等。例如,乡村古戏台是明清以后当地农村的最重要的文化场所,是附近十里八乡的文化活动中心,也是整个村子的"闲话中心",还是孩子们的游乐中心。但是现在古戏台多数陷入困境之中,戏台建筑风化严重、演出人员缺乏,戏台维护资金长久缺失。建筑类企业如果安排一定资金,赞助修缮具有代表性的乡村古戏台,或者赞助乡村戏曲民间文艺队伍。这种保护乡村古戏台建筑文化的赞助活动,能够借助古戏台深厚而独特的传统文化底蕴,很好地塑造企业维护传统建筑文化和精湛的工匠形象,并生成流量新闻。

赞助社会节日庆典活动。这不仅可以渲染节日气氛,而且可以塑造企业的文化传承形象。赞助社会节日庆典的方式有:赞助举办节庆主题仪式,赞助节庆活动现场的装饰;赞助节庆专用建筑的修缮。

赞助教育事业。教育是立国之本,发展文化教育事业是一个国家的基本战略方针。企业自觉地赞助文化教育事业,如赞助学校建立图书馆、实验室、教学大楼,设立专项奖学金,捐建乡村学校,赞助乡村教师进修等。这既可以促进教育发展,又可以塑造企业关心教育、关爱孩子的家国情怀形象。

赞助学术理论活动。如提供开会场所、资助会议的经费、设立学术研究基金等，企业既可以利用学术理论活动在公众中的影响提高企业的美誉度，又能直接得到理论工作者的建议，有利于改进企业的生产与管理工作。

### （二）公益赞助的形式

企业开展公益赞助主要有三种基本形式，即资金赞助、产品赞助和人力赞助。资金赞助就是企业为请求赞助的对象单位提供部分或全部活动经费。产品赞助主要是向对象单位提供企业的生产产品。人力赞助就是免费为对象单位提供工作人员、服务人员等。就宣传效果而言，资金赞助有利于宣传企业的整体形象和雄厚实力。产品赞助具体直观，有利于宣传企业的品牌形象和商品形象。人才赞助形象生动，如果前去服务的工作人员佩有特色服饰，那么就容易引起公众的注意，展示企业形象。企业开展公益赞助活动时，应根据赞助活动的类型和具体的公共关系传播目标，灵活选择赞助的形式，注意资金赞助、产品赞助和人力赞助的有机结合，集中各种形式的优势，力求收到综合的传播效果。

### （三）公益赞助的原则

企业开展公益赞助，应该秉承社会责任与投资回报理念，既要认识到参加公益赞助是企业塑造公益形象的核心路径，提高企业参与公益赞助的自觉性，经常想到做善事，同时又要认识到公益赞助是企业特殊的投资行为，是实现协调公众关系、塑造品牌形象的公共关系行为，必须确保企业从中获得社会形象与市场形象的回报。

因此，开展公益赞助必须遵循社会效益原则、合法原则、实力原则、相关原则和传播原则。社会效益原则强调开展公益赞助必须着眼于社会效益，优先赞助社会慈善事业、福利事业、教育事业和公共设施的建设，以获得公众的普遍好感。合法原则强调遵守党的政策和国家法律法规，切忌利用公益赞助搞不正之风。实力原则要求公益赞助应当量力而行，支出合理的赞助经费。赞助经费的数额，必须在企业能够承受的范围之内，同时又要达到一定的额度。金额过高会影响企业的资金流，过低又难以形成社会影响力。相关原则要求公益赞助的项目和对象应当与目标公众的生活或企业的经营内容相关联。传播原则要求企业在公益赞助中，主动撰写新闻稿、摄制专题

265

视频作品、创作广告作品和活动现场的宣传作品,巧妙策划传播方案,启动媒体宣传,把好事说好,制造话题和流量,使有限的赞助款项获得良好的公共关系效益。

基于以上原则,企业应该根据经营战略发展需要特别是市场开拓需要,兼顾现有实力,确定用于公益赞助的资金总额度和年度额度,设立专项基金,制定赞助基金管理章程,确保赞助资金规范使用,保证赞助额度正当(即既不做铁公鸡,又不滥用)、项目正当(既符合企业战略需要,防止被动赞助,又满足公众的紧迫需求,产生满意感)、途径正当(防止出现违法乱纪现象),把好事做好。

> **实战**
>
> 请您运用 AI 大模型生成"'抖音'赞助江西乡村香樟古树保护的活动方案",并进行人工优化,以增强实用性。
>
> 提示:公益赞助应达到三好境界,即信仰好、事做好、话说好。
>
> 脚踏实地,勇毅前行,一切皆有可能!加油!

### (四)公益赞助的技巧

对于企业来说,公益赞助是一种投资行为,需要遵循最基本的投资原则,即投入最小化,收益最大化。为了最大限度地提高公益赞助的宣传效果,应注意以下要求。

第一,组建赞助专项基金会,以此来获得持续的宣传效果。公益赞助的有些项目,如偏远地区的乡村建设、孩子阅读、古建筑保护、青年就业培训等,问题牵涉面大,一家企业难以解决,而社会对企业期望值却很高。企业应当联系相关企业如友好的竞争者、行业上下游企业等,共同出资组建专项基金会,以基金会这种团队方式资助某些重大的社会公益事业。这样,既可以减轻企业的资金压力,又可以塑造市场领导者形象,比单独出面更加具有集约化效应和宣传效应。

第二,强化公益赞助,积极参与社会问题的宣传与解决,以此建立社会—企业—市场联系的纽带,树立企业社会责任形象,彰显企业的公共情怀,表达关心社会命运的信念,进而开拓自己的市场。美国某商店在开业之初,经常赞助那些能在电台、报刊上抛头露面的节目,商店知名度迅速得以提高。但商品销售却相当不理想。他们带着"既然你知道我们商店,为什么不来购货"的问题做了调查。结果却是:"我们认识你,并不等于信任你"。公司恍然大悟,决定把在大众媒体上抛头露面的赞助费,用于定做垃圾箱,放在大街小巷,垃圾箱印有该店名称,还印有"请爱护公共卫生,把垃圾倒入箱内"的字样,群众相互传颂道:"这家商场舍得花钱办公益事业,讲道德,信得过。"市民对该商店的感激之情,转化为对商店及其商品的好感,商品销售情形大为改观。

第三，注重赞助的一贯性，寻找相对稳定的赞助对象，长期开展专项赞助，以公益赞助的持久性创造出公众认知的积累效应，使专项公益赞助成为企业品牌形象的一部分。

第四，寻找亟待解决而又鲜为人知的社会问题，作为自己的赞助项目。这种公益赞助能够让急需帮助的公众及时分享企业的善意，具有雪中送炭的判断效果，而且能够给人嗅觉敏感、责任心强的印象。

第五，刻意赞助很有新闻价值和流量价值的社会重大事件。社会重大事件的新闻价值高，媒体报道频繁，信息介绍篇幅较大，而公众又乐意收看，具有很高的公共关系宣传效用。企业安排巨资赞助社会重大事件，不仅可以获得较多的媒体报道机会和平台播放流量，而且能够展示企业雄厚的实力形象和显著的社会地位形象。

第六，注重资助为社会做出过巨大贡献、但是现在生活比较困难的社会有功之臣（如英雄、劳模）及其家属。这既可以帮助他们解决生活难题，又可以利用这些特殊人物的新闻效用和流量价值实现公共关系宣传的目的。

**要点提示**

出于宣传效果的考虑，公益赞助也需要创意。这个创意既包含创意的原真内涵，又有"创异"与"创益"的考量，做到形式新颖，并为企业带来多种好处。

## 二、慈善资助的策划

慈善资助就是用财物帮助身陷困境的公众，其对象一般为孤寡老人、失去家庭温暖的少年儿童、丧失劳动能力的成年人以及有其他特殊困难的社会成员，如贫困学生、见义勇为致残者。客观地说，社会上的困难公众还比较多，企业不可能资助所有困难公众。企业应该选择具有典型色彩、富含新闻价值和流量价值的困难公众作为资助对象，以引起社会对企业慈善资助活动的关注。

企业开展慈善资助，在观念维度上，应该坚持人道精神，即立足关怀博爱意识，自觉践行爱护人的生命、关怀人的幸福、尊重人的人格和权利的道德，尽可能接济困难公众特别是社区的困难公众。

在事实维度上，企业应该立足解难题，拓宽慈善资助的视野，丰富慈善资助的方式，切实帮助困难公众解决实际问题，并且主动与公众进行沟通，引导困难公众纾解心理障碍,提高生活幸福指数,追逐人生梦想。慈善资助的常见方式主要有:对于偶遇生活困境而能迅速摆脱困难的人,企业可以策划专题性的慈善资助,一次性捐助钱款或物质给困难者;对于短期内无摆脱困境的人,如少年儿童、贫困老人,企业可以建立慈善工程,组织员工以企业名义与困难者结成帮困对子,长期帮助困难者;对于具有普遍意义的某一类需要资助的人群,企业应该积极参与甚至发起、组织主题性的慈善基金会,以专项慈善资金的形式,定期开展慈善性捐资帮困活动。

在传播沟通维度,企业在保护受捐公众隐私权的基础上,进行专题策划,适度传播企业的爱心与善举,生成话题和流量,以增强企业慈善资助的社会影响力,塑造企业大爱无疆的公益形象。

> 💡 **要点提示**
>
> 慈善资助的基本要求是三好:存好心＋做好事＋说好话

## 三、环保公共关系的策划

依赖工业技术,西方国家迈进工业社会,经济迅猛发展,拜金主义和享乐主义成为社会流行,刺激人们无限制追逐财富和金钱,人们为了过上更好的物质生活而整日忙碌。聚敛财富成为人们生活的唯一目标,为了达到这个目标可以牺牲一切。于是,贪婪地挖掘有限的自然资源,过度开垦有限的荒地,结果大面积的森林随之消失,大机器的轰鸣声随处可闻,鸟儿的歌声现难以寻觅,自然生态受到了严重破坏,人类赖以生存的空气、水、土壤等环境问题日趋严重,西方社会坠入风险社会。"风险是生产力发展的先进阶段制造出来的,是完全逃脱人类感知能力的放射性、空气、水和食物中的毒素与污染物,以及相伴随的短期和长期的对植物、动物和人影响的后果",工业主义对技术神话的膜拜,把人类推向了危险的悬崖——化学污染、有毒垃圾、自然灾害、核能破坏等。经过蕾切尔·卡逊等人的呼喊,环境问题成为社会问题,以生态整体为中心考察环境危机成为常识,环境保护运动成为社会潮流。

我国社会主义现代化建设取得了辉煌的社会经济文化成就,但也积累了大量生态环境问题,主要表现为:资源能源相对不足,资源环境承载能力已经达到或接近上限;区域性、局部性、结构性环境风险凸显;环境污染事件严重存在;有毒垃圾等生态困境,不能及时有效排解,有些甚至是长期没有得到有效解决;生态环境破坏事件时有发生。这些环境问题"成为明显的短板,成为人民群众反映强烈的突出问题","成为重要的民生之患、民心之痛,成为经济社会可持续发展的瓶颈制约",必须从政治高度清醒地认识到"我国环境容量有限,生态系统脆弱,污染重、损失大、风险高的生态环境状况还没有根本扭转,并且独特的地理环境加剧了地区间的不平衡"的基本国情。扭转环境恶化、保护生态环境、提高环境质量成为广大人民群众的热切期盼。环境问题成为首位民生问题,保护环境成为社会的共识。根据谁破坏谁负责的精神,企业是保护环境的第一责任人。企业应该在打造循环经济、低碳经济、绿色经济、开展清洁生产的基础上,主动承担保护环境的社会责任,关键路径就是环保公共关系。

环保公共关系是指企业遵循习近平生态文明思想,立足社会可持续发展需要,在努力实践绿色生产的基础上,积极传播环境保护思想,倡导绿色生活观念,发起、参与、资助环境保护运动,以塑造环境责任形象的公共关系专题活动。

在观念维度上,环保公共关系必须坚守可持续发展理念。1987 年联合国发布《我们共同的未来》,倡导可持续发展理念。可持续发展是指基于人类未来和社会与自然的协调发展,而保护性开发、合理化利用自然资源的社会发展范式,是一种既满足当代人的需要,又不对后代人满足其需要的能力构成危害的发展模式。这个理念超越了生态中心主义与人类中心主义的争论,使环境保护运动与环境正义运动的融合成为可能,并催生绿色职业、绿色投资、绿色建筑、绿色科技、绿色消费等新生事物。坚守可持续发展理念,就是要遵循习近平生态文明思想,自觉坚持发展底线:不把利润建立在破坏和污染环境基础之上,不从事导致土壤盐碱化沙漠化、森林面积减少、臭氧层变薄、空气质量和水质下降的经营项目,使企业成为与山水自然和谐相融的楷模。

> **资料补充**
>
> 生态中心主义的理论框架包括五个方面:
>
> (1) 自然界是一个动态系统,自然本身具有内在价值,人类作为后来的加入者有义务尊重整个系统的价值,遵循其规律。
>
> (2) 生态是人类繁衍与发展的基础,是评断人类社会行为的最高价值准则,具有至高无上的地位。在生态面前,人类没有特权,生态本身才是中心。人与自然以及其他物的地位平等,对自然不应该进行干预。
>
> (3) 利益主体不仅包括人,而且包括动物、植物等生命现象,它们应该像人类主体一样享有利益,人类道德关怀应扩展到非人类领域。
>
> (4) 生态困局是人类遭遇的各种社会问题中的首要问题,以改造人类福祉为使命的工业文明是生态困局的肇事者。

（5）人类只有在维护地球生态系统完整性和多样性、促进地球生物健康和繁荣的前提下，才可能实现自身生存和发展的需要与利益。

在事实维度上，环保公共关系要求企业在日常管理和专项管理中，都能践行环境保护的理念。在日常管理中，企业积极探索绿色生产，立足绿色设计、清洁生产和绿色产品三个关键环节，以节能、降耗、减污为目标，以管理和技术为手段，实施工业生产全过程的污染控制，使污染物的产生量最小化，强调用绿色材料、绿色能源，经过绿色的生产过程生产出绿色产品。在专项管理中，企业践行环境保护理念，就是设置环保专项治理资金，启动"碧水蓝天"修补行动；赞助环保科研活动和新材料、新能源探索活动，共同探讨环保的新思路；资助环保民间组织；设置鼓励公众参与环保的专项基金，扩大环保队伍；开展环保英雄评选、环保摄影/短视频比赛、环保征文比赛、废旧物品交换、环保创意大赛等活动，在公众中唱响绿色消费主旋律；结合行业特性，创作宣传环保的公益广告，策划、组织"世界地球日""世界水日""世界环境保护日"等国际环保大型活动，设置环保议题，向社会传播环保意识；策划、组织简单生活推介活动，引导公众崇尚物质低配，崇尚更为人性、经济节俭、健康自然、绿色环保、轻松愉悦但并非苦行僧式自虐的简单生活；策划、组织绿色消费理念推广活动，引导公众使用绿色产品，参与绿色志愿服务，绿色消费、绿色出行、绿色居住成为自觉行动，在充分享受绿色发展带来的便利和舒适的同时，履行好应尽的可持续发展责任；策划、组织绿色生活方式倡导活动，引导公众努力做到：拒绝使用一次性木筷，尽量少用一次性物品；拒绝使用珍贵动植物制品；拒绝过度包装；不追求过度的时尚；使用节约型水具；支持可循环使用的产品；尽量购买本地产品；一水多用；随手关闭水龙头；消费肉类要适度；节约粮食；双面使用纸张；垃圾尽量分类入箱；随手关灯，节约用电；步行骑单车，尽量乘坐公共汽车；循环使用布袋与纸袋。

---

**补充资料**

绿色生产包括绿色设计、清洁生产和绿色产品三个关键环节。

绿色设计要求在产品研究开发环节，至少做到以下四点：①充分考虑对环境和资源的影响，在考虑功能、质量、开发周期和成本的同时，优化设计因素，使产品及其制造过程对环境和资源消耗的总体影响减到最小。②充分考虑绿色产品功能的延伸和再利用，尽量节省原材料，减少废弃物。③提倡无废物、可回收设计技术，将3R(reduce, reuse, recycle)直接引入产品研发阶段，实现绿色生产的闭环设计。④尽量考虑废弃物回收和处理的方便，减少或消除消费者在处理废弃物时的麻烦和无意中造成的环境污染。

清洁生产指在生产管理环节,至少做到以下七点:①选择绿色资源,着重使用无公害、养护型的新能源、新资源,如太阳能、风能、海洋能、潮汐能、地热能等可再生新能源。②清洁利用矿物燃料,加速以节能为重点的技术改造,提高能源利用效率。③采用无污染、少污染的技术、新设备,节约能源及资源。④开展原材料的循环套用和回收利用,综合利用边角下料和废旧物资,提高资源利用率,减少对地球资源的耗用。⑤强化工艺、设备、原材料储运管理和生产组织过程的管理,减少物料的流失和泄漏事故。⑥对排放的污染物进行"三废"综合治理与利用,开发二次资源,利用好"废渣""废气"。⑦改进和发展绿色技术,搞好污染防范及末端处理。

绿色产品是绿色设计与清洁生产的逻辑结果,至少达到以下四点要求:①产品所用材料应无毒害物,易分解处理、易洁净、易存放。②产品应具合理的使用功能和使用寿命,具有节能、节水、省电和低噪声等特点。③产品使用后不含危害人体健康和生态环境的因素,易于回收、复用和再生。④提供绿色附加服务。

在传播沟通维度上,环保公共关系要求企业创新环保理念,明确环保传播主题,整理企业的环保实践,撰写新闻稿,制作短/微视频作品,争取主流媒体和新媒体传播、转载,让公众知晓企业环境保护的主题特色、经典事例与杰出贡献。

**实战**

全球气候变暖和生物多样性是当下环境保护的两个热点话题,碳达峰、碳中和、濒危动植物保护是其中的焦点话题。假设复旦大学出版社在世界读书日策划、组织一项环保主题的公益活动,您将给出什么样的创意方案?

脚踏实地,勇毅前行,一切皆有可能!加油!

**本章小结**

1. 公共关系服务的核心路径是基于企业的社会责任意识,尽力为公众做好事、做善事,通过商业服务和公益服务,实现提高社会美誉度、强化品牌亲和力的目的。

2. 商业服务表现为售前服务,售中服务和售后服务,直接服务于企业的市场营销,提高品牌竞争力。

3. 社会公益服务主要表现在公益赞助、慈善资助和环保公共关系领域,用于塑造企业的社会责任形象。

## 学习重点

- 公共关系服务的内涵
- 公共关系服务的价值效应
- 企业社会责任理论的基本内容
- 售前服务、售中服务、售后服务的策划
- 公益赞助、慈善资助和环保公共关系的策划

## 语 录

松下幸之助:"如果您为顾客的满意而殚精竭虑、艰苦奋斗,您的事业肯定兴旺发达。"

## 前沿问题

菲利普·科特勒认为,服务是一方能够向另一方提供的活动或利益,本质上无形的。服务质量的高低由公众的满意程度来表现。对服务感到满意的公众能够带来新的公众。识别公众的不满意现象,降低不满意率成为公共关系服务管理的重要任务。当前,公共关系基于对服务质量的理解,越来越注重研究公众服务需求结构、公共关系服务评价模式、服务品牌量化立法和服务质量管理标准。

## 推荐阅读

《企业的社会责任》菲利普·科特勒等著,姜文波等译,机械工业出版社 2006 年)
该书的副标题是通过公益事业拓展更多的商业机会,分析了企业做好事的六种选择,公益事业宣传,公益事业关联营销企业的社会,营销企业的慈善活动,社区志愿者活动,对社会负责的商业实践。企业如果切实履行社会责任,无疑能有效改善各种公众关系。

推荐理由:营销专家的智慧之作,加上国际知名企业的完美实践,能够拓宽改善公益的视野。

## 案 例

### 蚂蚁森林

环境污染、全球气候变暖是人类面临的严峻问题。森林土地面积的减少,土地荒

漠化是引发环境问题的重要原因。绿化植被成为环境保护的基本路径。但现实生活中公众参与植树造林的机会不多。2016年8月，蚂蚁科技集团股份有限公司借助互联网平台，立足"让天下没有难做的生意"使命感，秉持"公益的初心、商业的手法、科技的力量"理念，为了给世界带来更多微小而美好的改变，推出了蚂蚁森林公益项目。

蚂蚁森林是一款云平台与线下互动的种树活动，是一项旨在带动公众低碳减排、绿色生活，让网民足不出户，就为全国的绿色环境添砖加瓦。

蚂蚁森林约定，用户在支付宝上完成相应的低碳行为，例如行走、乘坐公交、使用共享单车等，都能在蚂蚁森林里计为绿色能量。绿色能量可以用于在支付宝里种养一棵虚拟的树。虚拟树的成长与绿色能量的多少正相关。这棵虚拟的树长大后，即绿色能量积累到一定程度时，用户就可以在手机提出申请，让蚂蚁森林与合作方"买走"用户虚拟的树，在生态亟需修复的某个地区种下一棵真正的树，或者在生物多样性亟需保护的地区"认领"保护权益。这个项目运作的实质是蚂蚁集团向特定地区的公益机构捐赠资金，推进当地生态修复，其中，公益机构组织种植养护等具体工作，林业部门进行业务监管，所有项目都出具相应的捐赠协议、验收报告。

蚂蚁森林的关键在于引导人们通过低碳生活收获绿色能量。为此制定出了详细的蚂蚁森林能量规则，主要内容有：行走，大约每60步获得1g能量，步数越多，产生的能量越多，每天上限为296g；使用支付宝付款购买电影票、演出票，能量为180g/笔，上限为每月10笔；使用支付宝付款在12306上购买火车票，每笔产生136g能量，每月上限10笔；使用支付宝缴纳水电费，燃气费，每笔产生262g能量，每月上限10笔；乘坐地铁、公交，每次产生52g能量，每天上限5次；单车骑行，超过3分钟即产生能量，每分钟1.8g，单次上限30分钟，单日上限88分钟，每天上限158.4g。电器、旧衣、图书、废纸、塑料等二手物品回收，也能产生相应能量，当然每天也有上限；等等。

2019年6月5日，世界环境日当天，支付宝蚂蚁森林发起的"公益林"绿色联合活动，号召大家爱护环境，倡导网友将每周三设为固定的蚂蚁森林浇水日，坚持参加浇水种树，大家携手为地球增绿添彩。该活动上线后，吸引多家品牌企业、高校和社团组织和个人参加。

蚂蚁森林在支付宝客户端里设置了"碳账户"。"碳账户"是与资金账户、信用账户并行的支付宝三大账户之一，致力于打造成低碳生活衡量、交易、共享平台，用于度量人们日常活动的碳减排量，记录低碳绿色足迹，创造碳资产，未来条件成熟，可能实现碳资产买卖、投资。

蚂蚁集团公开声明：每年投入蚂蚁森林数亿的费用属于纯公益捐赠。蚂蚁森林种下的树一经捐出，就属于国家、属于社会，未来如果这些树木产生碳汇，将全部用于公益。如果未来蚂蚁森林里记录的个人碳减排量能够交易，所有的收益将属于用户个人，不属于蚂蚁森林。

　　截至 2021 年 8 月,蚂蚁森林累计带动 6 亿多人践行低碳生活,累计产生"绿色能量"2 000 多万吨。蚂蚁森林联合中国绿化基金会、中国扶贫基金会、中华环境保护基金会等公益合作伙伴,在内蒙古、甘肃、青海、宁夏等 11 个省份已种下 3 亿多棵树,种植总面积超过 397 万亩。

　　**点评:**蚂蚁森林是一项融公益性和趣味性于一体的环保公共关系活动,是互联网科技、绿色环保思想与公众集体行动的产物,线上与线下相结合,在引导公众养成绿色生活方式的基础上,有效地塑造了企业的环境责任形象。

练习与思考　　　　部分参考答案

# 第九章
# 公共关系的危机管理策略

## 学习目标

学完本章，您应该能够：

1. 熟悉危机管理的理论基础；
2. 了解危机管理的宗旨和原则；
3. 熟悉危机管理的程序；
4. 应对不同类别的危机事件；
5. 掌握危机管理中的媒体沟通策略。

## 基本概念

危机管理 危机事件 危机语艺策略理论 希斯4R危机管理理论 班尼特形象修复理论 库姆斯情景危机传播理论 社交媒体时代危机沟通理论 危机信任修复话语模型 危机公关5S说 危机管理6F说 黑天鹅事件 灰犀牛事件 墨菲法则 海恩法则 芬克危机四段论 危机五阶段说 危机预防 危机预警 危机应对 事故性危机 假冒性危机 群体性事件 网络舆情 危机沟通 福莱灵克危机传播公式 危机沟通3T法则

狄更斯在《双城记》开卷语"这是最美好的时代，这是最糟糕的时代；这是睿智的年月，这是蒙昧的年月；这是信仰的时期，这是怀疑的时期；这是光明的季节，这是黑暗的季节；这是希望的春天，这是失望的冬天……"正是遭遇危机的社会组织的处境。但是，我们相信，办法总比困难多，经过危机管理，必定能够建立日趋完善的危机预防和应对机制，提高应对黑天鹅事件或灰犀牛事件的能力，散瘀消肿止痛，化危险为机遇，让社会组织存续、壮大起来，富有活力地奔驰在光荣与梦想的发展大道上，进入玛格丽特米·切尔《飘》的结语境界："Tomorrow is another day！"

# 第一节　危机管理的内涵

不少依靠"千军万马、千方百计、千言万语、千辛万苦"精神步入发展轨道的企业，一旦遭遇危机事件，因为应对不当，被"青春危机撞了一下腰"，便陷入困境，声誉大跌，甚至"一病不起"，最终破产。在传播媒体高度发达、公众维权意识强烈的现代社会，企业应该高度重视危机管理。

## 一、危机管理的含义

> **？问题思考**
> 传播学、管理学和公共关系学视野的危机管理，侧重点分别是什么？

随着经济一体化、信息全球化的发展和公众维权意识的增强，各种社会组织时常遭遇危机事件，危机管理成为管理者的重要职责，危机管理的研究成为显学，不同学科都聚焦研究危机管理，学者源于自己的学科视野，提出了很多定义。在传播学学者看来，危机管理（crisis management）就是危机沟通管理、危机传播管理（crisis communication management），旨在立足沟通和传播来化解危机，关注的是社会组织在危机发生前、演进中和恢复期进行的信息沟通，强调通过设置沟通主题、建设沟通路径、选择沟通工具，谋求与利益相关者重建良性互动关系，追求的最高境界是"好事说好，坏事好好说"。在管理学学者看来，危机管理是危机应对策略的抉择，即社会组织为应对危机事件、降低或消除危机损失而进行的防范体系建设和应对化解处理，由此把危机管理分为两个部分：危机爆发前的防范管理和危机爆发后的应急善后管理，强调危机发生后"做什么"和"说什么"。追求的最高境界是"顶层设计、举一反三"和"有则改之无则加勉"。而在公共关系学学者看来，危机管理即危机公共关系，强调运用公共关系策略处理危机，核心是强调协调关系、塑造形象。根据危机公共关系的界定，呈现出两种截然不同的做法：错误的做法是寻找对受害者具有影响力的受害者亲朋、官员、记者甚至恶人，利用特殊的关系网，通过利诱、删帖、威逼、恐吓、水军来平息事件；正确的做法是发挥公共关系监测信息、辅助决策、传播推广、协调沟通、提供服务的职责，聚集正能量，构建和谐的公众关系，期待的境界是"大事化小，小事化了"，尽量缩小、淡化危机事件的影响。

从整合管理业务流程角度看，危机管理就是社会组织引导员工养成"居安思危""居危思危"意识，本着"谈透危机、谈出对策、谈求生存"的宗旨，认真研究危机发生机制，识别危机风险，明确可能遭遇的危机事件，建立管理预警系统，及时有效化解危机事件，并利用危机事件、开发危机事件资源，推动组织管理登上新台阶的管理活动。危机管理始于危机意识的培养，止于管理机制的创新，中间蕴含着一系列的工作。

在实践中，管理者对危机管理的认识不尽科学，导致危机管理存在多种误区，主要表现在以下七个方面：缺乏危机意识，没有风险隐患思维；缺乏权益平衡意识，不能整合利益相关者；缺乏危险与机遇辩证观，把危机简单理解为破坏或机遇；缺乏危机管理与危机公关的一体观，只偏重做事或传播；缺乏危机管理战略观，侧重应急管理，轻视危机预警、危机预控和恢复管理；缺乏危机应急管理沟通的多维意识，倾向于悄悄与受害公众沟通，忽视与其他利益相关者的沟通和媒体沟通；缺乏传播意识，宣传（propaganda）意识盛行，倾向于选择性沟通，报喜不报忧。

> **问题思考**
>
> 请您运用 AI 大模型生成"企业危机管理存在的误区"。这个文档的内容与本教材的概括基本相似，说明大家对这个问题的认知初步达成共识，但"误区"长时间存在，说明病根依然未除。请问造成企业危机管理种种过错的根源是什么？

## 二、危机管理的客体

危机管理的客体是危机事件。危机事件是指企业在经营管理中，由于内外各种因素综合影响而引发的、对经营活动和商业形象产生否定性评价、形成批评性舆情的事件。企业之所以要高度重视危机事件，首先是由于其巨大的破坏性，其次是由于其蕴藏丰富的形象塑造资源。从破坏性看，危机事件一旦出现，轻则影响市场经营战略的推行，降低促销活动的效果，重则摧毁企业的市场形象，断送企业的美好前程。从资源角度看，危机事件本来是件坏事，但是策划得当，也能利用危机事件充分展示企业形象。

危机事件具有以下八种特质：①损害公众权益，包括物质权益、健康权益、精神权益。②面临多重危险，容易产生连锁破坏，先是引发关系危机，继而出现舆情危机，最后形成信誉危机。③往往事发意外。④需要紧急处置，既要尽快做，又要及时说。危机事件发生后,4小时内若确切信息,猜测开始流传,6小时内猜测裂变为流言谣言,12小时后媒体开始评判,24小时后成为全国热点话题,所以说,企业遭遇时,沟通越早越主动。⑤舆论高度关注。⑥不确定性强,危机事件的走势和强度难以预料。⑦总是事出有因,危机事件的终极起因总是在企业自身。⑧具有双刃功能,危机事件既有破坏性功能,让顾客和企业受损,又有建设性功能,是发现问题的机遇期,是企业提升管理与品质的压力,同时还是深化公众关系的动力。

**课堂讨论**

根据危机事件的特质,顾客投诉是否属于危机事件?为什么?

从危机管理角度看,顾客投诉、消费纠纷初期属于"无感危机事件",经营者只要醒着,就有的是办法去解决问题,攻克难关,从而阻断无感危机事件演化为危机事件。

## 三、危机事件的归因

**问题思考**

在经营管理日趋科学的前提下,企业遭遇的危机事件为什么日趋频繁、日趋严重?

企业遭遇危机事件,既有自身内在的原因,也有公众方面的原因,还有社会方面的因素,但是主因在企业自身。强调引发危机事件原因的综合性,有助于明确危机管理方案的系统性和整合性;强调危机事件的主因在企业,有助于明确危机管理方案的重点和突破点。

### (一)危机病灶的组织归因

危机事件何时暴发,带有偶然性,但是病灶已经存在,危机发生则具有必然性。一般来说,企业危机的病灶体现为以下两个方面。

1. 企业文化建设偏差

企业竞争的胜利往往是企业信念的胜利,是顾客选择的结果,加强企业文化建设,从员工信念层面提升竞争力,成为企业的必然抉择。危机事件不断的企业,首先是在企业文化建设方面出现失误,偏离了企业社会责任理念。

企业的兴盛需要企业家带动企业的文化自觉。企业家没有文化自觉,会导致自己缺乏良心、感恩心、敬畏心、分享心、平常心、忧患心、谦让心和细心,形成为富不仁的价值观,面临"做商人还是做好人"的两难选择,因为做商人是一种道理,做好人是另一种道理。破解这个两难命题的切入口是培育企业社会责任信念,底线是良心和关爱之心,即不利用已向财富和权力倾斜的技术优势、生产优势和法律制度,有意损害顾客利益,并人为地让弱势顾客维权之路漫长而艰辛。外企在中国的成功,不仅在于其自身的技术和管理,更在于中资企业把顾客推向外企,因为部分中资企业天天想抢钱、拼虚假,就是不考虑社会责任,自己把顾客赶到外企那边去了。可以说,违背企业社会责任,是危机事件的根本原因。

企业社会责任强调在生产过程中关注人的价值,强调对消费者、对环境、对社会、对社区做贡献,自觉承担以保障员工尊严和福利待遇,保护职工生命健康为基本内容的员工责任,确保产品货真价实的产品责任,及时足额纳税的经济责任,引导职工养成社会公德行为的教育责任,参与和发展公益事业的慈善责任,谋求可持续发展的环境责任,力图以绝对的效率理念谋发展,以相对的公平精神谋和谐。对照这些基本要求,我国部分企业存在比较严重的社会责任问题,从一味逐利到贪得无厌,从生产不合格产品到破坏环境,从虚假宣传到排斥市场竞争,从不关心员工待遇到不关心社会公益事业,应有尽有,一直酝酿着危机事件。

企业出现社会责任问题,既源于企业历史与文化,更源于企业的"唯发展论",对各种内外各种因素考量不仔细,不严密,不成熟,迷恋跨越式发展,结果成为萝卜快了不洗泥的粗放式发展,导致质量事故频发,安全事故不断。违背企业社会责任理念的发展,一级结局是利润财富私有化而代价损失社会化,终极结局则社会普遍仇富,甚至引发社会动荡,危机事件如期而至。

2. 企业行为失范

如果说企业文化建设存在偏差是危机事件的潜伏基因,那么企业行为失范则是危机事件的直接原因。企业行为失范体现在对内管理不当和对外经营不当两个方面。

对内管理不当,是指企业管理理念落后导致企业运作机制紊乱,呈现出的无效管理和错误管理。当前企业管理不当的表征主要有:①去制度化现象严重,既存在制度缺失和制度漏洞现象,又存在制度稻草人现象。美国大法官克拉克曾经说道:"摧毁政府最好的办法,就是让它不遵守自己制定的法律,特别是自己制定的宪法。"这句话对企业同样具有警示作用。许多企业发生危机事件就是"无法可依、有法不依"造成的。②日趋政治官僚化,帕金森定律现象严重,存在太多的空转与隔离,企业业务流程不能有效整合。③日趋于军事专制型,"一支笔现象"严重,危机隐患不能及时消除在基层员工。④日趋运动突击型,形式主义严重。⑤日趋混乱失控,表现为持续的资源紧张、重点项目不断更换、时间进度有压力、过分依赖既往的成功经验、内部沟通不畅、压制不同的专业意见、缺乏社会全局意识。⑥部门选择性管理和员工选择性执行的现象严重。⑦日趋资本绩效型,企业管理呈现出明显的唯利是图动机,认为危机管理是亏本生意,忽视危机管理。

对外经营不当,是指企业经营理念陈旧,导致企业在市场调查、营销推广、售后服务、市场竞争、广告宣传、公共关系、品牌管理、客户管理、市场管理等方面出现偏差,引发危机事件。以减肥保健品经营为例,有些企业采取"游牧式"品牌经营方式,通过强势密集的广告,夸大宣传疗效,有意忽略产品的副作用,借此提升品牌知晓度,促进产品销售,但顾客盲目跟风购买后,达不到预期,甚至影响了身体健康,从而不再信任减肥保健品,企业就放弃该品牌,重新打造另一新品牌。由于经营模式存在明显的误导倾向,这些企业必然遭遇危机事件。

无论对内管理不当还是对外经营不当,均属于企业自身行为失范,往往引发以下问题:经营决策失误,管理制度存在缺陷,产品设计存在瑕疵,商品出现质量问题,宣传作品和促销活动违反社会文化,工作人员态度差、技能低,传播沟通无效并导致媒体误报。媒体介入后,最终发展为危机事件,主要表现为战略危机、信誉危机、管理危机、质量危机、财务危机、人力资源危机等。

### (二)危机放大的公众心理归因

危机事件对组织形象的破坏作用,固然源于其事实本身,但是最重要的因素却是公众危机事件过程中表现出来的消极心理现象,特别是晕轮效应、近因效应、防卫心理、流言心理、刻板效应和围观效应。由于传播媒体的介入,公众对社会组织的消极心理迅速得到传播,成为影响甚广的舆情事件。由于消极心理和舆情的影响,危机事件的破坏性作用将会被夸大,企业遭遇危机事件时,往往出现"雪中送炭者少而落井下石者多、伸手相救者少而冷眼旁观者多、同情怜惜者少而冷嘲热讽者多、善意建议者少而升级批评者多、知恩图报者少而秋后清账者多"的墙倒众人推现象。因此,制定公共关系危机事件处理对策的过程中,既要以事实为依据,又要高度重视相关公众特别是目标公众、媒体公众的消极心理,搞好后真相时代的传播管理。

### (三)危机影响增大的社会归因

相当多的危机事件,可以说是起因很小很小,但后果很大很大。危机事件影响不断放大,究其社会原因,主要有四个方面:①公众维权的基础在不断夯实,即公民社会正在诞生,公众的主体意识和平等愿望日趋强烈。②公众维权意识增强,投诉顾客增多。③公众维权背景凸显,即政府探索出了"法律法规+专门机构+领导批示"的公众维权模式,有利于公众维权。④公众维权的渠道畅通,企业无法操纵社交媒体,加上某些媒体的妖魔化动因,倾向于报道危机事件,从而使危机事件的影响不断扩大。

**课堂讨论**

请您运用 Sora 模型，用一张"顾客愤怒投诉物流企业延时服务"的照片，演展生成"事件酿成舆情风波"的短视频。这个 AI 短视频演展的逻辑表现在哪些方面？

# 第二节　危机管理的理论基础

进入工业文明，当今社会便成为"风险社会"，人类承担着种种"现代性的后果"，为了减轻危机事件的冲击，危机管理成为现代社会的当然选项。出于提高危机管理科学性考虑，学者们以突发公共事件或者企业危机事件为研究对象，探讨危机管理的理念形塑、职能定位、制度建设、流程搭建、应对执行和传播沟通的内在机制，得出了多种危机管理理论。

## 一、危机语艺策略理论

任何时代的社会组织都时不时地遭遇危机事件，由于社会责任觉悟的缺乏，限于推卸责任的本能，早期的社会组织偏向采用话语说辞来为自己辩护，立足自我防卫，组织信息，编辑话语，热忱呈现有利于自己的信息与观点，并与损害组织形象与利益的人进行辩驳，以切断组织与危机事件的联系，转移公众视线，减轻外界对组织的敌意，改变公众的危机认知与归因，使组织获得中立甚至正面的评价。

危机语艺策略的核心是运用辩解策略应对危机。1975 年起，美国学者华尔（Ware）等人陆续总结出危机辩解常用的策略有八种。一是否认策略，即否认社会组织出现过错事态，或否认危机事件的发生与社会组织存在关联，以期彻底摆脱危机。二是炫耀策略，即突出宣传社会组织的优势和曾经的善举，以期抵消过错行为对组织的伤害。三是切割策略，即把被质疑的事实或关系从受众关注的组织事态中分离、移转出去，然后运用新的价值标准或新的方法来评估当前的人或事件，通过事实与关系的割裂造成认知区隔，转变受众的观点与态度。四是澄清策略，主要用于说明事件真相与表象存在差异：当事实真相并不清楚时就把公众指责说成是主观偏见而非事实，当事实清楚时就解释为纯属个人行为而非组织行为。五是重新定义名词，即使用不同的名词概念，用新概念界定危机事件，以扭转公众对危机事件的诠释。六是超越策略，即引导受众转变思考问题的视角与方法，把事件性质诠释为为了长远发展和社会整体利益而需要暂时忍受的遭遇,"虽苦犹甜",为组织摆脱困境赢取空间。七是模糊策略,即表示遗憾但拒绝认错,这主要是指当危机事件的责任归属尚不明确时,社会组织可以对危机事件的发生表示遗憾,但不宜立刻承揽责任,以免引火上身。八是关切策略,当危机事件的责任归属已经明确时,社会组织应该对事件表达关切和遗憾,但尽可能降低组织责任。

> **要点提示**
>
> 危机语艺策略立足辩解,通过操纵语词证言来说服受众,改变受众的态度与行为,话术色彩比较明显,可以在一定时期内、一定程度上应对危机,但不能从根本上解决危机事件。这为探索危机管理预留了使命与空间。

## 二、希斯 4R 危机管理理论

2003 年之前,国内公共关系学界对危机管理的理解相对松散,且偏重危机应对,影响最广的便是杰斯特的 3T 法则和危机公关 5S 原则。即便提及事后管理,往往一句"有则改之,无则加勉",很有境界但也相当模糊地结束了。2002 年发生 SARS 疫情,公共关系的危机管理职责得到高度重视,国内引进出版了罗伯特·希斯的《危机管理》。在该书中,希斯基于对危机管理的界定特别是情景中人的境况分析,以资源、人、反应、复原和沟通为核心概念,借助象限图确定了危机管理的范围(见图 9-1)。其中,左边两个象限代表危机管理的沟通活动;右边两个象限表示危机管理的行为;上面两个象限反映的是应对危机事件的初期,以生理影响为主;下面两个象限反映的是恢复管理时期,以精神影响为主。反应和恢复管理的重点是公众认知。希斯认为多数企业仅仅重视资源管理,忽视沟通,左边两个象限是零分。他指出管理者应该从总体战略高度进行危机管理,考虑如何减少危机情境的发生、如何做好危机管理的准备、如何规划危机的反应方案、如何培训员工的危机应对技能,以便尽快复原。他借鉴 PPRR 模型(即预防 prevention、准备 preparation、反应 response、恢复 recovery)和 MPRR 模型(即缓和 mitigation、预防 prevention、反应 response、恢复 recovery),提出自己的 4R 危机管理模型(见图 9-2)。

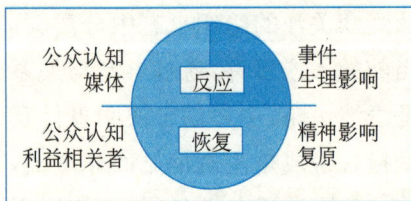

图 9-1　危机管理的范围

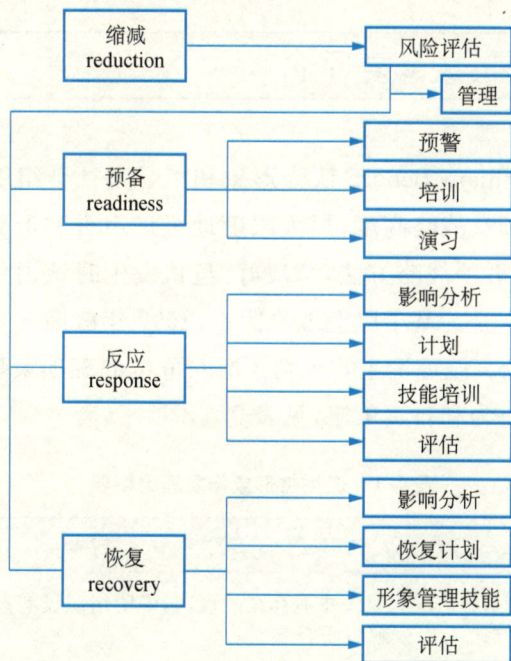

图 9-2　希斯 4R 危机管理模型

　　在 4R 危机管理模型中,希斯把危机管理划分为缩减、预备、反应、恢复四个环节。缩减就是减少危机情景的攻击力和影响力,在这个环节强调进行风险评估,注意破坏性因素的整合,力图排除危机发生。预备就是做好处理危机情况的准备,具体工作包括建立预警机制和培训计划,开展救生圈操作演习、潜水与急救训练。反应就是尽力应对已发生的危机,涉及的工作主要有进行影响分析(包括潜在影响的分析和机会性影响的分析)、制定处理计划、开展技能培训(即通过必要培训提高相关工作人员的沟通技能、媒体协调技能、与具有进攻性的人打交道的技能)和评估。其中,制定处理计划包括撤离计划、反应管理计划、处理心理创伤与压力计划三个方面。恢复就是重建家园,具体工作包括影响分析、制定恢复计划、培训形象管理技能和评估。

### 💡 要点提示

　　希斯 4R 危机管理理论属于特殊的管理理论,外延很宽,是建构社会组织危机管理机制的基本遵循,但在危机应对方面则有待细化。

## 三、班尼特形象修复理论

威廉·班尼特(William Benoit)认为形象和声誉是社会组织最重要的战略性资产。任何社会组织必须从战略高度,最大限度地维护声誉和形象。危机事件是形象的终结者,但正确运用五项战略方法,解决好"危机发生时该说什么话"的问题,可以维护甚至提升形象和声誉。基于以上理论假设,1997 年威廉·班尼特提出形象修复(image repair,IR)理论。该理论主要规划了应对危机的五项策略方法,即否认、规避责任、减少敌意、纠正行为和自责策略,见表 9-1。

表 9-1　班尼特形象修复理论精要

| 策略 | 子策略 | 解释 |
| --- | --- | --- |
| 否认策略 | 简单直接否认 | 不承认并不存在的事实,说明组织没有过错行为,只是公众存在误解与误会 |
| | 切割责任式否认 | 指出危机责任是员工个人过失行为所致,不是组织行为 |
| | 转嫁他人 | 指出组织没有过错行为,过错是明确的第三方所为 |
| 规避责任策略 | 正当回应 | 陈述过错行为是受到挑唆或煽动后,对他人之前某种做法的正当回应 |
| | 无力控制 | 申明危机是因组织缺少相关信息或能力造成的 |
| | 纯属意外 | 将危机归因于某种不可控因素,属于偶然意外事故 |
| | 动机善良 | 说明本意初衷良好,只是好心办了坏事 |
| | 推给他人 | 声明危机属于张冠李戴,与己无关,但对受害公众深表同情 |
| 减少敌意策略 | 强化支持 | 阐述组织的长处与善举,加强公众对组织的积极看法 |
| | 淡化伤害 | 淡化陈述错误行为造成的伤害结果,尽量降低危机损失的认知 |
| | 区隔比较 | 引导公众区分错误行为有别于伤害性更大的行为,让公众通过比较看到危机后果还不算最坏 |
| | 超脱 | 引导公众从有利的角度来看待问题,改变公众看待危机事件的视角 |
| | 反击对手 | 攻击不实信息的发布者,以降低公众对错误行为罪恶感的认知 |
| | 给予补偿 | 及时直接向受害者提供物质补偿,或是收买受害者,降低错误行为的伤害程度 |
| 修正行为策略 | 复原 | 承诺采取补救措施,将事物恢复至危机前的原样 |
| | 预防 | 承诺采取改进措施,避免再次发生类似事件 |
| 后悔道歉策略 | 承担责任 | 主动担责,以实际行动挽回损失,争取谅解 |
| | 请求原谅 | 主动承认错误并道歉 |

第一项策略：否认。否认是组织在形象修复中可以首先使用的策略，表明危机事件与组织无关，自己没有过错。班尼特认为否认分为三种形式：一是简单直接否认，即不承认所谓的事实；二是切割责任式否认（将组织自身与组织中涉及危机责任的个体区分开来，并指出个别成员与组织的价值观以及相应的行为规范是不相符合的，或是未经组织同意擅自采取的行动，撇清责任，改变外界对危机的看法，从而减少这些个体对组织整体形象造成的损害）；三是转嫁他人，即在发生危机之后，将危机的责任推诿于他人，归咎于第三方，以转移公众视线。

第二项策略：规避责任。对于那些不能否认或者否认不掉的危机，社会组织为了减少公众的敌意，得到社会的原谅和宽容，通过合理的责任回避来降低自己对危机事件应该担负的责任，强调过错行为不是组织有意为之。这一策略分为五种方法：一是"正当回应"，即对危机责难者进行正当回击，声明组织所犯的错误是因为在捍卫自己的正当权益。二是"无力控制"，即申明危机事件是因为组织缺少相关信息或能力，无力控制而造成的。三是承认是偶发"意外"，将危机事件或者组织曾经做出的不当行为归因于偶然意外事故。四是声明"动机善良"，可以向公众解释：虽然做了某些不当的行为，但是本来的意图是好的，不过是出于客观原因做了错事。五是推给他人，声明危机是他人的过失造成的，与己无关。

第三项策略：减少敌意。减少敌意是指危机发生后通过媒体和各种公关途径，减少公众心理的敌意，消除不良影响，最大可能减少对组织的损害。这个策略有六种不同的方法：一是"强化支持"，加强公众对组织的积极看法或者组织解决问题的决心，增强公众的正面信心。二是"淡化伤害"，将负面影响最小化，即淡化陈述错误行为造成的社会损失，尽量降低危机损失的认知，消除负面影响，特别对危机事件中直接当事人的影响，使公众相信危机并没有想象中那么严重。三是区隔比较，将危机与损失更大或者伤害更重的危机事件进行比较，加以区别，让公众通过比较看到危机后果还不算最坏，从而缓解自己的情绪。四是"超脱"，针对不能改变的危机事实，引导公众改变看待危机事件的视角与立场，超脱于事外，从而改变自己的态度。五是反击对手，攻击不实信息的发布者，分散公众的注意力，并降低公众对错误行为罪恶感的认知。六是"给予补偿"，及时直接给危机受害者提供必要的物质补偿，给予补助，帮助其减轻痛苦。

第四项策略：修正行为。危机发生后，采取适当措施，适时纠正不当行为，恢复至危机发生前的原样，并修订相关规章制度，杜绝类似事件发生；同时发表社会声明，承诺不会再发生类似事件。

第五项策略：后悔道歉。危机发生后，主动承担责任，以实际行动挽回损失；同时承认错误，诚恳道歉，反思忏悔，争取公众宽恕与原谅。

## 四、库姆斯情景危机传播理论

针对危机管理研究忽视危机应对策略的现象,2002 年蒂莫西·库姆斯(Coombs)根据心理学归因理论,提出了情景危机传播/沟通理论(situational crisis communication theory,SCCT,见图 9-3),强调根据公众的感知和态度进行危机情景评判,明确危机特点和危机类型,结合公众对危机责任的归因方向,选择合适的危机反应策略,即危机发生后社会组织应该对公众说什么,从而引导公众转变对危机责任归因的方向,缓解公众负面情绪,降低组织名誉和利益的损失。该理论包含危机责任归因演变模型和情境应对策略两部分内容。

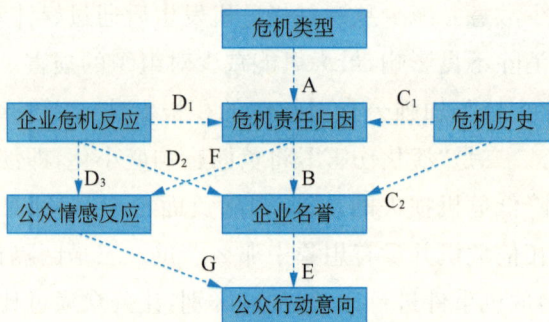

图 9-3　危机情景归因与演变模型

### (一)危机责任归因演变模型

情景危机传播/沟通理论的基础是韦纳(Weiner)的归因理论。归因理论认为,在生活中,人们总是在寻找事件特别是危机事件发生的原因。判断原因有源头、稳定性和可控性三个维度。源头指事件发生的原因来自社会组织内部还是外部。稳定性指事件发生的原因是否长期存在。可控性指事件是否受到人为控制,即危机来自内部还是外部。如果事件的发生源于当事人自身的原因,而且屡次发生,人们会认为当事人应当对危机负责,并产生愤怒情绪,且针对当事人采取负面行动;如果事件的发生源于当事人无法控制的外部因素,而且属于偶发事件,人们就会认为当事人是无辜的,并产生同情情绪,且针对当事人采取正面行动。

根据归因理论,库姆斯提出公众进行归因主要有两个依据:危机类型和危机历史。危机类型是媒体对危机的报道所形成的框架,每个危机类型都强调危机的一个方面,比如:危机是不是由外部力量引起,危机是事故还是有意为之,危机原因是技术还是人为故障。这种框架提示公众如何判断危机的可控性。危机历史会影响公众对于稳定性的感知。如果企业屡次发生类似的危机,表明企业没有为防范危机复发做出应有的努力,这必将增加公众对企业的危机责任归因。增加的危机责任归因会影响到企业的名誉。如果企业被认为是漫不经心地甚至有意将利益相关人置于危机的风险之中,企业的名誉会遭到极大破坏。危机责任归因也会引发公众对企业的情感反应,比如愤怒甚至是幸灾乐祸。名誉破坏和情感反应都可能导致针对企业的负面行动,比如停止购买企业的产品、传播不利于企业的言论。

通过了解危机情景,危机传播人员可以评估危机造成的名誉威胁,继而决定何种危机反应策略能够最大程度减轻公众对企业的责任归属并最好地保护企业的名誉,同时通过影响利益相关人的情感反应来影响其行动意向。

### (二)危机情景应对策略

情景危机传播理论将危机责任作为危机情景与危机反应策略的连接,通过区分危机类型与危机反应策略,根据危机情景选择相匹配的危机反应策略。

1. 区分危机类别

库姆斯以内部—外部、有意—无意两个维度建立判断危机类型的矩阵(见图9-4),将危机划分为错误型危机、意外型危机、过失型危机和受害型危机。

| | 无意 | 有意 |
|---|---|---|
| 外部 | 过失型危机 | 受害型危机 |
| 内部 | 意外型危机 | 错误型危机 |

图9-4 危机类型判断矩阵

受害型危机是外部力量蓄意破坏所造成的危机事件,企业与利益相关人同样是危机的受害者,企业的危机责任比较轻微甚至几乎不存在,即归因程度轻,对企业的名誉几乎没有影响,或者能很快消除。

过失型危机是外部不可控因素(如自然灾害、谣言、公共场合暴力冲突)所引发的危机,企业认为自身没有不当行为,但公众认为企业预警不当、处置不力。因此,企业负有中度责任,归因程度较低,声誉会受到某种程度的影响,但不会很严重,而且不会持续。

意外型危机是企业由于操作不当引发的事故或致使有问题的产品流入市场,是企业无意行为的后果,不是企业有意制造的危机。企业负有中度责任,归因程度较低,是非蓄意而导致的结果,对企业名誉的破坏不是很大。

错误型危机是企业违反社会规范或法律法规,人为引发的事故,或者故意生产经营存在缺陷的产品,故意将利益相关人置于危险之中;或者管理层故意推行不当管理制度,明知故犯地采取不合适的行为;或者犯下本来可以避免的人为错误。错误型危机中,企业的危机责任最重,性质恶劣,容易遭到人们的指控,对企业名誉伤害极大。

从可控性看,这四类危机从强到弱依次为错误型危机、意外型危机、过失型危机、受害型危机,因此公众认为企业承担的责任也是渐次递减的。

在后续的研究中,库姆斯把过失型危机归入受害型危机,并细分出企业危机的13种情形,见表9-2。

表9-2　危机类别及说明

| 危机类别 | | 说　明 |
|---|---|---|
| 受害型危机 | 1 谣言 | 以攻击企业为目的的虚假信息 |
| | 2 自然灾害 | 自然发生的损害企业的突发事件 |
| | 3 竞争对手破坏行为 | 企业外部的某人或某团体针对企业的攻击,如对产品进行投毒 |
| | 4 职场暴力 | 某些雇员或前雇员对现在雇员的攻击,如枪击同事 |
| 意外型危机 | 5 利益相关者挑事、举报 | 心怀不满的利益相关人指责企业运营中存在的不当之处 |
| | 6 技术故障意外 | 由于技术或者设备故障引起的工业事故 |
| | 7 技术原因导致的产品召回 | 由于技术或设备故障引起的产品召回 |
| | 8 环境污染等重大意外事件 | 由于技术原因引起的环境污染 |
| 错误型危机 | 9 人为原因导致的事故 | 由于人为错误造成的工业事故 |
| | 10 人为原因导致的产品召回 | 由于人为错误造成的产品召回 |
| | 11 未造成伤害的企业犯罪行为 | 企业有意欺骗利益相关人,但没有造成伤害 |
| | 12 企业犯罪行为 | 企业有意违反法律或者规范 |
| | 13 造成伤害的企业犯罪行为 | 企业有意将利益相关人置于危险中,并导致其中一些人受到伤害 |

### 2. 区分危机反应策略类别

库姆斯认为,危机事件发生后的信息回应是影响公众对企业和危机感知的重要因素,良好的危机沟通能够降低危机的负面影响,因此,危机反应策略主要关注的是"企业在危机发生后说什么"。库姆斯提出,危机反应策略应与危机情景特别是危机责任归属相匹配,企业的危机责任不同,反应策略也不相同。他把危机反应策略分为三类:否认型策略、淡化型策略、重建型策略,再加一个服务于三者的补充策略,即支持型策略,见表9-3。

表 9-3 危机情境反应策略的类别

| 策略类别 | | | 说　明 |
|---|---|---|---|
| 否认型策略 | 1 | 反击指控者 | 直面提出怀疑与指控的个人与组织,并予以反击,声称他们是错误的,表示与之对质甚至起诉 |
| | 2 | 完全否认 | 以明确的理由或证据,声称危机根本不存在 |
| 淡化型策略 | 3 | 寻找替罪羊 | 声称应当为危机负责的是组织之外的某人或其他组织 |
| | 4 | 寻找借口 | 声称危机的发生并非企业有意为之,不是故意的,或者危机的发生源自企业无法控制的某些因素,是"失控"造成的,从而将组织应担负的危机最小化 |
| | 5 | 寻找正当性 | 声称危机造成的损失和伤害很小,说明危机并未导致任何强烈的危害性损伤,最大限度地减少人们对危机损伤的感知 |
| 重建型策略 | 6 | 给予关心与同情 | 提供调适性信息:向危机受害者表示关切、同情、慰问,给出预防、纠正或抢险措施信息<br>提供指导性信息:向危机受害者发出通知、明确注意事项,指导公众规避风险 |
| | 7 | 道歉、补偿、整改 | 声称企业将承担全部责任,诚恳道歉,请求利益相关者给予原谅,提供补偿与援助,矫正过失,管理创新 |
| | 8 | 表示遗憾与忏悔 | 表示对危机的发生感到遗憾,并着重提及已经对受害公众进行了适当的安置和补偿 |
| 支持型策略 | 9 | 展示良好形象 | 重点向利益相关者展示企业过去的优秀事迹、给公众做过的好事、所收到的公众对企业的好评 |
| | 10 | 逢迎取悦 | 以迎合的姿态,表扬并感谢危机事件中的所有利益相关者 |
| | 11 | 呈现受害者形象 | 着重指出组织在危机中也深受伤害,争取公众的同情 |

否认型策略试图校正不实信息,撇清企业和危机之间的关系。这类策略妥协性最弱,对于危机责任的接受程度也最弱。

淡化型策略致力于减少企业与危机的关联或利益相关人关于危机的负面看法,减弱危机对企业的负面影响。这类策略具有中等的妥协性,表示企业在一定程度上接受部分危机责任。

重建型策略的目的是在接受危机责任的同时,为企业创造新的信誉资产。在施行这类策略时,危机管理人员表示接受危机责任,并给受害者提供援助。这类策略妥协性最强,完全接受危机责任。

支持型策略旨在重新争取公众对企业的支持,提醒利益相关者企业过去所做的好事,以迎合的态度感谢公众对企业的关注,并试图争取公众的同情。

3. 建构危机情境与反应策略的匹配机制

为了提高危机情景应对策略的操作性,库姆斯立足对应与匹配,以顺从(公众利益优先)和防卫(以组织利益优先)作为依据,把危机情景与反应策略加以简化,制作出危机沟通策略光谱图,见图9-5。

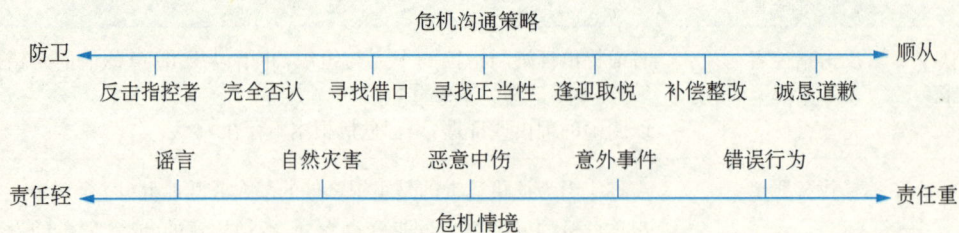

图9-5 危机沟通策略光谱

库姆斯发现,应对危机最安全的反应策略是重建型策略,因为这一策略强调接受危机责任、给予补偿,可以很好地安抚公众。但是库姆斯也指出:企业在承揽危机责任时如果不谨慎,很有可能官司缠身;企业采取的反应策略越具妥协性,往往付出的成本越高,有时过分妥协的策略实际上会使局势恶化;如果企业过于主动地接受危机责任,公众将会倾向于认为危机比他们所预期的要严重。能否获得良好的沟通效果,关键在于沟通策略和危机情景之间的匹配性。

因此,库姆斯认为,危机管理人员应当通过评估危机责任来决定采用何种危机反应策略,分为四个步骤。第一步,从影响公众对企业危机责任归因的危机类型、证据真实性、危机伤害程度、企业危机历史四个因素,判断企业的危机情景,明确企业责任。第二步,通过分析企业危机历史和先前声誉,判断有无责任强化因素。第三步,根据企业应当承担的责任大小来选择相应策略。当企业面临的是自身无责任的受害型危机,处于"危机不存在、需要消除危机与企业关联"的情境,宜用否认型策略。当企业面临中等责任的意外型危机,处于"危机尚在控制之中,没有想象中严重,需要减少责任归因"的情境,宜用淡化型策略。当企业面临重要责任的错误型危机,处于"由人为原因或企业过失所导致的"危机情境,宜用重建型策略。支持型策略只是否认型策略、淡化型策略和重建型策略的补充手段,不宜独立使用。库姆斯给出了一个简要的危机反应策略使用建议,见表9-4。第四步,根据责任大小和有无增加责任的因素,选择具体的应对策略。当危机责任最小且无强化因素时,给出指示性信息,给予关心与回应即可。当危机责任最小但有强化因素时,或者危机责任低且无强化因素时,采用寻找借口、寻找合理化、给出指示性信息、给予关心回应的策略组合。当危机责任低但有强化因素时,或者危机责任重大时,采用补偿道歉、给出指示性信息、给予关心回应的策略组合。补偿整改可以用于任何危机受害者。

表9-4 危机反应策略的匹配建议

| | 企业无危机史 | 企业发生过类似危机 |
|---|---|---|
| 受害型危机 | 否认型策略 | 淡化型策略 |

| | 企业无危机史 | 企业发生过类似危机 |
|---|---|---|
| 意外型危机 | 淡化型策略 | 重建型策略 |
| 错误型危机 | 重建型策略 | 重建型策略 |
| 补充说明 | 1. 支持型策略是一种补充手段，只能与其他策略配合使用，不可单独使用<br>2. 企业应当持续一致地使用某种危机反应策略，否认型策略不能同时和重建型或者淡化型策略结合运用，混合使用否认型策略与淡化或重建型策略都将破坏危机应对的总体效果<br>3. 结合危机情境，允许同时运用重塑型和淡化型策略<br>4. 否认型策略应当只用于对抗谣言、对抗挑战企业道德的行为 | |

### 要点提示

库姆斯情景危机传播理论强调从公众视角而不是企业自身视角判断企业的危机事件责任，然后明晰危机情景，分别给出匹配性策略工具。其精髓之处是"公众怎么看"，而不是"企业自己怎么看"，这是危机管理落实顾客至上理念的有益探索。

## 五、社交媒体时代危机沟通理论

SCCT理论主要探讨传统媒体环境下的危机沟通问题，不尽适应社交媒体环境下的危机应对，于是有学者开始理论创新，提出了社交媒体时代危机沟通（social-mediated crisis communication，SMCC）理论，讨论企业应该如何与意见更为多元、态度更为情绪的社会化媒体用户进行沟通，以阻止危机事件在网络平台发酵，缩小危机事件对组织声誉的影响。在SMCC理论研究方面，已经取得的研究成果有：①社交媒体危机沟通的效果受制于危机来源、危机类型、组织基础状况、信息策略、信息形式等。②否认、道歉、整改、寻找借口、寻找正当性等策略依然是SMCC的主要策略，寻找正当性和诚恳道歉是最常用的策略，同时补充了代理人策略和新支持策略。代理人策略主要是通过支持可信的回应内容将第三方（如网络大咖）可信度转移、借用到企业身上。新支持性策略侧重于陈述企业目前正在做的重要事情而不是过去曾经做的好事，以恢复公众对企业的信心。③应对网络谣言的策略是陈述事实、完全否认、减少、重建、求援、反击指控者，同时需要运用注意及时回应、互动沟通、监控信息等策略。④信息告知策略与道歉、同情策略相比，引发的负面反应较少，但却同样具有较好的形象修复功能。

SMCC的根本问题是匹配性选择危机沟通策略，需要考虑以下两个维度。

第一，准确评判危机责任归因情景，主要表现为企业责任大小的评估。在这个方面，SCCT 进行了深入的分析，因此，建构 SMCC 理论必须以 SCCT 为理论遵循，要以企业责任大小为第一维度。

第二，充分照应后真相衍生出来的负面情绪，以后真相情绪高低为第二维度。由于信息技术的赋能，新媒体传播呈现出共享、参与、互动、社群、连通和情绪特性，媒体用户不仅是信息接收者，更是信息传播者、讨论者和生产者，进入社交媒体时代。社交媒体是基于用户关系的互联网生产与交换平台，信息把关人无奈离席，个人或团体得到了信息撰写、分享、评价、讨论和沟通的权力，并由此衍生出后真相现象：公众奉行立场决定真相的媒体生活理念，出现了情感先于事实、消解事实成为常态的现象，而且屡屡扯出深层次的社会矛盾，要求平等对话，解决问题。由于后真相情绪的作用，社会上一旦出现负面事件，就有人编造话题带节奏，混淆视听，引发社会偏见，制造认知混乱，唯恐天下不乱。但是这种毫无事实根据的责难性、抨击性话题，却能引来不少公众眼球，并聚集在互联网平台围绕这个话题社群"热情讨论"、"激情声讨"，形成网络舆情，使企业陷入事态危情与网络舆情的双重困境。因此，在危机事件中，企业不仅要面对受害者，更为重要的是要面对网络用户，特别是其中的信息创作者、跟随者以及潜水者；企业不仅要考虑回应内容的组织，更为重要的是要考虑回应信源与回应时间的选择、多元化诉求的应对；不仅要考虑如何平息危机事件，更为重要的是考虑如何应对网络舆情。网络舆情是多数公众围绕负面事件在互联网表达的、批评性倾向鲜明、引起社会广泛关注的情绪化意见。网络舆情是后真相情绪的反映，是消解权威、包裹着负面情绪的责难话语，其中的负面情绪程度由低到高依次为惊讶、厌恶、焦虑、恐惧、伤心、愤怒。在危机事件中，既然后真相现象不断扩散，舆情走势对危机事件的影响越来越大，目标公众的情绪与危机传播策略的相关性日趋显著，建构 SMCC 时应该有后真相情绪维度。

基于上述分析，以企业责任和后真相情绪为维度，建构 SMCC 模型如下。

第一象限是全责高舆情危机，包括人为的错误行为、有瑕疵的产品流入市场、生产责任事故、环境污染、劳资纠纷和企业有组织的违法犯罪行为等，是企业有意或无意的错误行为引发的危机，破坏性极大，侮辱性极强。公众把危机责任完全归因于企业，认为危机是企业突破经营管理底线的逻辑结局，企业自身行为不当是危机的源头，因此很容易产生恐惧、伤心和愤怒情绪。在这种高情绪后真相情绪支配下，公众特别愿意相信和传播指责企业的信息，并主动挖掘、提供、发布更多、更深层的负面信息，表达更激进的批评意见。同时由于危机影响大，主流媒体已经报道，甚至还引来了"调查记者"的介入，出现了挖材料、造话题、带节奏的流量大咖，从经营思想、管理制度、生产规范、员工素质深究危机原因，从侵犯消费权益、伤害身体与心理健康甚至破坏道德伦理多个角度系统描述危机后果，企业被形塑为不想、不愿且无力负责的恶

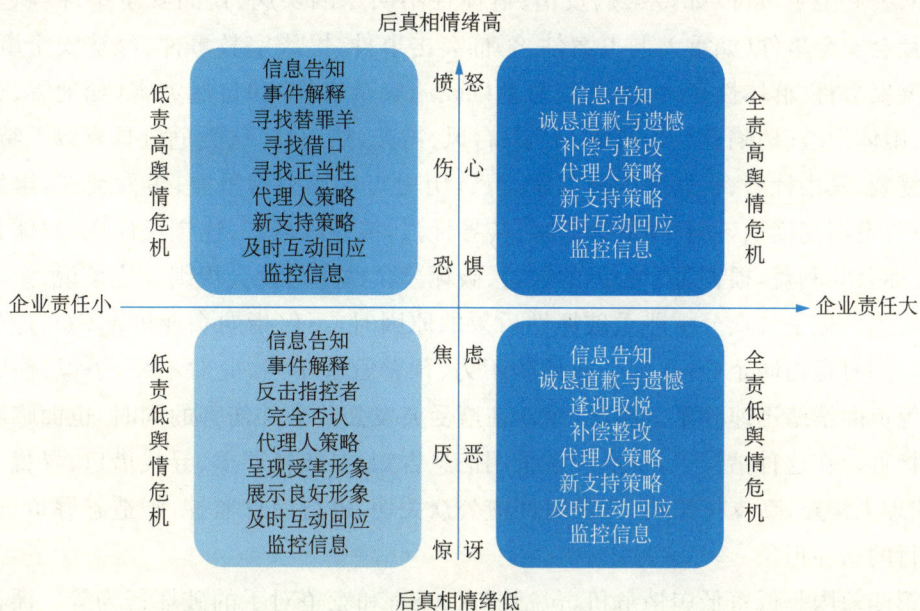

图 9-6 社交化媒体时代危机沟通模型

棍形象、罪犯形象。在这种情景下,企业应该采用立足观念维度—事实维度—传播沟通维度,革新企业价值观,优化经营管理理念,果断采取措施中止事态发展,采用信息告知策略、诚恳道歉与遗憾策略、补偿补救策略、惩处责任人策略、整改策略、代理人策略、新支持策略、及时互动回应策略应对危机事件,并进行信息监控,同时在化解危情与舆情两个方面发力,塑造壮士断腕、脱胎换骨的革新形象。

第二象限是全责低舆情危机,包括技术故障意外、企业生产经营管理意外事件、员工精神失常举动、职员个人违法犯罪、利益相关者挑事与举报等。在公众看来,这些危机具有黑天鹅事件或灰犀牛事件的成分,虽然不是企业蓄意违法、恣意妄为、故意放纵的后果,但企业粗心大意,存在管理主体责任不落实、隐患排查治理不彻底、生产管理标准不健全、监管检查不严格、问题处理流程不完善等问题,负有失察失职之责,加之事件同样具有极大的损害性和侮辱性,公众容易产生惊讶、厌恶、焦虑等负面情绪。因此企业应该采用信息告知策略、诚恳道歉与遗憾策略、惩罚责任人策略、逢迎取悦策略、补偿补救策略、整改策略、代理人策略、新支持策略和及时互动回应策略,并进行监控信息,打造见微知著、洞幽察微、有则改之、无则加勉的进取形象。

第三象限是低责高舆情危机,一般属于突发公共事件,是突然发生的,可能或者已经造成人员伤亡、财产损失、环境破坏、群体恐慌、社会舆情等社会危害,危及公共安全甚至国家安全,亟待采取应急措施予以防范、应对的紧急事件,包括事故灾难(如安全生产事故、交通运输事故、公共设施和设备事故、辐射事故、环境污染和生态破坏事件）、公共卫生事件（如传染病疫情、群体性不明原因疾病、食品安全事件、职业危害）、社会安全事件（如重大刑事案件、恐怖袭击事件、民族宗教事件、经济安全事件、涉外突发事件、群体性事件、关键信息基础设施安全事件）和自然灾害（如地震、火山爆发、山体滑坡、地陷、洪水、海啸、干旱、台风、雪灾、热浪）。这类危机具有以下特点：成因复杂，其中社会、自然与管理因素交叉，历史与现实因素重叠；事发突然，爆发出乎意料，发展速度快，而且发展势头猛；传导性强，传导区域广，连锁反应深，媒体介入快；破坏公共利益，损害每个公民的权益、破坏公共秩序与社会规则。应该说，企业也是受害人。但是公众分析严重破坏性后果的原因时，不仅指向企业外部（如自然界、社会），同时也指向企业，认为企业预防不力、预警管理不当、应对不妥，恐惧、伤心和愤怒等负面情绪迅速蔓延。因此，企业在遭受突发公共事件伤害的同时，也面临着舆情的指责。在这种情景下，企业应该采用信息告知、寻找替罪羊、寻找借口、寻找正当性、代理人策略、新支持策略，并及时回应公众关切，进行信息监控，塑造忍辱负重、勇毅前行的奋斗形象。

第四象限是低责低舆情危机，包括谣言、流言和竞争对手的破坏行为等。谣言是他人出于报复、竞争甚至获取网络流量的动机，针对特定企业凭空捏造的、在社会上广泛传播的虚假信息。流言是指没有事实根据、没有企业针对性却在社会广泛流传的虚假信息。流言虽然没有明确的肇事者，是不少社会公众在传播中共同"添油加醋"的结果，但与谣言一样，具有"有人物有时间有过程、有起因有事实有细节"的话语特点，给人事实清楚、逻辑合理的印象，所以同样具有抹黑企业、破坏企业声誉的严重后果。另外，由于竞争日趋激烈，极个别的竞争对手出于市场考虑而破坏同行企业生产设施、向同行企业的商品投毒、雇佣水军贬损同行等现象也时有出现。在这类危机中，企业是受害者，没有过错，但公众不了解实情，在防卫心理和从众心理支配下，对这些可能损害自己权益的信息采取的是"宁可信其有，不可信其无"的态度，滋生出惊讶、厌恶、焦虑等负面情绪。因此，在这种情景下，企业宜采用信息告知、反击指控者与造谣者、完全否认、代理人策略、呈现受害形象、展示良好形象等策略，并及时回应公众关切，进行信息监控，争取流言止于智者的效果，以恢复企业形象。

## 六、弗利-帕拉迪斯危机信任修复话语模型

基于"当危机发生时，原本缄默的信任问题变得异常活跃，社会组织如何以言取信尤为关键"的逻辑假设，弗利（Fuoli）和帕拉迪斯（Paradisd）2014年从语用学视角，围绕话语效果、交际行为及作为文本的话语三个层次构建了危机信任修复话语模型。在这个模型中，他们将信任细分为能力、品质和善意三个维度，指出危机语境下信任

修复话语的效果在于重建社会组织的能力、品质及善意,告知受众"我们有能力解决危机""我们诚实可靠""我们关心、理解你们"。话语效果借助强调正面与中和负面这两类话语行为得以实现。强调正面就是进行积极自我呈现,以呈现社会组织的积极、贡献形象,一般通过形容词等评价资源实现。中和负面就是不否认负面信息,而是对其进行积极回应和商榷,以缓解其负面影响,一般通过言据标记等介入资源实现。

2019 年学者王雪玉等人基于管理归因模型,发展了危机信任修复话语模型(见图 9-7),认为危机中话语行为应置于特定情境和社会文化语境下考察,以信任修复话语目的为出发点,该目的决定信任修复维度,借由"强调正面""中和负面""诉诸情感"话语行为实现,表现为评价资源、介入资源及移情话语的使用。

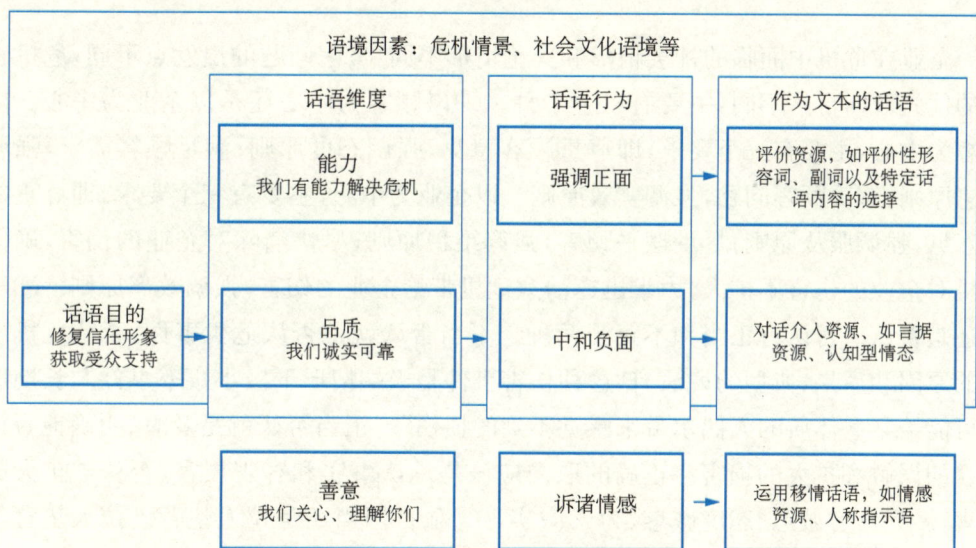

图 9-7　危机信任修复话语模型

具体而言,主要在以下四个方面进行了补充与完善:①既然"目的是言语生成的原因",信任修复话语模型就应增加话语目的的考量;认为建构能力、品质和善意是信任修复的目的,话语行为是实现话语目的的策略。②能力型信任修复一般通过提供积极信息来实现,而品质型信任修复则可通过管理消极信息来实现。③既然"当受众的情感被打动时,说话人可利用受众心理来产生说服力",那么当信任已遭破坏、重建信任关系时,就宜表达善意、减少消极情感、恢复积极互动,因此需要的是"诉诸情感"话语行为。"诉诸情感"话语行为通过语用移情实现。语用移情指是指在特定语境下需要说话人从对方的视角考虑问题,或从对方物质、心理或情感方面的需要出发,替别人着想,充分理解或满足对方的需求,在语言上表现为特定情感资源及人称代词的策略性使用。④明确了策略的作用指向,认为"强调正面"用于建构社会组织的能力,"中和负面"旨在凸显社会组织的品质,而"诉诸情感"则用以传达社会组织的善意。

# 第三节  危机管理的规范

危机管理既有科学性，又有艺术性，能否实现"转危为安、化危为机"的目标，需要遵循基本的危机管理规范。

## 一、危机管理的优先取向

企业在危机中面临的社会情形和舆论情形不同，考虑问题的出发点不同，危机管理的优先取向自然不同，主要有以下十种。①以顾客为中心还是以企业为中心。以顾客为中心，主要有三个要求，即尊重顾客意见，强调态度原则；满足顾客需求，强调实惠原则；解决顾客问题，强调实效原则。以企业为中心，主要有三个要求，即尊重领导意见，强调服从原则；尽量摆平顾客，强调维稳原则；尽快消除对企业的伤害，确保危机对企业的伤害不扩大，力求迅速治愈危机带给企业的伤害，强调效率原则。②承认还是否认。否认有正当和不正当两种。不当否认就是否认危机事件、否认危机事件的原因和后果，典型的说法有"这种伤害事件是极端情形下极小概率事件""长期服用可能给某些体质的人偶尔带来感觉不到的损伤"。正当否认就是及时、明确地否认公众的误解和扩大的损害。正确的取向应该是承认事实和客观损害，否认被扩大的损害，做到富有诚意、态度诚恳、为人诚实。③独自担当还是拉人垫背。拉人垫背就是企业遭遇危机事件时扯出政府部门、扯出国家标准、说成行规扯出同行、扯出上下游合作单位。④减少敌意还是对抗。对抗就是选择恐吓、起诉等对立化的手段对待媒体和职业化的"麻烦制造者"。⑤顾客损失最小化还是企业损失最小化。顾客损失最小化强调以捍卫顾客利益为底线，而企业损失最小化则强调讨价还价。⑥公了还是私了。一般来说，公了有管理上的风险，即引来政府主管部门的追加惩罚，私了有代价，即赔偿的金额高于政府机关的裁断。⑦诉讼优先还是市场优先。诉讼优先就是对于误解性、夸大危机的报道，优先考虑起诉，利用法律武器维护企业权益和名誉。市场优先则优先考虑尽量降低这类报道对品牌和目标公众的消极影响，采用内紧外松策略，通过协商，化解危机舆论。近些年来，我国企业界时常出现赢得官司输掉市场的现象，因此，应该慎用诉讼维权策略。⑧客观标准还是有利标准。裁断危机事件时，选择市场价格、以往先例、行业规则、国家标准、法院裁定、传统习惯、地方惯例和地方法规作为评判标准，往往对企业有利，而选择伦理标准、国际标准、公平待遇标准和科学判断等客观标准作为依据，往往对受害公众有利。⑨温和还是强硬。正确的态度是对事强硬，对人温和，即事实要清楚，态度要和蔼。⑩综合整顿还是就事论事。就事论事的做法是：就事论事地总结，就事论事地修补，用就事论事的结论去检查经营管理，一事一议，不扩散议题，危机中暴露的根本性问题往往得不到解决。综合整顿则强调举一反三，由表及里，升华议题，必要时另造新船。

**要点提示**

危机管理的优先取向，是判断企业应对还是应付危机的基本标准。

## 二、危机管理的宗旨

危机事件直接或间接地损害了公众的实际利益，伤害了公众的心理，因此危机管理必然存在利益博弈和心理博弈问题，确定正确的危机管理宗旨，有利于正确化解危机事件的利益博弈和心理博弈问题。

关于危机管理的宗旨，先后出现过摆平顾客论、搞定媒体论、善钻空子论、代价最小论和关系疏通论。摆平顾客论主张利用诱导、哄骗甚至恐吓的手段，使受害公众不敢提出自己的利益诉求，直接平息危机事件。搞定媒体论主张当媒体介入危机事件时，企业及时求助媒体主管官员，贿赂媒体相关工作人员、变相贿赂媒体（如投放广告）、购买当期媒体、直接在网上删帖甚至恐吓媒体，中止媒体关于危机事件的报道，缩小危机事件的影响。善钻空子论主张利用现行法律法规的漏洞，规避危机事件。当前某些企业在多国因产品质量缺陷实行召回，但召回基本上不涉及中国，改良产品也只在发达国家销售。面对质疑，这些企业表示，其产品完全符合中国国家标准。这就是善钻空子论的典型做法。代价最小论立足于博弈零和效应，主张通过针锋相对、讨价还价，以最小的代价赔偿受害公众，平息事件。关系疏通论主张借助对企业有利、对受害公众有影响力的各种社会关系，疏通受害公众的心理，引导受害公众提出合理的诉求，从而以较小的代价化解危机事件。

上述几种提法不仅有失公允，而且不利于从根本上解决危机。我们认为危机管理的宗旨是拯救形象论，即立足于品牌形象的维护和提升，从观念维度、事实维度和沟通维度三个层面，系统设计顾客赔偿方案、媒体沟通方案、工作改进方案，整合各种因素，最终实现转危为安、化危为机的目的。

拯救形象论要求在危机管理中，不仅在乎公众怎样看，而且在乎企业自己怎样想、怎样说，更加在乎企业自己怎样做，强调危机管理的落脚点是多方满意理念，即受害公众满意——员工满意——社会(媒体)满意——股东满意——企业满意,基础是受害公众满意。由此,危机管理必须坚持三个善待,即善待逆意公众、善待危机事件、善待员工。善待逆意公众主要是善待投诉顾客和揭丑记者,基本理念是合法、合理、合情,基本要求是做到"四有":面对逆意公众的诉求先做"有理推定",面对逆意公众的批评先对企业的经营管理做"有过推定"、对企业的产品做"有疵推定",面对逆意公众需要解决的问题先做"有解推定"。善待危机事件就是正面理解事件,立足化险为夷和转危为机,努力做到"五不",即不侵犯公众的健康权、安全权,给公众提供的至少是无害产品;不违反市场的逻辑,提供性价比更显著、更有用的产品;不抱残守缺、安于现状,提供更优、更好的产品;不愚弄和误导公众,尊重公众;不违反善良社会习俗和政策法规,尊重社会文化。善待员工就是尊重员工的主人地位和创造精神,引导员工巧渡应对危机的态度关、心理关和技巧关,使员工在危机中想当责任、敢于面对危机并善于应对危机。

---

💡 **要点提示**

危机管理的宗旨是拯救企业形象,因此必须善待逆意公众、善待危机事件、善待员工。

---

## 三、危机管理的原则

危机管理涉及各行各业,关于危机管理的原则,不同学者提出了许多看法,代表性的有危机公关 5S 说和危机管理 6F 说两种。危机公关 5S 说,强调危机公关时应该遵循承担责任(shoulder the matter)原则、真诚沟通(sincerity)原则、速度第一(speed)原则、系统运行(system)原则和权威证实(standard)原则。危机管理 6F 说,强调的是事先预测(forecast)原则、迅速反应(fast)原则、尊重事实(fact)原则、承担责任(face)原则、坦诚沟通(frank)原则和灵活变通(flexible)原则。

界定危机管理原则应有前提条件,即明确危机管理的目标、核心要求和理念。危机管理的目标分三个层次:最低目标是化解危机,降低危机事件的消极影响,减少危机事件给企业带来的损失;中级目标是化危为机,借助危机事件推进企业管理创新;最高目标是既不发生危机事件,又能引领企业管理持续革新,实现内源性创新发展。危机管理的核心要求是五个必须:必须居安思危、常怀忧患;必须未雨绸缪、强化预防;必须快速应对、科学处置;必须关切舆情、公开透明;必须信仰市场、善待公众。危机管理的理念应该是用心做人,尽心做事。用心做人就是强调道德良心,坚守市场的逻辑,以维护公众权益为路径,实现维护自己权益的目的。尽心做事就是强调责任心,秉持务实的本性,排斥形式竞争力,提升本质竞争力,使企业走出依靠垄断、牺牲环境甚至伪劣欺诈等手段获利的陷阱,培育出诚信理性、符合规律、负责任的企业品质,提高企业内生的、内源发展的本质竞争力。基于"用心做人,尽心做事"的理念,危机管理必须做到:①防微杜渐,尽量消除危机隐患。②花钱消灾,尽量满足受害公众需求。③除恶务尽,尽量直面问题,总结经验教训,整合创新。因此,危机管理应遵循以下十条原则,即制度保障预案先行原则、立足预防快速反应原则、统一指挥全员应对原则、公共利益与公众利益至上原则、战略谋划全局联动原则、主动面对勇于担责原则、坦诚相待原则、灵活应变原则和善始善终原则。

> **问题思考**
>
> 关于危机管理的原则有多种说法,为什么? 确立危机管理原则的逻辑出发点是什么?

# 第四节 危机管理的环节

关于危机管理的环节,学术界至少提出了以下三种理论:一是三阶段说,即危机管理包括事前(precrisis)管理、事中(crisis)管理和事后(postcrisis)管理。二是芬克四段论,即危机潜伏期、危机突发期、危机蔓延期和危机痊愈期。三是米特洛夫五阶段说,即信号侦测(识别危机发生的警示信号并采取预防措施)、探测与预防(收集已知的危机风险因素并尽力减少损失)、控制损害(努力使危机不影响组织运作的其他部分和外部环境)、恢复运作(尽快让组织运转正常)和学习总结(回顾、审视并整理危机管理措施)。危机管理是特殊的管理活动,不仅需要做好预警、处置工作,还需要进行情绪管理,因此其程序宜分为五个环节,依次是预防、预警、正视、应对和开发。

## 一、危机管理的预防阶段

危机管理的最高境界是不发生危机,预防就是实现这种境界的唯一路径。预防是管理的重要组成部分,强调防患于未然,基本取向是达成管理使命,即确保企业存续,在确保企业永续发展的前提下,做大做强。从预防角度看,危机管理的理念有一个演变过程,最初是扛病管理,后来演化为发病管理,再升格为发现管理,现在进一步发展为健康干预管理。这有些类似人的康健管理。在早期农业条件下,人生病基本上靠"扛",借助身体自身的修复能力战胜病魔,属于扛病管理。这种理念风险很大,容易"小病扛成大病"。后来,人生病就去医院,请医生诊断,明确病情,借助药物战胜病魔,属于发病管理,强调对症下药,见效快,但是比较被动,治疗成本较大。现在,进入一年一度的体检保健模式,人还没有生病的时候,定期开展多项身体健康指标检查,力求早发现早治疗,争取清除病灶,属于发现管理,健康成本低多了,而且主动得多了。但是体检的重点是查找病灶,还是存在风险。因此,西方发达国家特别强调健康干预管理,干预生活方式,引导大家远离有毒有害食物,减少盐油摄入,养成科学的生活规律,同时发展体育运动,倡导全民健身,人人锻炼,天天锻炼,以健康的生活方式提高生活快乐指数,促进身心健康发展。企业危机管理也经历着类似的路程。扛病管理就是遭遇危机后,笃信"时间总会冲淡记忆",对危机视而不见,任由危机演变,客观上讲,有些危机确实随着时间的推移,淡出了人们的视野,但是更多的危机则是"熬"成了大危机,步入"起因很小很小,后果很大很大"的结局。接受教训后,现在大多数企业做到了"发病管理",一旦遭遇危机,立即着手危机应对,秉承"兵来将挡,水来土掩"的思路,力求化解危机甚至化危为机。

我们认为,发病管理当然是必需的,但是还应该提升危机预防的境界,提倡发现管理和健康干预管理,从常规和专题两个层面开展预防管理。

常规层面的预防偏重技术创新、科学管理和员工培训,解决的根本问题是企业核心竞争力问题,解决的表面问题是质量控制与提升的技术问题和企业的经营管理制度问题,解决问题的立足点则是系统整合创新,解决问题的动力来自细节性隐患的发现,追求的理想境界是:科学设计生产工艺,科学配方,把好原料质量关,搞好生产调度安排,加强安全保卫工作和财务管理,完善销售服务制度等,使企业远离危机事件。

**资料补充**

**"黑天鹅"事件**——人们一般认为世界上只有白色的天鹅,但有人在澳大利亚偶尔发现了黑色的天鹅,学者还公布了黑天鹅存在的科学论证。现在用"黑天鹅"事件指发生概率极低但影响巨大的风险。这种风险因为概率极低而具有罕见和意外的特点,非常难以预测。但是一旦发生后,人们便为它的发生找出种种理由,进行合理化解释,引发连锁负面反应甚至颠覆,否定从前的一切成就与贡献,并污名化、妖魔化解读管理理念与制度安排,导致信任坍塌,产生重大社会影响。

**"灰犀牛"事件**——村民清楚看到河岸有头灰犀牛,也知道它会攻击人,开始还有些提防心理,后来渐渐麻木,放松了警惕,结果犀牛攻击村民时,因为毫无防备而造成重大伤亡。现在用"灰犀牛"事件指社会管理中发生概率高而且影响巨大的风险。这种风险因为概率高而给人习以为常的印象,大家都熟视无睹,无动于衷,坐视危机发生,并认定"爆发前早有迹象显现,当权者却有意忽视",完全无视大众的权益与安全,属于严重渎职和无能行为,于是否定涉事组织从前的积极作为与重要贡献,并怨恨化地解读其治理动机、制度理念与流程安排,引发社会仇恨心理,对涉事组织的仇恨瞬间成为大家唯一的澎湃激情,涉事组织迅速成为大家共同的敌人,被视为罪魁祸首而受到社会的普遍抨击,遭遇灾难性危机。

　　危机事件,更多的是"灰犀牛"事件。

　　专题层面的预防,核心是监测黑天鹅事件和灰犀牛事件特别是灰犀牛事件,核心是及时处理引发危机的隐患,其客观依据是墨菲定律和海恩法则。墨菲定律指出:"只要存在发生事故的原因,事故就一定会发生",而且"不管其可能性多么小,但总会发生,并造成最大可能的损失"。海恩法则是指:每一起严重航空事故的背后,必然有29次轻微事故和300起未遂先兆以及1 000起事故隐患。据此,可以说:平时只有精心,关键时才能放心;平时只有周全,关键时才能安全。为了实现这种境界,专题层面的预防需要做好以下九项基本工作:①建立警报制度,明确警报预判模式、预判负责人和处理程序。②培养危机管理意识,使每个员工具有立足岗位、果断消除隐患的观念。③建设危机管理体制和机构,即明确危机管理机构的使命,明确监测、识别、诊断、评估、预控危机的责任,组建包括核心领导、基本成员、外部力量和后备力量的危机管理队伍,明确危机管理机构人员的调整方案,明确危机管理机构的内部职责与权力、内部沟通与合作方式,建立危机管理机构成员的通讯信息表,组织危机预演。④构建危机管理制度,使企业遭遇危机事件时做到五个不,即不混淆事实真相,不做无谓争论,不可小题大做,不可随意归罪他人,不偏离企业经营理念与管理政策。⑤建立信息监测系统。⑥保障危机管理资源,明确包含危机管理机构维持和训练费用在内的经费来源,储备应对危机所必需的各种资源,明确危机应对物资的储备位置、购买地点、使用制度和维护制度,收集企业的专题信息资料和国家的相关法规政策。⑦训练危机应急队伍,培训危机应对能力,研习危机应对策略,开展危机事件应对演练、演习。⑧培训媒体沟通技能,确保危机应急人员熟悉境内外媒体,确保高层管理者礼貌、冷静地应对媒体采访,确保危机应急人员礼貌冷静且标准化地应对媒体、投诉顾客和员工亲属的电话询问。⑨建设危机管理案例库,发挥危机启示和情景训练的效用。

## 二、危机管理的预警阶段

危机管理的预警是预防的逻辑延伸,预防侧重从企业整体管理阻截危机,预警侧重危机信息的监测与处理,其核心要求是预警责任精细化、预警组织网络化、预警处置程序化、预警计划细节化、预警信息制度化,强调在识别危机风险的基础上,尽量规避危机风险,并提供危机管理手册。

### (一)识别危机风险

识别危机风险就是收集、鉴别和分析危机的征兆信息。为了确实掌握危机风险,企业必须善待意见,因为忽视坏消息不会让它消失,它反而会使问题愈演愈烈。如果投诉者一如惯例地被冷漠,举报者一如既往地被恐吓,意见者就会三缄其口,危机就会如期而至。危机风险的来源,可能是企业内部,如缺乏学习型组织氛围、员工凝聚力和向心力偏低、基层员工在执行力不高,也可能是企业外部,当企业直接面对的政治、经济、社会文化与技术环境发生逆向变化时,同样会使企业陷入危机之中。危机风险信息可以分为三类,即损害企业效益的信息、影响企业形象的信息和破坏企业运营生产的信息,其中有些是行业信息,有些是顾客反馈信息和竞争对手捏造的信息,可涉及的具体项目有产品缺陷信息、服务缺陷信息、高层管理者大量流失情况、负债过高导致长期依赖银行贷款、销售额持续下降、多年亏损等。

识别危机风险,首先需要借助沟通技术收集危机信息,记录危机风险表。在这个过程中,客户、业务关键员工和基层员工的意见最为重要,因为客户最容易发现产品存在的缺陷和问题,而业务关键员工和基层员工最容易觉察到危机信号。因此,开展危机风险管理,首先应该主动授权基层员工发现和规范处理危机信号,引导员工正视和研究自己的岗位烦恼,始终警觉危机问题,并产生问题直觉思维。其次鼓励管理层倾听基层意见,整理"本周五大问题",对潜在问题始终保持警觉,对警告始终保持警醒。再次设立企业危机情报中心,整合分析危机信息。在此基础上,应该经常与客户、关键员工和基层员工进行沟通,刻意收集细节信息,特别是制度层面衔接性的细节缺陷、员工操作性的细微问题、普通顾客的抱怨和投诉性的细小诉求、建筑与食品行业安全巡视员的警告、公司内部非正式群体的流言等,然后填写危机风险表,见表9-5。

表9-5 公司危机风险表

| 本月公司可能发生的最糟糕的十件事 | 当前的应对办法 | 应对策略的改进思路 |
| --- | --- | --- |
| 1. | | |
| 2. | | |

填写危机风险表后,即可借助信息六位合体技术透视危机根源。六位合体技术就是寻找危机信息要有上下左右前后六位方向,即根据经营理念、文化建设和管理制度的科学性判断企业上层建筑存在的问题,根据员工理解力、执行力、凝聚力和向心力判断下位基层员工存在的问题,根据部门之间的协调性判断企业左位的整合性,根据企业与市场的依存度、与社会的和谐度判断企业右位的生命力,根据行业国际发展趋势、前沿理念判断企业前位的发展力,根据行业惯例与规则判断企业后位的适宜性。透视危机根源是为危机管理决策提供事实依据。

### (二)预判危机事件

预判危机事件就是预测并指出企业可能遭遇的危机事件类型、性质、等级、影响范围、损失程度(包括直接经济损失、客户关系损失、销售渠道损失和品牌信誉损失)、发展走势、媒体敏感程度和社会介入的程度,并发出危机警报,中心环节是找出潜在的危机事件,明确企业经营的风险点和出血点。下列情形往往是企业经营的风险点和出血点:产品或产品碎片伤害顾客、产品造成顾客伤亡、产品质量差服务不到位、原材料配件瑕疵、产量不足供货困难、媒体揭丑曝光、企业领导意外死亡或突然逃跑、员工复仇造成伤亡、生产发生死亡事故、损害企业信誉的诉讼、核心员工离职且加盟竞争对手。

### (三)评估危机风险

评估危机风险的核心工作是确定危机警戒线,测算潜在危机预估值,按轻重缓急排列潜在的危机。潜在危机预估值的计算公式是:潜在危机预估值=危机损失费×危机发生概率,其中危机损失费=$\sum A$(赔偿金额+政府罚金+产品损失费+生产损失费+市场损失费+诉讼费用)+$\sum B$(品牌损失费+关系受损费用+股市损失额+刑事责任损失费),危机发生概率以百分比形式出现。

### (四)管理危机风险

管理危机风险就是在预判危机发生可能性和危机损害程度的基础上,明确具体的危机应对思路。当危机发生可能性偏高且损害程度偏高时,危机的应对思路是揭短露丑、有效预控和切实改进。当危机发生可能性偏低但损害程度偏高时,危机的应对思路应该是常规监测、及时整改和注意细节。当危机发生可能性偏高但损害程度偏低时,危机应对的思路应该是加强监管、警觉危情和超越危机。当危机发生可能性偏低且损害程度偏低时,危机应对的应该是加强常态管理,谋求创新发展,夯实基础。

### （五）制定危机应对预案

制定预案就是假设危机已经发生，应该采取哪些应对的具体措施，因此预案的内容应该包括危机应对指挥中心设立方案、危机监测与信息沟通方案、危机预报方案、危机现场处置方案、媒体沟通方案、员工培训方案、危机应对演练方案、后勤物质保障方案和形象修改提升方案等。

预案的基本方案形成后，需要把预案研究成果撰写成危机管理手册。危机管理手册由标题、正文和签署三个部分组成，其中正文是核心，基本内容包括前言、危机管理宗旨与理念、危机管理守则与政策、启用危机管理手册注意事项、危机定义和分级标准、危机预警与应对工作程序与路径、危机应对总体方案（包括面向所有部门和员工的基本要求、面向所有部门和员工的禁忌）、细目危机处理程序与实施细则、危机信息控制与新闻发布制度、危机信息沟通与管理方案、经费调配方案、物质保障方案和危机跟踪管理方案（包括责任追究与处罚方案、整改方案与提升方案）十二个部分。

> 💡 **要点提示**
>
> 危机管理预警的精要之处在于细化与预演。

304

## 三、危机管理的正视阶段

调查表明，在危机管理中，公众对企业最不满意的因素是态度不好，耍赖，用敌视的职业眼光预设恶意，由此导致公众"门难进、话难听、脸难看、事难办"。受害公众由于觉得自己利益受损，投诉企业时往往带有一定的情绪。情绪化的公众导致危机管理者也情绪化，进而导致公众更加情绪化。这样，由于心理互不相容，态度互不宽容，企业就会失信于公众，落入陀西塔陷阱，危机管理因为缺乏必要的心理基础而难以产生效果。因此，危机管理的正视阶段，核心任务就是引导员工端正态度，调整心态，面对现实，认真对待，正视危机，对危机事件不回避，对危机事件涉及的问题不避实就虚，对危机事件造成的后果不避重就轻，对企业应该承担的责任不推卸，为应对危机创设良好的心理环境。

> 💡 **要点提示**
>
> 在危机管理中，态度与细节决定成败。

# 四、危机管理的应对阶段

应对是危机管理的核心环节,是危机管理产生实际效果的关键环节,包括处理危机事件和沟通危机信息两个方面。危机应对作为危机管理的一个特殊环节,可以细化为四个基本步骤。

## (一)收集危机事件信息

企业遭遇危机事件后,应及时组织人员,深入公众,了解危机事件的各个方面,收集关于危机事件的综合信息,并形成基本的调查报告,为处理危机提供基本依据。

危机事件调查,不同于一般调查,在方法上强调灵活性和快速性,因此,一般主要运用公众座谈会、观察法、访谈法等方法进行调查。在内容上,强调针对性和相关性,一般侧重调查下列内容。①迅速奔赴现场,收集现场信息,以便准确分析事故的原因。如果危机事件还在继续,应及时采取紧急措施,把损失减少到最低程度。②详细、细致收集危机事件的信息,包括发生的时间、地点、原因、人员伤亡情况、财物方面的损失情况、事态的发展情况、控制措施以及公众在事件中的反应情况。③根据危机事件提供的线索,了解危机事件出现的企业背景情况、公众背景情况,找出企业、公众与危机事件的关节点。④调查受害公众、政府公众、媒体公众及其他相关公众在危机事件中的要求。危机事件的专案人员在全面收集危机各方面资料的基础上,应认真分析,形成危机事件调查报告,提交企业的有关部门。

## (二)拟定危机处理对策

危机管理小组获得危机事件的专题调查报告后,应及时会同有关职能部门,进行分析、决策,明确应对危机的指导思想,并针对不同公众确立相应的对策,制定消除危机事件影响的处理方案。

应对危机的指导思想是果断结束危机事件,立足人道主义赔偿受害公众,秉持透明和快捷理念向媒体和其他公众沟通信息,如实向政府汇报情况,整合化开展形象修补工作。为了确保危机应对措施的有效性,制定对策时应该坚持应急性与长远性相统一、诚恳性与责任性相统一、务实性与务虚性相统一、谨慎性与果断性相统一、主体性与全员性相统一、原则性与灵活性相统一。

在危机应对环节,最重要的工作就是决策,制定针对性强、行之有效的对策。

### 1. 针对企业内部的对策

危机事件的出现,与企业自身总有一定的联系,而且往往是事出有因。解决企业内部存在的实际问题,这是消除危机事件影响,杜绝危机事件再度发生的根本。

针对企业内部的对策主要包括以下几个方面的内容。①根据需要,对原来危机管理小组进行调整,组建权威性、高效率的工作班子。危机管理小组的成员应包括企业 CEO、业务主管、公关主管、法律顾问、财务主管、HR 主管、新闻发言人、行政后勤人员和意见领袖等。②及时召集员工大会,如实完整通报遭遇的危机事件,通报企业的基本立场和态度,明确告知员工什么该做什么不该做,什么该说什么不该说。③制定处理危机事件的基本方针和基本对策,明确原则性的应对方案,统一认识。④协调职能部门的相关工作,改进相关的生产、管理、服务工作,健全机制,强化企业的优化运作。⑤制定周密的善后措施,务求善后工作万无一失,赢得公众好感。⑥制定妥善的媒体沟通方案和与媒体公众保持联系的方式。⑦制定挽回公共关系影响和完善企业形象的工作方案与措施。

2. 针对受害公众的对策

受害公众是危机事件中的首要公众,他们觉得企业损害了自己的利益,因而对企业心生怒火,成为危机事件的煽风点火者。由于他们以受害者身份出现,更容易获得其他公众的同情,其言行直接制约着危机事态的发展。因此,在维护企业利益的基础上,根据受害公众的要求,拟定能让受害公众满意的对策,就成为平息危机事件的关键。

针对受害公众的对策主要包括物质赔偿和心理感化两方面,具体内容有:①安排富有亲和力、熟悉法律和企业政策的员工,冷静、客观地接待、联络受害公众。②关心、重视受害公众,时刻牢记顾客是最重要的市场资源。③认真倾听,耐心接受倾诉,坚守"听七说三"的原则,让受害公众吐出全部抱怨。④准确定位受害公众的期望。⑤确立向公众致歉、安慰公众和领导慰问的方法,力求谦虚、诚恳,展示企业负责任的诚意形象。⑥在任何情况下,做到不推卸责任。⑦及时对受害公众的投诉做出反应,调查和追踪被投诉的问题,找出问题的真正根源。⑧制定善后工作方案,解决受害公众面临的难题,避免事态扩大。⑨果断解决问题,处理态度要认真:在了解受害公众赔偿要求的基础,兼顾生命健康价值和客观的第三方标准,制定有利于受害公众的赔偿方案,包括补偿方法与标准,并尽快落实到位,让受害公众获得安慰,感受到诚意,最高境界是让公众满意,而底线则是让受害者流了血后不再流泪了。⑩尽快明确责任承诺的内容与方式,承诺既不能太低也不过度,在第一时间回应公众诉求,有效处理公众投诉。履行自己的承诺,答应的事情一定要做到。⑪做不到的事情一定要清楚说明。⑫及时沟通:第一时间选择合适场合与受害者及其代表单独沟通,既要有分寸地让步,又要妥善拒绝无理要求。⑬建立改善公众心理、情感关系的方案,明确做到:不与受害公众争辩,更不利用法律漏洞、顾客不当使用、要求过分等话题进行狡辩,"打不还手,骂不还口",争取公众的同情和理解。切勿责怪客户。⑭必要时提供适度的额外服务,化被动为主动。

**3. 针对媒体公众的对策**

媒体公众是危机事件的主要传播者,拥有传递危机事件信息、发起抨击性舆论的特权,具有较高的权威性,能在整个社会内产生巨大的影响。为此,制定恰当的针对媒体公众的对策,在危机应对中具有重要的意义。

媒体公众由于其工作性质、职业习惯的特殊性,在危机事件中对企业的要求也比较特殊。这是拟定针对媒体公众的对策时应充分考虑的特殊情形。一般而言,针对媒体公众的对策,主要涉及以下内容:①确定对待不利新闻报道和逆意记者的基本态度,确保对所有媒体都坦诚相待,做到一个态度。②选择理想的新闻发言人。③充分准备,撰写新闻稿,力争在第一时间召开新闻发布会,确保主动。④确立配合媒体工作的方式,对外传播需要统一口径,确保一个声音。⑤向媒体及时报告危机事件的调查情况和处理方面的动态信息。⑥确立与媒体保持联系、沟通的方式,新闻发言人的联系办法、召开新闻发布会的时间和地点,应事先通报媒体公众。

307

🌀 **资料补充**

选择新闻发言人的标准

(1) 头脑冷静,思维清晰、敏捷。

(2) 积极解决问题,不卑不亢,诚恳稳重。

(3) 言辞审慎,表情严肃,态度坚决认真。

(4) 绝不说"无可奉告"。

(5) 不用否定性语言,不攻击和诋毁对手。

(6) 尽可能多地向媒体和公众提供其所需的背景资料,不放弃任何话语权;

(7) 将坏消息一次性地和盘托出。

(8) 不强求审查媒体的新闻稿件,但务必请关键性媒体记者发布客观、公正的事件报道。

(9) 尊重和听取外部专家的意见,包括公共关系顾问、法律顾问和保险顾问等专业人士。

（10）能够机智地应对记者的"穷追猛打"。

——《危机公关》（游昌乔著，北京大学出版社，2000年）

4. 针对政府公众的对策

迅速、如实、全面向有关部门汇报危机事件的基本情况、动态信息、处理危机事件的方式方法和整改措施。

5. 针对合作公众的对策

及时、坦诚地向合作公众（包括投资方、债权人、供应商及经销商等产）通报危机事件情况、处理危机事件措施和切实可行的整改方案。

此外，针对其他相关公众如社区公众、竞争对手等，也要制定出相应的工作方案，以期全方位影响公众，全面消除危机事件的影响。

### （三）实施危机处理方案

危机管理小组会同有关部门制定出对策后，就要积极组织力量，实施初步既定的消除危机事件的活动方案。为了有效地消除危机事件的影响，在实施过程中，应注意以下要求：①调整心态，以友善的精神风貌赢得公众的好感。②工作中力求果断、精练，以高效率的工作风格赢得公众的信任。③认真领会危机处理方案的精神，做到既忠于方案，又能及时调整，使原则性与灵活性在工作中均得到充分的体现。④在接触公众的过程中，注意观察，了解公众的反应和新的要求，并做好思想劝服工作。

### （四）总结危机应对工作

危机事件平息后，危机管理小组应该从社会效应、经济效应、心理效应和形象效应诸方面，评估应对危机有关措施的科学性、合理性和有效性，实事求是地撰写详尽的事故处理报告，为以后处理类似危机事件提供参照性文献依据。

## 五、危机管理的开发阶段

奥古斯丁说道："每一次危机，本身既包含导致失败的根源，也孕育着成功的种子。"对企业而言，危机事件是一种特殊的管理创新资源、形象塑造资源和关系维护资源。危机事件的发生，自然不是好事。但是，它同样是企业传播自我形象的良机，只不过这个传播良机带有很大的风险，而且企业为此付出了巨大的代价。危机事件既已发生,就要正视现实,开发其中所蕴含的商业资源和形象资源,变坏事为好事,利用它来推进促进企业管理创新,完善企业的形象。具体而言,开发危机事件资源,有两种情形。第一,如果是无中生有的危机事件,如误解性危机、假冒性危机及灾害性危机,企业不仅要澄清事实,而且还要进一步强化形象、发展形象,通过危机事件的处理,使各方面的社会公众更加信赖企业。第二,如果确实是经营管理不当而引发的危机事件,企业不仅要主动承担责任,而且要采取果断措施,本着"有则改之,无则加勉"的态度,"闻过即改",塑造一种脱胎换骨的新形象。

> 💡 **要点提示**
>
> 对企业而言,危机事件是一种特殊的形象塑造资源,是一种特殊的公共关系资源。

## 第五节　不同类别危机事件的处置

在企业发展过程中,即使管理再科学,员工素质再高,工艺再先进,也会遭遇危机事件。企业需要时时监督环境,及时了解各种不利事件的发展与变化,果断采取相应措施,为企业的生存与发展创造良好的外部环境。消除危机事件特别强调艺术性。企业要善于判明情况,根据不同祸因、不同境况选择不同的应对措施。

### 一、误解性危机的化解

> ❓ **问题思考**
>
> 社会组织能信奉"人正不怕影子歪"的观念吗? 公众误解企业实质是什么?

误解性危机是指企业自身工作或产品质量诸方面没有问题,没有损害公众,但是被公众误解而引发的危机,其实质是沟通不畅。由于沟通不畅或者流言影响,企业被公众尤其是媒体公众、网民、政府公众误解了,怀疑了,公众无端地指责企业,企业就会陷入危机。尤其是当企业在产品质量、原料配方、生产工艺、营销方式、竞争策略方面,有了新的进步、新的发展、新的探索,但是公众一时还不能适应,或一时认识跟不上，用老观念、老眼光，主观判断，草率下结论，弄出一些"危机事件"。事后虽说是个大笑话，但是在未澄清事实之前，有关企业将会厄运在劫。

公众误解企业的原因很多，诸如社会流言、不利社会舆论的导向、专家及媒体工作者的误报、竞争对手的误导及至造谣中伤，都可能引发公众的误解。如果进一步分析，就会发现顾客之所以轻易盲从他人的意见，主要由于企业选择性传播（如重产品宣传缺企业整体形象宣传，重促销宣传缺科技宣传，重商业广告缺乏公益广告等）和失信式宣传（如违禁广告、虚假广告、假冒广告、误导广告等）现象严重，而且平时沟通不够，加上部分公众科学素养较低，导致公众不了解具体情况，不信任企业。针对人格失信企业的谣言，最符合公众预设的企业形象，因而最容易得到传播。因此，误解性危机事件的处理，应把目标放在增加沟通、增进信任上。

在危机事件中，流言和谣言往往比较多，辟谣成为危机管理的基本任务。谣言得以流传的基础有三个方面：①危机事件中，不仅存在信息真空现象，公众缺乏正常渠道的信息来源，而且信息存在缺损现象，公众获得的信息不完整，加上信息口径不一致，公众容易产生疑虑，因此公众信谣有空间。②社会形势相对紧张，容易出现信任危机，由此引发身份信任危机和信息信任危机，这是谣言产生和传播的环境。③公众心理过敏，自我防卫心理和猎奇心理作祟，信谣传谣有动力。谣言不可怕，但是要讲究辟谣的策略。辟谣的基本思路是：①秉持透明理念，毕竟谣言止于公开。②理性分析谣言产生与传播的背景和影响。③选择与谣言传播范围匹配的权威媒体。④及时公布真相，发表声明。声明要做到针对性强，不存遗漏；形式规范，结构完整（包涵概述内容、表达观点、陈述事实和表明态度四个部分）；语言严肃，基调感恩（即便公众误解企业，也应有人文关怀精神）。⑤巧妙策划与声明内容一致的主题新闻事件。⑥善于借用意见领袖辟谣。⑦加强内部信息沟通管理。⑧主动参与公益事业，完善企业社会责任形象。⑨检讨广告宣传，加强企业诚信形象。⑩有意开展专业类科普活动，提升公民科学素养。

## 二、事故性危机的处置

> **问题思考**
> 事故性危机的实质是什么？应对措施的关键是什么？

企业面临的各种危机事件中，事故性危机所占比例最大。事故性危机是企业由于管理体制、经营理念、工作失误等自身原因而引发的损害公众利益的危机事件，一般表现为产品质量问题、服务不到位的问题、环境破坏问题,其实质是侵害公众利益(包括物质利益和心理政治利益),引发关系纠纷。事故性危机祸因主要有:失信广告、生产性意外(如制造业安全事故、餐饮业食物中毒、运输业交通事故、商店出售假冒伪劣商品、银行业不正当经营、旅馆业丢失顾客财物、邮政业传送不畅、旅游业作弊等)、环境污染问题、核心员工离职、劳资争议与罢工、产品质量问题、股东失去信心、具有敌意的兼并、员工向媒体泄露商业秘密、政府出台新限制度、员工贪污腐化、与社会文化心理冲突、损害民族文化与尊严。这些原因绝大数是因企业自身行为不当造成的。

事故性危机的责任完全在企业,处理事故性危机关键在于端正经营思想、维护公众利益、尊重公众选择权。在具体工作中,应组合运用以下十项措施化解矛盾。①果断采取措施,有效制止事态蔓延、扩大。②客观、公正调查危机事件的起因、演变过程、给公众带来的损失情况,以及引发危机事件的制度背景和业务流程背景,形成事故调查报告,提交危机管理中心,必要时发布到企业官网甚至提交给大众媒体。③立足人文关怀精神,妥善安排死难者的后事。立足法律法规,充分照应事发区域的社会经济发展水平和受害公众的特殊情形,协商理赔办法和救济标准,及时弥补公众的直接损失和精神损失,必要时给予经济援助。④以企业领导名义撰写致歉信,客观陈述危机事件,公开整改承诺,做到不狡辩、不争论,诚恳向公众道歉。必要时企业领导出面直接安抚慰问受害者,极端情形下企业还应该向受害公众提供心理干预服务。⑤公正惩治直接肇事者和间接责任人,在企业官网上公布处罚决定,平息公众的愤怒心理。⑥立足问题导向,认真审视并革新企业管理制度和业务流程设计,集中研究、解决引发危机事件的突出问题,切实做好改进工作,表现出敢担当的责任意识、敢创新的进取意识和善于突破的本领,使企业的管理制度和流程设计更加科学、更加完善,不断提升顾客的满意感。⑦邀请公众信任的非正式组织、意见领袖参与协商,共同谋划解决与受害公众的纠纷,彰显企业的公正品质。⑧邀请业界专家、管理学者参与企业专题研讨会,立足专项整治,检讨企业经营管理制度,顺应当代管理理念和行业的国际发展大势,从严抓整改,共同创新企业管理制度,优化企业业务流程,做到制度严、执行严、查处严,引领企业化危为机,登上更高平台,彰显企业"有则改之,无则加勉"的进取精神。⑨有针对性地开展员工培训工作,培养员工的职业操守和敬业精神,引导员工养成符合企业需要的工作理念和实际技能,获得或者改进与工作相关的知识、技能、动机、态度和行为。必要时设立警示仪式,培育员工的危机意识,激发员工的进取精神。⑩适当传播,公布整改方案和整改成果,或者邀请合作公众、受害公众以及媒体公众参观、考察,借此消除公众的疑虑,引导公众恢复对企业品牌的信任感。

## 三、假冒性危机的处理

假冒性危机是指他人未经许可假冒企业的包装式样、商标、名义推销伪劣产品,致使企业形象受到损害的危机。假冒性危机的根源在于制假贩假,其实质是他人违法经营,企业遭受损失。

有人戏言"没有买过假货就不是中国人",在一次抽样调查中,超过 80% 的被访者认为自己购买的商品中有假冒伪劣商品,可见假冒商品的猖狂。塑造和维护企业形象、保护公众利益,是执法机关的基本职责,打击假冒现象是其义不容辞的责任,同时也是企业经营管理中的一项基本内容,企业理应高举打假大旗。在具体实践中,既要认识到打假的长期性,不可能毕其功于一役,又要讲究打假的策略性,积极、稳妥地推进打假工作。

### (一)认识打假的长期性

假冒他人商标、包装式样、名义推销伪劣产品,现在看来是一个全球性、涉及各行各业的问题,中国有,国外也有。据联合国有关组织调查表明,各国冒牌商品交易占世界贸易总额的 5%,给各厂商造成巨大经济损失,是仅次于走私贩毒的第二大国际公害。

由于假冒经营能在短期内产生"损人利己"的销售效果,因此假冒者虽是人人喊打的过街老鼠,却总是打不尽,打不完,在有些地方甚至出现了"打假越打越多"、"假李向阳缴了真李向阳的枪"的现象。从某种角度来看,造假是人类经济活动的影子,或者说,假冒经济是市场经济的影子经济,只要人类进行经济活动,就会出现假冒伪劣现象,似乎是永远抹不掉的阴影,将伴随着人类的经济生活,具有长期性的特点。这不是危言耸听,因为假冒经济的存在有其深刻的社会原因。①市场经济在发展过程中,会存在结构性的不均衡现象,某些地区有些商品并没有因为全国性买方市场时代的到来而供大于求,相反却是供不应求,这为假冒商品预留了市场空隙,提供了一定的市场空间。②某些企业的商品虽然深受喜爱,具有良好的市场形象,但是其内部潜力还没有充分挖掘出来,管理还不尽科学,生产没有达到规模效应,因此生产成本比较高。这就给造假者提供了钻空子的机会,他们能够以劣质原料,生产出低于正宗商品价格的产品,以低廉的价格行销消费市场。③某些品牌的"溢出效益"比较明显,借助品牌即可获得高额市场利润。④目前法治建设和司法制度尚不健全,对假冒现象打击不力,受处罚的比例较低(有的地方只有千分之二),而且受处罚的程度较轻,造假成本比较低,存在有利可图的机会。⑤部分公众贪图便宜,明明知道是假冒产品,因其价格比较低廉而乐于购买。这说明社会上存在售假的市场机会。⑥现代科技高度发达,为某些不法经营者提供了制假的先进工具,使他们能够在较高水准上"克隆"、复制正宗商品的商标和包装样式,达到了以假乱真的地步。

> 💡 **要点提示**
>
> 　　假冒经济是市场经济的影子经济,出现假冒经济是正常的,但是假冒经济过于庞大是不正常的。

### (二) 讲究打假的策略性

认识打假的长期性和艰巨性,有助于从容、理性地审视打假工作,制定出行之有效的打假策略。

假冒经营,破坏了有关企业的市场形象。由于他人的假冒,有的企业陷入了困境。打击假冒,政府有关部门特别是工商行政管理部门、质量监督管理部门理应发挥核心作用,站在保护知识产权、维护我国经济形象、创造公平竞争环境、推动经济可持续发展的高度,严格执法,对假冒现象做到出现一起查处一起。但是企业作为受害者,对于假冒现象,也应有所作为,积极消除影响。有些地方假冒的势力比较大,靠某一家企业难以与之抗衡,工商质监部门应该组织有关企业成立地区级的打假维权联合会,由该民间组织负责协调企业与行政执法机关的关系,帮助被侵权企业得到行政救济、司法起诉、民事索赔和政策法律咨询;同时协助有关机关打击侵权活动,如提供企业被侵权事实、协助调查和收集违法证据等。这样的联合会能够成为被侵权企业打假维权的坚强后盾。

从微观操作层面上看,打击假冒现象,主要有五种策略,当然这些策略是需要组合运用的,这样才能发挥更大的作用。

#### 1. 法制打假策略

即诉诸法律,利用法律武器来打击制假现象,维护企业的商业形象。我国的法治建设在不断健全,商标法、广告法、反不正当竞争法、产品质量法、消费者权益保护法等法律相继出台,这些都是我们依法打假、保护企业形象的保障。只要掌握了事实,借助法律渠道,理应能够澄清是非真假,打击假冒者,恢复企业的真实形象。

2. 科技打假策略

利用现代高新技术,构筑防伪技术,使假冒者无机可乘,能够有效地打击假冒伪劣现象。在这方面,较成功的就有网络信息防伪技术、核径迹防伪技术、光聚合物防伪技术、隐形防伪技术等。例如网络信息防伪技术,其具体做法是:在商品外部贴上防伪标识物,防伪标识物上印有电话提示和用特殊涂料覆盖的密码,消费者只需揭开标识物,按其提示打个市内电话即可知道商品的真伪优劣。每件商品的密码,其生成是通过电脑编程完成的,没有规律性,保密性强,且是唯一的,只能使用一次,若再使用即被视为废旧号码,商品将被认定为假冒商品。这种技术能够较好地遏制假冒现象。

3. 新闻打假策略

从广义上讲,新闻打假策略就是通过大众传播媒体和网络平台,揭露假冒经济的危害,让公众特别是地方政府公众认识到假冒经济"局部受益整体受害,当前受益后患无穷"的作用机制。有些地区假冒经济之所以猖狂,一个重要的原因就是地方官员把制假理解为"致富之路"而予以容纳、保护。有些地方官员认为假冒经济"是本地经济的增长点""有利于本地经济的发展""是地方财政收入的重要来源",因而对假冒现象采取睁一只眼闭一只眼的态度,纵容甚至公然支持制假售假。针对这种错误认识,主流媒体和网络平台应该开展揭丑传播,解剖一些具有典型教育意义的制假地区经济发展的轨迹,展示假冒经济对地区形象和地区所有企业形象的破坏性影响,降低外商投资意愿,降低本地品牌的市场开拓能力等,让地方政府官员看到假冒经济因"蝇头小利"而形成的地区经济灾难性影响,从价值观上端正对假冒经济的认识,提高打击假冒经济的自觉性。

从狭义上讲,新闻打假策略就是借助大众传播媒体,通过新闻揭丑达到打假的目的。在这方面,美国的做法颇具借鉴意义。在美国,有个以新闻媒体为主体的"哈巴德奖委员会"。哈巴德是美国历史上一个靠制假、贩假谋生的小商贩,在当地可谓臭名昭著。他去世约 20 年后,当地新闻媒体为了维护消费者利益,借其名成立了以打假为主旨的"哈巴德奖委员会",后来发展为一个较大的打假社团组织,企业若被认定制作、贩卖了假冒商品,该委员会即在大众媒体宣布向其颁发"哈巴德奖"。"哈巴德奖"自然没有哪个企业敢领,但是其打假效果却十分显著。在我国,大众传媒是党的喉舌,是人民利益的保护者,也是打击假冒伪劣的重要阵地。由于它具有公正性、客观性、权威性特征,因此在打击假冒伪劣、维护企业形象方面能发挥很大作用。

4. 降低成本打假策略

所谓降低成本打假策略就是指强化产品个性形象,同时增加产量,以创造规模效应为手段,进一步降低成本,使假冒者无利可图,从根本上杜绝假冒现象,维护企业形象。不法商人之所以假冒企业的产品,主要是因为有利可图。一般而言,假冒商人的生产规模相对较小,如果我们能强化生产管理,改进生产工艺,厉行节约,同时扩大生产规模,使企业的生产成本不断下降,完善市场营销网络和服务,这样,小规模生产的假冒商人无利可图,便会自动退出假冒行列。

5. 中间阻截打假策略

假冒商品制造者和经营者特别是假冒商品经营者,是假冒经济的关键。如果没有商店和电商平台的参与,造假者也会出现"产品积压"现象。打蛇应该打七寸,打假应该打击售假者。中间阻截打假策略就是利用公众对假冒伪劣商品的痛恨心理,策划专题性打假活动,通过巧妙设计与包装,设立有奖举报热线与网址,设置举报区和评论区,调动社会公众、企业员工甚至造假贩假者的力量,针对制造、销售假冒商品的商店与电商,共同打假,维护企业的商业形象。我国台湾市场上曾有一种畅销药品,遇到许多冒牌假冒药品。为了消除假冒药品,一家广告公司成功策划了一个题为"双边赠奖"的打假活动,使假冒药品在 1 年后完全绝迹。这个活动的内容是:①由厂家对消费者和台湾所有西药房举办双向赠奖,消费者、西药房均可中奖。②消费者购买时,把包装盒拆开,让西药房在盒盖上加盖药房名称和地址的图章,然后将空盒寄给厂家。消费者及西药房双方各获得赠奖券一张。③厂家由专人详细检查消费者寄来的空盒。由于真货的空盒上换了印有暗记的新盒子,所以很容易查出。凡查出假药空盒,立即函告消费者:这次买的是假药,同时请治安机关追查。这样,出售假药的药房,由于受到消费者、治安机关和正宗产品厂家的三重责问、查询,直接影响着商家自己的形象,于是就不敢卖这种假药了,市场上的假药被迫自行消亡。从表面上看,"双边赠奖"是一个促销活动,其实是一个打假活动,由于包装巧妙,有关贩假的商店没有看出其中的打假意图,竟也参与其中,贩假者成为打假的一股力量,因此打假活动取得了良好的效果

## 四、恶性危机的拯救

恶性危机是指企业经营理念错误,导致企业经营管理机制紊乱,无法适应公众需求甚至无法正常运作的系统性危机。改革开放 40 多年来,曾经被用作 MBA 案例的中国优秀企业,现在已经几乎倒了 80%。这些企业遭遇的危机,不是常态上的危机事件,而是恶性危机。恶性危机主要包括战略失误性危机(如因盲目扩张而引发财务危机)、道德缺失性危机、恶性欺诈性危机、宏观周期性危机(即因社会经济危机而引发的企业危机)、违反政策性危机、涉嫌司法性危机(如因偷税漏税、行贿、涉黑等而引发的危机)、生态机制性危机(企业经营所需的环境发生根本性逆变而形成的危机)和亚健康性危机。在这些恶性危机中,亚健康性危机尤其具有代表性。亚健康性危机是企业没有同时考虑核心业务、崛起业务和新兴业务这三个层面业务的综合发展,而渐

入困境的危机。由于是渐入困境，企业开始没有感觉，但一旦发现，形势往往已经相当险恶。企业持续发展的秘诀是同时考虑三个层面的业务发展：第一层面是核心业务，它能为企业带来大部分利润和现金流，没有它，企业很快就会垮掉。第二层面是崛起业务，它具有快速发展和创业的性质，成长性好，但需要大量资金，这种业务已引起投资人注意，获得巨额利润则在 4—5 年后，但已有市场，代表了公司未来发展方向。第三层面是新兴业务，是企业研究的课题，需要试点，从中找出"种子"项目加以培养，中期如 8 年之内可能看不到利润。企业没有同时发展这三个层面的业务，往往会遭遇六种亚健康情形：拥有核心业务但缺乏崛起业务和新兴业务、拥有崛起业务但缺乏核心业务和新兴业务、拥有新兴业务但缺乏核心业务和崛起业务、拥有核心业务和崛起业务但缺乏新兴业务、拥有核心业务和新兴业务但缺乏崛起业务、拥有崛起业务和新兴业务但缺乏核心业务。

拯救恶性危机，需要的是战略管理，立足长远和全局，审视企业经营思想，从根本上解决引发危机的问题，具体的思路有：①转型式拯救，即收缩业务或者进行业务转向。②消亡式拯救，即注销旧的企业，注册成立新的企业。③赎罪式拯救，即通过主动回报社会和顾客，争取市场的谅解和认同。④整合式拯救，即通过业务战略整合，让企业不断创新、不断变革，形成新陈代谢机制，拥有一条连续不断更新企业业务组合的链条，从而确保企业永续发展。

💡 **要点提示**

　　拯救恶性危机的逻辑起点是战略管理，掌握大势，明确方向，创造价值，做个有常识、有逻辑的企业。

## 五、群体性事件的处置

群体性事件是指由长久社会矛盾酝酿、具体社会事件引发，特定群体或不特定多数人临时聚合所形成的偶合群体，以静坐、冲击、游行、集合等方式向基层政府部门施加压力，通过没有合法依据的规模性聚集和语言甚至肢体行为冲突来表达利益诉求、宣示主张或发泄不满，扰乱、破坏或直接威胁社会秩序、危害公共安全的事件。虽然群体性事件的指向对象不是企业，但其事由或多或少与特定企业有千丝万缕的牵连。协助政府部门妥善处置群体性事件，是企业承担社会责任的应有之责。

群体性事件往往具有以下特性。①目的性，主要是向政府部门或相关企业索要权益。②群体性，参与的人员少则成百，多则上千上万。③组织性，人员的聚散与活动的进退直接受控于指挥者和骨干分子，有周密的策划，有统一的行动安排，组织化程度较高。④仿效性，不仅引起其他利益相关者的心理共鸣，还会引发其他民众效仿。⑤破坏性，严重冲击和破坏法制秩序、治安秩序、交通秩序，影响社会安宁。

群体性事件的出现特别是频繁出现，是以下多种因素综合作用的结果。①社会发展停滞不前，尤其是经济形势不乐观的时候。一般来说，经济下行往往意味着风险频发，既要面临传统经济周期性产能过剩和内需不足的风险，还要面对金融过度扩张导致的庞氏信贷风险。以引导社会发展、改善民众生活水平为责任的政府部门，容易成为民众的归因对象。②社会收入分配机制不公正，贫富差距持续拉大。③不同区域之间的社会配套设施和公共资源分布悬殊，公众的获得感、幸福感、安全感存在明显的差距。④社会上存在比较严重的官僚腐败现象，官员与民众的矛盾长期存在。⑤社会保障体系不公正、不公平，社会上存在不满意的群体。⑥政府部门与民众之间缺乏沟通渠道，群众诉求与意愿被长期、严重漠视了。⑦群众的经济利益和民主权利被侵犯，处置不及时、不公正、不彻底。⑧民生问题和社会发展问题长期存在，未能前瞻性甚至未能及时解决。

群体性事件具有严重的破坏性，预防必然是首选举措，需要切实做好以下工作。①推进治理现代化，树立民主、秩序、廉洁、务实、高效的政府形象。②加强传播，强化文化认同和社会认同，增强社会的凝聚力、向心力和整合力。③完善社会保障制度和社会福利网络，有效解决城乡人口的低收入和贫困问题。④建构基于公正价值观的利益分配制度。⑤加大落后区域的公共设施建设。⑥构建畅通的社会沟通系统。⑦培育有效的社会缓冲与消融机制。⑧建立明察秋毫的社会监控与预警机制，把群体性事件消除在萌芽状态。

当群体性事件已经出现时，应该采取以下措施加以有效处置。①政府相关职能部门快速出动，快速介入。②尽快弄清事件起因，分类处置，着实解决实际存在的具体问题。如果是因工作失误而引发的群体性事件，政府部门应该承担责任，吸取教训，重新决策。如果是因问题符合政策但长期未得到解决而引发的群体性事件，政府部门应该及时解决问题，做好沟通解释。如果是群众要求基本合理但方法过激的群体性事件，政府部门应该开展法治宣传，做好思想教育。如果是群众要求不合理的群体性事件，政府部门应该介绍相关政策规定，晓以大义。对于极少数别有用心挑起事端的幕后策划者、煽风点火者、拒不听劝阻者，政府部门应该及时采取强制措施，严肃处理。对于打砸抢事件、政治动乱、暴乱，则应果断坚决地予以打击。③关注舆情，及时解决涉事问题，用事实引导舆论舆情转向积极、正面。④揭露谣言，及时披露事实真相，以稳定、引导群众的情绪。⑤做好善后工作，从认识、理念、制度、工作安排上彻底清除隐患，改进相关工作。

## 六、网络舆情的应对

新媒体环境下,任何社会组织和个人都有可能遭舆情。舆情是社会民众在一定历史阶段和社会空间内,对关乎自己切身利益的公共事务或自己关心的特定事件所持有的群体性情绪、意愿、态度、意见和要求的总和。网络舆情特指伴随社会事件演化而产生,并在互联网平台传播的用户情感、态度、行为和认知的集合,具有鲜明的时空属性、内容属性和情感属性,批评和指责的色彩比较浓。

麦克卢汉指出:每一次传播技术的迭代都从根本上推动了社会知识图景的演变,而知识体系的更新不仅造就了社会变迁,而且同时改变了社会生活中各主体之间的互动方式,重构了社会传播的过程。网络舆情之所以成为互联网环境的常有现象,在于具有了合适的生成技术基础,这主要表现在以下两个方面。①从大趋势来看,原来垂直方向主导的社会传播正在转向水平方向的社会沟通,媒介效果正在转向信息传播效果,国家社会互动正在转向全球互动。这些转向为网络舆情的产生奠定了社会条件。②从大变化来看,由于技术的发展,信息茧房效应助推舆情日趋极化,社交机器人助推着虚假消息的生成,算法和社交媒体助推舆情传播,多主体间跨平台的政治信息流动现象越来越频繁,而数字化参与、协商和回应已经是常态。这些是网络舆情泛滥的技术基础。

网络舆情具有以下特性。①发生的突然性。新媒体传播呈现全程、全员、全息和全效的特点,传播主体之多、速度之快、范围之广,导致网络舆情往往在极短时间内爆发出来,毫无征兆,瞬间就能引爆网络,并产生连锁反应,成为突发性、群体性网络事件。②成因的复杂性,凡是与公众切身利益相关的问题都是网络舆情易燃点,舆情形态多元、声音庞杂。③传播速度快。互联网的加速普及,确保了信息传播的即时性,微博、微信、抖音、论坛等社交平台,为舆情发酵提供平台;加上意见领袖的推波助澜,舆情传播将呈现几何裂变式速度传播。④群体极化性。在互联网平台,冲动性、情绪化、非理性的行为容易被激发出来,生成聚集互动,并催生严重的群体性事件。⑤潜在危害大。网络舆情具有明显的冲击性与破坏性,极易演变成反抗社会的行动,加剧现实社会的风险,甚至严重影响国家安全和社会稳定。⑥易反转性。公众表达意见时具有鲜明的利益倾向,加上了解的信息不周全,看法难免偏颇,所以网络舆情历经形成与发展环节后,内容与基调往往有些调整甚至反转,进入变异环节,最后终结。

网络舆情的消极影响是十分明显的,应对网络舆情是互联网条件下危机管理的重要内容。应对网络舆情,需要做好以下五个方面的工作。①夯实网络舆情应对的基础。社会组织应该根据生活政治逻辑,立足善治理念,做好涉舆实际工作,用事实化解舆情生成的基础,消解舆情传播的条件。②做好网络舆情监测。社会组织需要借助数据技术逻辑,利用人工智能、区块链、云计算、大数据等技术,搭建舆情监测平台,实现信息自动抓取、自动识别、自动分类、情感分析、专题聚焦,达到全面、自动、精准监测舆情的目的,对网络舆情苗头性问题早发现、早追踪,做到先知先觉,防患于未然。③做好网络舆情研判。社会组织应该基于数据技术逻辑,运用舆情分析技术,建立舆情演变模型,预判舆情走势,对网络舆情的风险、演变规律、民意承受能力进行分析推理,研判舆情性质与发展势头,并根据舆情势态明确是否需要回应,以及采取何种回应策略给出明确建议,提升预警和研判的准确性。④做好网络舆情引导。社会组织必须倚重数据技术逻辑,对网民进行精准画像,了解舆情涉事主体核心诉求,重视舆情背后民众切身利益诉求,反思公共政策的科学性,坚持以人为本的引导原则;利用信息发布平台,秉持信息公开透明的原则,第一时间发声,主动设置议题,掌握舆情引导的主动权,消除猜疑,及时辟谣,赢得信任支持;与网民建立良性沟通机制,在沟通互动中消除误解赢得信任;构建公共话语平台,邀请媒体、意见领袖(特别是关键意见领袖 KOL、网络大咖)、平台运营商、网民等多元主体共同参与,在政府主导下,通过合作、协商、分权、授权、多元互动等方式来实现联合治理,形成规范化、制度化、协同化调控力量,共同维护网络舆情生态、畅通网络表达渠道,打通官方和民间两个舆论场,让各种观点在充分的表达和交锋中达成共识。⑤加强政治传播。社会组织必须用政治传播的视角和人民的立场,观察和分析问题,以党性和人民性这个确定性对抗各种不确定性,追求流量,但不突破政治底线,向往流量为王,但更讲究价值担当;遵守政治传播的规矩,要有批判的思维、创新的观点,更要有系统的思维和严谨的逻辑;富有政治传播的情怀与审美,用公共性品格引领大家走出舆情信息的迷雾,获得真实认知和价值判断;掌握政治传播的话语功夫,讲好中国故事,讲好共产党故事,讲好百姓奋斗故事,消解各种舆情的认知基础。

## 第六节　危机管理中的媒体沟通

危机事件是媒体高度关注的对象,媒体既能放大危机事件的负面影响,也能成为化解危机事件的积极力量。在妥善处理危机事件的基础上,主动与媒体沟通,争取媒体支持,是危机管理的重要组成部分。

### 一、危机社会议题化现象的缘由

企业遭遇危机后,媒体和公众往往表现出异乎寻常的热情,争相报道,纷纷议论,危机事件最终成为社会关注的议题。危机社会议题化是指媒体和公众倾向于把各类危机事件设置、提升、渲染为影响人类命运、影响社会文明、关乎良心正义、关乎民众权益的社会议题与舆情，以博得大众关注。危机事件应该说是企业经营管理中的一种意外事件，但是被社会议题化后，负面影响就会被不断放大。对于企业来说，危机事件被社会议题化的过程，往往就是被媒体妖魔化的过程。危机社会议题化现象是媒体正义使命倾向、议题设置倾向和表达妖魔化倾向共同作用的结果。

### (一) 媒体正义使命倾向

媒体作为一种特殊的社会存在，具有极强的公共性和社会性，高度的社会责任意识导致媒体高度关注危机事件，刻意挖掘危机事件的内幕，主动充当惩戒危机肇事者的公共管理者。媒体秉持改造社会陋习、追求伦理正义、矫正社会不公、倡导人际公平、张扬公共精神的动机，倾向于描述企业的黑心、揭露企业的短板、宣扬企业的丑行。企业的危机事件正好为媒体提供了实现社会责任的机遇，因此在危机事件中倾向于煽情，客观上扩大了危机事件的影响范围。

### (二) 议题设置倾向

媒体改造社会的基本途径就是设置议题，借助议题引起社会重视危机事件背后问题的存在，借助议题推动社会问题的解决。通过长期的探索，媒体的议题设置倾向已经模式化，报道危机事件往往采用"讲故事"的方式，即"定位立场＋预设主题＋修辞言语＋情景概括＋细节描述＋背景衬托＋预测趋势＋公正评论"，主题有高度，言辞犀利，具有相当强的感染力，在一定程度上强化了危机事件的负面影响。

### (三) 媒体妖魔化倾向

从西方媒体发展历程可以看出，媒体不仅具有公共性特质，还具有自利性倾向，为了实现自身的利益目标特别是广告收入，必然追求发行量、收视(听)率和流量，提高发行量、收视(听)率和流量的最有效的途径就是"爆料"，走妖魔化道路。这种现象在市场化媒体中相当普遍。当前，媒体妖魔化现象比较严重，主要是因为：①媒体妖魔化有条件，即企业对媒体特别是新媒体、外地媒体和境外媒体日趋失控；②媒体妖魔化有素材，民营企业存在一定程度的原始资本原罪，国有企业存在垄断经营现象，这些容易引发社会仇富心理的做法，往往成为妖魔化写作的对象。③媒体妖魔化有动机，即实现媒体的市场盈利目标。④媒体妖魔化能免责，即言论自由、满足公众知情权、合理质疑权、舆论监督权、客观评价权这些社会理念，能够在一定程度上宽容媒体的失误。媒体的妖魔化倾向，必然会损害企业的良好形象。

危机舆论公式是：危机舆论＝重要性×清晰性×批判性×反常性×求解性。由于媒体上述三个倾向的共同作用,危机舆论的五个变量都会被放大,牢骚类声音、指责类声音、批判类声音、误解类声音和宣泄类声音纷纷出笼,客观上提高了危机事件的影响程度。

危机事件的影响本来有限,但是被社会议题化后,后果往往极其严重。对此企业应该积极应对而不是应付,而应对的前提则是善待负面报道,而不是对抗媒体,正如《财富》杂志主编斯特拉特福德·谢尔曼先生所言:"向媒体宣战,虽然听上去很诱人,但实际上却是一场无法打赢的战争。"

## 二、危机管理中的媒体沟通程序

在危机事件应对过程中,沟通的对象是利益相关者,包括投资者、企业员工、政府、行业组织(即社会中介组织)、媒体、顾客、供应商和经销商等,对外沟通的重点对象是媒体。企业与媒体沟通的价值取向是发言人、企业、媒体记者和社会共同满意,其中发言人满意和企业满意是前提,媒体记者满意和社会满意是目标。实现多方满意的根本是企业主动提供基于积极应对的真实信息、基于整合创新的向善信息、基于危机潜伏期—危机爆发期—危机延续期—危机痊愈期全过程的情节信息,使信息内容充满反思、感恩、情感和爱,而不是自夸、捏造、傲慢和荒诞,媒体记者据此撰写的新闻,既能讲究结构,又具备冲突,既提出问题,又能有结局,既有情节起伏,又能有始有终,媒体叙事的要求得到全面满足。这样,危机事件得以解决,稿件富有新闻价值,最初实现多方满意。

危机管理中的媒体沟通主要有两项核心任务,即舆论引导和关系维护。舆论引导需要诚实精神,具体要求有四个方面:充分告知真相(在认真查证的前提下充分告知,杜绝谎言)、主动提升议题、巧妙转移话题、有效规避舆论黑洞。关系维护需要信任理念,主动顺应媒体要求,积极发展媒体关系,自觉践行公民精神,并且善待调查记者。

立足多方满意目标和两项核心任务,危机事件中的媒体沟通需要依次做好以下工作。①组建沟通小组,成员包含企业 CEO、业务主管、公关主管、新闻发言人和法律顾问。②确定并培训发言人,使之熟悉业务运营、掌握沟通技巧并富有媒体缘。③建立树状结构的信息联络图,确保危机信息上下左右通畅。④明确信息沟通的具体规则。⑤确认、分析媒体信息关心点、基本态度和联系方式。⑥确认危机事件的关键信息,撰写新闻稿。⑦进行媒体应对预演,特别是有针对性预答记者的刁钻提问。⑧确认信息沟通途径,明确通过新闻发布会还是邮件方式发布信息。⑨冷静发言,沉着应对,做好新闻发布工作。⑩分析媒体的报道情况,总结媒体沟通的得与失。

## 三、危机管理中的媒体沟通准则

危机管理中与媒体沟通应注意哪些事项,许多学者进行了有益探索。

福莱灵克咨询公司设计的危机传播公式是:(3W+4R)·8F＝V1 或 V2。其中 3W 是指危机出现后,传播者尽快知道三件事,即我们知道了什么(What did we know)、何时知道的(When did we know about it)和对危机做了什么(What did we do about it),4R 是指危机中四个角度的态度定位,即表示遗憾(regret)、刻意革新(reform)、给予赔偿(restitution)和恢复信誉(recovery),8F 是指与媒体沟通应遵循八大原则,即事实(fact,向公众说明事实真相)、第一(first,率先对问题做出反应)、迅速(fast,处理危机果断迅速)、坦率(frank,沟通时不躲闪,力求真诚)、感受(frank,与公众分享自己的感受)、论坛(forum,公司建立可靠的信息来源,获得全面信息)、灵活(flexibility,沟通内容不应一成不变,而应关注事态变化,酌情应变)和反馈(feedback,企业对外界关于危机事件的信息要及时做出反馈)。他们认为,如果 3W、4R 和 8F 做得正确,企业就成为 V1(victim),即勇于承担责任者,公众认为企业很负责任,会想办法解决问题,并让公众满意,公众因此会谅解企业。如果 3W、4R 和 8F 做得不好,企业就成为 V2(villain),即小丑和恶棍,公众认为企业避重就轻,不上心,不负责任,导致员工意志消沉、股东抗议、顾客投诉。

杰斯特提出危机事件中与媒体沟通时应遵循 3T 法则,分别是:Tell your own tale,即以我为主提供情况,主张"主动者越主动",强调企业主动告知,牢牢掌握信息发布主动权;Tell it fast,即尽快提供情况,主张危机管理黄金 24 小时法则,强调迅速告知,尽快不断地发布信息;Tell it all,即提供全部情况,主张真相公开与猜测质疑成反比,强调全部告知,发布信息要全面、真实,特别是危机诱因、损害和发展趋势方面的信息,必须实言相告。

立足于公共关系三维模式,我们认为,危机管理中与媒体沟通时应该坚信"传播力决定影响力、话语权决定主导权、时效性决定有效性、透明度决定公信度",面对媒体要做到先说话、敢说话、说真话,不要捂信息、躲采访、瞒真情、防报道、堵记者、压消息,必须遵循以下九项核心原则。①尽心担责原则,立足于岗位职责,真心为顾客着想,忠于企业,心系大局,尊重公共利益,坚持公共精神,向媒体提供负责任的危机事件信息,不否认企业存在的问题,不辩解,不辩护,直面问题,切忌左顾右盼,左推右卸。②第一时间原则,即讲究速度,开展即时宣传,力求在4小时内提供已经掌握的危机事件信息。③公开透明原则,注重事实真相,务求绝对真实,做到不封锁消息,不阻挡记者,不删除帖子,不捂不藏,主动奉告,有问必答。④内容相关原则,即发布的信息要有针对性,切合媒体和公众在危机事件中的信息关注点,特别是有效回应棘手的问题。⑤留有余地原则,企业一把手不要在第一时间充当发言人,对媒体的负面报道反应不过度,负面事件不要马上一口否认,而且不做过度的承诺。⑥权威证实原则,即邀请具有公信力的专家、非利益相关者、政府机构、民间机构甚至国际组织等第三方力量见证或发言。⑦态度诚恳原则,面对问题富有诚意,尊重公众感受,对公众不理智的言行,也不要做出过度的反应。⑧专业水准原则,在不断提高自身媒体素养的基础上,以职业化的水准策划和运作危机事件的新闻发布会,以专业化的技能应对媒体的提问。⑨双向沟通原则,切忌单向宣传,不仅要公布而且要回应,不仅要告知而且要说明。

> **问题思考**
> 危机管理中,与媒体沟通应遵循九大核心原则,其取向是什么?

## 四、危机管理中的媒体沟通思路

危机管理中的媒体沟通,基本任务是舆论引导和关系维护,前者的重点是与媒体沟通信息,后者的重点是与媒体建立相互信任的关系。

### (一)危机管理沟通中发布信息的要求

企业遭遇危机事件后,媒体急于了解情况,企业应该给予信息服务。在提供、发布信息的过程中,应注意以下事项。

第一,冷静谋划,建立沟通预案制度。具体要求是:确定与媒体沟通的宗旨(即明确是与媒体共享信息还是影响媒体,是对媒体的报道做出反应还是给予互动);确定与媒体沟通的语言风格与基调;确定与媒体沟通的形体语言与情绪调控;确定应对不合作媒体提问的基本思路;有意识地开展刁难式媒体的应对训练;预备媒体可能提问问题的详细材料。

> **资料补充**
>
> 重大安全事故中媒体关注的问题清单
>
> 事故作业平台在什么地方？　　　事故是何时发生的？
>
> 引发事故的原因是什么？　　　　发生事故时多少人在作业平台？
>
> 现有多少人伤亡？　　　　　　　受伤员工在何处抢救？
>
> 采取什么方法疏散人员？　　　　现在设施有无危险？
>
> 作业平台是否已经关闭？　　　　如何赔偿遇难者？
>
> 如何安置员工家属？　　　　　　公司过去的安全记录如何？
>
> 公司总部在何处？　　　　　　　公司总有多少员工？
>
> 作业平台已经营多久？　　　　　公司经营范围？

第二，统一口径，建立统一的信息发布机构，指定新闻发言人，对内确保危机信息快捷共享，对外确保一个真实的声音，做到：不提供非正式的信息，只提供经上级认可的消息；不猜测事故，不假设任何事情；不轻易答复任何询问，除非已有确切信息。

第三，充分准备，预先撰写新闻稿。危机事件新闻稿应包括四个层次的内容：第一层次的内容是陈述危机事件本身的情况；第二层次的内容是分析危机事件的原因；第三层次的内容是陈述危机事件应对与处理的措施；第四层次的内容是陈述危机事件的善后处理结果和受害者的意见。危机事件新闻稿的基调是告知真相，直陈失误，表明态度，明确措施，不藏信息，不添信息，不拖第三方组织下水。

第四，诚实传播，充分披露信息，坦诚告知危机事件的真相，不做选择性传播，更不隐瞒、歪曲事实，不可说谎，更不可死扛。

第五，主动出击，及时向媒体报告危机事件的调查情况和处理方面的动态信息，适度引导媒体的报道角度，有效引导媒体议题。

第六，适时控制。当媒体发布不实报道时，应接洽媒体，指出失实之处，并提出更正要求。如果媒体持有异议，应安排当事人接受媒体采访，争取更正机会。当媒体拒不更正时，企业可以发表正面声明，必要时走司法途径。

第七，提供服务，时刻为记者考虑，向记者提供各种服务，全方位配合记者采访，主动告知企业新闻发言人的联系办法、召开新闻发布会的时间和地点，建议媒体主动再来电询问危机事件的最新信息。

第八，全息监管，危机事件的新闻发布办公室应该实施 24 小时工作制，全程、全面监视和跟踪各种媒体关于危机事件的报道。

第九，规避忌语，在向媒体沟通信息时，至少不说以下十二类有损危机事件应对实效的话：推卸责任的话、违背常识的话、指责顾客的话、带出同行的话、扯出政府的话、人格担保的话、霸道的话、有失礼节的话、情绪失控的话、给他人乱戴帽子甚至上纲上线的话、答非所问的话和未经查实的话。

---

**资料补充**

### 面对媒体的大忌

| | |
|---|---|
| 保持沉默 | 掩盖事实 |
| 推诿他人 | 对记者反唇相讥 |
| 态度不温不火，漠不关心 | 没有统一的信息源头 |
| 企业最高领导人过早出场 | 威胁恐吓记者 |

---

### （二）危机管理沟通中建立信任关系的要求

利用危机事件与媒体沟通的机会，与媒体建立相互信任的关系，既有必要，也有可能，但需要讲究方式方法。做到以下九项要求，有助于企业与媒体建立相互信任的关系。①建立媒体名单、微信群与记者通讯录。②定期与媒体沟通，尽量发布真实的信息，有效消除公众疑虑，确保向媒体陈述的每句话都真实，确保每句话都可公布。③端正态度，对境内外、各级别和各种报道的媒体应一视同仁，并根据媒体的报道给予对等反应。④尊重他人生命和利益，尊重新闻价值规律。⑤只承诺做得到的事件，禁止激情承诺。⑥了解各类媒体的特点与需求，了解舆情走向，倾听各方声音，掌握各种诉求，有针对性地与媒体沟通和交流信息，均衡满足媒体的期望，赢得多数媒体的谅解与支持。⑦积极与公众信任的社会组织和意见领袖合作。⑧主动与持挑剔、批评态度的媒体谋求合作。⑨控制情绪，平静镇定，做到解释冷静、表达自信，以冷静的心态淡定应对质疑、非议、谩骂和攻击。

---

**本章小结**

1. 危机管理的客体是危机事件，危机事件的出现，既有企业自身的原因，也有社会与公众方面的因素。

2. 从墨菲定律、海恩法则到黑天鹅事件、灰犀牛事件，从危机公关 5S 说到危机管理 6F 说，从危机语艺策略理论、希斯 4R 危机管理理论、班尼特形象修复理论、库姆斯情景危机传播理论到社交媒体时代危机沟通理论、危机信任修复话语模型，持续从学理层面探索危机管理、危机应对的理论框架。

3. 为了实现转危为安、化危为机的目标,需要明确危机管理的优先取向和宗旨,遵循制度保障预案先行原则、立足预防快速反应原则、统一指挥全员应对原则、公共利益与公众利益至上原则、战略谋划全局联动原则、主动面对勇于担责原则、坦诚相待原则、灵活应变原则和善始善终原则。

4. 危机管理依次分为预防、预警、正视、应对和开发五个环节,基础是预防与预警,核心是以危机处置与危机沟通为主要内容的应对,关键是开发危机资源。

5. 事故性危机、误解性危机、假冒性危机、恶性危机、群体性事件和网络舆情,因为性质不同,处置方法也不尽相同。

6. 在妥善处理危机的基础上,主动与媒体进行沟通,积极应对网络舆情,争取媒体创造有利舆论环境,也是危机管理的重要内容。

## 学习重点

- 危机事件的特点
- 危机管理的理论基础
- 危机管理的宗旨
- 危机管理的原则
- 危机管理的程序
- 事故性危机的处理
- 网络舆情的应对
- 危机管理中的媒体沟通准则
- 危机管理中的媒体沟通思路

## 语 录

英国前首相丘吉尔:"不要浪费任何一场危机。"

## 前沿问题

关于危机管理的认识,我国在理论上和实践上都取得了长足的进步。以前立足于维护社会组织形象运用补救理念在法治范围内来研究危机管理模式,现在立足于企业社会责任运用以人为本的思想来研究危机管理机制特别是预警机制,在认识上跨出了很大一步。但是不同地区、不同行业关于危机管理的认识尚不整齐,存在差距,还需要持续培育危机管理意识。关于危机预警机制特别是公共危机预警方案的研究尚需深入展开。对于媒体在危机管理中的作用、对待媒体报道的理性策略、识别和判断危机的方法,也还需要学术界进一步探讨。

## 推荐阅读书目

《哈佛大学危机管理课》([美]麦克纳尔蒂等著,武越等译,中信出版社,2020 年出版)

该书基于特定的"元领导力"理论,阐述了危机管理的三大维度(人—情景—联通力)、七种策略和七种模型。在具体章节中,本书又给出了具体的训练方法,如思维与行动闭环、"林中散步"谈判法等。这些实用的模型和具体操作方法,告诉读者在面对危机时该如何理解正在发生的一切,如何有效应对危机,如何打磨领导高效能团队的技能。

推荐理由:没有高大上的理论,是具有实践和操作价值的科学训练方法。据此训练,每个人都具备推演事态变化的高级能力。当危机来临时,学会书中的方法,你就能从容应对危机。

## 案例

### 加拿大鹅大陆专门店拒绝退货事件

2021 年 10 月 27 日,上海一位女士在上海某商场加拿大鹅专门店,购买了一件羽绒服,价格为 11 400 元。回到家中后,发现商标竟然绣错了,并且衣服缝线粗糙、异味明显。

10 月 28 日,该女士向专门店店长投诉,但店长称,"我没有权力退货,需要总公司层面来解决。""我向店长要总公司电话,他却说没办法提供,要我自己去查。还说公司已经向市场监管局方面提供了这件衣服的报关单和合格的检测报告。他要求我提供给公司衣服不合格的检测报告,才可以退货。"

11 月 14 日,专门店要求该女士提供给公司衣服不合格的检测报告后,可以退货。该女士撰写了一份邮件,说明购买当天情形:付款前,店员没有告知购买商品不能退款退货等事项;"但当我刷完信用卡后,店员递给我一张纸,抬头为《更换条款》,要求我签名","如果不签名,就不能拿衣服",当时她只能在这份条款上签了字。然后将自己的请求和衣服的细节照片等凭证,通过邮件附件形式发给加拿大鹅的检测中心邮箱。但随后却被回信告知,现在加拿大鹅方面不再通过照片提供产品认证。

2021 年 11 月 30 日新闻晨报《我要投诉》栏目官微发文介绍该事件详情,并创建"加拿大鹅规定中国大陆门店不得退货"话题,迅速引来网民关注,并登顶微博热搜榜,阅读量超 4 亿。

12 月 1 日,加拿大鹅官方微博就中国大陆地区退换货政策发布声明称,在符合相关法律规定的情况下,所有中国大陆地区专门店售卖的产品可以退货退款。声明全文如下:"Canada Goose 加拿大鹅严格遵守中国法律法规执行退换货政策,全力保护消费者权益。Canada Goose 加拿大鹅中国大陆地区专门店《更换条款》中第一条的含义为:在符合相关法律规定的情况下,所有中国大陆地区专门店售卖的产品可以退货退款。第七条进一步明确表示,更换条款'不影响顾客依据相关法律享有的权利'。/质量对 Canada Goose 加拿大鹅和顾客都至关重要。专门店售出的每一件产品在交付前均由受过专业训练的销售人员进行质量检查,并需由顾客现场确认。/产品在交付后,若出现质量问题,符合加拿大鹅保修政策的,更可以享有终身材料和工艺保修服务。"这则声明再度引发争议。

当天 14:00,上海市消保委约谈加拿大鹅。上海市消费者权益保护委员会相关负责人接受央视财经记者采访时表示,加拿大鹅公司对于《更换条款》"除非相关法律另有规定,所有中国大陆地区专门店售卖的货品均不得退货"等内容的具体含义并不是非常明确,要求其在 12 月 2 日中午前提交《更换条款》的正式说明。

2021 年 12 月 2 日 9:00,中国消费者协会表态:任何品牌在消费者面前都没有特权。中央广播电视总台的财经频道跟进事件,报道相关内容。14:00,加拿大鹅公司派人到上海消保委递交材料,再次强调中国大陆可以退货,并说明公司有 7 天无理由退货等政策,但对于本次退货门事件的问题只字未提,对消保委提出的问题没有明确答复。上海市消保委表示将继续约谈。16:00,加拿大鹅回应新闻记者称:公众系误读,不会更改《更换条款》。17:00,涉事门店最终表示同意退款。

12 月 9 日,加拿大鹅官方微博发布公告表示:在上海市消保委的指导帮助下,公司更新并优化了加拿大鹅中国大陆地区退换货服务承诺。根据最新条款,消费者在其线下专门店购买商品后,商品未经穿着(试穿除外)、不污不损、未被洗涤或干洗、商品的标签及吊牌完好的,可在 14 天内免费更换一次同型号的商品(包括不同颜色和尺码)。另外,当发生商品质量问题时,加拿大鹅将提供内部的免费检测服务。消费者也可以选择有资质的第三方质量检测机构进行检测。检测费用按国家相关法律法规的规定,将根据检测结果由加拿大鹅或消费者承担。如果加拿大鹅与第三方质量检测机构的检测结果不一致,将以第三方质量检测机构的检测结果为准。如果第三方质量检测机构或者加拿大鹅确认商品确实存在质量问题,将根据消费者的要求进行退货或更换。此外,加拿大鹅还承诺,对于商品(不包括针织装、配饰、合作款及鞋履)在使用过程中的非人为损坏或非正常穿着磨损提供终身免费维修服务。

**点评:**在中国制造已经驰骋全球、中国品牌开始纵横世界的当下,某些国际知名品牌持续看好中国市场,但却低估中国顾客,继续推行名为差异实为"双标"的经营之术，"中国通用条款"显出了它们的傲慢与偏见，露出了对中国顾客的不尊重，也让中国顾客对它们贴上了"价格高＋质量差＋双标"的负面标签。这是这些国际知名品牌败走麦城的根源之一。如果应对中再缺乏诚意，特别是当政府监管机构和主流媒体已经介入时，依然狂妄自大，必定生成舆情事件。企业经营管理中存在差错是水平问题，与顾客偶尔不和是认识问题，但持续对立则是态度问题。水平问题、认识问题可以原谅，企业尚能浴火重生。态度问题往往不可宽恕，品牌终将沦落消亡。加拿大鹅作为国际知名品牌，当然是具备这些常识的，所以及时更新、优化了退换货服务条款，表示在中国法律法规框架下，提供高质量的商品和顾客体验，提升顾客满意度。

练习与思考　部分参考答案

# 第十章
# 公共关系的促销策略

## 学习目标

学完本章,您应该能够:

1. 理解促销的实质与类别;
2. 理解消费理论话语、消费金融话语、消费时尚话语的基本内容;
3. 应用 4P 策略、4P3R 策略、4C 策略、5R 策略谋划专题促销活动;
4. 运用网络营销 1E4I 法则创新产品线上专题促销活动;
5. 分析直播带货、竞赛促销、抽奖促销等 SP 工具的内在机理;
6. 评价附加赠送促销、折扣促销等 SP 工具的优势与劣势;
7. 创新互联网线上产品分期付款、以旧换新、贸易展览等 SP 实施方案。

## 基本概念

促销　消费理论话语　消费金融话语　消费时尚话语　4P 策略　4P3R 策略　4C 策略　5R 策略　网络营销 1E4I 法则　直播带货　竞赛促销　抽奖促销　附加赠送促销　折扣促销　分期付款促销　以旧换新促销　贸易展览促销

消费对推动经济发展、提高生产力水平具有重要作用。企业公共关系往往借助公共性、公益性赋能经营管理,本质是一种商业行为,无论是协调公众关系,还是塑造品牌形象,都要服务于开拓市场、增加销售额的经营目标。当下社会消费已经呈现出物质品消费与精神品消费并重、实用价值与情绪价值并重、线下消费与线上消费并重的态势,公众不仅看重物质消费品、实用价值品和现实世界消费品,而且偏爱精神消费品、情绪价值品和虚拟世界消费品。理解消费态势,掌握消费话语理论,运用营销策略,建构品牌的性价比形象与情绪价值话语,策划满足品质刚需、情绪溢价、价格亲民要求的线上线下促销活动,促进社会消费,是企业公共关系的重要使命。

# 第一节　促销的实质

消费是我国经济增长的重要引擎,也是人民群众追求美好生活的直接体现。我国正在努力建立和完善扩大居民消费的长效机制,让居民有稳定收入能消费、没有后顾之忧敢消费、消费环境优获得感强愿消费。促销在这个过程中具有特殊功效,能够创造市场消费需要、倡导消费流行、引导公众消费方向、维持销售繁荣局面,因而成为企业征战市场的利器,备受商界青睐。

## 一、促销的含义

> **问题思考**
>
> 请你描述印象最深的一次促销活动。您能说说促销的定义吗?您同意"促销就是引导人们购买可要可不要的商品"这个说法吗?为什么?

促销的英文是 sales promotion,缩写为 SP,意思是销售促进或销售推广。促销是企业为了创造消费者的消费需要、活跃销售氛围、激励公众迅速并大量购买商品,而策划出来的让利性、优惠性、服务性商业信息传播与市场推广活动的总称,是一种以消费者、分销商和售货员为基本对象的销售技巧,是企业获得市场持续性认同,进而实现可持续发展的市场战略。

### (一)促销的宗旨

促销活动的宗旨是创造顾客、激活市场。消费是经济增长的最终目的和动力源泉。但是如果不加以刺激,容易出现停滞现象。由于现代科技的发展,生产力水平大幅度提高,现代企业向市场提供的商品不仅数量多,而且质量好,达到了经久耐用的境界,消费者出于生存而产生的绝对需要基本上得到了满足,用不着频繁购买商品。因此,现代社会从总体上讲正在由卖方市场向买方市场转型,买卖双方的关系呈现出供过于求的态势。由于公众的需要得到了较好的满足,缺乏购买欲望,市场就不太可能出现普遍性的购销两旺景象。但是,如果充分利用公众无尽占有物质欲望的狄德罗效应和追求奢侈化享受的凡勃伦效应,对公众施加必要的刺激,影响公众潜在消费

Xian Dai Gong Gong Guan Xi Xue

心理，使公众的需要心理由绝对满足发展为相对满足，就可以开发出崭新的消费市场，为企业的发展创造出广阔的公众市场。

---

**资料补充**

我国明确提出"深入实施扩大内需战略，增强消费对经济发展的基础性作用和投资对优化供给结构的关键性作用，建设消费和投资需求旺盛的强大国内市场"，要求"全面促进消费"：顺应居民消费升级趋势，把扩大消费同改善人民生活品质结合起来，促进消费向绿色、健康、安全发展，稳步提高居民消费水平。提升传统消费，加快推动汽车等消费品由购买管理向使用管理转变，健全强制报废制度和废旧家电、消费电子等耐用消费品回收处理体系，促进住房消费健康发展。培育新型消费，发展信息消费、数字消费、绿色消费，鼓励定制、体验、智能、时尚消费等新模式新业态发展。发展服务消费，放宽服务消费领域市场准入，推动教育培训、医疗健康、养老托育、文旅体育等消费提质扩容，加快线上线下融合发展。适当增加公共消费，提高公共服务支出效率。扩大节假日消费，完善节假日制度，全面落实带薪休假制度。培育建设国际消费中心城市，打造一批区域消费中心。完善城乡融合消费网络，扩大电子商务进农村覆盖面，改善县域消费环境，推动农村消费梯次升级。完善市内免税店政策，规划建设一批中国特色市内免税店。采取增加居民收入与减负并举等措施，不断扩大中等收入群体，持续释放消费潜力。强化消费者权益保护，完善质量标准和后评价体系，健全缺陷产品召回、产品伤害监测、产品质量担保等制度，完善多元化消费维权机制和纠纷解决机制。

---

### （二）促销的对象

促销活动的对象一般涉及三个方面，即消费者、中间商和销售员（包括推销员）。消费者是促销活动的终点，是最主要的促销影响对象。在有些商品购买过程中，消费者所起的作用是不同的，根据其扮演的角色，可以把消费者分为消费行为的倡议者、决策者和支付者。倡议者提议购买商品，决策者决定购买或者不购买商品，而支付者则履行付款手续。消费倡议者、决策者、支付者所起的作用是不尽相同的，在促销活动中对他们的刺激策略也应有所差异。因此，在促销策划过程中，应该认真研究消费者的消费习性、心理特性和购买模式，制定针对性较强的促销策略。

在促销活动中，除了针对消费者策划促销策略外，还要设计旨在影响中间商和销售员的策略。中间商和销售员是推行促销战略的基本依靠力量，他们是商品走上市场、走近公众的纽带,是商品转换为公众用品的中介,也是企业与公众保持联系的桥梁。

### (三)促销的工具

促销需要一系列媒体工具才能把商品信息和活动信息传达给公众,刺激公众的消费心理。促销的工具比较繁多,可以分为两大类:一类是实体型工具,主要表现为媒体,如 POP 广告、印花券等。另一类是虚拟型工具,主要表现为活动,如售前培训活动、知识营销活动、公益服务活动、展览会等。促销的基本工具具体见表 10-1。

表 10-1　促销工具表

| 对象 | 实体型工具 | 虚拟型工具 |
| --- | --- | --- |
| 消费者 | 赠送样品、优惠券、免费赠品、酬谢包装、POP 广告(售点广告)、派送广告单、派送小册子、印花券(商业贴花)、购物卡(消费卡)等 | 竞赛、抽奖、价格折扣、试用活动、附加赠送、退款消费、分期付款、现场演示、以新换旧、新品发布会、消费者培训、服务活动、消费者意见领袖推广与示范、消费者俱乐部、展销会等 |
| 中间商 | POP 广告、销售手册、企业刊物、合作广告作品、纪念物品等 | 旅游、招待、交易折扣、销售竞赛、贸易博览会、派员驻店、业务洽谈会、参观活动、销售培训活动等 |
| 销售员 | 推销手册、销售用具、POP 广告等 | 销售业务培训、销售竞赛、销售会议等 |

促销在现代社会具有极其重要的作用。从某种角度看,现代经济发展面临的主要问题是消费需求不足,特别是周期性消费需求不足。经济学家调查研究后指出,居民消费每增长 1%,可带动 GDP 增长约 0.6%。消费成为一个国家宏观总需求中的首要变量,消费需求一般占一个国家 GDP 的 60% 以上,是决定一个国家宏观经济运行状态是否健康的最为重要的变量。因此,现代化国家都高度重视促销,策划促销活动成为引领经济发展的重要举措。

## 二、促销的前提

促销的前提是遵纪守法。促销涉及多种利益关系,为了推动市场经济的健康发展,国家制定了一系列的法律、法规管理、指导、约束促销活动。法律法规是促销的边界。为了规范经营者的促销行为,维护公平竞争的市场秩序,保护消费者、经营者合法权益,国家市场监督管理总局根据我国反不正当竞争法、价格法、消费者权益保护法等法律和行政法规,制定了规范促销行为的具体规定。策划促销活动必须遵循这些基本规定。

## 三、促销的类型

促销是现代社会所特有的商业文化现象和市场开拓策略,外延十分庞大繁杂,根据不同的标准,可以得出多种结论。

### (一)对象意义上的促销类型

根据促销的影响对象,促销分为针对消费者、经销商和销售员三种促销活动。

针对消费者的促销活动,其指向对象是潜在消费者,即具有购买欲望、打算购买但是目前还没有购买商品的消费者。这种促销活动的目标就是开展知识营销、主题营销和服务营销活动培育消费市场,或者运用让利机制刺激消费者在短时间内迅速或者大量购买企业提供的商品。

针对经销商的促销活动,其对象包括批发商和零售商。经销商是商品由生产者的产品形态转换为消费者的物品形态的中间企业,他们从生产企业批发、批购商品,然后销售给消费者,通过商业服务谋取商业利润,所以具有双重性,既购买商品,又销售商品。当然他们购买商品不是为了使用,而是为了向消费者销售商品。这种促销活动的基本目标就是运用合作机制引导经销商大批量进货,重点展示、宣传和推销企业生产的商品,把企业生产的商品置于显眼位置,突出企业的品牌形象,把企业生产的商品作为明星商品重点向公众推荐。

针对销售员的促销活动,其对象包括营业员和推销员,目标在于运用竞争机制和奖励机制激励营业员和推销员的积极性与创造性,提高服务艺术,优先把企业生产的商品推荐给消费者,使企业进入购销两旺的理想境界。

## （二）商品意义上的促销类型

从商品角度来看，促销分为生产资料促销和消费品促销两大类型，其中消费品促销又细分出日用品促销、选购品促销和特购品促销三种形式。

> **问题思考**
>
> 生产资料、日用品、选购品和特购品的特点分别是什么？促销目标应如何定位？

生产资料促销的商品是生产资料，即企业为了生产商品、维持业务运作而购买的设备、原材料、零配件、消耗性物品等。企业购买生产资料，不同于一般个体意义的消费者购买商品，其特点是专业性强、数量大、理性色彩浓、关系比较持久。这种促销活动的目标包括以下三个方面。①运用公共关系战略巩固和发展良好的业务关系和人际关系。②通过展览会、商品性能演示会理性化、专业化地向用户展示商品的优越性和特色。③通过培训教育活动向专业用户传授新知识、新技术，帮助用户提高操作技能和劳动生产率，走共同发展之路，使这些受益企业更加信赖自己，成为稳定的购买者。

消费品促销的商品是市场意义上的一般消费品，包括日用品、选购品和特购品三种。

日用品促销的商品是日用品。日用品又称快消品，是消费者日常生活中经常需要的商品，如毛巾、食品、洗涤用品、保洁用品、餐具等。这种商品的特点是单价较低、消耗较快、消费者就近购买，同类商品品牌之间的可替代性较强。因此，日用品促销活动的目标主要有以下两个方面。①通过让利机制和游戏规则，利用价格杠杆和趣味有奖活动，引导消费者经常购买企业提供的商品。②通过 POP 广告宣传品牌形象，营造消费氛围，在激活消费市场的基础上，巩固企业的品牌地位，强化公众的品牌忠诚度，引导消费者反复购买企业的商品。

选购品促销的商品是选购品。选购品是消费者经过多番挑选、反复比较之后才购买的商品，一般属于"商品大件"，如金银饰品、大件服饰、电视机、音响、电脑、普通家具、家用汽车等。这种商品的特点是单价比较高、使用时间比较长，消费者在购买中比较注重品牌形象。选购品促销的目标主要有四个方面的内容。①利用广告战略和 POP 广告强化品牌形象。②开展知识营销活动和售前培训活动，帮助消费者掌握商品知识、提高使用商品的技能，消除消费者的疑惑，建立消费者的消费信心。③开展售后服务活动，赠送服务联络卡，解除消费者的后顾之忧。④设计抽奖活动，强化公众选购企业生产的商品的欲望。

特购品促销的商品是特购品,如艺术收藏品、商品房、红木家具、高端家用汽车等,这类商品的单价特别昂贵,消费者可能终身享用,因此在购买过程中特别注重生产商和经销商的信誉形象。

# 第二节　促销策划的理论基础

策划促销需要理论指导,只有有了理论思维的介入,企业才能科学运用市场调查、计算机算法以及 AI 技术,精准掌握目标顾客的消费需求,根据顾客的消费心理,运用各种富有利益激励效果的销售工具,策划、实施富有影响力的促销活动,实现刺激消费、扩大销售的促销目标。

## 一、消费话语理论

消费话语的主旨是开发和激励消费的欲望,通过建构消费知识、消费制度来鼓励消费,为工业产品提供明确清晰且富有魅惑效果的解决方案。

### (一)消费理论话语

西方消费理论话语的主题有三个方面,一是宣扬节俭悖论,二是提出消费救国论,三是把消费社会设置为"健全的社会"。宣扬节俭悖论具有恐惧诉求的效果,而对消费救国与健全社会的界定则具有消费动员的动机,意在引导、发动社会成员积极参与商品消费。

1936 年凯恩斯在《就业、利息和货币通论》中基于社会有效需求理论,提出"节俭悖论",认为节俭虽能增加储蓄但会减少国民收入,使经济衰退,这是恶的;消费会减少储蓄但能增加国民收入,使经济繁荣,这是好的。因此节俭对经济增长有弊无利,促进社会发展的唯一出路是消费。他要求国家应指导、鼓励和支持全体社会成员多消费,扩大消费需求,促进经济繁荣。

当西方社会产能过剩时,企业应该宣传消费救国论,它们把消费定性为救国,把商场定性为呈现家国情怀与担当社会责任的阵地。

西方消费话语把商品供给充足的社会、顾客消费自由的社会、市场消费旺盛的社会,定义为健全社会的内涵,声称"自由地消费"就是善待生活,就是站着生活,就是阳光向上,就是坚守美好,就是现代人的快乐自赎。

### （二）消费金融话语

按照传统的经济学理论，消费是消费能力与消费愿望（需求）的逻辑结果。有消费能力而没有消费愿望，或者有消费愿望而没有消费能力的需求，都属于无效需求。为了解决消费愿望呆滞与消费能力虚弱问题，西方消费话语建构了消费金融话语，包括消费保值话语、消费增值话语和贷款消费话语三种。

消费保值话语基于工业社会所特有的通货膨胀制度，认为在银行存款只会让财富贬值，购买力降低，而即时消费则是防止财富缩水、保卫财产权益的途径。

人们处于不同年龄因为为社会创造的绩效不同，收入是不均匀的，消费能力也不均衡。例如年轻人收入不高但需求旺盛，而中老年人正好相反。为了理顺个人消费流程和收入流程的关系，针对消费需求和消费能力错配的青年人群，西方学者提出了消费增值话语和贷款消费话语，认定消费就是增加收入、购买就是参与财富再分配。它们认为一个人通过借贷而拥有舒适住房、名牌豪车，穿着体面，社交印象好，创业成功和就业的机会就更多，因为需要还贷而更勤奋地工作、更加具有财务自律能力。据此，哥伦比亚大学教授塞利格曼认为"消费即生产"，把消费开支认定是一种新型生产性投资，是对人力资本的投资，消费作为投资行为也在创造生产价值。因此，社会成员应该接受以负债消费为根本特征的超前消费，这在极大程度上提前释放了年轻人的消费欲望。

### （三）消费时尚话语

正如马斯洛所称，获得尊严、谋取社会地位是人的一种基本需要，尊荣、名望是最能打动人心的语词。西方学者认为商品不再是简单的物品，而是一连串的符号意义，能够自然而然地衬托出高档与高端，是时尚与地位的化身。他们主张用文化符号来标识商品的短缺性和独特性，宣称商品赋能社会经济地位，品牌具有炫耀作用，拥有商品就是拥有地位，这样就可以引导大众出于赢取社会地位的需要而恣意占有和索取商品，生成社会风尚。所以把品牌神圣化，认定"品牌象征着财富，品牌标志着身价，品牌证明着品质，品牌沉淀着文化。品牌产生神奇效应，品牌引导时尚，品牌激励创造，品牌装点生活，品牌是挡不住的诱惑，品牌是写不完的史诗。"

> **？问题思考**
> 您用过互联网信用消费贷工具（如淘宝花呗、京东白条、美团月付、苏宁任性付等）吗？信用消费贷工具是什么话语的现实体现？它们给大家提供的消费逻辑是什么？

## 二、营销组合理论

消费话语理论的取向在于刺激消费,扩大消费市场。在消费市场总量既定的前提下,如何尽量争取市场份额,就需要营销组合理论了。围绕提高促销效率,西方学者提出了多种营销组合理论。

### (一) 4P 策略

20 世纪 60 年代美国学者伊·杰·麦卡锡分析营销组合时,立足营销目标,提出了影响深远的 4P 策略(见图 10-1),认为营销组合由产品(produce)策略、价格(price)策略、渠道(place)策略和推介(promotion)策略组成。其中,产品策略强调从产品功效、品种、质量、特色、规格、品牌等方面向目标市场提供适合顾客需求的商品与服务,突出产品的独特卖点。价格策略要求根据商品的生成成本和市场定位,明确性价比,制定商品销售的基准价格和变动价格,形成规范严谨而有机灵活的售价体系。渠道策略是指企业建立合适的商品分销渠道和流通网络,选择经销商,确保渠道的覆盖面和商品流转的畅通。推介策略强调运用广告、人员推销、营业推广、公共关系等促进手段传播商品信息,以激发顾客购买欲望。对于 4P 策略,菲利普·科特勒做出如下概述:"如果企业生产出适当的商品,定出适当的价格,利用适当的分销渠道,并辅之以适当的推介活动,就会获得成功。"

图 10-1　营销 4P 策略

1984 年,科特勒在 4P 基础上,加上两个方面的内容,即政治力量(political power)和公共关系(public relations),传统的 4P 策略发展为 6P 策略,被称为"现代营销组合"。其中,政治力量强调企业必须了解市场目标国的政治状况,能够与市场目标国的政府打交道,借助政治力量推进营销。公共关系则强调通过塑造企业形象,开展品牌营销。后来,科特勒认为营销组合策略只有六个方面的内容还不够完整,在 6P 策略基础上,从操作角度增加了 4 个 P,即探查(probing)、细分(partitioning)、优先(prioritizing)以及定位(positioning)。这样,6P 策略发展为 10P 策略。探查就是深入调查目标市场的顾客结构、顾客需求以及竞争者的市场策略。细分强调的是基于顾客的生活方式和消费能力,把市场区隔为若干部分,从中找出自己的目标顾客。优先强调针对企业目标顾客的特性,差异化地开展精确营销,优先满足目标顾客的需求。定位就是要求企业确定自己形象的个性内核,突显品牌鲜明的性格特征。科特勒认为,在 10P 策略中,还隐藏着一个 P,即人(people,特指员工),要求企业管理者掌握员工的情况,解决员工的困难,满足员工的需求,调动员工的积极性,保障 10P 策略得到实施。

### (二)4P3R 策略

随着市场经济的发展,顾客忠诚度逐渐成为影响企业持续的关键指标。基于对顾客忠诚度管理的需要,学界在 4P 基础上增加了 3R 内容,成为 4P3R 策略。3R 是指保留顾客(retention)、相关销售(related sales)和顾客推荐(referrals)。其中,保留顾客指企业应该积极与顾客建立长期、良好的关系,维持、保留现有顾客队伍,以赢取稳定的市场收入。相关销售是指企业向顾客提供优惠甚至免费服务,以引导顾客购买企业品牌的延伸产品和创新产品。顾客推荐是指企业引导顾客基于自己愉悦的消费经历,主动向亲朋好友推荐企业的产品,分享品牌体验。

### (三)4C 策略

4P 策略的内容虽然得以不断丰富,但其被动型顾客观并没有实质性改变。随着顾客主体意识的增强、传播媒体的小众化特别是互联网交互机制的出现,顾客在消费过程中的主体地位得到承认,以顾客为中心成为企业遵循的核心理念,于是美国学者劳特朋在 1990 年提出 4C 策略。4C 策略的价值取向是顾客满意,销售主张是顾客导向,精髓是顾客定位商品,实质是根据顾客真实的需要和购买力来设计、生产产品,不断降低顾客消费成本,为顾客提供方便的商业服务,通过主动沟通获得顾客的认同。具体而言,4C 策略的内容是:①用顾客(customer)取代商品(produce),即认真研究顾客的需要,设计、生产、推介顾客确实需要的产品而不是企业所能生产的商品。②用消费成本(cost)取代价格(price),即准确了解顾客为了满足自己需要所愿意支付的消费成本,据此制定价格策略。③用方便(convenience)取代渠道(place),即认真考虑如何给顾客提供便利的商业服务。④用沟通(communication)取代促销(promotion),强调积极与顾客进行双向沟通而不是单向推介。

### (四)5R 策略

4C 策略强调以顾客满意为第一准则,但没有照应广泛的社会关系在营销传播中的作用,影响了营销的整体效果。21 世纪初,唐·舒尔茨提出了 5R 策略,认为传播营销组合应该包括以下五个要素:①关联(relevant),强调企业处于关系网络之中,必须关注利益相关者的要求,建立良好的利益相关者关系,特别是顾客关系、媒体关系、社区关系、供应商关系、员工关系以及社会环境关系等。②接受(receptivity),即企业应该关注顾客的感受,关注顾客的价值期望,接受顾客的消费主张。③反应

(reaction),指企业必须提高市场反应速度,在顾客需要变化之时甚至变化之前就做出相应的反应,以充分适应顾客变化了的需要与欲望。④关系(relation),即企业必须开展关系营销,建立顾客数据库,开展数据库营销,优先与能给企业创造70%～80%利润的20%～30%这些重度顾客建立长期、稳定、密切的关系,更好地满足重度顾客的需求,提高顾客忠诚度。⑤回报(return),要求企业始终坚持实现短期利润回报和长期价值回报的营销目标。

## 三、网络营销理论

网络营销是以互联网为主要平台、旨在传播企业品牌、吸引新客户、增加客户黏性、提高网民转化率的一种营销活动。由于互联网具有全球化传播、全天候传播、全方位传播(即内容周详)、全媒体传播、全自主沟通(即开放性、互动性)等特点,可以有效提高营销传播的实效、降低营销传播的成本,因此迅速成为企业营销的核心途径之一,即网络营销,并探索出多种行之有效的方式,目前主要有带货直播、KOL营销、算法营销、短/微视频营销、体验营销、搜索引擎营销、病毒式营销(即口碑营销)、微信营销、微博营销、博客营销、话题营销、软文营销、饥饿营销等。

网络营销的基本理念是1E4I法则。1E是指体验原则(experience),即企业彰显画面感、数字感和场景感,让消费者置身于产品设计、生产、营销、服务、消费全过程的线上与线下情景,通过看(see)、听(hear)、用(use)、参与(participate)的手段,充分刺激和调动消费者的感官(sense)、情感(feel)、思考(think)、行动(act)、联想(relate)等感性因素和理性因素,让消费者享受消费的乐趣,获得良好的消费体验和心理满足。4I是指趣味原则(interesting)、利益原则(interests)、互动原则(interaction)和个性原则(individuality)。其中,趣味原则就是善于策划,以稀缺的美好事务、有价值的平凡事务和蹭热度的事务为主题,同时邀请明星助阵,适当展示主持人的才艺秀,多打亲情牌,以内容简单但有反转的故事,形塑感人效果或搞笑效果,使营销事件充满乐趣与欢快,消费者参与营销活动的过程成为有趣、开心的回忆。没有乐趣,就没有网络传播。利益原则就是主动向消费者提供价格优惠的商品和免费服务,突出性价比,除了实际物质、金钱利益外,还提供多种附加服务。优惠甚至免费是网络营销的核心主题。互动原则就是企业利用计算机技术,通过设置悬念、提问等方式与消费者实现即时沟通、双向互动。个性原则就是网络营销活动富有新意,创作金句,突出特色亮点,既有别于竞争对手的策略,又有别于企业曾经的做法,成为石破天惊的传奇话题。

# 第三节　促销活动的策划

　　促销活动是一种艺术化推介商品的活动,发挥机制性效能的关键在于运用利益倾斜策略和欢快喜庆的现场氛围,品位化地刺激、影响公众的消费心理,是科学性和艺术性的有机统一。

## 一、直播带货的策划

　　直播带货是关键意见领袖立足网络直播平台,在直播镜头前亲身示范、尝试商品,以实物情景展演和口播形式,向粉丝用户等用户直观地展示品牌合作商的产品特性、介绍产品体验感受的商品推介策略。直播带货成功的契机在于关键意见领袖,关键意见领袖是指具有核心影响力,为目标用户所高度认可,且掌握更多更准确商品信息,能够有效影响用户购买行为的权威人士。

　　评估直播带货的核心指标是带货量与粉丝队伍的维持与壮大。为此,在前期准备需做好以下工作。①明确目标用户,根据目标用户的生活需求、社会习性和性格特征等进行群体画像。②选择直播商品,商品必须符合目标用户需求、购买决策难度较大、货真价实品质可靠、具有性价比优势,讲究定位的匹配性,带货的产品、品牌、价格符合粉丝定位,能够满足用户特别是 Z 世代粉丝用户的精致、理性消费需要。③明确直播主题、亮点和卖点,明确直播的核心信息和利益价值,撰写直播演讲稿,设计讲解与演示方式方法。④制定营销策略,包括促销活动、优惠券、抽奖等,以吸引更多用户参与购买。⑤规划直播内容,安排好产品介绍、演示、互动环节等,确保直播过程有序进行。⑥明确直播时间段、时长(建议每次直播不低于 30 分钟)、频率。⑦设计富有吸引力的直播标题、Logo 和封面,以提高直播的点击率和观看率。⑧根据平台定位、特质、用户类别与电商直播的匹配性,选择合适的直播电商平台,如抖音直播、淘宝直播、快手直播等。⑨根据直播内容和目标用户的人设期待,塑造主播适合的气质形象,设计主播个人的仪态和话语风格。主播应该富有影响力指数,成为关键意见领袖,不仅具有接地气、观念开放、关注流行时尚、乐于沟通、喜爱演讲、性格亲和的个性特征,而且表现出善良、公正、诚实、守法的人格特性,并长期深入关注特定领域的商品及用户的商品消费生活,成为相关商品的消费专家。⑩根据商品特点和目标用户的生活情景,布置直播间,搭建直播场景,营造合适的购物氛围,利用直播间设置情景,借助镜头和屏幕介绍产品特性,演示商品功能,客观直观展示商品优势和服务特色,以有效影响用户的理性消费心理,提升用户的购买欲望。⑪做好设备准备,确保直播设备如高清摄像头、麦克风、灯光等齐全,确保直播画面清晰、声音清晰,给用户提供良好的观看体验。⑫通过微博、朋友圈、用户号等渠道进行传播预热,提高直播的曝光率和用户期待值,吸引潜在用户关注和参与。

电商直播过程中,需要遵循以下要求。①促进销售转化,这是核心。主播借助清晰且富有鼓动性的话语,准确介绍产品的特点、使用方法和优惠活动,专业性地展示商品外观、功能,及时提供优惠券、礼品等促销工具,及时推送商品链接或二维码,以吸引用户下单购买,提高直播销售效果。②秉持良心立场,为粉丝用户把好商品关、价格关、品牌关和服务关,本着对粉丝用户负责的良心,为用户鉴定、筛选出真正具有高性价优势和品质优势的商品,并实事求是介绍产品功能,切忌虚假宣传、夸大商品优势、误导顾客、损害顾客权益。③主播必须掌握第一手资料,事前亲自全面、细致、清楚地获知产品信息,亲身体验商品,获得真切的商品消费体验。④强化互动沟通。注重粉丝队伍的经营,充分了解粉丝群体特性及其价值偏好,把握不同粉丝群体的差异,利用直播平台机会,积极主动与粉丝友好互动,通过欢迎问候、主动提问、回答问题、进行抽奖、赠送小礼物、发放福利、设计游戏、组织话题讨论、分享个人故事、征求意见与建议、鼓励用户参与直播、感谢用户、发布预告等方式,增强用户体验和黏性,提高粉丝热情。同时积极促进粉丝与粉丝之间的友好互动,把控直播平台的沟通风险,营造出友善和谐的直播氛围。⑤保持原创性和差异化特色,避免同质化内容,以个性化内容吸引用户持续关注。⑥讲究乐趣,在确保信息真实、内容健康、切合目标用户需要的基础上,以生动活泼的话语功夫强化直播趣味感,提高主播表现的快乐价值。⑦遵守广告法、消费者权益保护法等法律法规和平台规则,确保直播内容合法合规,言辞文明礼貌,不发布虚假信息,不违规操作,不发表不当言论,不使用攻击性语言和绝对化字词。⑧邀请明星或专业人士助阵,增加直播的亮点和吸引力。

在后续环节,需要做好以下工作。①及时处理订单,确保发货迅速且准确。②做好售后服务,如退换货服务和物流跟踪等,与用户保持沟通,解决产品使用中的问题,提高用户的满意度。③关注用户反馈,及时收集和处理用户意见,不断优化直播内容和产品。④尊重用户隐私,不泄露用户个人信息和购买数据。⑤利用数据分析工具监控和分析直播的收视率、转化率、销售额等数据,了解用户行为和购买偏好,调整直播策略和产品策略,提升直播效果和转化率。⑥及时总结经验,分析存在的问题和不足,不断优化直播内容和策略,提升电商直播的专业水平和竞争力。

> **课堂讨论**
>
> "与辉同行"直播带货给您留下的最深印象是什么? 您有开办直播带货的冲动吗? 给同学们分享您的创意与想法吧!

## 二、竞赛促销活动的策划

现代公众生活在竞争比较激烈、竞技文化比较丰富的社会环境中,争强好胜的心理比较浓。因此,利用消费者的好胜之心,策划竞赛促销活动,容易激发消费者的参与欲望,能够取得较好的促销效果。

### (一)竞赛促销活动的含义

竞赛促销活动就是企业诱导消费者参加与经营商品、经营活动有关的竞赛活动,消费者发挥自己的才华,解决某一特定问题,根据比赛成绩,领取奖品、奖金的促销活动。

> **问题思考**
>
> 假如您是汽车公司营销策划师,决定开展竞赛促销活动,能列出可以采用的竞赛促销的形式吗? 列出的形式越多越好。

### (二)竞赛促销活动的形式

竞赛促销活动的形态比较丰富,凡是能够刺激公众竞技欲望的活动,都是竞赛促销活动的原型。在实际运用中,常见的形式主要有以下几种。

1. 有奖征集活动

即设定奖品、奖金,公开向广大公众征集品牌商标、广告标语、广告作品以及经营点子之类的方案。海尔集团为了宣传抗菌冰箱,在报纸上刊登了"海尔冰箱开创抗菌新时代""海尔抗菌冰箱从里到外的革命"等八条广告语,让消费者投票排列优劣顺序,消费者的排列顺序位于第一条的广告语与最终结果相符,就可参加幸运大抽奖。这种征集消费者广告意见的做法,就是有奖征集活动。

**2. 游戏竞赛**

即根据某种游戏文化，诱导公众完成游戏程序，根据游戏程序的完成情况，给予相应的奖金、奖品。游戏竞赛的形态有拼字游戏（游戏答案往往是企业名称、品牌名称或者行业术语）、拼图游戏（游戏答案通常是企业商标、企业吉祥物或者商品造型）、积攒游戏（即积累包装袋内或贴在包装袋上的小卡片，利用它们完成某种图案如商标的拼组）。

**3. 消费竞赛**

消费竞赛活动主要有两种做法：一是定量竞赛法，即在特定场所和特定时间内，要求消费者在限定时间内消费既定数量的商品，达到指标即可获奖。二是相对竞赛法，即在限定时间内，比较消费者的实际消费量，从大到小排列消费量，数量最大者为最高奖获得者，其他依此类推。

**4. 体育竞赛**

即根据全民健身活动的安排、企业的经营项目和目标公众的体育兴趣，举办具有游戏色彩的大众化体育竞赛活动，以此为载体，开展促销活动。

**5. 生活情趣竞赛**

即充分开发日常生活模式的商务价值，精选较有吸收力的生活情趣，开展比赛（如厨艺比赛）活动，推销商品。

**6. 操作技能竞赛**

即围绕商品，组织商品操作技能竞赛活动，实现商品与品牌形象的宣传目的。

### （三）竞赛促销活动的策划技巧

竞赛促销活动的策划包括两个方面，即活动规则的设计和活动形式的策划。

竞赛活动规则的设计，涉及的内容主要有：竞赛活动的起止日期；评选方法；公布答案的办法；参赛条件、有效证件要求；奖品等级、金额、奖品形式、相关资料；中奖名单的公告时间、媒体名称与方法；奖品赠送方法等。

竞赛促销活动形式的策划应该突出趣味性、游戏性，难度适中，奖品奖金的价值比较大，具有一定的诱惑力。此外，还要注意安全问题，确保竞赛活动得以顺利推行。

**实战**

请您运用 AI 大模型生成"2028 年比亚迪新能源汽车迎五一竞赛促销方案"。这个 AI 竞赛促销方案的哪些方面需要优化？

脚踏实地，勇毅前行，一切皆有可能！加油！

## 三、抽奖促销活动的策划

抽奖促销活动就是利用公众消费过程中的侥幸获大利心理,设置中奖机会,利用抽奖的形式,来吸引消费者购买商品。

### (一)抽奖促销活动的形式

抽奖促销活动的形式,常见的有以下五种。

1. 一次抽奖形式

消费者凭借购物发票或者其他凭证,参加抽奖,根据预先设定的方案,中奖者领取奖品。原来购物发票或者凭证参加一次抽奖活动后,就失去抽奖效用,消费者不再享有参加抽奖的资格。

2. 多次抽奖形式

消费者凭借购物发票或者其他凭证,可以多次参加抽奖活动,兼中兼得。这种抽奖活动对于提高品牌的忠诚度具有积极的作用。

3. 答题式抽奖形式

根据广告宣传作品或者其他介绍材料甚至社会读物,回答企业设置的问卷表,所有问题回答正确的公众,即可凭借编号问卷或者电话号码,参加抽奖活动,中奖后到指定定点领取奖品。

4. 游戏式抽奖形式

预先设置某种游戏项目,消费者完成游戏项目后,获得参加抽奖活动的资格,中奖者领取奖品。

5. 连动抽奖

即消费者凭借优惠券、贵宾卡等,自动享有资格参加抽奖活动。

### (二)抽奖促销活动的策划技巧

为了提高抽奖促销活动的效果,策划时应注意抽奖方案的科学设计,特别是中奖率、奖品价值的设计。在奖金总额既定的前提下,在法律允许范围内,有两种设计办法:要么降低中奖率,提高单项奖的奖金数额;要么降低单项奖的奖金数额,提高中奖率。这样,抽奖活动对消费者才会具有吸引力。需要注意的是,国家市场监督管理总局在《规范促销行为暂行规定》中明确要求,抽奖式有奖销售单项最高奖的金额不得超过 50 000 元,违者受到处罚。

请您运用 AI 大模型生成"2028 年华为新款智能手机迎国庆抽奖促销方案",然后进行人工优化,以确保实用性。

脚踏实地,勇毅前行,一切皆有可能!加油!

## 四、附加赠送促销活动的策划

在消费生活中,消费者有一种特别明显的消费心理,就是生活成本最低化心理,期望以最少的支出购买最好的商品。消费者极为恒久的愿望就是物美价廉。根据消费者的这种消费心理定式,企业可以策划附加赠送活动,刺激消费者的欲望,影响消费者的购买方向。

### (一)附加赠送促销活动的实质

附加赠送促销活动的实质就是"加量不加价",是消费者购买一定数量的商品后,按事先公开的比例,获得企业赠送的同类或者相关类型相应数量商品的促销活动。在这种促销活动中,消费者同样的支出,获得了比较多的商品,等于以较低价格购买到了如意的商品,充分满足了自己的生活成本最低化需求心理。因此,促销效果比较理想。

### (二)附加赠送促销活动的策划技巧

**? 问题思考**

海狮牌食用油制造公司决策开展附加赠送促销活动,请您策划运作方案,您认为该方案应该包含哪些内容?

附加赠送促销活动直接作用于消费者的消费心理、利益心理,为了强化其市场冲击力,策划时应注意赠送形式、赠送比率、赠送品种和标识等项目的设计。

1. 赠送形式的策划

附加赠送促销活动的形式主要有两种:一是增大包装或容器,按照既定比率,把赠送商品与非赠送商品置放在同一个包装袋或者容器中,消费者购买商品后自然得到了赠送的商品。二是不改变包装,采用"购买大包搭送小包"的策略,向消费者赠送相应数量的商品。前一种形式便于管理,可以有效杜绝随意赠送现象,适用于固定比率的赠送促销活动。后一种形式便于操作,营业员可以根据消费者购买商品的数量,按照增速比率决定发放相应数量的赠送商品,一般适用于增速比率的赠送促销活动。

2. 赠送数额的策划

附加赠送促销活动的数额策划,主要涉及两个方面的内容,即赠送价值和赠送比率的设计。

在附加赠送促销活动中,对消费者能够产生影响作用的因素是"赠送价值",赠送商品价值的比较大,消费者容易"心动",进而"行动"决定购买;如果价值比较小,消费者感到无所谓,一般就不会购买商品。一般来说,赠送商品的价值应相当于购买商品总价的 15％—25％,其中较为理想的是 20％。

赠送价值确定以后,还需要进行赠送比率的设计,赠送比率主要有固定比率和增速比率。固定比率就是不论消费者购买多少商品,赠送比例都是"买一送一、买二送一"之类,固定不变。增速比率就是根据消费者购买商品的数量或者价值,按照既定方案,通过函数计算,确定赠送系数,发送商品,其特点就是消费者购买商品的数量越多,享受的赠送比例越高,得益率越大。一般而言,固定比率适用于选购商品、特购商品,而增速比率适用于日用商品,能够有效地刺激消费者大批量购买企业提供的商品。

3. 赠送品种的策划

在附加赠送促销活动中,可用于赠送的商品主要有两种:一是同类商品,主要适用于无须与其他物品搭配使用的商品,如洗衣粉"买一送一",就是指消费者每购买一大包洗衣粉,即可获得一小包洗衣粉。二是与促销商品相关的商品,主要适用于必须与其他物品搭配才能使用的商品,其中消耗量比较小的商品可作为赠送商品发给消费者,如剃须刀片"买一送一",其具体内容可能就是指购买一大盒刀片,赠送一把刀架。

4. 标识的策划

在市场上,商品品种比较繁多,信息量比较大,如果缺乏必要的标识设计,消费者可能看不到附加赠送的信息,自然无法接受促销影响。因此,在策划过程中,必须高度重视附加赠送活动的标识设计。在这个方面,涉及的具体内容有三个方面:一是创作具有鼓动性、能够比较贴切地表现附加赠送信息的宣传方案,特别是标题与标语。二是改变包装设计图案,色彩的对比性宜强烈些,在"买 100 送 20"等字体上可使用齿轮状、折线型图案作背景图,强化赠送信息的视觉影响力。三是设计 POP 广告与店堂导示牌,现场传递附加赠送信息,引导消费者选购企业促销的商品。

---

📖 **实战**

请您运用 AI 大模型生成"复旦大学出版社2028年上海书展买教材赠科普读

物活动方案",然后进行人工优化,以确保实用性。

脚踏实地,勇毅前行,一切皆有可能! 加油!

## 五、折扣促销活动的策划

折扣促销又称"降价促销""打折促销",是企业在特定市场范围和经营时期内,根据商品原价确定让利系数,进行减价销售的一种方式,是现代市场上最频繁的一种促销手段。由于它给消费者的利益比较直接,能够有效地引导消费者的消费方向,对于增加商品的市场销售量、提高商品的市场占有率具有促进作用。

### (一) 折扣促销活动的利与弊

> **问题思考**
> 您同意"打折是找死,不打折是等死"这种说法吗? 为什么?

折扣促销活动是一把"双刃剑",它的作用机制、客观效应具有两面性。

从好的影响方面来说,折扣促销活动由于给消费者以较明显的价格优惠,可以有效地提高商品的市场竞争力,争取消费者,创造出良好的市场销售态势。同时,刺激消费者的消费欲望,鼓励消费者大批量购买商品,创造出薄利多销的市场获利机制。

从不良的影响方面来说,折扣促销活动的消极作用表现在以下几个方面:①企业给出较为明显的折扣幅度后,消费者可能会期望更有利的折扣率,容易萌发观光望等待心理,消费者并不购买打折的商品,从而影响商品的销售。②某一阶段或者某一个企业成功的折扣促销活动,引导消费者大量购买商品后,造成未来市场需求的相对饱和。由于未来市场已提前得到满足,经营形势难以转变,因而不利于消费市场可持续性发展态势的形成。③采用降价销售,容易降低商品的品牌形象,不利于品牌延伸商品的促销。④降价销售的关键在于让利于消费者,也就是说把企业应得的利润部分地送给了消费者,其结果是降低企业的市场获利能力。近年来,有些地区的市场,持续性地出现销售额增加、商业利润却不断下降的反常现象,与大规模推行降价促销有直接的关系。商业利润不断下降后,有些企业甚至选用劣质原料生产商品,最终又会危及消费者的利益。

### (二) 折扣促销活动的策划技巧

折扣促销活动既有优势,又存在缺陷,因此在策划中应该特别重视科学性和艺术性。

### 1. 折扣主题策划

折扣促销活动虽然只是一种让利促销活动，如果有意识地引入主题内容，拟定较有品位的促销标题、宣传标语和口号，不仅可以强化促销活动的个性特色，而且能够有效地提升促销活动的文化品位，从而刺激消费者的文化需求心理，提高商品的销售数量。

### 2. 折扣类型策划

折扣促销活动的类型不同，其操作模式、作用机制也不尽相同。确定折扣促销的类型，是策划工作的基础环节。根据规划与否，折扣促销分为规划型折价与应急型折价。规划型折价就是企业根据市场推广战略需要，事先计划在未来某个市场、某个时期内推行出来的折价促销活动。应急型折价促销就是经营者根据市场的临时性特点特别是竞争形势的需要，出于应急需要而推行的折价促销活动。

### 3. 联合打折策划

为了推动折价促销活动的顺利进行，创造出规模效应，商业经营单位应该主动向生产厂商说明折价活动的意图，争取厂商让利，以便给商品折价留下较大的空间，更好地吸引消费者。

### 4. 折扣幅度策划

在实际工作中，我们发现折扣幅度如果比较小，如九折、九五折，对于消费者是没有多大吸引力的，促销效果不太明显。如果折扣幅度定为八五折特别是八折，对商品的影响作用就会比较明显。

### 5. 助兴活动策划

折扣促销活动的主题内容、基本形态和折扣幅度确定下来以后，还应该根据主题内容和商品文化，策划一些游戏性、娱乐性的现场促销活动，活跃气氛，强化促销活动的感染力。

此外，在策划过程中，还应加强价格折扣促销广告宣传作品（包括大众媒体和电商平台的宣传广告作品、POP 广告等）的设计，以便制造声势，扩大影响范围。

**实战**

请您运用 AI 大模型生成"2028 年比亚迪新能源汽车国庆黄金周折扣促销方案"，然后进行人工优化，折扣幅度由您确定吧。

脚踏实地，勇毅前行，一切皆有可能！加油！

## 六、分期付款促销活动的策划

对于售价比较昂贵的商品,消费者的消费能力尚不完全具备,为了引导消费者提前购买商品,企业可策划、推行分期付款促销活动来实现开拓市场的目的。所谓分期付款,就是指消费者购买商品时不用一次全部付款,而是先交商品售价的一部分款项,余下金额在未来双方约定的时间内按照约定的方式分期支付。分期付款促销从表面上看,是企业设定方案,让消费者提前消费某种商品,即先享受后付款。从实质上讲,它是企业占领未来市场、提高资本回笼能力的经营手段,虽然有利己性色彩,但是客观上又具有利他的效应。

### (一)分期付款促销活动的适用条件

分期付款促销活动给消费者提供了先享受后付款的机会,能够有效地影响那些具有消费欲望但是暂时没有消费能力的公众。但是分期付款并不适用于所有企业、所有商品的促销,策划前应该全面审视有关方面的条件,确保促销活动得以顺利推行。

分期付款促销活动的适用条件,主要有以下几个方面。①从商品角度来看,分期付款促销活动适用于价值相当大而消费者在日常生活中具有实用价值的超前型贵重商品,一般属于豪华型的选购品和部分特购品。"价值相当大"是一个相对系数概念,从分期付款促销活动来说,主要是指商品的价格相当于或者超过了目标公众的平均年收入。针对这种价位的商品,推行分期付款促销活动,公众容易"心动",能够有效地刺激公众的购买欲望。②从合作者角度来看,商品经营单位、金融合作机构等合作者的商业信誉特别良好,能够恪守信约,合同履行率相当高。对这种经营单位,商品的生产者和消费者,都会感到比较放心。因此,由他们实施、组织分期付款促销活动,有利于提高活动的美誉度,强化其市场冲击力。③从消费者角度来说,目标公众有比较稳定的职业收入,超前消费意识比较浓,具有较强的享受欲望。

### (二)分期付款促销活动的策划技巧

为了强化分期付款促销活动的市场效应和金融安全性,在策划过程中,应该强化整体运作方案、申请管理和后期管理的设计,注重规范性,加强合同管理和过程管理,确保及时足额地回收到出售商品的款项。

淘宝"花呗"借助大数据对用户进行征信评估,以预支的方式向用户垫付相应的金额,为用户提供便利的消费体验,然后通过 ABS(asset-backed securities)产品进行资本运作,并让用户在约定的期限内偿还这些款项,实现了用户与平台企业双方满意的境界。如果您想更换手机但是又缺钱,会使用"花呗"吗?使用"花呗"后是否让你产生了更加努力工作的动力?

## 七、以旧换新促销活动的策划

2024 年为了促进投资和消费,中央召开专题会议,研究实行大规模设备更新和消费品以旧换新,制定相应措施推动各类生产设备、服务设备更新和技术改造,鼓励汽车、家电等传统耐用消费品以旧换新。设备更新就是社会组织层面的"以旧换新"。在现代社会,科技突飞猛进,带来了消费领域中所特有的"科技相对过剩"现象,即商品还具有使用价值,但是其技术或款式已经落后于时代。从消费者角度来说,如果弃之不用,总觉得有些于心不忍。从经营者角度来说,如果消费者一直使用款式陈旧但是具有使用价值的商品,势必影响商品的市场容量。解决这个"两难问题"的有效办法就是开展以旧换新促销活动,即企业向消费者折价回收款式过时但是尚有使用价值的商品,折价款供消费者选购企业提供的新式商品,消费者只要支付差价款项,即可获得新式商品。由于以旧换新满足了买卖双方的利益要求,因此颇有促销效用。

### (一)以旧换新促销活动的效用

以旧换新促销活动的市场特性比较明显,主要表现在以下三个方面。

第一,有效地巩固消费者关系,扩大企业的消费者队伍。在以旧换新促销活动中,消费者享受企业让利的前提条件是"换新",即购买企业推介的商品。因此,无论是同一品牌的以旧换新,还是不同品牌之间的以旧换新,对于企业来说,都是一种寻找准消费者的有效途径,能够在较短的时间内壮大消费者队伍,为企业的发展奠定良好的公众基础。

第二,刺激公众需求,扩大市场消费容量。消费者愿意拿来"以旧换新"的商品,虽然还具有使用价值,但是在款式、功能等方面已经落伍,相对于新式商品使用价值已经不太充分,只是弃之可惜。而企业推出以旧换新活动后,给消费者购买新式商品提供了一个很好的"台阶"。在这种情形下,消费者会利用这个"台阶",及时更新商品。从市场角度来看,消费者人为地缩短了商品的使用寿命,多消费了商品。对于企业来说,这就激活了消费市场,扩大了市场的有效需求。

第三,强化企业的科技进步形象。企业开展以旧换新促销活动,往往意味着商品已经更新、发展,推出了更新、更好的商品,因此能够有效地宣传企业的科技创新形象、进取形象。

### (二) 以旧换新促销活动的策划技巧

以旧换新促销活动的策划,除了符合一般促销活动的要求以外,还需要注意以下内容的策划与设计。

1. 对比宣传的策划

以旧换新促销活动的前提是新旧商品具有对比性,新商品的性能、材质和技术明显超越了旧商品。只有让消费者充分了解新式商品的进步,消费者才有可能来"以旧换新"。因此,在以旧换新促销活动的策划中,要高度重视新旧产品的对比性宣传,把新商品的进步之处淋漓尽致地渲染出来,以充分影响消费者"喜新厌旧"的消费心理。

2. 以旧换新折价方案的设计

以旧换新促销活动是一种互利互惠活动,其折价方案直接影响着消费者的参与热情。折价方案的制定,主要表现为拟定出具体化的旧商品折价额度。如果以旧换新"折价"方案的内容比较复杂,宜用表格方式加以陈述。

3. 爱心包装的策划

以旧换新促销具有较强的商业性。为了塑造企业的人格形象,在以旧换新促销活动策划中,应该注意爱心包装。在这个方面,浙江三保皮件公司策划、开展的"手拉手书包交朋友"活动,就颇具借鉴意义。这次活动以书包旧换新为由头,一方面,让小朋友将污损不用的旧书包折价卖给浙江三保皮件实业公司,同时低于市场价向该公司购买一只具有保安、保健和保险作用的"凯归牌"三保书包;另一方面,由三保公司将旧书包消毒修整后以小朋友和公司的名义捐赠给欠发达地区小朋友。通过一来一往,两地的小朋友结成"一对一"的"手拉手好朋友"。这项活动,把引导少年儿童奉献爱心融于"手拉手书包交朋友"之中,深受公众欢迎。

4. 注意事项的设计

为了确保以旧换新促销活动的顺利进行,应该注意时间、地点的安排。除此之外,还需要对旧商品作出质量、性能或者品牌方面的要求,例如平板电视机的以旧换新活动,一般应该声明"任何旧平板电视机必须有正常图像,无故障"。

**实战**

　　请您运用 AI 大模型生成"小米电视机西南地区农村市场以旧换新促销方案"。

注意：除了以旧换新折价方案外，还要进行爱心包装哟。

脚踏实地，勇毅前行，一切皆有可能！加油！

## 八、贸易展览促销活动的策划

企业通过举办贸易展览促销活动，能够有效地吸引公众，实现商品促销的目的。贸易展览促销活动就是企业通过实物展示、示范表演来宣传企业形象和商品形象的一种促销活动。由于贸易展览促销活动直观形象、图文并茂、说服力强，具有特殊的轰动效应，能够充分利用公众的现场感染心理和从众心理强化宣传、促销效果，因而成为企业进行商品促销的基本策略之一。

**记住**

贸易展览促销活动的基本含义。

### （一）贸易展览促销活动方案的设计

贸易展览促销活动是一个系统工程，其总体运作方案的设计包括很多内容，主要包括以下项目。①确定目标。贸易展览促销活动的目标体系涉及两大方面：一是提高商品的销售数量；二是展示、宣传企业的品牌形象，强化品牌忠诚度。②确定主题。这主要表现为替贸易展览促销活动拟定一个鲜明、富有特色个性的标题和相关系列化的标语。③确定竞争策略。贸易展览促销活动云集了行业或者相关行业的众多企业，竞争态势比较激烈。在方案设计过程中，应该根据前期关于贸易展览情形和市场形势的科学分析，拟定科学的竞争策略，确保企业从竞争中赢得市场优势。④设计展台，拟定好展台布置的施工草图，包括商品和办公用品的陈列布置图、展台的基本色调以及展台周围的装饰物品等。⑤策划销售活动的基本方案，开展培训教育，让参展员工明确展览活动的基本要求，掌握现场销售技巧，从而提高贸易展览促销活动的业绩。⑥设计辅助性、后援性促销活动方案，活跃展览会现场气氛，提高消费者光顾率。⑦确定服务活动项目，以实效性、娱乐性的现场销售服务活动提高展台的吸引力。⑧拟定、制作现场宣传文稿、宣传手册、宣传单和赠送礼品、礼品兑换券等媒体型促销工具，以最大限度地扩大企业的影响。⑨预备接待消费者的登记用具与场所。⑩确定摊位和日程表。

（二）贸易展览促销活动的策划技巧

**课堂讨论**

回想一次高水平的贸易展览促销活动,它有什么特色? 然后再描述一次您认为糟糕的贸易展览促销活动,它有哪些不足? 提高展览促销水平应注意哪些事项?

贸易展览促销活动是企业开展促销活动一个重要工作,在实际操作中应注意以下要求。①明确举办、参加贸易展览促销活动的目的和任务,加强贸易展览促销活动的目的性与针对性,并以此为依据确定展出的产品,选择合适的宣传方式。②成立专门的对外宣传机构,自觉地策划新闻事件,积极为新闻媒体提供具有新闻价值和流量价值的新闻稿,主动邀请媒体记者进行采访活动,扩大企业和商品的影响。③认真培训贸易展览促销活动的工作人员,提高贸易展览促销活动的服务水平和工作水平。④注意装潢设计,力求布局新颖美观,富有特色,从而增强参展展品的醒目程度。⑤策划助兴性的礼品赠送活动、游戏活动、咨询服务活动、现场演示活动、KOL、KOC推介宣传活动及表演活动等,以活跃贸易展览促销活动的气氛。

## 本章小结

1. 促销就是促销销售,能够有效激活消费,是打通生产与消费环节的推进器,是活跃营商环境的重要力量。

2. 消费理论话语、消费金融话语和消费时尚话语建构了促销的正当性。而 4P策略、4C 策略、5R 策略和 1E4I 法则生成了促销的魅力。

3. 直播带货、消费竞赛、抽奖、附加赠送、退款、折扣、分期付款、现场演示、以旧换新、贸易展览以及销售竞赛,都是促销活动的形式,只要符合消费者的性价比消费心理,都能有效吸收目标顾客,在火爆的销售过程中实现建构公众关系、塑造品牌形象的公共关系目标。

## 学习重点

• 促销的含义
• 促销的前提
• 消费理论话语、消费金融话语和消费时尚话语的内容
• 营销 4P 策略、4C 策略、5R 策略和 1E4I 法则的内容

• 各种促销活动的策划

### 语　录

唐纳·邦伦:"没有正确的促销观,生产力的提高只会造成浪费。"

### 前沿问题

当前我们已经认识到:消费是决定国家宏观经济运行状态是否健康的最为重要的变量。公共关系运用促销策略来刺激社会需求,对于国民经济的发展具有重要的拉动作用,属于营商环境的呈现指标。但是关于运用什么方式开展促销还存在些分歧。有些学者强调净化市场环境,营造放心购物环境,侧重法制管理,但是实践中往往是"一管就死",缺乏应有的市场气氛。有些学者强调激活市场需求,利用各种手法诱导公众购物,侧重策略谋划,但是实践中往往是"一活就乱"。如何将这两种意见统一起来,在法律边界之内,灵活运用各种策略,开展"阳光促销",确实还需要学术界深入研究。

### 推荐阅读

《促销基础——顾客导向的实效促销(第 5 版)》(卢泰宏著,清华大学出版社,2019 年)

从实例与理论相结合的角度,系统阐述了各种 SP 工具的运用要点,不同类别商品的促销策略和不同主体的促销策划要点。

推荐理由:该书是推销和促销领域的前沿著作,有着多年来强大的生命力,是作者长期从事促销教学与研究的结晶,反映了促销领域的最新研究成果。

### 案　例

#### 2023 年上海促消费活动精彩纷呈

上海商委立足国资企业,根据商务部"2023 消费提振年"总体安排,坚持"政策＋活动"双轮驱动,以"国潮四季、美好生活"为主题,制定全年 6＋1 促消费系列活动方案,举办六大主题消费季活动和第四届五五购物节,以节庆、展会、赛事、演出为抓手,力求"季季有主题,月月有展会,周周有场景",以期更加突出会商旅文体联动,释放大消费活力;更加突出线上线下联动,打造消费新场景;更加突出市内外市场联动,做足

消费新增量。

**1. 迎春消费季**

2月下旬—4月下旬,结合踏青郊游、迎春赏花、家居焕新等消费需求,举办2023春季国际建材家居潮流展、MODE服装服饰展、国际珠宝展、国际花博会等重点展会;全国马术场地障碍赛等体育赛事;上海之春国际音乐节等文化节庆;举办汽车嘉年华、春季家装节、上海时装周2023秋冬新品发布等重点活动。

**2. 暑期消费季**

7月—8月:结合暑期休闲、亲子家庭等消费需求,举办ChinaJoy动漫展、亚洲宠物展、茶博会等重点展会;2023全国青少年飞镖锦标赛、2023中国保龄球巡回赛、2023中国超级跑车锦标赛等体育赛事;举办仲夏生活节、城市沙滩啤酒节等重点活动。

**3. 金秋购物旅游季**

9月—10月,结合金秋旅游、购物休闲等消费需求,举办中国家博会等重点展会;2023世界斯诺克上海大师赛、2023斯巴达勇士赛上海站、2023CTCC中国汽车场地职业联赛等体育赛事;举办上海时装周2024春夏新品发布、上海旅游节等重点活动。

**4. 拥抱进博首发季**

10月中旬—11月中旬,结合中国国际进口博览会等重大展会,联动2023全国帆板大师赛等体育赛事、上海国际艺术节等,举办拥抱进博首发季活动,推出国别商品文化缤纷月、引领性本土品牌发布秀等特色活动,放大进博会溢出效应,推出一系列品牌首发首秀活动,推动国际品牌"引进来"和本土品牌"走出去"双线发展。

**5. 网络购物狂欢季**

11月中旬—12月中旬,结合双11、双12等网络购物优惠活动,举办11直播月活动,联动各大电商平台,让直播电商走进都市生活圈,带动消费增长。推出"双十一大促直播""购物狂欢季直播""双十一狂欢节""双十一宠粉节"等重点活动。

**6. 跨年迎新购物季**

12月中旬—2024年2月中旬,结合跨年、元旦、春节组织开展跨年迎新和新春新潮两大主题活动,营造欢乐祥和的节庆气氛。推出跨年迎新购物季新年宣传片,举办豫园迎新游园灯会、外滩枫径、安义夜巷新年市集、淮海路亮灯仪式、老字号年货节、网购年货节等重点活动。

**7. 第四届五五购物节**

4月下旬至6月底,联合商务部"国际消费季"共同启动,联动购物、文旅、美食、赛事、展览五大领域,贯穿劳动节、母亲节、儿童节、端午节等节日。

356

**点评**：上接国家政策，下展魔都特色，有创意，有主题，有整体规划，有错位竞争，有数字化手段，有 IP 营销策略，月月有促销，周周有场景，天天有活动，"美好＋生活"的促销，不仅创造了商业的流量密码，更推动着上海国际消费中心城市的建成。

练习与思考　　部分参考答案

# 第十一章
# 公共关系的 CIS 策略

## 学习目标

学完本章,您应该能够:

1. 理解 CIS 的含义、基本结构和特点;
2. 了解 CIS 的发展趋势和应用领域的拓展;
3. 掌握策划 MIS 的基本要求和技巧;
4. 理解 BIS 作为一种制度建设所应该包含的指标;
5. 掌握 VIS 的设计对象和基本方法。

## 基本概念

CIS BIS VIS 经营理念 标志 标准字 标准色

CIS 是公共关系的核心策略之一,公共关系只有在科学的 CIS 指导下,从内容主题到形式风格形成强大的整体感,才能创造出公共关系的规模效应,持续而深刻地影响公众,实现公共关系的终极目的。因此,在公共关系中,需要自觉引入 CIS 和 CIS 方法,积极探索 CIS 指导公共关系、公共关系 CIS 化的模式。

## 第一节　CIS 的含义

CIS 是英文 corporate identity system 的缩写,意思是企业识别系统。作为一种朴素的社会现象,可以说古已有之,如古代军队统一着装,这多少带有些 CIS 色彩。但是作为一种科学的经营策略,CIS 最早出现在 20 世纪初,而得以广泛推广则是 20 世纪 50 年代的事情了。当时美国的 IBM 公司率先推行了以统一视觉形象为中心的

CIS：提出"IBM 意味着服务"的经营理念，开展"24 小时限时售后服务"制度，设计全新的"IBM"标志。推行 CIS 方案后，IBM 获得了巨大的发展：60 年代的年营业额迅速上升为 60 多亿美元，70 年代的年营业额飞跃为 200 多亿美元，80 年代的年营业额高达 600 多亿美元。IBM 的巨大成功，美国企业纷纷看好 CIS 的商业效用。所以，20 世纪 60、70 年代美国企业界出现了人类第一个 CIS 热潮。此后，CIS 作为一种经营思想和策略，传向欧洲各国、日本等，然后再传向中国，CIS 热此起彼伏，影响颇大。CIS 由于其特殊的功效，而成为现代市场经济条件下一种全新而极其重要的策略。国外专家研究现代企业发展后认为：20 世纪 70 年代是商品质量的竞争，80 年代是营销与服务的竞争，90 年代则是品牌形象的竞争，而品牌形象竞争集中体现为 CIS 的竞争。

## 一、CIS 的含义

就字面意义而言，CIS 的关键字本来含义分别为：corporate——法人的、团体的、社团的、公司的、市政当局的，是形容词。identity——同一、绝对相同、身份、本体、本身，是名词。system——系统、体系、体制、规律、秩序，属名词。从这里可以看出 CIS 的本义是企业或公司、团体在形象统一方面的系统设计。

作为一种经营发展策略，CIS 无论在内涵上还是外延上都超越了关键词的本义。从经营科学角度来看，CIS 就是将企业理念和企业文化通过统一的视觉识别设计，予以视觉化、规范化、个性化和系统化，通过整合营销传播，使公众产生一致的认同感和价值观，从而创造出最佳的经营发展环境。

### （一）CIS 的核心：建立企业的文化式市场运作机制

根据形式，企业的市场运作机制分为生产式、经营式、文化式三种。

生产式市场运作机制受传统推销观念支配，其运行模式是：企业生产出产品后，交由市场拓展部门进行广告宣传和促销，企业的中心工作是生产，推销部门的中心工作则是推销产品。如果企业盲目生产的产品正巧符合公众需求，促销任务就能顺利完成。这种成功取决于偶然。大多数的情形是：企业盲目生产的产品不符合公众要求，因此产品严重积压。这种市场运作机制主要适用于市场经济不发展、商品总格局是供不应求的社会。

经营式市场运作机制受现代营销观念指导，企业积极开展前期调查，针对公众需求特性设计、生产产品，然后开展宣传和促销。这显然是市场观念的巨大飞跃，强调了公众意愿在产品开发、设计中的决定性作用，提出了"顾客就是上帝""顾客永远是对的"等口号，这无疑是极其重要的。但是在市场宣传作业阶段，依然以推销商品为己任,带有明显的现场劝购色彩,针对的只是公众的商品功能需求,缺乏文化色彩和心理意义上的消费氛围,所以有时营销也难以奏效。

文化式市场运作机制的基本依据是 CIS。CIS 包括三个基本要素,即 MIS(mind identity system,理念识别系统)、BIS(behavioral identity system,行为识别系统)、VIS(visual identity system,视觉识别系统)。CIS 在吸收了现代营销观念中"公众至上"等思想的基础上,提出了一整套以文化为中心、力求全方位整合的主张,这主要体现在 MIS、BIS 和 VIS 三者有机统一上,在操作上它表现为整合性(见图 11-1)。也就是说,在 CIS 的构成要素中,MIS 具有指导作用,规范着 BIS 和 VIS,BIS 和 VIS 分别从管理制度、视觉宣传作品两个角度表现着 MIS。

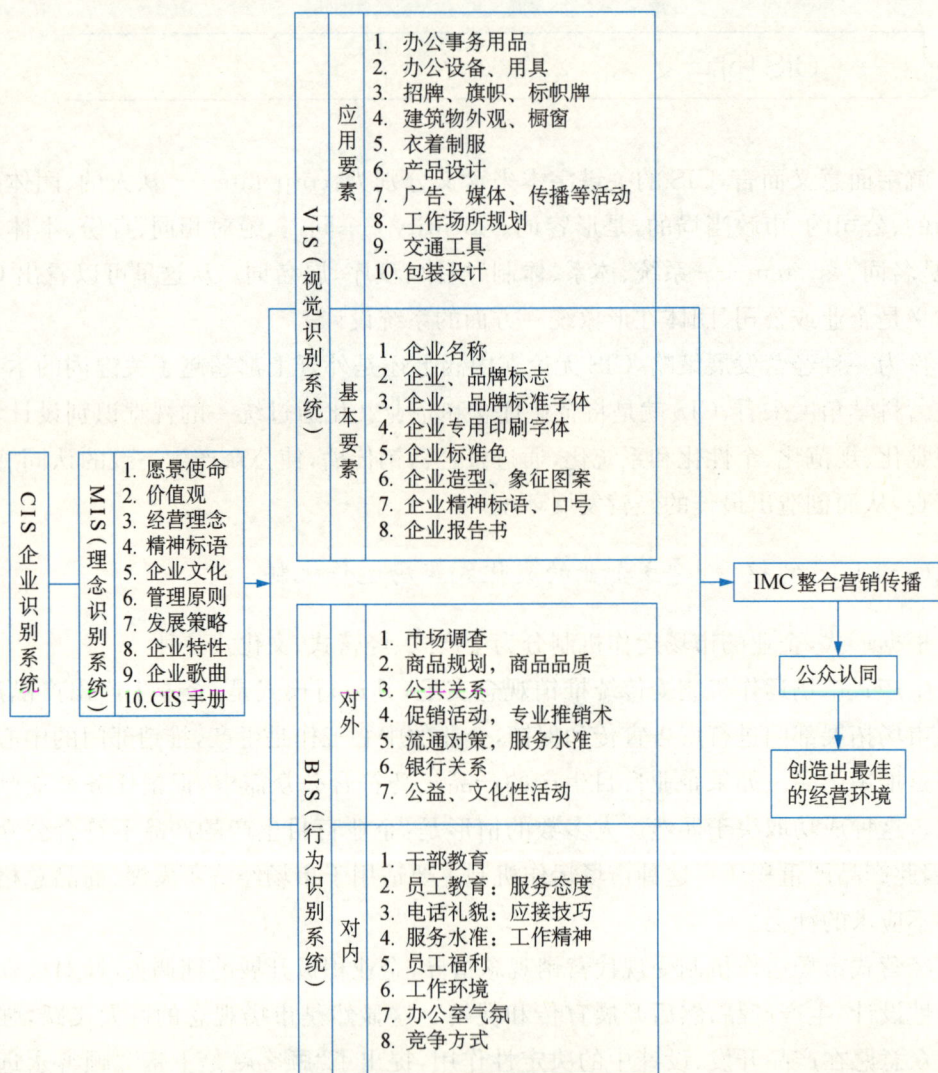

图 11-1　CIS 的结构

从图 11-1 可以看出，企业的所有方面都受制于企业文化，都在表现着企业文化。这样，在 CIS 指导下，企业的所有行为，尤其是市场运用行为，都带有浓厚的文化性特色，力求创立"文化美的企业、文化美的经营、文化美的公众、文化美的社会"四联机制。这样企业的市场行为不仅可以满足公众的商品功能需求，而且可以满足公众的商品心理需求；不仅可以淡化商业色彩，而且可以渲染商业领域中的文化氛围，在展示企业文化的同时，向社会输出了一种全新的文化形式，从而创造出良好的消费文化氛围。公众在文化氛围中受到感染，就会产生出"以消费某种品牌、某种商品为荣"的心态，进而增加市场需求量，为企业创造出良好的宏观经营环境。

### （二）CIS 的目标：规划企业的整体形象

企业形象是一个整体。如果说一般意义上的公共关系因人力物力限制，而局限于某一个方面的话，CIS 则在"大设计观"指导下，运用"大思维""大手笔"全方位地塑造企业形象，强调整体性。这主要表现在它的"两个追求"和"一个归口"上。两个追求是指：追求企业内在形象与外在形象相统一，企业视觉形象与非视觉形象相统一。所谓"一个归口"是指：CIS 的所有努力，最终归口于 BI（brand identity）上，即品牌形象的统一上，以创造出新的驰名品牌。

### （三）CIS 的心理机制：强化记忆与引发联想

CIS 具有深刻的心理机制，主要表现在强化记忆与引发联想两个方面，并由此而产生巨大的市场感染力和冲击力。

在强化记忆方面，CIS 充分利用了人的"视觉认知优势"和"简单多次重复"的深刻机制。在心理学看来，人们接受和识别外界信息，大约 85% 依赖于视觉感知。根据这个理论，可以得出这样一个结论：相同的宣传费投入，假设策划水平一致，如果用于视觉型媒体，如电视、路牌、印刷品，产生的宣传效能远远大于纯听觉型媒体。正因为这样，CIS 为了充分吸引公众的视觉，历来都强调图案、字体和色彩的运用。这是 CIS 成败的重要环节。在"简单多次重复"方面，人们对于比较简单和多次重复的内容往往记忆牢固。在 CIS 中，反复突出宣传企业的品牌形象，自然能给公众留下深刻的印象。

在引发联想方面，一方面在 MIS，CIS 运用文化美学原理，提出了一整套具有内在联系的文化口号，描绘的是一幅符合文化美学要求的意境，能够引导公众由此而产生美好的联想，对企业产生好感。另一方面在 VIS 中，CIS 运用设计美学、应用美学知识，制作出了符合美学要求、赏心悦目的作品，无论字体、图案还是色彩运用，都能给公众一种美的享受，这样也能引导公众产生美好联想，对企业及其产品产生好感。

由于 CIS 既能有效强化公众的记忆，又能有效引导公众形成美好的遐想，具有良好的心理机制，因而能产生巨大的市场冲击力。

## 二、CIS 的特点

从传播角度来看,CIS与一般的公共关系策略不同,在操作上形成了自己的基本特质。这些特质是进行 CIS 策划的基本规范,也是运用 CIS 指导公共关系必须遵循的要求。

### (一) 战略性

从字面上看,CIS 是基于企业战略愿景、立足品牌建设而对企业进行的整体、长远规划,时间跨度大,涉及企业文化、经营管理、传播宣传等组织行为,而且需要从社会层面审视规划的内容,强调全局与长远,战略色彩浓。

### (二) 差异性

CIS 强调以独特鲜明的个性,远离竞争者,无论在 MIS、BIS 还是 VIS 或其他方面,均强调自己的特色,忌讳雷同或相似,突出个性化,以便公众在琳琅满目的企业、商品中迅速识别出企业及其商品,力求以个性赢得公众,赢得市场。

在实际运用中,CIS 强调差异性,但并不是主张"稀奇、离谱",这是一种基于科学判断的差异性策略。也就是说,CIS 的差异化、个性化有特殊的前提,即符合行业形象特性和产品形象特性,符合公众的正常心态和社会文化的要求。如果一味地追求新奇,背离了社会正态思维,那么公众是无法接受的,CIS 也就不可能产生实际效能。

### (三) 规范性

严格意义上的 CIS,无论名称、名称简化、字体书写款式、字体布局、图案色彩以及员工言谈举止、生产管理诸方面,都要严格按照《CIS 手册》的技术参数、标准和样本进行,按章办事,不容许随意篡改。

### (四) 一致性

CIS 要求企业系统(包括分支机构)的各个方面,都采用同一的理念、同一的造型、同一的形象,创造出较大的一体感,通过文化上、行为上、视觉上的有机整合和科研、生产、营销、服务、管理整个环节上的一致性规定,强化社会组织的整体形象,并以此协调企业内部部门关系、员工人际关系以及企业与外部公众的公众关系。一致性特征是企业发挥"(1+1)>2"效应的保障,也是企业以强大的整体气势震撼公众的基础。

## (五) 文化性

美国一位企业专家考察世界上许多著名公司后,撰文指出:"优秀公司之所以优秀是因为它们具有一系列独特的文化特性。"在现代经营观看来,文化与经济是互动的,企业文化与企业盈利是相关的,以打文化牌为手段来开拓市场的方式,已被一些知名公司所采用。

CIS区别于一般经营策略的一个显著标志,就是它的文化性。在CIS的三个基本组成部分中,MIS是核心,它创造了企业的文化境界和哲学境界,对BIS和VIS发挥着规范、指导作用。这样,整个CIS就表现出浓烈的文化色彩,而以CIS为指导的公共关系,也因此颇具文化品位和文化韵味,能够有效地作用于公众的文化心态和文化需要心理,产生出强大的文化冲击力。

## (六) 美学性

爱美之心,从皆有之。美的图案、美的意境、美的行为、美的色彩,都能引起人的关注,给人以愉快的享受,并能以美引导人们产生美好的联想,进而对企业形成好感。所以CIS特别强调美学方法的引进,尤其重视技术美学(如设计美学、劳动美学、行为美学、商品美学等)和文化美学的应用。在美学方法指导下,CIS根据公众文化思维和审美情趣,力求把产品形象、企业形象的标准化与审美形态的独特化结合起来,创造出对外而言具有个性色彩、对内而言具有同一性的文化境界,以及融真、善、美于一体的品牌美学形象,以此开拓公众市场。

除了上述几个特征以外,CIS还具有传播性、心理性等特点。所谓传播性,就是指CIS的所有方面都要可视化、可知化、可感化、可传化,无论是MIS,BIS还是VIS,都能够换成视觉符号和形象符号,直观形象地展示在公众面前。所谓心理性,就是指CIS从形式到内容均力求赏心悦目,符合人的心理思维,并能引起公众的心理快感和心理美感。

## 三、CIS的发展趋势

**? 问题思考**
CIS是不是只有企业才能运用的策略?为什么?城市能够成为CIS的设计对象吗?

从CIS的产生契机来看,它主要是作为强化广告、公共关系专题活动的宣传效能而出现的,是作为市场经济格局发生重大变革条件下的广告新生长点的形式而登上时代舞台的,因此在 CIS 得以推广的初期,其设计对象就是企业视觉形象,力图通过标准色、标准字、标准图案的艺术化运用,强化宣传作品的冲击力。这是 CIS 的第一个发展阶段,即视觉形象阶段。

视觉形象作品虽能引起公众一时的高度注意,具有较强的视觉效能,但并不能解决公众对于某一个品牌的信赖问题。为此,CIS 的设计人员跳出局部设计的视野,重点进行品牌形象的塑造,CIS 由此进入品牌形象设计阶段。

对于企业整体而言,品牌形象并不具有根本性的规范效应机制,不能带动企业所有商品、服务的营销,于是人们又开始探索具有规范效应的企业形象宣传方式,形象设计的对象涉及到了整体形象,从目标战略形象、文化理念形象、企业行为形象、员工形象到视觉形象,为企业进行全方位的形象策划与宣传服务,CIS 进入企业识别形象设计阶段。

随着市场竞争的日益激烈,人们认识到企业的竞争优势,不仅依赖于企业自身,而且还取决于企业所属特定行业。如果某一行业不能为公众所接受,那么企业无论如何也是难成气候的。在这种背景下,CIS 设计的视野也就随之得以拓展,其设计对象又有了新的延伸,行业形象成为 CIS 的设计内容,CIS 进入行业形象设计阶段。相对于企业形象,行业形象是一个中观性的形象问题,其设计对象是某一个特定的行业。在设计行业形象的过程中,设计人员力图挖掘出该行业的共同特点,对行业形象进行总体价值定位,并设计出相应的行业整体营销策略、整体质量、整体服务水平等,使本行业在公众心目中具有较大的存在价值,进而达到维护行业形象、保护本行业所有企业利益的目的。

从发展趋势来看,企业的竞争实力直接依赖于企业所在地的地区形象、地区优势。为了推动地区经济、科技、社会的综合发展,一些颇具战略眼光的政府官员率先借助 CIS 理论策划地区形象、区域形象,地区形象、区域形象成为 CIS 设计的新对象,CIS 进入区域形象设计阶段。地区形象是指一个地区整体化的风貌和精神。塑造独特的地区形象,不仅有利于推动社会主义精神文明的建设,强化所在地区的内聚力、外引力,而且有利于提高所在地区、城市的知晓度、美誉度,进而从整体上增强所在地区所有企业的市场竞争实力,推动社会全方位、立体化的发展。

地区的发展是不平衡的,地区形象是需要"龙头"的,"龙头"就是地区内的重大城市。"龙头"城市作为地区形象的代表,是地区形象的主要标志,只有拥有"龙头"形象的地区形象才能真正具有现实意义,才可能深入公众的心灵。从某种意义上看,"龙头"城市形象就是地区形象,例如,说及华东地区,我们就会想起上海、南京、杭州,而说及西北地区,我们就会想起西安、兰州等,说及珠江地区,我们就想起深圳、广州等,这些城市已成为所在地区的形象代表。在范围上,地区形象是十分广泛的,不可能进行全方位策划。为了节约投资，为了集约化效应，在策划地区形象时，人们开始把地区内的重大城市作为策划对象，即城市形象成为策划的重要对象，这进一步扩大了CIS策划的范围，CIS进入城市形象设计阶段。

> **要点提示**
>
> CIS设计的对象从视觉形象、企业品牌形象、企业识别形象扩展到行业形象、区域形象、城市形象，呈现出多元化的发展趋势。但是，CIS设计的主体对象仍是企业识别形象。

# 第二节　MIS和BIS的策划

企业需要明确自己的核心价值观，全面推进企业文化建设；同时需要科学的管理制度，筑牢企业的实体形象。因此，首先进入CIS战略作业对象的是理念识别系统和行为识别系统，然后才是视觉识别系统。

## 一、MIS的策划

> **问题思考**
>
> 您能说出自己单位的核心理念（如校训）吗？它是从哪个角度定位的？还可以从哪些角度进行定位？

企业理念识别系统主要由经营理念、精神标语两个方面构成。经营理念是社会组织根据自身愿景和使命、特性和历史，高度概括出来的经营思想，或者是社会组织所追求的哲学境界、思想境界、文化风格，一般表现为精神标语。

### （一）MIS的定位

企业既需要科学精神，又需要人文精神。MIS可以从科学精神和人文精神两个角度进行定位。

1. 从科学精神角度进行定位

社会的进步取决于科学技术的发展。在人类发展历史上，就曾多次出现过科技救国的思想。对于企业来说,科学技术是第一生产力,是企业的立业之本。虽然在现代市场竞争中,技术优势已不是企业制胜的唯一法宝,但是始终是最基本的竞争武器。因此,发展新质生产力,谋求技术优势总是现代企业家的首要战略。

为了创造企业的技术优势,形成重视技术、强调革新、不断拓新的企业氛围,应该从科学精神角度来定位企业的理念文化。

从理论上讲,科学精神是人类理性化认识、解释各种自然现象和人类现象的探索精神,它以物为尺度,追求真实,崇尚理性,相对人文精神而言,具有结构性、真理性、客观性和积累性的特点。由于物质世界本身的宽泛性,使得科学精神也变得丰富多彩。对于一个企业来说,在企业理念文化策划与构建过程中,不可能也无须全面吸纳人类科学精神的所有内容,而应该选择适当角度,确定出具有行业特色、企业特点的科学精神。

具体而言,企业的科学精神作为一种特殊的价值观,具有五个方面的内在构件,即价值认识、价值取向、实现价值的行为准则、价值评判的准绳和价值理想。策划企业理念文化时,应该围绕这五个方面分别进行指标设计,并提炼出相应的精神口号与标语,使企业精神本身体系化、指标化、规范化,形成企业文化一体化的市场冲击力。

---

💡 **要点提示**

企业的科学精神包括价值认识、价值取向、实现价值的行为准则、价值评判的准绳和价值理想。

---

### 2. 从人文精神角度进行定位

人文精神是相对于科学精神而言的。在我国古代,人文一词是指诗书礼乐。在国外,人文这个词的内涵比较丰富,涉及的指标性内容有:仁道、仁慈、慈爱的行为;人道主义,对人关心,热衷人类的福利事业;博爱等。在现代,人文的内涵大大拓宽了,凡是相对于自然科学而存在的、有关人本身的各种现象,都属于人文景观。

人类改造世界的过程,始终在改造客观世界、获得生活物质的同时,还改造了自己的主观世界,使人类的精神境界得以不断发展。人文精神与科学精神始终是相辅相成的。当然,由于生产力水平的不同,人类对于"科学"的关注与对于"人文"的关注在程度和方式上有所不同。在现代社会,由于人们的生活重心发生了变化,从追求物质享受发展到强调文化享受,人文精神备受关注。这为策划企业理念文化提供了崭新的机缘,也提出了全新的课题。

人文精神涉及的内容十分丰富,人的多重属性如自然属性、社会属性、精神属性,和人的多重关系如人与人、人与社会、人与机器、人与自然，都是人文科学的研究对象，当然也是人文精神的基本构成指标。根据企业的市场需求，策划、设计企业的人文精神时，可以从以下四个角度来定位。

第一，从人与人的相互关系角度进行定位，以人文情怀为主旨。人是世界的主宰，也是构成社会最为基本的因素。构建人人平等、互尊互爱的人际关系网络，是人们内心的一种渴望。从一定意义上讲，人文精神的根本任务就是协调、处理人与人的相互关系。为了接近公众，使公众对企业产生好感，企业应该本着团结互爱精神、集体主义精神和革命人道主义精神，策划具有独特意义的企业人文理念。这不仅可以提高企业文化的感染力，增强商品的市场冲击力，而且可以强化企业的文化色彩。

第二，从人与社会的关系角度进行定位，以家国情怀为主旨。人与动物的区别就在于人的社会性。人既然是社会性动物，处理好人与社会的关系便构成了人类社会的重要内容。基于这种背景，企业应该在尊重个人利益基础上，本着个人利益服从集体利益、国家利益的原则，提出具有鲜明民族特色、社会特点的企业理念，指导企业践行社会责任，在为国家、为社会作贡献的同时，追求合法的商业利益。

第三，从人与自然的关系角度进行定位，以天人合一为主旨。人类生存在大自然之中。从 20 世纪六七十年代开始，人们就十分重视自然保护问题，谋求人类社会、经济与自然环境的协调发展。在现代社会，如何处理人与自然的关系就成为一个全新的课题。这为策划企业理念系统提供了一个绝好的入口。企业应该以绿色文明、环境保护文化为指导思想，设计旨在保护自然的企业理念文化，勾画出保护自然、珍惜地球、人与大自然和谐发展的美丽画面。

第四，从人与工具的关系角度进行定位，以人机共存、人机互动为主旨。人与工具的关系是现代文明需要重点研究的课题之一。现代科学技术成果在许多领域中的运用，虽然提高了劳动生产率，但是也使人类付出了代价，人成为工具特别是工业机器的一个"零配件"，服从于工业机器的需要，出现了异化现象。在这种背景下，如何处理好人与工具、机器的关系，便成为企业经营管理中需要解决的一个重要问题。从人与工具、机器的关系角度进行企业理念定位，应本着以人为本、人机共存的原则，明确工具与机器是人的助手，是器官的延伸与替代者，策划出工具帮助人、机器服从于人、人与工具和谐工作的企业理念。

**课堂讨论**

请您运用 AI 大模型分别生成"AI 大模型企业的理念"和"化工企业的理念"。两类企业理念，是不是体现出了两类企业的特性？

### (二) MIS 的策划

MIS 的构成项目主要包括两个方面,即经营理念和精神标语。

经营理念是 MIS 的核心。在 MIS 中,企业经营理念的确定,具有至关重要的作用。经营理念是一种简化了的经营思想,包括愿景使命、经营宗旨、经营方针和经营价值观四个方面,反映了企业最高经营决策者的世界观与方法论,是其人生文化的一种体现。企业所有的经营方式、经营策略都围绕经营理念而展开。可以说,经营理念是企业发展的导向仪。在 CIS 策划中,要善于观察社会,积极思索人类、社会与环境的哲学问题,并归纳、提炼自己的思想火花,以确定企业的经营哲学。

建立了经营哲学理念之后,就可以确定企业的精神标语。精神标语是经营哲学、经营理念的具体展现,是企业最高经营决策者理想追求境界的简化描述。有时精神标语表现为口号的形式,有时则表现为经营准则、企业纲领、企业箴言之类的形式,像座右铭、守则一样规范着员工的思想与言行。策划企业的精神标语时,从内容上应涵盖最高经营决策者的理想追求与企业目标,符合行业特性;从形式上应谋求特色和文化感召力,力求直观而规范、简短而朴实,做到意蕴丰富而又朗朗上口,以便员工记诵,充分发挥 MIS 的文化渲染作用和教育规范作用。

**实战**

请您运用 AI 大模型分别生成"新能源汽车企业的经营理念"和"新能源汽车企业的精神标语",然后立足"绿色、创新、智能、未来"进行人工优化,以增强其实用性。

脚踏实地,勇毅前行,一切皆有可能!加油!

## 二、BIS 的规划

**问题思考**

BIS 属于制度建设,包括哪些基本方面?

BIS 表现为岗位管理制度。制定 BIS 就是从制度方面围绕 MIS 来设计管理企业职能行为、企业公益行为和员工行为的基本制度,然后通过教育、培训,使员工全面遵循 BIS 要求,以此来塑造企业的行为形象,直观展示 MIS 的文化境界和企业风貌。如果说,MIS 带有较大的抽象性的话,那么 BIS 则直接以员工具体、实在的举止形象作用于公众,在塑造整个企业形象中具有特殊的意义。MIS 规划的内容、提出的理想追求无论多么动听,如果缺乏员工相应的行为展示,那是没有说服力的,当然也不可能产生形象效应。

BIS 是一个系统工程,由多个元素构成。从行为发生地来说,企业行为分为内部行为和外部行为。从属性上看,企业行为分为职能行为和非职能行为。其中,职能行为主要是指企业为达到创造市场利润而必须履行的行为,包括生产管理行为和市场经营行为两大类。生产管理行为可以说是内部企业行为,它们围绕企业的生产工作而演绎出来,主要有市场调查、科研开发、产品生产、质量管理、人力资源管理与开发等。市场经营行为的发生地主要是在市场,是外部企业行为,以占领市场、赢得顾客为中心,其需要解决的关键问题是销售商品,主要有市场营销、广告宣传、公共关系、接待、竞争、商业服务、促销和危机管理等。非职能化行为是企业出于社会责任心和人类爱心而选择的公益行为,这种行为虽然不能为企业创造利润,但是能够有效地塑造良好形象,影响公众的购买心理和消费心理,为企业占领更大的市场、赢得更大的利润奠定市场基础。企业行为系统的各个要素彼此影响,相互作用,构成为一个有机的整体。其模型见图 11-2。

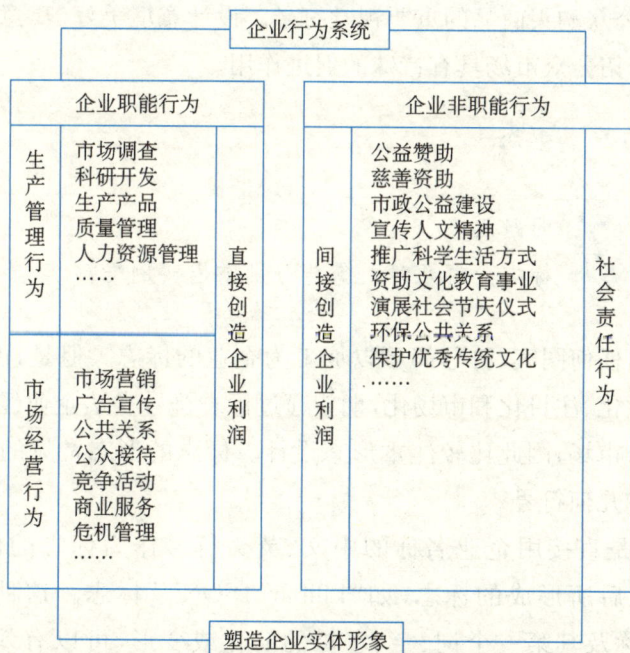

图 11-2  企业行为识别系统结构

# 第三节　VIS 的设计

VIS 即视觉识别系统,主要包括标志、标准字和标准色三个基本要素,三者组合为一体时就是 Logo,不仅冲击公众的视觉,而且作用于公众的心理感受,让公众对企业品牌产生美好的联想,对企业形象生成亲和感。

## 一、标志的设计

标志是社会组织根据自身特性,借助线条和颜色组合,用以表示某种寓意并区别于其他社会组织的图案或字体。企业标志经过法律注册后便成为具体法律意义的商标。标志是引导公众购买商品的重要视觉符号。设计意境美好、寓意深刻、色调鲜艳的标志,对企业开拓公众市场具有特殊的促进作用。

### (一) 标志的基本形态

**问题思考**
标志分哪几种? 您能分别举出实例吗?

从理论上讲,任何图案、符号都可以加工为企业的标志。但是,由于标志强调实用功能,力求表意化、注目化和市场化,期望通过标志符号表达企业经营项目、引起公众注意、开拓公众市场,因此比较注重形态设计。标志的形态常见的有三类,即文字符号、图案符号和几何符号。

文字符号就是直接用企业名称的中文、英文符号作为标志的创作素材,进行适当艺术化加工后所形成的标志,如"Bilibili""SONY"标志。这种标志就其实质而言,是企业名称及其第一个词、字、字母的简化或变形,可以有效地提高企业知名度,其常见的形式有单字型(如"雄"牌标志)、词组型(如"小红书""拼多多"标志)、单字母型(如"V"牌标志)、双字母型(如"KK"标志)、多字母型(如"YKK"标志)等。

图案符号就是根据公司名称所包含的自然环境造型、动植物图案、人物图案、矿物图案、产品典型原料图案、典型用户图案和企业所在地的图案，进行适度抽象、加以简化后所形成的标志，如"熊猫"标志，主要是取材于"熊猫"图案。

---

📖 **实战**

请您运用 Adobe Illustrator 软件，立足现代、简洁和科技感的设计理念，为小米科技有限责任公司设计一款标志，然后与小米公司已有的 Logo 进行比较，哪个版本更鲜明出小米公司的高科技特性和智能化特点。

脚踏实地，勇毅前行，一切皆有可能！加油！

---

几何符号是企业根据行业、产品的性能、用途与理念，借助几何图形如三角形、四方形、圆形、椭圆形等，加以变换组合，艺术化地创作某种寓意化的图画，作为标志。这种标志具有简洁、明快的特点，富有个性，艺术感强，因而深受企业界欢迎。

### (二) 标志设计的程序

标志的设计，一般包括以下几个环节。①分析企业所属行业的传统文化与品性，找出标志行业的特色指标。②审视企业的经营理念，确定企业自身的文化理念形象。③提取创作素材。为了更好地接近公众生活，展示企业形象，设计标志时，本着实用的原则，善于从公众的实际生活、心理需要(特别是公众情感需要)、企业经营理念与行业文化中提取创作素材。④进行创作设计，把素材简化、抽象为某种图形、图案。⑤对图案、图形进行着色，以强化标志的视觉影响力。

### (三) 标志设计的基本要求

❓ **问题思考**
请您评价"复旦卓越"品牌的标志(见本书封面)。它给您印象最深的特点是什么？

标志设计是一项技巧性很强的工作，在操作中应该遵循以下原则。①突出专业性，引导公众生成传统感、科技感、便利性等主观印象。②激发目标公众的共鸣心理，运用与目标公众生活经历、认知感受相关的图画、线条、色彩，引导产生共鸣心理和联想心理。如中国银行的"中"型标志，取材于我国古钱币的图形，使我国公众从直觉上便能识别出这是与钱有关的单位，是某个银行的标志。③独特，使标志从主题创意、创作题材到图案形式、色调组合等方面,均区别于其他行业、企业,新颖独特,鲜明而有感染力。④简洁,力求单纯、简练、概括、明快,一目了然,以便公众识别和记忆。⑤可解释性,无论图形还是色彩的运用,做到寓意准确、名实相符,让公众基于视觉认知便能形成初步的理解与解释,从标志中直接分辨出企业的经营内容和服务项目。例如"李宁"牌运动标志,以"李宁"的英文首写字母"L"为设计定位,这既代表"李宁",又似一只运动鞋、一条飘逸的领带,寓意这是一个与体育运动、服装有关的企业。"L"被放大、强调、渲染、夸张后,显示了一种列形的力量与气势。"L"下面设计了一排以李宁名字的拼音字母组成的斜体空心字和"L"相呼应,便于公众识别和记忆。这个标志个性强,时代色彩浓,对"李宁"牌系列产品的市场促销,起到了很好的促进作用。⑥美观,标志应该具有一定的艺术气息,造型美观、巧妙精致,满足人的审美要求,尤其是要符合公众色彩心理、线条心理要求,给公众以美的赏受。⑦合法,标志的主题、题材和表现形式,都要符合法律、宗教等社会文化的要求,包括国家法律、国际商业法律等,并能够进行版权保护。⑧实用,即企业的标志设计要符合企业理念的要求,突出企业形象的宣传与展示。⑨稳定,标志不能经常更换,应有一定的持续性,以便持久地影响公众,形成标志在市场宣传方面的规模效应。⑩通俗。标志是一种大众性设计艺术,只有取得公众的认同,才能产生实际意义。因此,在设计标志时,应该面向大众,遵循通俗化设计原则,以最大限度地扩大公众范围。

**课堂讨论**

请您运用 AI 大模型,先给出问题:"和君基因是一家为普通大众提供基因检测服务的公司,旨在发现变异基因,并运用基因'编辑'技术预先加以干预,从而预防相关疾病。为和君基因检测服务中心设计 Logo,需要注意哪些事项?",AI 大模型将给出若干建议。然后再要求 AI 大模型生成"和君基因检测服务中心 Logo"。Logo 是否达到了其"建议"的要求? 为什么?

## 二、企业标准字的设计

在现代消费市场上,对于企业来说,知晓度就意味着市场占有率,代表着企业及其产品受欢迎的程度。企业有了一流的产品,还应该策划、设计与产品、公众消费心理相吻合的、稳定化的名称,即标准字。企业标准字的策划与设计包括两方面的工作:一是确定企业名称,二是设计具体字形。

## （一）企业名称的确定

确定企业名称，常见的方式主要有以下六种。①行业法，即从行业文化、行业典故中提取字眼作为企业、公司的名称，如"百草堂"药店。②地理法，即直接用企业、公司所在地的名称或简称、地理特征来给企业命名，如青岛啤酒公司。③信念法，即从企业经营理念、经营宗旨、企业文化中提取字眼，来确定企业的名称。④创始人法，即直接用企业、公司的最早创始人姓氏姓或者为企业发展作出过特别杰出贡献的员工姓氏姓名来作企业、公司的名称，如松下电器公司、迪斯尼乐园。⑤产品法，即直接用已经具有市场知晓度的产品名称来作企业的名称。⑥文字法，即选择富有个性色彩、吉利祥和、联想美丽、时代特点的汉字、数字、外文及字母，进行适当组合、处理后，作为企业、公司的名称，短视频APP小红书公司的名称"行吟信息科技（上海）有限公司"。

确定企业名称和产品名称是一项技巧性、实用性与法律性于一体的工作，需要注意以下基本要求。①准确，即语义准确，名称要与企业的行业特点、事业领域、经营内容和产品特性有密切的联系。②新颖，即名称要富有时代感，符合社会发展潮流特别是公众的消费文化潮流。③个性，从词汇选择到字体造型应力求独特而有个性，切忌雷同。④品位，产品名称既要有诗意美感，富于故事和典故色彩，寓意深刻，又要表现企业理念，具有较高的艺术品位，使名称成为经营哲学意境的生动展示和形象表达。⑤易记，产品的名称应力求易读易认、易写易记，单纯简短，以便公众记忆和传达。⑥吉利，产品的名称要给公众以吉祥、吉利之感。⑦力度，产品名称的用词要卓越而有气魄，响亮而朗朗上口，以振奋人心。⑧合法，产品的名称要符合我国法律规定和国际上的商业法规，同时还应考虑民族风俗和涉外文化问题，为企业开拓各种公众市场奠定良好基础。

---

### 实战

当下用于文学创作、艺术设计、图像视频、化学材料、生物医药等领域的AI大模型和大语言模型源源不断，喷薄而出，例如星火、文心一言、通义千问、豆包、百川、混元、无界等。假如您现在创业，把多家软件技术集中到一个技术平台，提供技术云服务，那么公司名称叫什么？

请您运用AI大模型让它给出备选方案，然后选出中意的一个，并进行人工优化，做到既简洁、易懂，又准确传达平台的核心服务和关键价值。

脚踏实地，勇毅前行，一切皆有可能！加油！

### (二) 标准字体的确定

企业名称确定后,就要确定书写字体,即进行字形设计。企业标准字形设计的内容,除了企业、品牌名称外,还有诸如精神标语、口号等,应该说,凡是企业常用的、用于宣传的文字字形,都应规范其书写字体。

从一定意义上讲,字形设计就是选择标准字体或规范字形书写名称等文字内容。可供选择的字形,有很多种,汉字主要有楷书、草书、隶书、篆书、行书等,在此基础上,又演化出印刷体和美术体,字形比较丰富。英文字体也比较多。

设计企业标准字字形时,应该充分考虑企业的行业特性和产品的主要特色来选择字体。选择字体时,应该注意到每一种字体的结构、形态特征和公众的心理感受,在此基础上,借助象征、寓意手法对字形进行简化、变形或夸张等艺术化处理,加以布局、组合后,使字体大小、字型方圆、线条粗细等呈现出美感效果,从而恰到好处地展现企业的风采。字体的形态特征具体可参见表 11-1。

**表 11-1 常用字体的形态特征及心理感受**

| 类型 | 字体特征及心理感受 |
| --- | --- |
| 老宋 | 横细竖粗、笔画严谨、字形方正、典雅、严肃大方 |
| 仿宋体 | 笔画粗细一致、讲究停顿、挺拔秀丽 |
| 小篆 | 笔画横竖粗细等匀、布局均匀对称、整体结构环抱紧密、章法平正划一、排列方正、横竖成行、给人以整齐美 |
| 隶书 | 字体灵活多样、厚实严谨 |
| 楷书 | 体势呈长方、笔画丰满、章法多直行纵势、结构紧密、用笔变化多端、端正工整、通俗明了、给人以大众美 |
| 草书 | 体势放纵、变化多端、飘逸灵秀、或春风拂柳、婀娜多姿、或沙场征战、万马奔腾、或风起云涌、波涛翻滚、给人以豪迈美 |
| 行书 | 既有楷书的体势点画、又有草书的简易、形体灵活多变、给人以洒脱美 |
| 黑体 | 笔画单纯、庄严醒目、视觉效果强 |

## 三、企业标准色的设计

企业标准色是企业视觉形象体系中最具有视觉效果的部分。因此,根据色彩原理和公众的色彩心理,设计好富有企业个性的标准色,就成为 CIS 策划中的重要任务。

## （一）企业标准色的设计原则

企业标准色的设计不是单纯的艺术用色，比较强调视觉效果和市场促销效果，在具体操作中，应遵循以下原则。①突出企业风格，直接用色彩、色调展现企业的行业性质、经营宗旨、服务方针等企业文化内容。②制造色调差别，以特色化的色彩组合方式来创造 Logo 的可视性和辨识度，并展示企业的独特个性。③符合公众色彩心理需要，充分运用公众色彩爱好心理、色彩物理感觉心理、轻重感觉心理、距离感觉心理、味觉心理、情感联想心理、诱目心理、序位心理、年龄心理、禁忌心理甚至色彩疗效心理，强化 Logo 的影响力。④符合国际化潮流。在国外，企业一般都有自己的企业色。所谓企业色，就是用标准色号把企业常用的主色和辅色按照一定的面积百分比和色彩技术参数固定下来。在通常情形下，主色以 1—2 个高纯度色为多见，辅色由 1—3 个或更多低纯度色极或白色构成，老企业多选用红、白为企业色主色，现在则强调差异感，多以蓝、绿、棕作为企业色的主色，由红色系转向蓝色系。

## （二）企业标准色的设计策略

在设计企业标准色方面，常用的策略有：①鲜明化策略，即选用的色彩多以高亮度色彩为主，有些色彩亮度比较低，则采用提高纯度的方法，来强化企业标准色的视觉效果。②专业化策略，即选用与原料色彩、产品色彩相同的色彩，进行组合和变形后，作为企业标准色，以突出专业性。③大手笔策略，即选用单一的大面积色彩、组合出大格调的色彩布局，来作为企业的标准色，以强化标准色的鼓动效果。

## （三）企业标准色的设计步骤

企业标准色的设计，具有很强的创意性和创造性，其程序如下：第一步，研究企业性质、目标市场、品牌形象和核心价值，理解好标准色的立意与主题，准确定位标准色。第二步，研究竞争品牌的标准色，在借鉴、吸收其合理设计理念的前提下，建构自己的色彩设计理念，确保色彩运用与组合的独特性。第三步，设计色彩，包括选择主体色彩、辅助色彩，进行颜色搭配、组合、对比，明确主体色彩与辅助色彩、背景色彩与标准色彩之间的面积比例，创作出具体的标准色作品。第四步，把标准色作品指数化、标准化，使企业标准色的构图成为可复制的设计图，以便批量化地印制。第五步，规定出不可违章使用的色彩图案，按章进行标准色管理。第六步，进行市场反馈调查，了解公众对企业标准色的基本评价，并进行适当的修正，使企业标准色更加符合公众的心理需要，提高企业标准色的市场冲击力。

> **要点提示**
>
> 设计企业标准色必须服从和服务于市场营销,必须同时考虑企业定位、竞争品牌、目标公众、社会文化四个维度的需要。

## 四、VIS 的应用要素

VIS 基本要素(即标志、标准字、标准色)确定以后,即可进入应用要素的制作、推广阶段。在这个阶段,实际上就是根据标志、标准字和标准色的设计样式、技术参数,围绕经营系列、制服系列、产品系列、管理系列、广告宣传系列等十一个基本方面,制作各种具体的应用要素,把企业视觉形象设计作品转换为视觉冲击媒体。

VIS 的应用要素内容很多,其构成具体参见表 11-2。

表 11-2　VIS 应用系统要素一览表

| 基本类型 | 应用要素 |
| --- | --- |
| 网站系列 | 单位名称、页面结构、版面风格、字体色彩、导航设计、导航栏、顶部横幅、互动对话框、链接栏等 |
| 办公系列 | 名片、识别证、信封、信纸、便条纸、邀请函、贺卡、文具用品、公文卷宗、公函、笔记本、资料夹、单据、发票、证书、奖牌、明信片、书笺、旗帜、入场券、文件夹、贵宾卡、工作证、介绍信、公章、通讯录等 |
| 经营系列 | 商标、合同文本、财务单据、产品目录、陈列品、形象广告、优惠券、贵宾卡、会员卡等 |
| 管理系列 | 生产计划图表、调度表、生产进度表、物质卡、质量卡、信息资料卡等 |
| 产品系列 | 产品外观、产品装潢、产品造型、产品标贴、说明书、质量保证书、产品责任标签、专用箱包等 |
| 广告宣传系列 | 报纸广告、杂志广告、DM 广告、车船广告、墙壁广告、日历广告、挂历广告、海报广告、户外广告、户外指示牌、手拎袋、电视广告、电台广告、样品模式广告、厂区宣传画、标语牌、板报专栏、刊物册子等 |
| 运输系列 | 运输车、工程车、客车、货车、轿车、旅行车、飞机、火车、自行车、手推车、集装箱、传送带 |
| 制服系列 | 工作服系列、运动服系列、休闲服系列、礼仪服系列、服饰设计、公文包、领带、纽扣、厂徽、领花、帽子、帽徽、胸卡等 |
| 装潢系列 | 建筑物装饰、雕塑、盆景、门面装饰、办公室设备、室内装饰、橱窗布置、标示牌、部门牌、会议牌、记事标牌、公告栏等 |
| 展示系列 | 会场设计、展示牌、指示牌、线路标志等 |
| 包装系列 | 胶带、即时贴、封套、包装纸、瓶、罐、盒、品质标签等 |
| 用品系列 | 桌子、椅子、水桶、热水瓶、茶具、毛巾、烟灰缸、废纸篓、文具盒、报架等 |

# 第四节　CIS　导　入

## 一、CIS手册的内容体系

问题思考

CIS手册由哪些部分构成?

CIS手册作为策划结论的记载,一般包括以下几项内容。

### 第一部分　前言

主要介绍推行CIS的必要性、重要性和注意事项,具体内容有:

(1) 董事局主席、董事长、总经理的致辞;

(2) 推行企业形象战略的背景介绍;

(3) 企业形象定位;

(4) 使用CIS手册的注意事项。

### 第二部分　MIS

主要阐述企业追求的愿景使命、经营理念、价值观念以及企业特色文化等,其具体内容有:

(1) 企业理念;

(2) 经营哲学思想;

(3) 企业发展目标战略文化;

(4) 企业文化特质;

(5) 企业价值观体系;

（6）企业精神标语、口号。

### 第三部分　BIS

BIS以各种规章制度的形式,来规范企业的生产管理行为模块、市场经营行为模块、社会公益化行为模块。CIS手册中,这部分的内容是十分重要的,应该表述的具体内容有:

1. 生产管理行为模块

市场调查规则;

科研开发规则;

生产管理制度

质量管理制度;

人力资源开发、管理制度。

2. 市场经营行为模块

市场营销模式;

广告宣传模式;

公共关系模式;

竞争模式;

商业服务制度;

危机管理模式。

3. 公益行为模块

慈善活动模式;

市政公益活动模式;

宣传人文精神的活动模式;

推广科学生活方式的活动模式;

文化仪式活动模式。

### 第四部分　VIS

主要借助各种参数图、样本图,准确介绍企业视觉形象,具体表述的项目有:

1. VIS的基本要素

标志及其变体设计图、释义;

企业标准字及其变体(含简体、繁体、外文)设计图、释义;

企业标准色及其应用变体设计图、释义、色彩管理模式。

标志、标准字的技术参数体系、制图方法;

标准色的技术参数体系、组成方法;

附属基本要素(含字体、企业造型、象征图案、版面编排样式法)的技术参数体系；

基本要素的组合规定、变体设计，以及每种组合样式的具体运用情形：

禁例，包括禁用的变异标志图案、变异标准字体形式、变异标准色图例。

2. VIS 应用要素

网站页面设计样式及禁例，如单位名称、页面结构、字体色彩、导航设计等；

办公事务用品样式及禁例，如信封、名片、办公用品、通讯录、旗帜、证章、证件、标牌；

经营用品的样式及禁例，如合同文本、单据、发票等；

管理用品的样式及禁例，如调度表、物质卡、质量卡等；

产品形象设计的样式及禁例，如外观造型、产品包装图式、产品责任标签等；

广告媒体样式及禁例(包括内外用印刷广告主题及样式、内外用视频音频广告主题及样式、户外广告样式、POP 广告样式等)

员工制衣样式及禁例，如工作服、运动服、休闲服等；

企业运输工具外观的外观样式及禁例；

环境形象设计样式及禁例，如标志性建筑物、雕塑、室内装潢等；

导示系统样式及禁例；

礼品样式及禁例，包括礼品及其包装的设计、礼品管理条例。

从上述内容中，可以看出，CIS 手册的内容是十分丰富的。当然，在实际运用中，内容究竟需要多少，应根据 CIS 的具体要求来确定，可以有所取舍，也可以根据具体情形适当增加一些内容。

## 二、CIS 导入

CIS 手册编制结束后，即可进行 CIS 实施的动员、教育工作，同时组建 CIS 执行委员会，全方位地推行 CIS。在实施过程中，既要发挥 CIS 执行委员会的主导作用，又要充分调动所有员工的积极性，严格执 CIS 手册的规定，推动企业健康发展。

## 本章小结

1. CIS 不仅仅是一种技术，是一种方法，而且是一种现代意识，一种现代文化。

2. CIS 策划的实质性作业程序涉及三个方面的内容，即 MIS(理念识别系统)策划、BIS(行为识别系统)规划和 VIS(视觉识别系统)设计。

**语 录**

[日]中西元男：“CIS 已发展为扩大的设计——Plan，其设计并不局限于形和物，而是要用设计这种形式改变产业、社会、生活和文化，设计出一种全新的生活方式、社会价值，以企业理念、组织行为为轴心与公众进行文化交流，提高经营中美的价值，从而把生意型企业和社会转变知识型、文化型企业和社会。”

**前沿问题**

在导入 CIS 的过程中，我国已经走过 VIS 的设计和执行阶段，标志、标准字和标准色已经被广泛运用。但这仅仅是 CIS 的表层问题。MIS 的策划在某些社会组织也已展开，理念识别系统初具形态。这也是比较容易解决的问题。但是，如何将 MIS 转换为员工的工作意识、如何根据 MIS 来完善和健全社会组织的管理体制，如何根据 MIS 开发新的事业领域，如何运用 CIS 使社会组织保持持续性的发展动力，这些问题还有待学术界进一步研究。

**推荐阅读**

《CIS 企业形象设计》（第 2 版）（于佳佳等编著，清华大学出版社，2022 年）

该书根据 CIS 企业形象设计发展的新特点，结合 CIS 企业形象设计应用操作规程，系统介绍企业形象设计的原则、方法步骤等基本知识和技能，并注重体现时代精神、挖掘人文内涵、强化设计实训、提高应用能力培养。

推荐理由：理论结合实际，内容丰富、结构合理、案例经典，注重启迪学生设计思维，培养学生设计动手能力。

## 川池集团 CIS 手册(简略本)

前言

### 第一部分　川池企业理念

一、企业本质:提高大众生活品质的社会功能性组织

二、企业定位:高品质产品的生产者,高品位生活的缔造者

三、企业哲学:顾客为尊,市场为首,人才为源

四、企业信条:诚信,勤劳,敬业,开拓

五、企业道德:尽忠企业,敬守职业

六、企业目标:产业报国,奉献社会

七、企业精神:燃烧自我,永耀川池

八、企业口号:酿造品质,超越平凡

九、经营方针:高品位,大品牌,大众生活潮流的缔造者

十、广告语:品味人生,人生品位

### 第二部分　企业行为规范

一、员工社会行为规范

1. 员工的仪容仪表

根据川池的企业形象定位,员工的仪容仪表必须注重:

生活化。以寻求与社会大众的共同点,使人容易亲近。

品位化。在生活化的基础上突出川池人审美的品位。

2. 员工语言

日常用语规范

3. 员工的对外行为

员工的行为符合法律准则。

员工的行为符合道德标准。

主动献爱心,助人为乐。

二、川池窗口行为规范

川池集团股份有限公司承担对外接待的部门统称为"窗口",如集团办公室,直销部,销售部,电话总机,招待所,餐厅等涉外部门。这些部门的具体行为:

1. 热情

体现出川池人对每一位顾客的尊重,体现了川池人真诚的本性。

2. 注意每一个细节

细节最能体现职业素质和职业修养,也是川池人关心顾客,关心朋友的集中体现。

3. 体现时代精神

客人、朋友的来临,尽量采用简单的接待方式,不提倡铺张浪费。

各具体部门依据实际情况制定出切实可行的行为规范准则,并成为工作考核中的一部分。

三、公共关系行为规范

1. 新闻宣传

川池新闻工作应注意新闻性、真实性和企划性。

2. 文体活动的参与

对于文体活动,我们必须注意:社会影响力的大小;目标消费者的参与程度;费用;可操作程度;预期效应评估等等。文体活动必须与市场活动紧密地联结在一起,否则,参与活动没有任何意义。

3. 赞助公益活动

依企业实力,有选择地进行。

4. 赈灾济困

可以发动员工参与,激发员工的美德。

四、营销活动行为规范

1. 针对经销商的营销活动行为规范

让利于商。

以诚待商。

服务于商。

2. 针对消费者营销活动的行为规范

包括促销活动,市场调研活动以及各种类型的终端活动。

诚恳。

简洁。活动以易于操作为重,避免繁琐带来的各种不利影响。

企划组织。任何的活动都必须在一定的组织工作下开展,特别是准备工作以及事后反馈工作。

3. 针对学术活动的行为规范

格外谨慎。

尊重。

注意格调。

造势。

五、广告活动的规范

(1)广告的专业性不可替代,广告活动应有专业的广告公司介入,以避免不科学决策带来的广告费用浪费。

（2）广告中固定元素的权威性。如广告语，企业标志，标准色，标准字体等等，必须严格依照VI手册的规定进行应用，不能因个人的喜好随意更改。

（3）广告活动的艺术性。

（4）广告活动的生活性。

（5）广告活动的连贯性。川池的风格是典雅，豪放，所有的广告活动必须连成整体，并一直保持。

以上为CIS行为识别系统的基本原则，相关制度及考核规定由相关部门在原有制度的基础上进行修订。

### 第三部分　川池VI系统提纲

一、基本设计系统

标志

标准字

标准色

辅助色

吉祥物

标志标准组合

二、应用系统

广告宣传类：包括大型户外灯箱、店招、超市灯箱、横幅、巨幅、宣传海报、POP挂旗（桌旗、企业形象旗帜）、传单、产品手册、促销布景、专柜形象、展览形象、新闻形象、电视标榜。

产品：贡酒系列、豪酒系列、美酒系列、其他系列。

包装：贡酒系列、豪酒系列、美酒系列、其他系列。

办公系统：信封、文件夹、专用笺、传真纸、合同文本、导引牌、名片、邀请函、办公室形象

礼品、纪念品类：打火机、化妆盒、其他小礼品、年历（贺年）卡、烟灰缸、茶具、桌布、酒店用桌牌、经销商牌匾。

车辆：专用车辆、公交车身、出租车广告。

服装：业务员服装、促销小姐服装、展示礼仪服装、酒厂工人制服。

整体形象类：总部环境、分公司形象、办事处形象、专柜形象、区域总经销展示形象、橱窗形象、展览形象、公关形象、企业刊物、网页界面。

练习与思考　　　部分参考答案

# 参考书目

1. 《公共关系的本质》，[美]道·纽森等著，于朝晖译，复旦大学出版社，2011年。
2. 《有效的公共关系》，[美]格伦·布鲁姆、艾伦·森特、斯科特·卡特里普著，明安香译，华夏出版社，2002年。
3. 《卓越公共关系与传播管理》，[美]詹姆斯·格鲁尼格著，卫五名译，北京大学出版社，2008年。
4. 《公共关系实务》(第13版)，[美]弗雷泽·P. 西泰尔著，潘艳丽，吴秀云译，清华大学出版社，2017年。
5. 《中国公共关系学》，陈先红著，中国传媒大学出版社，2018年。
6. 《现代公共关系学》，陈先红著，高等教育出版社，2017年。
7. 《公共关系学》，李兴国著，中国人民大学出版社，2018年。
8. 《公共关系学》，刘军著，机械工业出版社，2018年。
9. 《现代公共关系学》，张荷英著，首都经济贸易大学出版社，2017年。
10. 《公共关系：理论实务与技巧》，周安华、苗晋平编著，中国人民大学出版社，2019年。
11. 《公共关系：理论与实务》，胡学亮著，知识产权出版社，2017年。
12. 《公共关系学》，居延安主著，复旦大学出版社，2005年。
13. 《有效沟通》，余世维著，北京大学出版社，2009年。
14. 《有效沟通》，[美]马蒂·布郎斯坦著，北京燕清联合传媒管理咨询中心译，机械工业出版社，2004年。
15. 《企业的社会责任》，[美]菲利普·科特勒等著，姜文波等译，机械工业出版社，2006年。
16. 《服务营销》，[美]克里斯托弗·洛夫洛克等著，韦福祥等译，中国人民大学出版社，2010年。
17. 《危机管理：理论 实务 案例》，熊卫平著，浙江大学出版社，2019年。
18. 《危机传播管理：流派、范式与路径》，胡百精著，中国人民大学出版社，2009年。
19. 《公关礼仪》，金正昆著，北京联合出版社，2019年。
20. 《公关战略：成就卓越的商业组织》，李曦著，清华大学出版社，2024年。
21. 《促销管理实务》，徐惠坚著，科学出版社，2019年。
22. 《企业形象策划：CIS导入》，叶万春等编著，东北财经大学出版社，2018年。

**图书在版编目(CIP)数据**

现代公共关系学/何修猛,于晶编著. -- 5 版.
上海:复旦大学出版社, 2025.8. --(复旦卓越).
ISBN 978-7-309-17593-6
Ⅰ. C912.3
中国国家版本馆 CIP 数据核字第 2024EN8612 号

现代公共关系学(第五版)
何修猛  于  晶  编著
责任编辑/方毅超

复旦大学出版社有限公司出版发行
上海市国权路 579 号  邮编:200433
网址:fupnet@fudanpress.com   http://www.fudanpress.com
门市零售:86-21-65102580    团体订购:86-21-65104505
出版部电话:86-21-65642845
常熟市华顺印刷有限公司

开本 787 毫米×1092 毫米  1/16  印张 24.75  字数 480 千字
2025 年 8 月第 5 版第 1 次印刷

ISBN 978-7-309-17593-6/C·452
定价:68.00 元